社会责任与可持续发展@孙继荣丛书

可持续发展

战略方法论

孙继荣◎著

SUSTAINABLE DEVELOPMENT

Strategy Methodology

中国经济出版社
CHINA ECONOMIC PUBLISHING HOUSE
北 京

图书在版编目（CIP）数据

可持续发展战略方法论 / 孙继荣著. -- 北京：中国经济出版社，2023.4

ISBN 978-7-5136-7261-0

Ⅰ. ①可… Ⅱ. ①孙… Ⅲ. ①中国经济－可持续发展战略－研究 Ⅳ. ① F120.4

中国国家版本馆 CIP 数据核字（2023）第 042220 号

责任编辑　叶亲忠
责任印制　马小宾
封面设计　华子图文

出版发行　中国经济出版社
印 刷 者　北京艾普海德印刷有限公司
经 销 者　各地新华书店
开　　本　710mm × 1000mm　1/16
印　　张　30
字　　数　520 千字
版　　次　2023 年 4 月第 1 版
印　　次　2023 年 4 月第 1 次
定　　价　128.00 元
广告经营许可证　京西工商广字第 8179 号

中国经济出版社　**网址** www. economyph. com　**社址** 北京市东城区安定门外大街 58 号　**邮编** 100011
本版图书如存在印装质量问题，请与本社销售中心联系调换（联系电话：010-57512564）

内容提要

本书是中国经济出版社“社会责任与可持续发展 @ 孙继荣丛书”第四部作品。

该书在深刻剖析可持续发展理念、提出可持续发展经济学观点的基础上，描述可持续发展战略构建的机制和核心结构要素，并阐明它们与可持续发展理念和 ESG 准则相一致的整体性关系，从而清晰地为读者勾勒了实现“ESG 转型”和“数字化转型”划时代战略任务的路径和方案。

书中还运用可持续发展理念解析当今经济现象、分析新冠疫情的影响、提出解决问题的洞见，也分享了作者在可持续战略与管理领域开创性的经验及成功的案例。

本书是可持续发展领域集大成之作，在当今世界复杂剧变的时刻，为企业家、管理者、组织领导者提供了以可持续性应对不确定性的战略指引，帮助他们以全新的方式构建全新的世界。

关键内容：可持续发展理念、可持续发展经济学、可持续发展战略；ESG 治理、绿色经济、碳中和、ESG 投资、供应链风险；大数据、人工智能、工业物联网、数字化转型等。

本书的总体构架

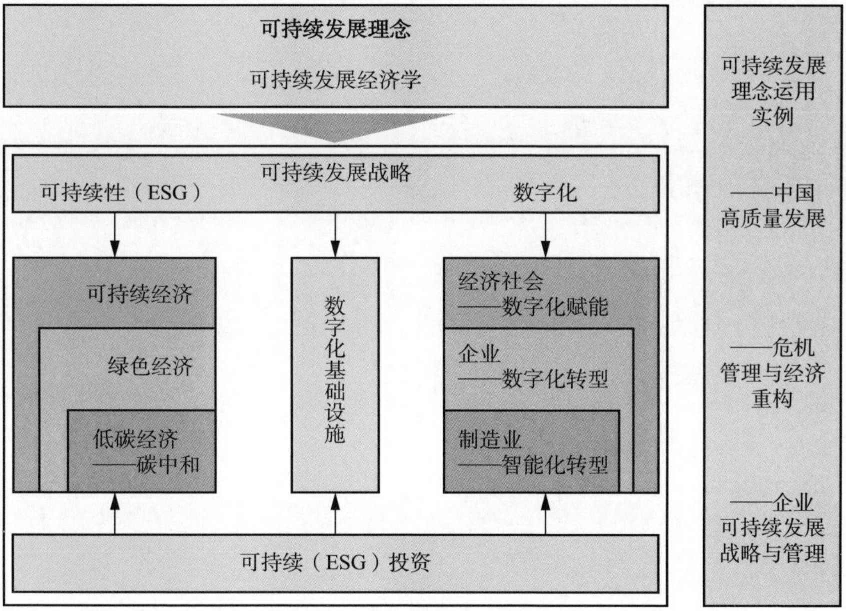
可持续发展理念
可持续发展经济学
可持续发展战略
可持续性（ESG）
数字化
可持续经济
绿色经济
低碳经济
——碳中和
数字化基础设施
经济社会
——数字化赋能
企业
——数字化转型
制造业
——智能化转型
可持续（ESG）投资
可持续发展理念运用实例
——中国高质量发展
——危机管理与经济重构
——企业可持续发展战略与管理

目　录

●●● 第一章 ●●●

总　论

第一节　为什么要重新审视发展理念

世界从来就是波动变化的，但从来没有像今天这样发生剧变。

气候危机、新冠疫情大流行和日益严重的地缘冲突和社会分化等多重复杂性相互交织、相互叠加，永久改变了世界。这些事件不仅构成了严重的挑战，而且其规模程度也前所未有，其结果不仅使我们生活的世界不堪重负，对发展也构成了严重的威胁。

不可否认，我们生活在复杂的不确定性中，进入了一个“不确定的”“未知”的世界。在一个新的未知的世界，过去的直觉经验、思维方式和方法，即使它们向来都是成功的，现在和将来也不再管用了。面向未来，我们必须有全新的思维和理念。

外部环境的变化也提醒我们，我们有了一个重置思维、重构战略的机会。关键的问题是，我们必须建立什么样的思维、采用什么样的战略，才能在不确定的、瞬息万变的世界中塑造我们所期望的“确定的”未来。

很显然，无论世界发生怎样的变化，人类追求美好未来而发展的愿望都不会改变。追求美好未来而发展的信念是推动人类进步永恒的、强大的、不可阻挡的力量。

因此，确定无疑，象征美好未来的“可持续发展”现在是将来也必然是世界发展的主旋律，面向未来的“可持续发展理念”现在是将来也必然是世界发展的主导理念。从这种意义上说，可持续发展代表世界最大的公约数、共同的价值观。它是这个不确定世界中的确定性。

由此可见，可持续发展反映的是面向未来和构建未来的能力。谁没有这个能力，谁在未来就将被淘汰。实际上，可持续发展已是一种通用的“世界语言”。谁没有掌握这种语言，谁在世界上就无法交流与合作，也就谈不上参与全球竞争和治理。

每个企业和组织可能迟早都会意识到，这不是耸人听闻的说法，而是越来越逼近的现实。对他们来说，应对当今时代的挑战，理解可持续发展的确定性、构建和实施可持续发展的战略、开启转型的进程，已经越来越紧迫，甚至刻不容缓了！

然而，可持续发展作为一个科学发展理念和它所代表的经济范式，并不广为人知。而且，在现实世界中，经济发展在过度追求短期经济效益和线性增长模式的主导下，可持续发展理念也不被广泛认可，甚至很多人还持有怀疑、否定的态度。他们没有意识到，忽视可持续发展对人类和自身的危险性。

在世界发生剧变的情况下，每个企业家、领导者、管理者以及每一个人都有机会从最基本的原则开始，重新审视关于构建未来的发展理念，也即重新审视价值观。

今天的现实情况告诉我们，如果企业家、领导者和管理者缺乏可持续发展的理念，他们不仅无法解决迫在眉睫的发展问题，而且更有可能使他们失去信心、陷入迷茫甚至处于焦虑之中。

第二节　可持续发展理念的内涵究竟是什么

1987 年，世界环境与发展委员会（World Commission on Environment and Development，WCED）（又称布伦特兰委员会，）在其报告《我们共同的未来》（*Our Common Future*）（又称《布伦特兰报告》，*Brundtland Report*）中提出了可持续增长的概念：

“大自然虽然是极其富有而又慷慨的，但是它也是脆弱的，是精细地平衡的。自然界存在着不可逾越的界限（阈值），如果越过这些界限，则自然系统的完整性就受到危险。今天，我们已经接近许多这样的界限；我们必须重视危及地球上生命生存的危险性。此外，资源使用的变化速度，要求我们立即去预防和阻止意想不到的后果。”

该委员会将可持续发展定义为“既满足当代人的需求，又不损害后代人满足其需求能力的发展”。同时，它还指出：

——“现在所需要的是一个经济增长的新世纪——增长是强有力的并且与此同时也应是社会和环境上持续性的。”

——“我们的科学技术至少向我们提供了更深刻和更好地认识自然系统的潜力。我们有力量使人类事务同自然规律相协调，并在此过程中繁荣昌盛。”

——“……世界各国……其经济和社会发展的目标必须根据可持续性原则加以确定。解释可以不一，但必须有一些共同的特点，必须从可持续发展的基本概念上和实现可持续发展的大战略上的共同认识出发。”

WCED 做出的上述可持续发展定义是迄今被世界广泛认同的概念。自提出之后，在接下来的半个多世纪里，以联合国为代表的国际社会把它作为全球发展议题，开展了全球性的讨论、达成了共识，并形成了从概念到方案直至全球发展议程和目标。

通过全球的共识和协议，可持续发展成为各个国家及其首脑对发展的承诺，可持续发展也事实上成为各国经济社会发展、企业发展要追求的目标、要采取的战略和行动。

可持续发展理念是在审视人类发展面临的严峻形势、在伦理信念和科学理性的基础上提出的，即认为人类不应该以牺牲其子孙后代的生存能力为代价，同时相信人类也有理性能力应对全球在经济、社会和环境领域的挑战。

可持续发展理念是一个立足当下、面向未来的概念。它从满足人类的基本需求的观点出发，指出人类应对经济、社会和环境挑战的紧迫性和使全世界每个人都拥有尊严，拥有相同的发展机会的重要性。

可持续发展的定义所表达的可持续发展理念具有伦理性和科学性的双重内涵：

伦理性指可持续发展表达人类“应该”，也即负有实现共同的“目标”的“责任”[①]。而且，可持续发展理念在时间和空间维度上定义了如何考虑人类经济活动影响的范围和为此应当承担责任的边界。这就是说，考虑人类经济活动和行为影响的空间范围时，不应局限于当地，而应延伸到相关的其他地区、全国直至全球；考虑人类经济活动和行为影响的时间范围时，不应局限于当代人，而应延伸到未来的子孙后代。

科学性指可持续发展表达人类有能力通过“科学方案”“构建变革的过程”，即变革的路径。构建可持续发展的科学方案和变革过程涉及经济、社会

① 孙继荣 . 责任时代：变革与创新［M］. 北京：中国经济出版社，2018.

和环境三个领域，而非人们通常所认为的，它只与环境或环境保护有关。经济、社会和环境三个领域的发展相互依存、相互影响、相互矛盾，应始终处于一个平衡统一的整体性关系之中。经济、社会和环境的发展在很大程度上受技术发展的影响，数字化、智能化可以发挥巨大的潜力。这表明，应对可持续发展挑战的战略方案除考虑经济、社会和环境发展外，还必须考虑技术发展和人的发展。因此，可持续发展的“科学方案”是一个复杂的系统性的解决方案。

第三节　为什么需要“可持续发展经济学”

可持续发展理念的伦理性和科学性颠覆了传统的经济理性，提出了一个全新的经济发展和治理范式。这意味着，治理范式转变是经济可持续发展的前提。新的可持续市场经济模式将取代旧的纯市场经济模式。

在此背景下，现行经济学已经不能完全解释现在的经济现象，也不能为有效指导经济系统的运行提供相应的原理、工具和方法。按照可持续发展的理念，则有必要补充现行经济学的不足或纠正不可持续的原理，有必要构建“可持续发展经济学”以提供必要的理论、工具和方法。主要观点如下：

——传统经济学的理论、工具和方法已无法解决可持续发展提出的多维度的、动态的系统性问题，特别需要构建新的基于经济、社会和环境等领域的“多学科集成”的经济学，以支持既创造经济财富，又造福于社会繁荣和生态环境的健康的目标。

——纯市场经济强调供需平衡、自由竞争，追求效率、利润，但忽视了自然资源的存量有限、大自然的承受力有限，没有把企业及其经济活动对环境的外部性纳入价格和市场交易，例如环境污染、碳排放等；没有考虑经济活动对社会产生的负外部性，例如关闭或转移产能造成失业等。

——随着经济发展和治理范式的改变，衡量经济发展、企业发展的标准也就必须改变。迄今采用的以单一经济指标作为衡量经济发展和企业发展的准则已经不能适应新的、可持续发展的要求。因此，需要新的衡量经济发展、企业发展的准则和指标。这些准则和指标通常被称为“ESG”。ESG 既包括经济维度，也包括环境、社会和治理维度。

——随着经济发展、经济活动和企业的评价准则和指标超越经济维度、扩大到ESG维度，相关的监管政策、投资决策、风险控制、信息披露、供应链等方面采用的标准和准则也会相应地向ESG延伸。

——企业的成功或价值不仅表现在财务方面，也表现在非财务（ESG）方面。评价企业不仅看当前的表现，也注重长远的成功。考虑到非财务（ESG）因素的实质性影响，企业短期思维、急功近利预示着对企业的巨大风险，而长线思维、着眼长远则代表企业的韧性和安全性。

——可持续发展经济学不可避免地要涉及可持续（ESG）投资和融资、企业可持续（ESG）治理、人力资源和组织管理，以及企业可持续（ESG）文化等各种主题范围。

——总之，按照可持续发展经济学的观点，为实现可持续发展目标需要将公共经济政策与市场机制相结合，即更好发挥政府（“看得见的手”）的作用、充分发挥市场（“看不见的手”）的作用。这显然与现行经济学的原理大有不同之处。

第四节　可持续发展战略如何从根本上发挥作用

可持续发展战略经验和现实都表明，理解可持续发展理念（包括概念和内涵）至关重要，否则不可能产生可持续发展战略，也就谈不上贯彻战略的行动和行为。可持续发展目标只有依靠可持续发展战略才能落实。

可持续发展战略的概念可以追溯到布伦特兰报告。该报告提出：

“世界必须尽快制定（可持续发展）战略，使各国能够从目前通常具有的破坏性增长和发展进程转向可持续发展的道路。”

可持续发展战略在本质上具有转型的特征，需要以可持续发展目标为导向构建一个战略转型的过程。为满足经济和环境可持续性，需要遵循“效率”“一致性”和“充足性”3个战略原则，与此相应，可持续发展战略可分为3个更具体的战略，即：效率战略、一致性战略和充分性战略。

一、效率战略

该战略旨在更有效地利用原材料、资源和能源，生产更多产品，但最终减少对自然的消耗。它反映了产品和服务的原材料或能源使用率，即改善所谓“生态效率”。这将主要通过技术创新和更高效的工作方法来实现。提高投入产出比，也即提高生产力。效率战略的弱点是“反弹效应”。它所指的是，效率节省了资源和能源，但由于产品增加，价格下降，又引起消费增加，从而抵消效率产生的结果。因此，单靠提高效率对可持续发展来说是不够的。不过，因为效率的提高源于技术创新，提高了生态效率，而且通常不需要改变生活方式，所以它得到广泛的认可。例如，采用节能减排、碳中和、数字化等措施。

二、一致性战略

该战略旨在转变经济方式、生产方式，寻求技术与自然环境的兼容性，寻找更适合自然环境的替代技术和材料，并试图构成从生产到使用、从回收到再利用的循环，以创建从“线性增长经济”转向“循环经济”的经济系统。在循环经济中，整个生产过程都包括在评估之中，以确保最终产品或服务及整个生产周期的可持续性。一致性战略的主要挑战是其可行性，因无法保证一致性会及时满足所有可持续发展的要求。目前的技术水平不允许循环经济的全面实施——至少不是在所有工业部门。一致性战略要求进行系统化的、结构性的变革，拥有巨大潜力。例如，采用可再生能源、新能源基础设施、智能交通等措施。

三、充分性战略

该战略的基本思想是通过改变人类的生活方式以充分利用原材料、资源和能源。 与前两个战略不同，充分性战略不是基于技术创新，而是基于改变人的消费行为。充分性指应该让每个人在充分过上美好生活的同时，明智地利用资源。然而，改变生活方式和习惯很不容易。此外，大多数企业的关注点是利润最大化，而不是资源的充分利用。现代营销等促销工具也导致越来越多的消费。这些因素都不利于实施充分性战略。充分性战略要求负责任地、更可持续地消费，也要求关注产品的来源和生产方式，包括减少不必要的消费和避免浪费，对社会—生态转型具有重要意义。例如，采用以需求影响供应、提高产品使用周期、使用权取代所有权、共享经济等措施。

效率战略和一致性战略是技术性的，充分性战略是行为性的。这三种战略都有各自的优势，但只采用其中的一种都不够。由于它们是相互补充的，因此同时应用这三个战略，至少可以满足经济和生态可持续发展的可持续性。

效率、一致性和充分性战略把可持续发展战略目标在宏观、中观和微观层面联系在一起，可使产业政策、产业领域、技术措施、利益相关方的任务和责任共同形成一个推动转型的互动系统。

不仅如此，实施这三个战略具有重大的现实意义：

——可发现全球市场的潜在机会引领全球产业发展，例如，在能源效率、可再生能源、可持续交通、资源效率、循环经济、可持续水资源管理等领域；

——可通过经济社会全面转型、实现高质量的、可持续的增长，从而提高可持续竞争力，引领全球绿色经济的发展。

第五节 当今时代发展的主题和主线在哪里

“可持续性”和“数字化”是当今时代发展的两大主题，“可持续性转型”和“数字化转型”是当今时代可持续发展的两条主线。

它们代表从旧的发展范式向新的发展范式转变，是一个构建变革的过程，被称为“转型”。转型需要明确起点、制定目标并找到实现的路径。

一、可持续性转型

可持续性转型是实施可持续发展的变革过程，一般指经济、社会和环境领域发展范式转变的过程。如果从经济维度构建转型，则把这一过程称为经济转型。我们需要牢记的是，无论从哪个领域开始构建转型，所处理的主题都是与另外两个领域的主题紧密相关的。

由于构建经济转型有不同的切入维度或关注点，因而有不同的表达术语，例如：“可持续经济转型”、“绿色经济转型”、“低碳经济转型”（碳中和）。虽然它们并无统一的定义，其概念的出发点各不相同，但其终极方案都不可避免地会涉及经济、社会和环境三个维度。人们常将这些发展范式的转变统称为“可持续性转型”。可持续性转型根本特征是不同程度地将 ESG 作为衡量经济的标准。可持续经济转型以经济社会的秩序框架为基础、体现经济社会全面转型，故包含 ESG 的 3 个方面；绿色经济转型以环境（E）为转型的切入点；低碳经济转型则以环境（E）中的核心要素“二氧化碳”为转型的关注点。在媒体或日常生活中，当“可持续经济”“绿色经济”“低碳经济”这些概念没有必要细致区分时，它们被简称为“绿色经济”。ESG治理和ESG投资是可持续性转型的核心要素。

二、数字化转型

数字化转型代表第四次工业革命中数字化、智能化转型过程。随着第四次工业革命的到来，人类进入了数字化时代。数字化科学技术代表新的生产力，它的广泛应用将现实世界与虚拟世界联系在一起，形成新的生产关系。数字化科学技术是推动经济社会、企业和制造业等运行效率和质量发生革命性、颠覆性改变的引擎。例如，经济社会“数字化赋能”、企业“数字化转型”、制造业“数字化智能化转型”等。人们常常把这些领域的革命性、颠覆性改变统称为“数字化转型”，其根本特征是改变生产流程、提高效率和质量、改变商业模式，或提高服务效率、体验，改变服务模式。实现经济社会和产业的“数字化转型”必须通过公共部门和私营部门对数字化基础设施的投资。

可持续性转型和数字化转型这两条主线并不是决然分开的。可持续性转型是经济社会范式的转变，是可持续发展的总纲，数字化转型是赋能的技术手段。它们之间存在着相互补充、相互支撑的关系。可持续性转型必须充分利用数字化科学技术所具有的“颠覆性”创新和创造潜力，“数字化转型”本身也必须具有可持续性。

经济可持续转型和数字化转型是世界各国、地区、城市和企业实现可持续发展的基石，是它们应对经济、社会和环境挑战的持续的核心任务和挑战。经济可持续转型和数字化转型的水平将决定它们的创新能力、生产力发展水平、经济发展质量，也将决定它们在全球的竞争力，决定它们在世界的地位。

因此，经济可持续转型和数字化转型是全球竞争与合作的新赛道，必须赋予最高的战略优先级别，确保经济社会发展“质量+效率”变革提升的“双轮”驱动。

第二章

不确定世界中的确定性

今天的世界是一个由多变量组成的复杂的动态系统，它的特征是不确定性。世界正在经历大转型，在此过程中，时有危机发生。当旧的世界正在消失，新的世界尚未完全建立起来时，人们总会感到困惑或茫然。可持续发展在当下这个剧变的世界中是必须适应的确定性。它会为人们带来希望、预期、稳定和安全，它也预示着未来前进的方向、要确定的目标，以及能达到目标的路径。

第一节　全球发展大趋势

一、危机与反思

自 2020 年至今，这是人类历史上一个特别的时期，充满着不确定性和动荡，全球危机一个个接踵而来，它或许是历史时代的转折点。但幸运的是，在不确定性的世界中也凸显一个确定性的全球大趋势——可持续发展！可持续发展的历史潮流正在滚滚向前、势不可当，它表明，人类终究会有能力战胜危机并构建一个更美好的新世界。

从2020年开始，史无前例的新冠疫情在全球肆虐，导致全球供应链断裂，经济和金融系统震荡，两年之后仍然看不到稳定复苏的迹象。从 2022 年初开始，相继爆发了俄乌战争、能源危机、粮食危机。这一年夏季，全球多个地区持续高温，刷新 40℃纪录，热浪、山火遍及西欧北美，遍布地中海沿岸，高温导致上千人死亡。持续干旱，频发暴风、暴雨、洪水等给人类的生命财产和经济社会造成了灾难性的后果。

这些在经济、社会和生态环境领域爆发的多重危机相互叠加，所产生的影响相互交织，使全球所有的国家和企业应对风险的能力持续经受空前的考验。

全球新冠病毒大流行和全球极端的气候给人类生活、发展，甚至生存带来了如此巨大的威胁，可持续发展的问题从来没有像今天这样突出和发人深省。

追根溯源，这些不可持续的负面事件和影响产生的根源在很大程度上与人类自身的经济活动相关，例如，人类的经济活动导致生态环境遭到破坏，病毒脱离生态链转移到人类新宿主；人类的经济活动排出大量温室气体，致使地球温度上升、极端气候更加频发。

新冠疫情为我们敲响了警钟，气候变化对我们发出了红色警告。这说明，如果我们不改变当今基于化石能源、粗放的经济发展范式，经济发展继续以消耗自然资源、破坏生态环境为代价，我们很难预料，像气候变化这样的“灰犀牛”是否会在某个时间点，或者是否会意外地在一夜之间变成“黑天鹅”。

二、气候保护与可持续发展目标

然而，应该知道，虽然气候问题是与人类可持续发展相关的一个核心的问题，但它并不是当今人类面临的唯一的挑战。正如联合国《2030 年可持续发展议程》包括的 17 个可持续发展目标（Sustainable Development Goals，SDGs）表明的那样，全球在 17 个方面面临重大的挑战。

——在生态环境领域：除了气候变化问题外，还面临许多严峻的挑战，诸如海平面上升，海洋酸化，生物多样性损失，空气、土地、饮用水污染，陆地沙漠化，及其引发的二次灾害，等等。

——在社会领域：当今世界，无论是在国家与国家之间，还是在一个国家的内部，都存在发展不平衡或极不平衡的情况。例如，在情况严重的地区，社会公平问题突出、贫富差距加大，还时有饥饿、饥荒发生等，这些关乎可持续发展的问题成了不稳定、不安全的因素，也是引发风险的因素。

——在经济领域：发达国家与发展中国家、一个国家之内发达地区与欠发达地区之间，经济发展水平和财富的分配都存在差异。无论经济发展或发达的程度如何，都面临绿色转型的问题，而全球转型又必须是公平的。经济需要发展，但发展又必须满足环境和社会的要求。这个世界的发展充满着要解决的问题的矛盾，但归根结底是要解决经济、社会和环境三个领域之间可持续发展的矛盾。

三、可持续发展作为“绝对命令”①

我们应当深刻认识到：

可持续发展包括经济、社会和生态环境三个领域、三个方面，即可持续发展涉及三个系统变量、三个系统要素，它们之间存在着相互关联、相互影响的复杂的系统性关系。

——这些关乎可持续发展的问题及其产生的后果及影响大都是全球性的。今天发生在世界的许多问题是局部性的，但所产生的影响却往往是全球性的。这种类似“蝴蝶效应”的影响表明，涉及可持续性问题的影响的相互关联性，在遥远的地方发生的事情有可能波及世界每一个国家、每一个企业，以至影响到地球上生活的每一个人。

——在全球化互联的时代，这种影响的效应会按指数级方式传播和扩大。涉及可持续发展的问题所引发的全球危机一旦发生，无论它们是经济的、社会的还是生态环境的，没有任何一个国家可置身事外。2022 年，欧洲爆发俄乌战争、全球出现能源危机、非洲发生粮食危机、全球供应链中断、全球多国物价上涨、通货膨胀等，形成了全球性连锁反应，就是一个最新的例子。

——这些危机，一方面对全球可持续发展的安全构成巨大的威胁；另一方面也对各国的经济系统、经济的主体、供给和需求两侧和产业链、供应链产生了剧烈的冲击，导致了不稳定的系统性风险。

——为了规避这些风险，最好的办法就是有备无患，就是要具备可持续的风险抵御能力，建立可持续的抗风险的韧性。应对可持续发展的风险是保证国家、地区和企业生存和发展的安全性的首要任务。

不言而喻，实现可持续发展不仅是整个社会发展的需要和利益所在，也是企业和组织自身的需要和利益所在。换句话说，实现可持续发展需要全社会各个行动者（利益相关方）共同努力、各负其责。从政府组织到企业，甚至家庭消费者，人人都应投身于可持续发展，为建立一个经济繁荣、社会公

① 康德哲学术语。

平、生态环境健康的美好家园做出贡献。

危机也促使人类自身的反思。人类开始从根本上反思自己的经济活动和行为，并有意识地采取促进可持续发展的措施和行为，不仅为了保证我们当代人类的生活、生存和发展的安全，也要为未来子孙后代的生活、生存和发展的安全而承担责任。

可持续发展是21世纪的大趋势，是人类必须应对的最严峻的挑战。现在，可持续发展已成为全球的共识、未来的经济秩序和市场规则。在此背景下，可以说，实现可持续发展无论是对国家、对企业，还是对公民都是必然的选择，也可以说是伦理上的“绝对命令”。

第二节　未来经济新秩序

2015 年联合国通过了全球《2030 年可持续发展议程》。在题为《改变我们的世界：2030 年可持续发展议程》的文件中，所有国家承诺在未来 15 年从根本上改变我们的世界，使其变得更美好：“我们决心在世界各地消除贫困和饥饿，从现在到 2030 年，消除国家内部和国家之间的不平等，建设和平、公正和包容的社会，保护人权和性别平等，以促进妇女和女孩的赋权和自决，并确保我们的星球及其自然资源得到持久保护。我们还决心为可持续、包容和持久的经济增长、共享繁荣和所有人的体面工作创造条件，同时考虑到各个国家不同的发展水平和能力。”

这是联合国成员国共同签署的一项通过可持续发展战略实施的条约。

一、2030 年可持续发展目标的核心

《2030 年可持续发展议程》的核心部分是 2030 年可持续发展目标（SDGs），共 17 个目标和 169 个具体目标，其中每一个目标都致力于应对全球挑战。SDGs 不仅更加明确地强调了可持续发展的核心地位，而且体现了对发展的更加全面的认识。因此，《2030 年可持续发展议程》强调：“我们致力于以平衡和综合的方式实现经济、社会和生态三个方面的可持续发展。”

——SDGs 普遍适用于整个世界。一方面，SDGs 标志着我们这个时代的全球性核心挑战。积极应对这些挑战是所有社会活动者的任务，因此也是企

业的任务。另一方面，SDGs 也为企业的可持续发展战略、发展的定位提供了明确的方向和指南。

——《2030 年可持续发展议程》和 SDGs 提醒全球的企业，要关注与此相关的发展机会。因为随着可持续发展目标的实施，企业对价值链以及产品开发和创新领域的考虑将变得更加重要。可持续发展目标也提供了广泛的方法，使企业把自己的能力保持在适应未来发展的方向上。

——为了实现 SDGs，企业需要采用可持续发展的思维方式，并将可持续发展融入企业治理、企业战略、核心业务和员工的行为之中。企业战略应与 SDGs 保持一致，并考虑企业在哪些方面可对价值链和社会产生积极影响，在哪些方面可减少企业运营对环境产生的负面影响，从而提升企业可持续创新和竞争能力。

——SDGs 为国家、企业提供了一个导航的框架，引导全球建立新的经济秩序。在新的市场规则下，企业必须专注于对它们来说实质性的、最重要的主题。

——为了参与全球经济治理和新经济秩序的建立，企业领导者、管理者必须有可持续发展的领导力。

二、企业存在和发展的战略能力

面临全球发展大趋势，企业必须不失时机地采取行动，努力满足如下五个必要的条件：

（1）把可持续发展当作企业的经营许可，将此主题纳入董事会的议程。

（2）将环境、社会和公司治理（ESG）[①] 准则融入企业战略，融入的程度将决定企业创造价值的能力。

（3）注重在 ESG 领域的表现，财务与非财务绩效将决定企业融资的可能性。

（4）注重投资者和其他利益相关者的利益，他们越来越关注企业可持续发展信息及其披露的透明度和可靠性。

（5）企业必须兑现它们的可持续发展承诺，否则它们的声誉可能会受到严重的损害。

---

① ESG 代表环境、社会和治理，它是 Environmental、Social 和 Governance 这三个英文单词各首写字母的缩写。有关 ESG 的详细论述见本书第五章。

三、可持续发展的战略优势

在全球新的竞争环境中，企业主动实施可持续发展将获得如下战略优势：

（1）创新：SDGs 是创新驱动力。SDGs 有助于企业关注未来的发展方向和需求，并识别未来的商业机会和可能的风险。企业有了这种广阔的视野，可以开辟新的市场领域。

（2）人才吸引力：人才是企业创新和竞争力的关键。人们越来越关注企业提供的产品所创造的社会价值，尤其是青年一代。那些认真对待可持续发展目标的企业能够更好地吸引和保留优秀人才。

（3）风险管理：企业贯彻可持续发展目标必然会关注它在整个价值链上的影响，因而更容易识别和规避风险，提高可持续性整体绩效。

（4）声誉：声誉是企业最重要的资本。真正致力于可持续发展的企业可以在其客户、合作伙伴和公众中树立良好的声誉。

（5）合作：拥有可持续发展的语言和目标，企业更容易与政府、非政府组织及其他企业共同建立伙伴关系，有助于创造新的协同效应。可持续发展是全球开展合作的重要基石。

四、新模式新赛道

现在，越来越多的企业认识到，可持续发展的主题与企业及其利益相关方的利益高度相关，对它们的影响重大。由于利益相关方重视 ESG 的程度日益增高，近年来可持续投资的数量急剧增加。随着越来越多的政府和机构致力于实现全球“净零”排放的目标，广泛地影响了企业开展可持续发展的行动，这将必然提高可持续发展的管理水平、商业模式创新和企业的品牌竞争力，促进绿色、低碳可持续转型向纵深发展。

新冠疫情和全球地缘政治将永远改变经济全球化的格局，将深刻影响全球产业链、供应链的重构，这一趋势将加速推动全球可持续发展的进程。毫无疑问，可持续发展是硬道理，每一个国家、每一个地区、每一个城市、每一个企业，只有抛弃粗放的发展模式，明确可持续发展定位，实施可持续发展战略，不失时机、抓住构建新发展格局的机会，才能在未来新的赛道上行稳致远。

需要指出的是，在实践中，人们常常把 ESG 当作可持续发展、可持续性和社会责任的同义语相互替代使用①，但这些概念的内涵是有区别的。ESG作为一个简洁的术语，十分便于直接表达、理解或沟通。我们需要留心，决不能简单地把企业可持续发展或企业责任简单地“简化”为ESG指标，类似于我们不能把经济“发展”简单地简化为“GDP”一样。ESG是可持续发展理念和体系的有机组成部分，其核心是“G”，ESG不可能离开可持续发展的理念而单独存在，否则就会成为无源之水、无本之木，大有“空心化”的危险。

① 例如：可持续发展战略、可持续发展报告、社会责任管理、社会责任投资、可持续性风险等也常相应地被称为ESG战略、ESG报告、ESG管理、ESG投资、ESG风险等。

第三章

可持续发展——从概念到方案

第一节　可持续发展——一个划时代的新理念

“可持续发展”已成为一个广为人知的词语。在社会生活的许多场合，虽然用得相当随意，但实际上，“可持续发展”并不是一个普通的术语。

我们知道，“发展”描述的是在一个时期内的变化，并且可用于所有一切领域。“发展”总是与一个目标相联系，而实现该目标必然伴随着一个过程。在“发展”二字前面加上“可持续”这个定语就构成了一个新的词语“可持续发展”，也就给它赋予了新的意义。例如，如果指“经济发展”，则所赋予的新的意义就是，它与“社会发展和环境发展”紧密相关。不过，这还只是修辞意义上的简单的理解。

实际上，“可持续发展”具有全球公认的定义，是一个划时代的发展理念，可谓源远流长。半个多世纪以来，人类为应对全球经济、社会和环境的严峻挑战，寻求解决之道，对工业革命以来人类自身经济活动及其对社会和环境造成的后果进行了深刻的反思，提出了全球发展新范式并达成了共识，这个范式就是“可持续发展”。

半个多世纪以来，以联合国为主导的国际社会，包括政治、经济、社会等各种组织都为推动全球可持续发展事业做出了巨大的贡献。下面我们通过回顾从 20 世纪 60 年代开始至今可持续发展经历的里程碑事件，来理解这个集全球各界智慧形成的划时代理念是如何从萌芽到概念，再到科学方案，直到最终成为全球发展新范式的。

第二节　可持续发展史上的里程碑

一、《寂静的春天》(1962 年)

1962 年，美国海洋生物学家蕾切尔·卡逊（Rachel Carson）出版了震撼全球的环境科普著作《寂静的春天》(*Silent Spring*)。该著作列举了美国各地滥用杀虫剂所造成的种种危害，揭露了农业中农药的使用对野生动物和人类健康可能产生的负面影响，引起了社会公众对农药与环境污染的普遍关注，唤起了人们对环境的保护意识和关怀。作者试图把环境问题提上国家议程，不久以后得到美国国会的重视，1970 年成立了第一个农业环境组织——环境保护署（Environmental Protection Agency），1972 年禁止将 DDT 用于农业。

《寂静的春天》播下了环境行动主义的种子，不仅在一个国家，而且在世界范围内引发了人们对环境的保护意识和警醒，它被看作现代环境运动的开端。

二、《人类环境宣言》(1972 年)

1972 年，在瑞典的倡议和美国的支持下，世界首届环境会议，即“联合国人类环境会议”在斯德哥尔摩（Stockholm）举行。联合国 114 个会员国以及联合国历史上首次众多非政府组织（NGO）出席了会议，共有 1200 名代表。该会议通过了一项处理全球环境的开创性宣言——《人类环境宣言》，其中包括处理全球环境问题的原则、环境保护方面国际合作的行动计划。会议的重要成果是决定成立联合国环境规划署（United Nations Environmental Programme，UNEP）。通过成立联合国环境规划署，全球环境政策获得了连续性，随之也开启了联合国环境会议每 10 年举行一次的计划和全球环境保护的事业。

三、《增长的极限》(1972 年)

1972 年，罗马俱乐部出版了当代史上最有影响力的报告：《增长的极限》。该报告是麻省理工学院（MIT）丹尼斯·梅多斯（Dennis L. Meadows）等 4 位年轻科学家完成的“人类困境”研究项目的成果。他们基于系统动力学模型，通过对人类发展的未来进行多情景模拟，以世界人口、工业化、环境污染、食品生产和自然资源为变量，跟踪其相互作用和整个系统随时间的变化。研究得出了结论：假如世界人口按同样的速度增长，在未来100年内世界经济增长将达到其绝对极限，并且经济系统和生态系统很可能出现崩溃；改变这种增长趋势并建立一种长期的生态和经济系统的稳定状况完全有可能。如果人们要追求后一种结果，就得尽早开始行动，越早成功的可能性也就越大。

《增长的极限》首次提出了增长的制约因素和传统经济增长的模式问题，为人们质疑以牺牲环境为代价的经济增长至上论奠定了坚实的基础，标志着可持续发展主题科学研究的开始。报告在世界范围内引起强烈反响，引起了人们对环境和生态的关注，不仅成为提升全球可持续性意识的奠基石，其思想也最终促成了联合国启动环境与发展的行动。

1980年，在世界自然保护联盟（International Union for Conservation of Nature，IUCN）起草的《世界自然保护战略》（*World Conservation Strategy*）这一文件中，首次出现了可持续发展（Sustainable Development）的术语。该文件提出把保护生物资源（Living Resources）与发展经济相结合的方针，认为“发展和保护对我们的生存和作为托管人履行责任让后代享用自然资源，二者是同等重要的”。

四、《我们共同的未来》（1987年）

20世纪80年代，由于全球范围内出现大规模环境和社会问题，包括石油危机、森林退化，特别是1986年的切尔诺贝利核电站事故，导致联合国于1983年成立了一个独立专门机构——世界环境与发展委员会（World Commission on Environment and Development，WCED）寻求解决全球问题的方案。委员会主席由当时的挪威首相格罗·哈莱姆·布伦特兰（Gro Harlem Brundtland）女士担任。历时3年全球大量的调查研究，1987年她领导的委员会发布了影响深远的报告——《我们共同的未来》，它也被称为《布伦特兰报告》，从此开启了可持续性与发展的重要性和关联性在全球讨论的进程。

在这个关系到人类社会未来发展的挑战与策略的划时代纲领性文件中，提出了“可持续发展”是“既能满足当代人的需要，又不对后代人满足需要的能力构成损害的发展”，并论述了可持续发展的原则、要求，提出了可持续发展相互关联的8个目标和策略，从而为可持续发展的思想奠定了基础。

该报告描述了全球性的问题、挑战和在可持续发展方面的努力。它强调经济发达的工业国家的责任，其不可持续的生产和消费模式是全球环境破坏的主要原因，同时南半球发展中国家生活在极度贫困之中。该报告对可持续发展做出的正式的政治定义，获得全球广泛认同。可持续发展被纳入政治议程，作为一个规范的行动原则，提出的要求是要满足今天和未来不断增加的人口的需要并要始终保持地球上生活的所有的人的尊严和安全。其中隐含经济、社会、人口、生态（环境）和文化等各方面的问题。可持续发展是经济、社会和生态（环境）三方面协调的发展[①]，它们既是全球性的，也是地区性和本地性的，而要求采取面向未来的行动，以负责任的方式对待资源，保持当代和代际之间的公平分配。可持续发展代表一种新的发展范式（如图 3–1 所示）。

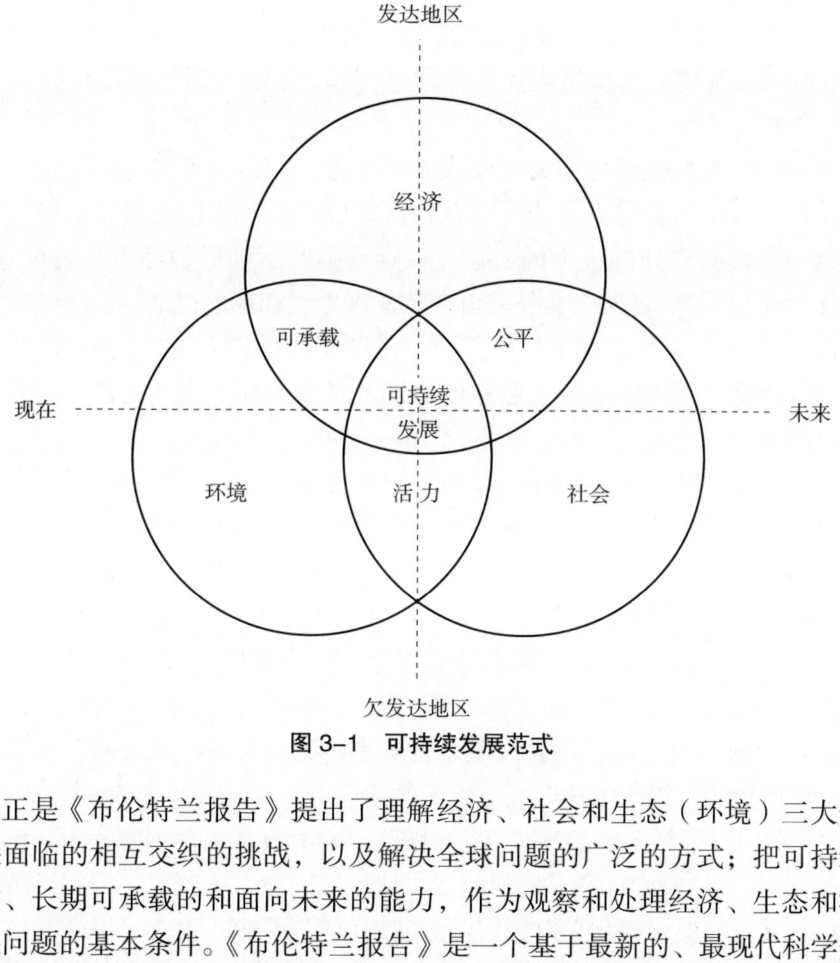

图 3–1 可持续发展范式

正是《布伦特兰报告》提出了理解经济、社会和生态（环境）三大领域发展面临的相互交织的挑战，以及解决全球问题的广泛的方式；把可持续生存的、长期可承载的和面向未来的能力，作为观察和处理经济、生态和社会发展问题的基本条件。《布伦特兰报告》是一个基于最新的、最现代科学知识

---

① 可持续发展包括三个方面的发展，即经济发展、社会发展和环境发展，在可持续发展术语中，“环境”和“生态”时而交替使用，尽管内涵和所指空间范围有所不同。

提出的一个面向未来的发展指南，其理念和主张成为可持续发展理论的基石，得到联合国及大多数成员国、世界银行、欧盟等国际组织的广泛认可，也为联合国后续举行的其他重要会议铺平了道路。例如，1989 年第 15 届联合国环境规划署（UNEP）理事会通过了《关于可持续发展的声明》。

五、《21 世纪议程》（1992 年）

1992 年，联合国环境与发展大会（United Nations Conference on Environment and Development，UNCED），又称“地球峰会”（Earth Summit），在巴西里约热内卢举行，世界 178 个国家和地区的领导人出席。

地球峰会是现代可持续发展政策的里程碑，它极大地影响了可持续发展行动的方向。

国际社会首次就可持续发展模式做出承诺。大会将《布伦特兰报告》的要求和建议转化为条约和公约，旨在各国达成共识，就环境与发展等问题领域缔结一项具有全球约束力的协定。该会议通过了《里约环境与发展宣言》和《21 世纪议程》。这两个文件是可持续发展思想和理念付诸行动的开端，它充分肯定了可持续发展道路，把实现可持续发展作为人类共同追求的目标。至此，可持续发展思想已经成为影响 21 世纪人类文明和进步的基本指导原则和行动计划。

同时，会议还就常见的在经济增长、社会平等和环境保护之间存在的目标冲突一举达成了共识，承认和接受了可持续发展是一个多维度的融合方案，表明了对经济、社会和环境发展目标的系统化理解，即在政治议程中必须同时考虑经济和社会两个方面，才可能实现全球环境保护。正是源于《21 世纪议程》，产生了应用广泛的落实可持续发展“四维度模型”，以特别强调实现可持续发展的关键是必须有组织机制的保障（如图 3–2 所示）。它代表对可持续发展认识的一大飞跃。在后续概念发展中，表达与“组织机制”相对应的概念已明确使用“组织治理”或“组织文化”。

《21 世纪议程》提出，各国应将经济、社会和环境目标纳入一个具有战略重点的国家一级行动蓝图。“应通过尽可能广泛的参与来制定”国家可持续发展战略，并且“应该建立在对当前形势和倡议的透彻评估的基础上”。

《里约环境与发展宣言》共 27 项可持续发展原则，其中第七项原则，即各国“共同而有区别的责任”被国际社会广泛接受，成为世界上所有国家共同承担责任的象征。

会议还为“地球政策”，即世界各国的国内政策奠定了基础，首次提出“全球治理”并决定建立可持续发展委员会（Commission on Sustainable Development，CSD）。

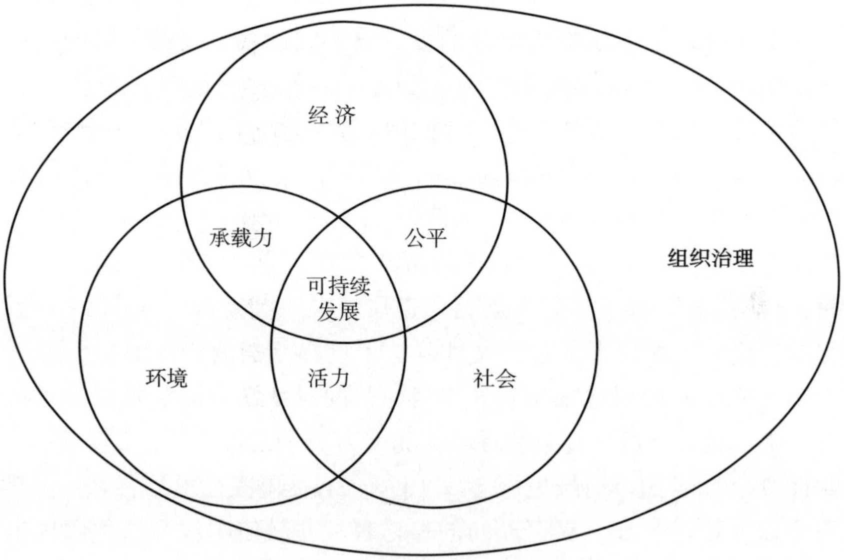

图 3–2　可持续发展与组织机制

会议的重要成果还包括如下文件：《保护森林宣言》《气候变化框架公约》《生物多样性公约》《防治荒漠化公约》。

《21 世纪议程》首次针对从全球到国家、地区、社区的各个层面和领域的所有行动者，包括个人的行为在内制定了实施可持续发展的一揽子措施。这些成果对全球可持续发展的进程产生了历史性的影响。

六、《千年目标》和“里约 +20”（2000 年和 2012 年）

2000 年，联合国千年首脑会议（United Nations Millennium Summit）在纽约举行。189 个联合国成员国签署了《千年宣言》，提出了 8 项千年发展目标（Millennium Development Goals，MDGs）。宣言的主题是减贫、维持和平和环境保护，其中核心目标是，把解决最贫穷人口的发展放到全球政治议程，到 2015 年将世界遭受极端贫困和饥饿的人口比例减半。宣言提供了选择千年目标背后的基本原理，即消除全球极端贫困，必须开展全球行动，发展“全球伙伴关系”并加强国际合作。

2002年，联合国在南非约翰内斯堡举行了可持续发展全球高级首脑会议（The 2002 World Summit on Sustainable Development，WSSD）。这次会议是在地球峰会10周年之际召开的，故又称“里约+10”。

会议评估了《21世纪议程》的目标，围绕健康、生物多样性、农业、水、能源等5个主题，形成了推进全球的可持续发展面向行动的战略与措施，通过了《约翰内斯堡可持续发展宣言》和《可持续发展世界首脑会议执行计划》两项文件。大会宣布从2005年到2014年为联合国可持续发展教育10年（Education for Sustainable Development，ESD），把教育作为变革的引擎和建立可持续发展的方法的基础。

2010年，在《千年宣言》发表10周年之际，联合国在纽约举行了“千年发展目标峰会”，审查了千年发展目标进展情况，并发起了对2015年后的发展议程的讨论。这次峰会的最终文件确认了世界领袖消除贫困的承诺及2015年如期实现千年发展目标的所有8项目标，同时承认有必要加强在可持续发展所有3个领域（经济、社会和环境）的努力。

2012年，联合国可持续发展会议（UNCSD）再次在里约召开，世界各国领导人，以及数千名来自私营部门的参与者、非政府组织和其他团体出席了会议。因会议是在地球峰会20周年之际召开的，故又称“里约+20”。大会讨论了绿色经济在可持续发展和消除贫困方面的作用和可持续发展的国际框架，通过了题为《我们憧憬的未来》的成果文件，重申了“共同但有区别的责任”原则。

会议决定开启一个制定2015年后可持续发展目标的过程，即制定2030年可持续发展目标，以取代千年发展目标，并提供了概念化的指南，即“以一种平衡的方式处理和融合可持续发展所有三个方面及它们之间的关联性”。

从统计学的观点看，更为重要的是，会议提出开发一套与可持续发展议程（Agenda 2030）相一致的、用以测度SDGs的指标体系。

会议决定建立高级别可持续发展论坛“可持续发展解决方案网络”（Sustainable Development Solution Network，SDSN）取代联合国可持续发展委员会（CSD），旨在调动全球科学与技术专业资源，致力于支持从全球到国家层面落实SDGs的解决方案。

会议的重点是在国际法下构建一个旨在遵守2°C目标保护气候的协议，取代即将到期的《京都议定书》，这就是3年后在巴黎举行的联合国气候变化大会（COP 21）上最终签署的关于气候保护的《巴黎协定》（*Paris Agreement*）。

此外，大会肯定了绿色经济是实现可持续发展的重要手段，要求发达国家以优惠条件向发展中国家转让环境友好技术，帮助发展中国家加强能力建设。

“里约 +20”是全球可持续发展运动的里程碑事件，是确立全球新议程方案的标志。

七、《2030 议程》和“巴黎气候大会”（2015 年）

2015 年，联合国相继召开了联合国金融发展国际会议、联合国可持续发展大会和联合国气候大会，是全球可持续发展的历史进程中具有里程碑意义的事件。

（一）金融发展国际会议

2015 年，联合国第三次金融发展国际会议在埃塞俄比亚首都亚的斯亚贝巴（Addis Ababa）举行，并取得历史性突破。来自 193 个联合国会员国正式就《亚的斯亚贝巴行动议程》（*Addis Ababa Action Agenda*）达成一致，其中包括一系列旨在彻底改革全球金融实践并为应对经济、社会和环境挑战而创造投资的大胆措施，为资助可持续发展提供了一个全球框架。它标志着在促进普遍和包容性的经济繁荣、提高人民福祉的同时，在保护环境方面加强全球合作伙伴关系并树立起一个新的里程碑。

这是一次关键的国际会议，其成果为推动 2015 年各国于纽约达成 2015 年后全球可持续发展议程、在巴黎达成具有普遍法律约束力的减少全球碳排放的气候协议调动资源，提供了一个强有力的保障。《亚的斯亚贝巴行动议程》中包含 100 多项支持落实可持续发展目标的措施，涉及发展融资、技术、科学、创新、贸易和能力建设等一系列问题和加强国际合作的政策建议。该行动议程呼吁发达国家落实承诺，在 2020 年前通过广泛渠道联合调集 1000 亿美元，以满足发展中国家在适应和减缓气候变化影响方面的需求。

（二）可持续发展大会

2015 年，在纽约召开的联合国可持续发展峰会正式通过了一项目标远大的可持续发展新议程。该议程称作《改变我们的世界：2030 年可持续发展议程》（以下简称《2030 议程》），它包括 1 项宣言、17 个可持续发展目标和 169 个具体子目标。《2030 议程》旨在寻找新的方式改善全世界人民的生活、消除贫困、促进所有人的健康与增进其福祉、保护环境以及应对气候变化。在大会上，超过 190 个联合国成员国承诺实施《2030 议程》。作为“国际社会面向未来的条约”，它将联合国里约会议的可持续性计划和“里约 +20”的成果与联合国的发展政策条款相结合，为 2030 年的全球可持续发展活动提供了方向性框架。2030 年可持续发展目标（如图 3–3 所示）是“普遍影响全世界的，是综合的和不可分割的，并以平衡的方式考虑到可持续发展的（经济、社会和环境）三个方面”，其贯彻执行“考虑到各国不同的现实、能力和发展阶段”。联合国大会于 2015 年通过的《2030 议程》定义了可持续发展的目标和子目标，参照开发了全球指标框架，要求加强全球伙伴关系，以保障其实施。

图 3–3　2030 年可持续发展目标

资料来源：https：//www.un.org/sustainable development/2h/sustainable development goals/

定义可持续发展议程历时 3 年，在 2012 年“里约 +20”会议之后就已经开始。

全球政治、技术和科学不同层面的许多活动者都参加了对不同元素的定义行动。若干国际组织和来自公民社会的利益相关方在不同阶段也加入了这一进程。

定义可持续发展议程、可持续发展目标和子目标、可持续发展指标框架都与动员可持续发展金融资源紧密关联。每个部分的定义都牵涉其他的部分。不过，这 3 个部分工作中的每一部分其定义的工作流程一般是分开进行的。参加的成员各不相同：

1. 定义可持续发展议程（Agenda 2030）

2012 年联合国秘书处工作组，召集了 60 多个联合国机构和国际组织参加，通过广泛和包容的协商，在《实现我们大家憧憬的未来》的报告中要求，采用整合政策的方式以保障包容性经济发展、社会进步和环境可持续性，使发展议程能回应人们对未来世界的渴望，并对建立伙伴关系提出了具体的推荐意见。

2013 年，由联合国成员国著名政治人士和企业、科技和公民社会的代表组成的高级别工作委员会，对千年目标实施情况进行了审查，提交了以《新型全球伙伴关系：消除贫困和通过可持续发展实现经济转型》为题的最终成果报告。该报告指出，2015 年后的发展议程需要通过 5 个基本的改变来推动：不让一个人掉队；以可持续发展为核心；经济转型创造就业和包容性增长；建立和平、有效、开放和负责任的机制；建立新型全球伙伴关系。

发展议程的工作是按照开放和包容的方式进行的。联合国可持续发展集团（UNDG）于 2013 年发布了标题为《一百万声音：我们憧憬的世界》的报告，它综合了 88 个国家咨询、11 个主题咨询和一个全球调查的结果。联合国地区经济委员会也在进行了地区咨询的基础上，于 2013 发布了标题为《联合国 2015 年后发展议程的地区远景》的报告。

2. 定义可持续发展目标（SDGs）和子目标

根据联合国“里约 +20”会议的决定，2013 年联合国成立了一个开放工作小组（OWG）负责准备可持续发展目标和子目标。OWG 包括联合国成员国的 30 个成员。2014 年提交的结果文件，形成了目标和子目标的初步建议，供政府间协商。其中，16 个目标和 106 个子目标是实质性的，而目标 17 和 62 个子目标与落实战略的措施有关。

2014 年，联合国秘书长完成了综合报告，将发展议程不同工作流程的结果汇集到一起。在《在 2030 年前通往尊严之路》的报告中，秘书长批准了 OWG 建议的可持续发展目标，并公布了进一步考虑的转型方式。

2015 年，在 9 月召开可持续发展峰会之前，1 月至 7 月 OWG 就发展议程进行了联合国成员国政府间的协商。协商结果形成了提交峰会批准的最终文件《改变我们的世界：2030 年可持续发展议程》，其包括 4 个组成部分：①一个宣言；②一套可持续发展目标和子目标；③落实的措施；④跟进和检查。其中目标和子目标是该文件的实质性部分。最终通过的《2030 议程》包括 17 个可持续发展目标和 169 个子目标，基本引用了 OWG 的建议。

3. 定义可持续发展指标框架（Indicators Framework）

测度可持续发展目标和子目标的进展，是《2030 议程》的重要组成部分，为此需要建立全球指标框架。不过，开发指标框架的工作是在 2015 年联合国峰会批准可持续发展目标和子目标之后进行的。

联合国统计委员会（United Nations Statistical Commission，UNSC）作为一个主导的统计机构负责监督这项工作，该框架在联合国第47次会议上得以通过。开发工作历时两年，有许多活动者参与其中。由联合国组织、科学界、公民社会、企业和国家统计局的专家组成的合伙团队发起并推进了可持续发展目标的数据革命。

可持续发展解决方案网络（Sustainable Development Solution Network，SDSN）提出了一个全面的框架，用以度量OWG提出的可持续发展目标（SDGs），包括100个全球报告指标和在此基础上要补充的国家指标。最终报告的题目是《可持续发展目标的指标和监控框架》，建议从4个层面对可持续发展进展进行监控，即国家层面、全球层面、地区层面和主题层面。

SDSN强调，可持续发展目标的进展报告首先应该是在国家层面，国家应该能够选择最适合自身情况的指标。然而，全球监控框架的开发与国家的努力在本质上是相辅相成的，这就要求选择协调的和普遍适用的指标。

（三）气候大会

2015年，联合国气候大会（《联合国气候变化框架公约》暨第二十一届缔约方大会和第十一届《京都议定书》缔约方会议）在巴黎召开。世界196个国家一致达成了《巴黎协定》，旨在应对气候变化，推动全球经济向低碳发展转型，采取大幅减少全球温室气体排放的措施，将21世纪全球气温升幅限制在2℃以内，同时努力将气温升幅进一步限制在1.5℃以内。

《巴黎协定》于2016年11月4日正式生效，是具有法律约束力的国际条约。

《巴黎协定》对实现可持续发展目标至关重要，该协定为推动减排和气候适应能力建设及气候行动提供了路线图。它包括所有国家对减少排放和共同努力适应气候变化的承诺，为发达国家提供了协助发展中国家减缓和适应气候变化的方法，同时建立了透明监测和报告各国气候目标的框架。

《巴黎协定》提供了持久的框架，为未来几十年的全球努力指明了方向，即逐渐提高各国的气候目标。为了促进这一目标的实现，该协定制定了两个审查流程，每5年为一个周期，审查各国的减排贡献。

《巴黎协定》是全球气候治理史上的重要里程碑，它标志着世界向低碳转型的开始，也为构建具有气候韧性、繁荣和公平的未来向国际社会发出了强劲的信号，为国际社会探索务实合作、包容共鉴的全球治理模式提供了有益借鉴。

2018 年，在波兰卡托维兹召开的第二十四次缔约方会议上，代表们通过了全面的规则手册，完善了《巴黎协定》的实施细则。

到此为止，我们回顾了可持续发展从概念、方案到目标系统形成的整个历程（如图 3–4 所示）。了解这个历程是我们理解和运用可持续发展理念的必不可少的基础。因为只有认识过去，才能理解现在，也才能构建未来。

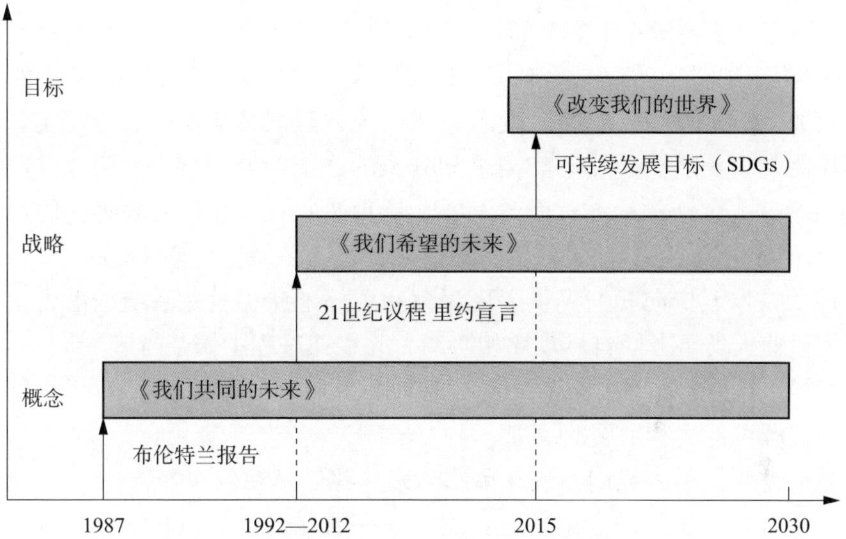

图 3–4　可持续发展——从概念、方案到目标系统

第三节　可持续发展理念

理解可持续发展理念是建立可持续的经济和社会发展以及构建其发展战略的必不可少的基础。

《布伦特兰报告》（以下简称《报告》）是世界环境与发展委员会响应联合国大会的紧急呼吁，提出到 2000 年及以后实现可持续发展的长期环境战略，所制定的一个“全球变革议程”。该报告系统而深入地分析了全球发展的“共同关注”“共同挑战”和“共同努力”，全面阐述了迄今为止全球普遍适用的可持续发展理念。

在此，我将可持续发展理念的精髓概括如下：

一、可持续发展的问题

《报告》指出，地球是一个广阔的世界，不久以前，人类活动及其影响一直限制在国家之内、部门之内（能源、农业、贸易）和有关的大领域之内（环境、经济、社会），这些限制现已开始瓦解。各种引起公众关注的全球危机尤其如此，环境危机、发展危机、能源危机都不是孤立的，它们是一个复杂的、相互关联、相互影响的系统性危机。

这些相关的变化将全球的经济和全球的生态以新的形式联结在一起。我们现在被迫习惯于各国在生态上的日益增加的互相依赖性。在局部、地区、国家和全球范围，生态和经济越来越紧密地交织在一起成为一张无缝的因果网。

人类的活动正在根本上改变着地球系统，我们必须承认这个现实。环境并不作为与人类行为、雄心和需求相分离的一个领域而存在。但是，“环境”是我们所有人生活的地方；而“发展”是我们所有人在努力改善我们在该住所内的命运时所做的事情，两者密不可分，我们必须将它管理好。

科学技术至少向我们提供了更深刻和更好地认识自然系统的潜力。我们也有力量使人类事务同自然规律相协调，并在此过程中繁荣昌盛。

我们看到了出现一个经济发展的新时代的可能性，这一新时代必须立足环境和资源可持续和发展的政策。

布伦特兰指出，我们不是在预测未来，我们是在发布警告—— 一个立足最新和最好科学证据的紧急警告：现在是采取保护使当代和后代得以持续生存的决策的时候了。

她说，我们没有提出一些行动的详细蓝图，而是指出一条道路，根据这条道路，世界人民可以扩大他们合作的领域。

《报告》得出结论：大自然虽然是极其富有而又慷慨的，但是它也是脆弱的，是精细地平衡的。自然界存在着不可逾越的界限（阈值），如果越过这些界限，则自然系统的完整性就受到威胁。今天，我们已经接近许多这样的界限；我们必须重视危及地球上生命生存的危险性。此外，资源使用的变化速度，要求我们立即去预防和阻止意想不到的后果。

二、可持续发展概念的定义

《报告》就可持续发展概念做出了普遍适用的定义，其内涵是：

可持续发展是既满足当代人的需要，又不对后代人满足其需要的能力构成危害的发展。它包含两个重要的概念：

——“需要”的概念，尤其是世界上贫困人民的基本需要，应将此放在特别优先的地位来考虑。

——“限制”的概念，技术状况和社会组织对环境满足当前和未来需要的能力施加的限制。

因此，世界各国，无论是发达国家还是发展中国家，无论是市场经济国家还是计划经济国家，其经济和社会发展的目标必须根据可持续性原则加以确定。解释可以不一，但必须基于一些共同的特点，必须以可持续发展的基本概念和实现可持续发展的广泛战略框架的共识为出发点。

发展就是经济和社会循序渐进的变革。只有发展政策重视资源供应以及成本和利益分配的变化，才能实现自然的可持续性。自然可持续性意味着要关注各代人之间社会公正，但必须逻辑地将其延伸到对每一代人内部的公正的关注。

三、可持续发展的原则

作为上述定义的外延，《报告》提出了可持续发展的原则：

（1）可持续发展需要满足所有人民的基本需求，并为所有人提供满足他们对更美好生活渴望的机会。

（2）可持续发展要求促进鼓励在生态可能范围内的消费标准和所有人可以合理地向往的标准的价值观。

（3）可持续发展要求从两方面满足人民的需要：一是提高生产潜力；二是确保每人都有平等的机会。

（4）可持续发展要求人口发展（规模及资源分配）与生态系统不断变化的生产潜力相协调。

（5）社会可以有许多方法滥用其能力来满足人民的基本需要，如过度开发资源。技术发展的方向可能会解决一些迫在眉睫的问题，但却会导致更大的问题出现。盲目发展可能会忽视大多数人的利益。

（6）可持续发展要求控制对自然干预的规模和影响，避免从局部和全球两方面危及支持地球生命的自然系统：大气、水域、土壤和生物。

（7）能源、物资、水和土地的利用有不同的限度。可持续发展要求在达到这限度之前的长时期里必须保证公平地分配有限的资源和调整技术上的努力方向以减轻压力。

（8）可持续发展要求可再生资源（如森林和鱼类资源）的利用率在可再生和自然增长的限度内，必须考虑开发对整个系统的影响并确定最高的可持续产量。

（9）可持续发展要求对不可再生资源（如化石燃料和矿物）考虑其储存量及其与耗竭速率相应的临界性。最大限度应用减少消耗的技术及提供替代品的可能性并校准消耗率并重视循环利用和节约。

（10）可持续发展要求保护生态系统、动植物物种及其多样性。物种一旦灭绝，它们就不可再生。动植物物种的丧失会大大地限制未来世代的选择。

可持续发展要求对大气、水和其他自然因数（资源）质量的不利影响减小到最低限度，以维持生态系统整体的完整性。

（11）可持续发展实质上是一种变化过程，在此过程中，资源的开发、投资的方向、技术开发方向和机构的变化应当相互协调，并能增强目前和将来满足人类的需要和愿望的潜力。

人类有能力使发展可持续，以确保它满足当代人的需要，同时不损害后代满足其自身需要的能力。可持续发展的概念确实意味着限度——它不是绝对的限度，而是现有技术和社会组织以及生物圈吸收人类活动影响的能力对环境资源的限制。可持续发展需要满足所有人的基本需求，并为所有人提供实现美好生活愿望的机会。但是人们能够对技术和社会组织进行管理和改进，以开辟通向经济发展新时代的道路。

理解可持续发展的理念、概念和原则至关重要：

——因为它们代表当今全球和每一个国家经济和社会发展的目标，也是制定政策和战略的指导框架。

——可持续发展理念是我们观察和解释当今经济社会现象的原则，是制定企业和组织发展战略的依据。

——可持续发展的理念普遍适用于人类社会活动的各个领域、各行各业、各个部门、地区、城市和企业等各个组织。

——可持续发展理念需要融入科学和技术的各个领域，其中包括经济学、社会学、气球物理、生态学等一系列学科。

——可持续发展理念对经济学提出了新的挑战，传统的或主流的经济科学至少必须进行修正、改造或融合。

——今天，人类不仅要深刻反思发展的模式，更重要的是要找到按照新的模式发展的具体的、富有成效的路径。

综上所述，可持续发展理念是根据人类面临的严峻挑战，科学地提出了世界未来发展的愿景、原则和目标，是当今世界超越国界、跨时空、跨行业和企业边界得到普遍共识的理念，它已经成为并将继续成为全球各国和企业的行动准则。

企业和组织必须拓宽视野，面向未来，通过系统地改变思维方式、决策方式、管理方式和行为方式全面变革传统的、不可持续的发展模式，才能实现具有超前可持续竞争力的目标。

可持续发展理念是始终贯穿于本书的一条主线。

第四节　21 世纪的新范式

今天，可持续发展理念不仅在全球广为认同，而且实际被用作发展的指导思想，也成为国际社会交流和合作的共同语言。

在当前，全球新冠疫情肆虐、气候危机严峻、经济复苏不稳定、全球化倒退及供应链中断的背景下，人类社会面临前所未有的挑战。在一个充满不确定性的时代，可持续发展是全球大趋势中唯一看得见的确定性。

为应对全球挑战，共建人类美好的未来，无论是对哪个国家、地区或城市，还是哪个行业、企业或组织，可持续发展将毫无例外地成为一个“绝对命令”。可持续发展将成为 21 世纪新的发展范式、新的管理模式和新的商业模式（如图 3–5 所示）。

鉴于此，理解可持续发展具有的 3 个维度的意义十分重要。这种三维模式超越了单一维度的经济模式。

企业可持续发展指在追求利润的同时，必须保护地球和以符合道德的行为尊重人（权）。利润、地球和人的英文 Proflt、Planet、People 的 3 个首写字母构成的 3P 通常称为企业可持续发展的 3P 原则。

在未来，经济可持续发展、社会可持续发展和环境可持续发展是衡量一个国家、一个企业发展的基准。可持续发展的 3 个领域是相互关联、相互依存的统一体。对 3 个维度应同时赋予平等的意义和平等的重要性，不能偏重一个领域而忽视另外的两个领域。只有同时、平衡、综合考虑这 3 个领域的目标和绩效，实现可持续发展才有可能。

将三维模式及其 3 个维度之间的互动关系融入国家经济社会的方方面面，特别是融入市场经济体系和企业经营管理，是一项根本性的变革。对政策决策者和经济主体而言，必须在思维模式、决策模式、管理模式和行为模式 4 个层面进行协调性的变革（如图 3-6 所示）。

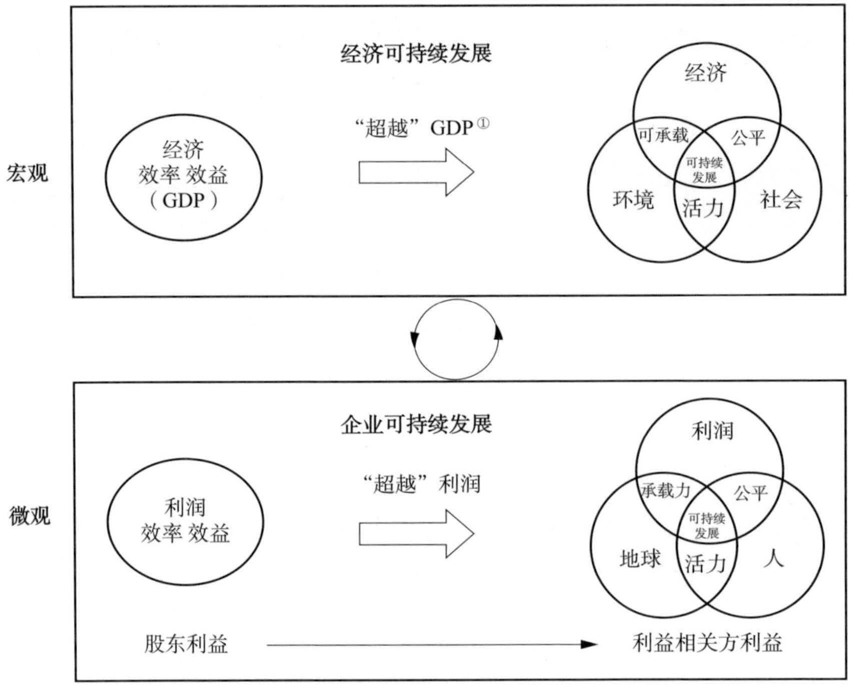

图 3-5　从传统发展方式向可持续发展范式转变

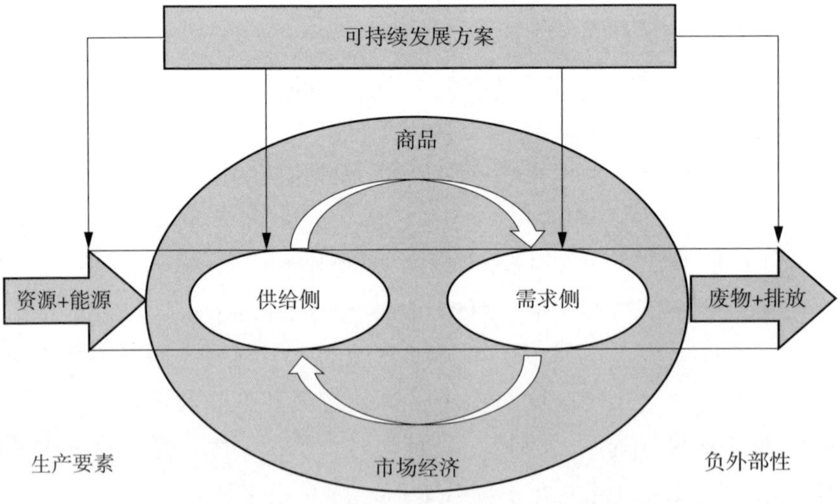

图 3-6　可持续发展方案融入经济系统

① GDP 即国内生产总值（Gross Domestic Product）。

可持续发展概念本质上是多学科的，它涉及管理包括经济、社会、环境、技术、政策和其他方面的复杂系统。因此，在可持续性领域的任何努力都涉及多个学科的原则、方案和方法，如经济学、社会学、工程学、社会心理学、生物学及生态学和物理学。

实现可持续发展也就意味着必须将经济、社会和生态环境 3 个领域目标融为一体，这只能通过至少 3 个直接涉及的学科，即经济学、社会学和生态学及其跨学科组合的协同和合作才有可能有效地找到解决问题的方案。

因此，现有的理论系统和学科都无法满足实现可持续发展的任务和要求，需要建立新的理论、新的学科，如“可持续发展科学”，其中也包括“可持续发展经济学”。新的科学范式的产生有一个过程，可持续发展跨越了多个学科领域，其新的科学范式更不可能在一夜之间形成，需要经历一个发展过程，并且也是一个更为复杂的过程。

我们可充分利用人类现有的知识和经验，为实现可持续发展的目标服务。考虑到经济、社会和环境三方面可持续发展的目标，我们至少可以找到一种方式，能博采现有经济学、社会学和生态环境学之长，融合其有效的部分，并在市场经济中引入资源、能源的约束条件和市场主体的外部性影响，以便构成一个新的综合学科，在本书中我暂且称之为“可持续发展经济学”。例如，应用以下科学——亚当·斯密经济学、凯恩斯经济学、福利经济学、资源与环境经济学、生态经济学，以及现代科学技术，特别是数字化智能化技术，对构建可持续发展的市场经济，包括绿色金融、绿色经济、循环经济等具有重要的现实意义。

应当指出，要形成系统的可持续发展经济学不仅要克服各个学科之间知识性的障碍，也要消除各个学科领域的科学活动者之间的壁垒。各个行动主体有不同的观点，也有不同的语境或术语。因此，实现可持续发展的一个必不可少的条件就是境界合作。

第五节　中国可持续发展大事记

中国可持续发展大事记如图 3–7 所示。

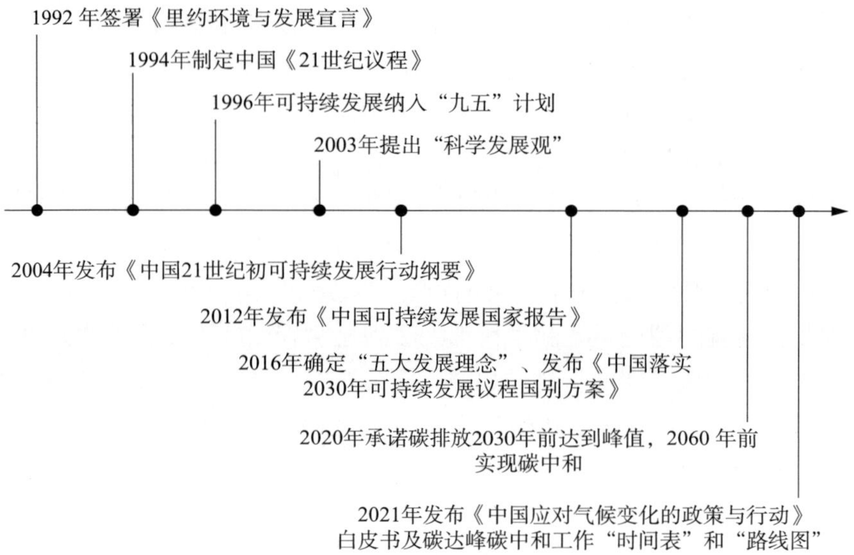

图 3–7　中国可持续发展大事记

1992 年，在里约热内卢世界环境和发展大会上，中国政府签署了环境与发展宣言。大会以“可持续发展”为指导方针，制定并通过了《21 世纪行动议程》和《里约环境与发展宣言》等重要文件，正式提出了可持续发展战略。

1994 年，中国制定了《中国 21 世纪议程——中国 21 世纪人口、环境与发展白皮书》，作为指导我国国民经济和社会发展的纲领性文件，开始了我国可持续发展的进程。

1995 年，党的十四届五中全会正式将可持续发展战略写入《中共中央关于制定国民经济和社会发展“九五”计划和二○一○年远景目标的建议》，提出“必须把社会全面发展放在重要战略地位，实现经济与社会相互协调和可持续发展”。

1996 年，全国人大批准了“九五”计划和二○一○年远景目标纲要，把可持续发展作为一条重要的指导方针和战略目标上升为国家意志。

2002 年，党的十六大指出可持续发展是以保护自然资源环境为基础，以激励经济发展为条件，以改善和提高人类生活质量为目标的发展理论和战略，是一种新的发展观、道德观和文明观。

2003 年，党的十六届三中全会提出科学发展观，其核心要义是可持续发展，自此可持续发展被写入党的指导思想，奠定了永远走可持续发展道路的基调。

2004 年，发布《中国 21 世纪初可持续发展行动纲要》，全面推动可持续发展战略的实施，明确21世纪初我国实施可持续发展战略的目标、基本原则、重点领域及保障措施，落实2002年联合国可持续发展世界首脑会议的精神。

2012年，发布《中国可持续发展国家报告》，总结2001年以来中国实施可持续发展战略付出的努力和取得的进展，客观分析存在的差距和面临的挑战，明确提出今后的战略举措。

2016年，全国人大通过了“十三五”规划，确定了创新、协调、绿色、开放、共享五大发展理念。

2016年，中国制定发布《中国落实2030年可持续发展议程国别方案》，回顾了中国落实千年发展目标的成就和经验，明确了中国推进落实工作的指导思想、总体原则和实施路径，并详细阐述了中国未来一段时间落实17个可持续发展目标和169个具体目标的具体方案，对可持续发展目标融入《中华人民共和国国民经济和社会发展第十三个五年规划纲要》中做出了具体部署。

2020年，党的十九届五中全会提出深入实施可持续发展战略，推动绿色发展，促进人与自然和谐共生。

2020年，承诺碳排放2030年前达到峰值，2060年前实现碳中和。

2021年，全国人大通过《中华人民共和国国民经济和社会发展第十四个五年规划和二〇三五年远景目标纲要》，深入贯彻新发展理念，推进高质量发展，发布《中国应对气候变化的政策与行动》白皮书、《中共中央、国务院关于完整准确全面贯彻新发展理念做好碳达峰碳中和工作的意见》。

●●● 第四章 ●●●

可持续发展经济学

第一节　可持续经济的秩序框架

一、可持续经济的制度支撑

按照可持续发展的理念，经济是整个社会的一部分。社会必须提供一个秩序框架，从制度、观念和技术结构上保证经济系统的健康运行。健康所指的意思是经济繁荣、社会公平并有利于生态环境。

经济发展往往强调效率，但可持续发展还必须强调公平和公正，因为效率和公平二者之中缺乏任何一个条件，经济和社会就将失去稳定性。也就是说，可持续经济发展是建立在可持续发展的社会之上的。

诺贝尔经济学奖得主威廉·诺德豪斯（2022）提出了“良治社会”四大支柱的观点。这刚好与本书前面所指可持续发展理念所要求的社会目标相一致。因此可以说，可持续发展的社会是可持续经济的前提，它也同时构成了可持续经济运行的框架条件。

在这里，我借鉴诺德豪斯“良治社会”的观点并做适当的补充（Wiesheu，2017；INSM，2018），将可持续发展的社会作为可持续经济发展必需的框架条件，具体概括如下：

框架条件一——可持续经济发展要求有法治与法律保障：要用一套法律来界定人与人之间的关系，法律要规定民事行为准则和民事权利，界定并执行产权与合同。好的法律使人们可以通过可靠的交易和公平有效的纠纷裁决来进行互动。在生产者或消费者的行为造成的外部性给第三方带来成本或损失的情况下，国家必须进行必要的干预，如通过环境或气候政策。

框架条件二——可持续经济发展要求有发达的商品市场：产权和合同自由是市场经济秩序的基本原则。国家制定的规则为企业和消费者提供了尽可能大的活动空间。市场价格说明什么是稀缺的、应该在哪里投资和生产以及需要什么样的创新。有效提供私人商品的关键机制是市场的供求关系。在发达的商品市场中，企业承担商品供应的全部成本，消费者承担享用商品的全部成本。个人和企业在贸易和交换中追求自身利益，这就是要通过亚当·斯密所说的“看不见的手”的机制来提高效率。

框架条件三——可持续经济发展要求找到解决公共品或外部性的方法：经济活动的成本和收益溢出到市场之外，且未计入市场价格，这包括污染和污染负面溢出效应和知识（如科学和技术的新知识及其变革）带来的正面溢出效应。为解决社会问题，当社会需要创新、需要公共品，而市场不能让市场供给的时候，或者在市场机制被扭曲或受到干扰的地方，这需要政府的干预。应确保通过国家法律来纠正主要的负外部性，如通过监管和税收促进协商并确定损害赔偿责任。此外，在政府行动缺失或力度不够的地区，个人和私人机构有必要规范他们自身行为产生的外部影响，如通过企业家责任及 ESG 治理。

框架条件四——可持续经济发展要求追求制度上的平等：应保证提供公共产品并通过财政、税收和社会保险促进平等，实施矫正性税收、支出或补贴，以确保经济和政治上的机会和结果都是平等与公正的。特别重要的是，不应该让有害的外部性加剧当前的不平等。

政府有责任，即通过所谓“看得见的手”，来保障和实现市场有序运行和社会公平公正。

以上这些可持续性社会治理的要求，不仅构成了可持续经济发展的框架条件，而且对政治决策以及企业或个人等私人参与者的伦理和行为也具有重大的指导意义。

二、绿色经济的框架条件

人们常谈绿色经济或低碳经济，却很少有人提到可持续经济，其原因在于人们把可持续发展等同于环境保护。实际上，基于可持续发展理念（第一章）的可持续经济与绿色经济（第三章）、低碳经济（第五章）这些术语在其本义上是不相同的。主要是对发展的关注点和强调的重点不一样，但所指的范围相互重叠，所以它们常常被交替使用。简单说来，在本书的概念中，绿色经济与低碳经济的特征是强调以环境、资源、碳中和为优先关注的目标方向，而可持续经济发展则指更广泛意义上的、经济社会和环境相统一、全面可持续的发展。因此，绿色经济或低碳经济是可持续经济的组成部分。这也就意味着，绿色经济或低碳经济的目标是可持续经济发展目标的组成部分。

正如诺德豪斯所言，“绿色社会的目标嵌套在良治社会的目标之中”，这样定义的概念与本书采用的概念框架刚好不谋而合。绿色发展“强调特定的损害和补救措施”，在这里所指的不是别的，正是要有效解决经济活动产生的环境负外部性问题。对此需要一个特定的绿色经济的框架条件，即他所说绿色社会的四大支柱（诺德豪斯，2022）：

第一大支柱——绿色经济发展需要法律构架。就是要让人个人和其他实体对自己的行为负责。例如，它坚持要求人们在驾驶汽车时对自身造成的损害负责，鲁莽行为将受到合理的惩罚。

第二大支柱——绿色经济发展需要市场机制。就是利用价格、工资、收入等信号引导人们作为供应商和消费者的市场行为。正常运转的市场极大地便利了生活，因为它们通过国内和国际贸易提供了丰富的商品和服务。

第三大支柱——绿色经济发展需要处理重要的公共资源问题，特别是关注有害的外部性，这是绿色经济发展的核心。该支柱涵盖了从当地垃圾到全球变暖的一系列广泛的溢出效应，涉及可见和不可见、短期和长期、恼人和致命的各种有害外部性的问题。

第四个支柱——绿色经济发展需要重视环境正义，它是更普遍的社会公平和正义的一部分。采用最有效率和效果的工具及其结果很可能产生不利的溢出效应。我们必须关注外部性对分配的影响，尤其是对低收入人群和低收入地区的影响。绿色经济发展应实现需求和机会上的平等（如应对气候变化、应对流行病等）。因此，绿色经济发展与社会发展的主题密切相关。

第二节　可持续经济与可持续发展经济学

一、可持续经济

首先，我们来看“可持续经济”指的是什么。可持续经济也称可持续性经济。由于可持续性包括 3 个维度，即经济、社会和环境，所以，可持续经济是综合考虑这 3 个方面的一种经济形态。

我们可以这样来定义它：可持续经济旨在自然承载力所允许的限度内适度为所有人追求经济、社会和环境的标准。因此，一个国家除必须维持自然的承载能力之外，也始终必须考虑消除贫困并加强开展可持续行动的教育。

市场经济只有在生态和社会的“护栏”中运行才能解决短期利益最大化给人类带来的严重问题。这一护栏或规则控制经济和技术的发展并确定一个方向。为此，国家需要构建一个引导可持续经济的转型的框架。举例来说，如果到 2060 年能够实现 100% 使用新能源的目标，就能把地球温度上升限制在容许的范围内。但这一目标不可能通过自愿性的市场行为来实现，而必须依靠政府力量来推动。

因此，用“护栏”一词有其重要的含义。在交通系统中，护栏的作用是在一个事故发生时防止更坏的事情。它不是要限制行驶自由，而是要保护生命。国家建立护栏，是为了使经济和技术行进在正确的发展方向上。

新冠疫情暴发时，国家出台政策和救护措施，对拯救经济发挥了至关重要的作用。但对于重构可持续经济还需要加大投资力度，并加速可持续经济的转型，特别是应对全球气候变化，已成为十分紧迫的发展任务。

我们需要能源转型，实现 100% 新的、可再生的能源供应，也就是说，在所有行业都普遍采用新能源，不仅是发电，还包括工业、交通和建筑等。这将促进创新，创造新的就业岗位和产生新的收入来源。此外，我们还必须保护资源并逐年减少资源的消耗。

国家应当将资金投向有利于可持续经济发展的方向，例如，不再为使用化石能源提供补贴，不再为建立燃煤电站投融资，不再为不可持续的企业提供投融资等。当今，无论对一个国家，还是对一个企业来说，要发展、要强大、要有竞争力，除了走可持续发展的道路已无别的选择。

经济活动应在生态和社会系统的限度之内进行。我们今天的经济系统已触及它的边界。经济增长和财富的过度追求，以及经济、社会和生态严重分离是当今危机现象的出现根源和推动因素。经济的压力导致土地、生态系统、资源和生物多样性受到过度开发和利用。环境损害和太多排放物、废弃物产生在我们的经济系统中没有得到考虑：因为它们没有价格！

我们今天因飓风、洪水、修建大坝，或因净化处理被污染的地下水等，已经付出了高昂的代价。这种发展模式，将所有的责任推给社会或者下一代没有前途。因此，我们需要新的、全面的、增进共同福祉的经济发展方式。

二、自然资本

传统的市场经济忽视了自然保护对经济社会可持续发展的基本作用。但随着气候危机加重，考虑到与化石燃料市场和消费相关的风险，金融市场更加关注来自能源转型的风险和机会。随着碳中和征程的开启，改变能源结构和提高能效对战胜气候变化十分关键。自然保护对实现碳中和也将发挥重要的作用。

自然资本是全球经济最重要的资产。根据世界经济论坛的数据，全球GDP一半以上都依赖自然资源。

自然在促进人类的繁荣方面发挥着主要的作用，因为“健康”的生态系统和生物多样性在多方面惠及人类，如：

——提供基本服务，包括提供食物、水和木材等。

——提供调节服务，包括影响气候变化、洪水泛滥、土壤修复、疾病流行、垃圾处理和水的质量。

——提供文化服务，包括在休闲、欣赏和精神等方面。

有一项研究估计，全球整个生态系统2011年提供的服务价值达125万亿美元，约是全球GDP（75万亿美元）规模的1.7倍。

我们的经济是嵌入在自然之中的，经济发展的可持续性与保护自然生态系统密切相关。但直至今日，许多经济学家、政策制定者和金融市场参与者还只关注提高经济绩效的措施，而低估为环境付出代价的生产成本。

在过去上百年的商业活动中，自然资本的方案从来没有系统地融入决策或GDP这样的经济指标中。

已经发展和实现增长的国家，毁坏了自然资本，但成本并没有计入任何经济绩效衡量的范围。

GDP忽视了自然资本，它不包括经济活动给环境造成的损害。但为了拥有可持续的未来，实现经济增长的同时不应当给环境带来损害。

金融部门，作为资本配置的重要枢纽，应当在支持可持续性方面发挥关键作用。金融机构能通过其投资组合的去碳化帮助建立环境韧性，引导资金流向处理气候变化的解决方案，也应把生态多样性经济学融入交易之中。

这意味着，当超越GDP增长保证更可持续的发展，气候变化与环境的联系十分紧密，通过自然资本这个“棱镜”来判断经济绩效会变得十分重要。

三、气候保护

气候保护是 SDGs 的核心问题。应当理解可持续发展与气候保护，或气候保护与可持续发展，二者间有什么样的关系？

国际社会在 2016 年就可持续发展的 17 个主要目标（SDGs）达成了共识。其中，目标 13 的内容是："采取紧急行动应对气候变化及其影响。"因此，气候保护是 SDGs 追求的目标之一。但气候保护不能被孤立地局限于目标 13。因为这句话最后的"及其影响"几个字代表了其真正的意义。也就是说，不解决这个问题所有其他的可持续发展目标都不能或很难实现。

举例来说，气候变化的发生会直接或间接地影响到其他 9 个目标：目标 1（贫穷）、目标 2（粮食安全）、目标 3（健康）、目标 6（水安全）、目标 9（基础设施）、目标 10（不平等）、目标 14（海洋）、目标 15（陆地生态）和目标 16（和平）。

为什么会这样？因为实现可持续发展目标要应对的挑战不能孤立地去考虑。在它们之间会产生连锁反应。例如：

——当气温升高和由此引起的极端天气继续增加时，就会对相关国家的粮食安全（目标 2）造成危害，导致小农户更贫穷，依赖关系使不平等现象加剧，生活品引发的暴动危及和平。

——如果喜马拉雅冰川继续融化并最终消失，亚洲许多河流会失去主要的水源。当河流水流减少，反过来会影响相关流域生活的人饮用水可及性（目标 6）、农业和粮食安全（目标 2）以及陆地生态系统（目标 15）。

因此，在气候保护和气候适应中需要付出努力。如若不加紧推进这一目标，实现 SDGs 许多其他的目标将是遥不可及的。

四、可持续经济与经济学

可持续发展经济学（亦称为可持续性经济学）旨在从社会、生态和经济 3 个维度综合研究经济活动。经济学把经济对人和环境的影响纳入研究的范围，对维护健康的社会和生态系统，对构建可持续经济具有至关重要的作用。

传统上，经济学被理解为管理稀缺资源的学问。它的明确目标是，尽可能有效地应用可支配的资源，以扩大自身的收益并通过这种方式增加财富。在此情况下，其含义首先指的是用指标衡量的物质财富，如 GDP。此时生态和社会系统的承受能力和再生能力始终不在考虑之中。其结果造成了自然资源利用过度。传统经济学也不考虑经济活动产生的负外部性，如环境污染和温室气体排放等。1987 年,《报告》首次将可持续性概念带进了政治议程并对可持续经济转型框架的形成产生了影响。可持续经济的目标对迄今为止的经济方式和我们社会的基本价值观和范式提出了质疑。企业的法律义务、自愿性措施和消费者的要求都证明人们的环保意识已经发生变化。到目前为止，资源的利用和二氧化碳排放有增无减。社会和生态危机一再表明，通往可持续经济的路程还很长，可持续发展的任务十分紧迫。

可持续经济的发展为建立可持续性经济学提出了新的要求和创新构建的“土壤”，反过来可持续性经济学的发展又将为可持续经济发展提供理论和方法的支撑，二者将处在一个动态不断加强的发展过程中。

第三节 宏观与微观经济可持续性

由此可见，片面注重经济发展而忽视与此相关的环境和社会的发展是粗放式的发展，必定是不可持续的。这说明发展的方向和目标是决定性的，它们在很大程度上与衡量发展所采用的标准有关。如果发展方向和目标要超越单一的经济维度，从片面注重经济转为全面关注经济社会的进步、国民的福祉和环境的健康，这不仅导致发展方向和目标发生变化，也会导致发展质量的根本转变。

发展方向、目标和质量的变化不仅发生在宏观层面，它们对微观层面、对市场主体的治理和管理也会产生重大影响。在未来，有多种因素会推动企业可持续发展，实现从传统管理到可持续管理的根本性转型，并为可持续经济的整体发展创造条件。

一、绿色经济可持续转型

——绿色能源和经济转型具有广阔的潜力，创造性地促进经济发展质量的改变。这不仅有利于改善环境、节约资源、减少排放，而且有利于创造新的就业和工作岗位，创造绿色 GDP。

——在价值链方面，可通过产品源头设计开始到生产、消费，融入可恢复性和可再生性，在产品使用周期结束后，将其回收再利用，从而保护资源并减少废弃物。这种模式也能创造更多价值，推动创新，增加就业，促进增长。

——在社会经济中，还包括能增进福祉的高增长领域，如教育（普通教育、职业教育）、健康、医疗服务、保健服务等社会基础设施领域。新冠疫情表明，未来这些领域需要加大基础设施、创新和人力资本的投资力度。这些领域不仅能提供大量就业机会，还能促进社会平等、社会流动和可持续增长的长远效益，但不能产生支撑放大效应。

——宏观层面的公共政策及激励措施与市场创新能力相结合，有助于推动经济绿色、可持续和包容性的变革和转型。为此而建立与可持续经济市场相适应的新的机制和规则，必然促进更高质量的新型增长模式和企业价值创造模式的出现。

二、企业“ESG 价值创造”

企业在产品和服务、生产过程、供应链、各个环节的可持续模式创新，不仅会提高运行效率、催生和改善附加值更高的产品，而且会创造新的工作岗位，促进经济繁荣。

可持续的市场经济模式的转变意味着市场主体（企业）必须转变战略、治理和管理方式。宏观领域摒弃“唯 GDP 论”，也意味着微观层面放弃“股东至上论”。换句话说，在未来企业不只是为股东创造价值，也必须为其他利益相关方创造价值。企业将从过去关注经济价值创造转型为关注经济、社会和环境可持续价值创造，也就是“ESG 价值创造”。在未来 ESG 将成为资本市场和投融资普遍的准则，成为判断企业及其价值、行为、信誉、品牌和风险的标准。

投资机构亦越来越将其基金的投资策略重点放在 ESG 标准上，越来越注重应用新的理念，注重对可持续领域、可持续经济活动和项目的投资。资本市场也正在向更加可持续的方向转变。ESG 投资在数量上的迅速增长和更优异的业绩表现正在加速这一趋势。

实际上，经济学家的新方法对投资者已经产生了具体的影响。资源过度消耗、污染和排放的负面效应，以及高消费推动增长等方面的弊端越来越明显，已得到政策制定者和市场主体高度的重视。可持续的经济方式将为企业可持续发展带来更多有价值的回报。

第四节 可持续发展对经济学的挑战

如前所述，自 1987 年世界环境与发展委员会在《我们共同的未来》报告中提出可持续发展的概念之后，可持续发展作为一个全球共识的发展理念正式进入了全球的发展议程。

可持续发展的思想起源于 20 世纪 50 年代后的环境保护运动，旨在解决全球范围内由人口爆炸和消费增长所引起的生态退化、环境污染、资源短缺和社会失衡等一系列难题。1972 年第一次国际环境大会，即联合国人类环境大会，在斯德哥尔摩召开。从此，环境问题日益在全球范围内受到关注。1987 年，联合国环境与发展委员会在《我们共同的未来》中明确提出可持续发展的定义。1992 年，联合国环境与发展大会重点关注全球问题，包括地球保护层即臭氧层退化、热带和原始森林与湿地的破坏、物种消失，以及导致全球变暖和气候变化的二氧化碳及其他温室气体排放量稳步上升。在大会上，各国对可持续发展达成共识，确定了千年发展目标。2015 年，联合国大会通过了《2030 年可持续发展议程》，明确了 17 个可持续发展目标及 169 个具体子目标，包括应对气候变化，保护森林、陆地、海洋和生物多样性等；同年，联合国巴黎气候大会通过协议，承诺到 21 世纪末把地球升温相比工业化前控制在 2℃以下，并努力控制在 1.5℃之内。

自工业革命以来，尤其最近几十年来，整个世界、国家和公众所面临的资源和环境的挑战与日俱增。在此期间，人们对经济发展的规模性、质量和对资源、生态、环境保护的紧迫性方面的认识和意识也随之提高。

政策制定者、科学家和一般公众都逐步努力思考和探索这样的问题：世界的将来会是什么样？我们能否适时地对这些各种各样的挑战和威胁做出反应，并且及时阻止对地球健康和人类生存的生态系统的不可逆转的损害？这些问题中一个最重要的内容是对资源、环境问题的经济分析，但却很少得到应有的、足够的关注。

经济发展一定要付出很高的环境代价吗？“环境友好”的发展有可能吗？我们如何做出适当的平衡？诸如此类问题充分表明了资源经济学、环境经济学、生态经济学的重要性。

半个多世纪以来，可持续发展的思想在全球不断普及，渗透到经济、社会和生态环境各个学科领域。多学科视角的研究和争论，推动了对可持续发展不断深入的研究和认识。

直到现在，还没有一门可称为可持续发展经济学的系统化理论可以指导可持续发展。也就是说，可持续发展对现有的经济学理论提出了严峻的挑战。

第五节　可持续发展对管理学的挑战

可持续发展是21世纪全球发展的新范式。国家可持续发展的目标，企业可持续发展的目标，都只有通过可持续管理才能实现。不言而喻，“可持续发展管理”或简称“可持续管理”是至关重要的。

一、可持续管理与挑战

自18世纪以来，在200多年的工业化时代，管理理论和实践对提高经济效率及效益、推进社会进步、创造财富等方面发挥了重要的作用。它所依据的框架主要是市场经济理论，无论是在宏观层面，还是微观层面，追求经济效率效益最大化是发展的唯一目标，忽视了资源的有限、环境的承受度以及社会的公平性，其结果将不可避免地导致人类生态环境恶化，社会贫富差距加大，最终对自然和社会的负面影响严重地威胁着人类自身的安全和生存。

这种发展方式引发了人类深刻的反思。自20世纪70年代开始，国际社会进行了长达半个多世纪的争论，终于对后工业时代的发展形成了全球广泛统一的共识，即经济发展必须遵循可持续发展的原则和框架，换句话说，经济发展追求效率效益最大化必须以满足社会的和环境的要求为条件。共识的原则也就是规则，为了人类共同的未来，发展必须满足可持续的基本原则，这一原则适用于全球所有国家、所有地区、所有的企业和组织，在逻辑上也是全世界所有组织（包括政府、企业和社会组织）发展的责任。换句话说，可持续发展必将是全球普遍采用的发展方式和管理方式。

实行可持续发展原则意味着，必须客观地承认，经济系统的参量由“一维”变成了“三维”，创造经济价值的主体的管理目标不再只是经济“一维”的，还必须扩展到环境的和社会的。这意味着，经济组织治理和管理的范围不仅在组织内部，也包括组织的外部，企业管理边界发生了变化。经济范式的根本改变，从而导致从宏观到微观，从企业到产业，从企业到供应链，从商业模式到组织结构，在治理和管理诸多方面产生了连锁影响。在全球互联网、大数据、云计算、智能化的时代背景下，全球发展和变革的速度大大加快，企业治理和管理方式是否进行可持续转型决定着未来国家和企业全球竞争力。

二、可持续管理的战略意义

当前，中国提出全球治理、落实《2030 议程》等，这些都是在国家层面实践可持续发展的战略举措和机会。实际上，中国是世界第二大经济体，是全球经济体系的重要组成部分，中国企业国际化、中国制造已事实上融入了全球供应链。这就要求企业必须采用全球通行的可持续发展方式，也只有这样才有可能实现自身高质量发展，才有可能进而融入多元、多边和多变的世界。

然而，可持续发展管理作为一种新的科学管理理念、新的治理和管理方式，在中国至今并未系统地得到采纳和普及，甚至还不在管理专业领域“管理术语”之中，这是管理领域一项急需填补的“空白”。

在中国经济高质量可持续发展，企业创新、产业升级、绿色增长等领域，在国家可持续战略目标与企业实践之间，一直还缺乏一以贯之可“落地”的管理方式和方法论。这表现为在宏观和微观经济之间存在一个治理和管理的“断层”或“空位”。这个一直存在的“断层”或“空位”事实上已成为提升国家和企业的实力、国际竞争力的一个最大的“短板”。

经济高质量发展意味着，迄今为止“粗放”的模式必须代之以高质量、可持续的发展方式。这对抵御重大风险，增强国家实力，发展实体经济，提升企业产业链、供应链韧性，提升产品和服务品质，提升全球可持续的竞争力等，实为势在必行。无论是实现国家高质量可持续发展战略目标，还是实现企业可持续发展的战略目标，都必须依靠可持续发展管理的理论和方法。可持续发展管理是急需的必不可少的现代化管理工具。

在国际国内一系列重大会议、论坛中，在国家层面多次强调可持续发展，强调实现 SDGs，以及履行应对气候变化实现碳中和的承诺。这对参与全球治理、担当全球责任意义重大。

这一切表明，在经济发展的所有过程和活动中，落实可持续性原则，包括问责、透明、开放、包容、法治、道德、责任等，对参与全球竞争，推动全球公平贸易、建立诚信市场经济、推动绿色经济增长等将会越来越重要。企业越要发展，越是处于全球供应链之中，越要提升全球竞争力，越需要依靠可持续治理、管理理论和原则的指引，越需要依靠可持续治理和管理的方法，制定可持续发展战略和行为准则，并形成可持续发展的文化。

近年来企业典型案例已充分说明，可持续发展战略和管理对处于全球经济的中国企业是何等的重要！在未来，防范可持续性（ESG）风险，落实通行的国际标准和规则，将是一个普遍的管理实践。从现在起，必须引起国家、企业、产业界高度重视。在可持续治理和管理方面，国内企业相比全球化企业差距较大。从地缘政治风险、国际贸易、国际分工和比较优势看，中国企业必须有紧迫感，必须尽快实现可持续性转型，用可持续发展的方式做好自己的事情。只有这样，企业才能在复杂的国际形势下，行稳致远，永远立于不败之地。

实现可持续发展管理是企业根本性的转型。在经济全球化的背景下，企业在推动新一代管理创新和变革过程中，一定大有可为。这也是企业高质量发展，提升全球竞争力，增强全球领导力的必由之路。

可持续发展是企业家的责任和使命，引入可持续发展管理意味着管理范式从传统向现代的转变，因而是战略性、颠覆性的创新发展举措。

第六节　可持续发展经济学的理论构建

自联合国提出可持续发展概念之后，经济学界力图将它纳入经济学的范畴，虽然在这方面已有很大的进展，但这项工作还远未完成。实际上，构建可持续发展经济学是一个革命性的任务。

一、可持续发展经济学的范畴

可持续发展经济学的构建，有两种不同的方式或方法：

一是规范经济学方法。这一方法认为，可持续发展经济学是对可持续的经济状态和特征的描述，它就是可持续发展的经济（可持续经济），比如，生态经济、绿色经济等。这种经济属于规范经济学的范畴，主要解决“应该是什么”和“应该如何办”的问题。可持续发展的经济形态包含三大要素，即经济、社会和环境，它们是可持续经济的三大支柱。可持续经济追求的是经济效率、社会公平和环境可持续。经济效率在宏观经济层面表现为经济增长的高速度，在微观经济层面则是利润或收益最大化。社会公平不仅指当代各社会群体之间、同一社会群体内部不同个体之间的公平，而且包括当代与未来代际之间的公平。环境可持续则指应该满足未来人类发展对环境和生态服务的需要。

二是实证经济学方法。这一方法认为，可持续发展经济学是对可持续的经济行为的描述、解释、预测，可持续经济学属于实证经济学范畴，主要解决“是什么”和“如何办”的问题。可持续经济学同样涵盖经济、社会和环境 3 个领域，经济市场受社会和环境两个因素的制约。其经济学基础主要是资源和环境经济学、生态经济学，前者考虑基于外部成本内部化，后者考虑资源可再生性及自然生态的平衡。总体上，注重环境和自然资源的市场价值、可再生资源的更新速率、不可再生资源枯竭的刚性约束，这些均可纳入可持续发展经济学的基本内容，或作为分析架构。

由此可见，可持续发展经济学的理论构建，有规范经济学和实证经济学两个走向或体系。这两种体系的内部都覆盖经济、社会和环境 3 个维度的领域及目标。也就是说，评价可持续经济的形态和可持续经济的行为需要基于三维度的参变量。这两种方法分别强调了可持续发展的意义。但它们在各自的层面都倾向于与可持续发展的目标保持一致。

二、可持续发展经济学的目标

从规范的角度，可持续发展经济学研究的是如何实现经济效率、社会公平和环境可持续的三大目标。传统经济学设定单一目标，量化的方法明确具体。可持续发展包括 3 个领域的目标，需要构建多重指标体系，实现多重目标管理。但可持续发展三大目标之间缺乏可比性，有定量的，也有定性的，二者不能简单地综合集成为单一指标。

2000 年发布的联合国“千年发展目标”，涵盖减贫、教育和环境等八大领域，大都有明确的目标值。联合国“2030 年可持续发展目标”将目标领域拓展到 17 个，并延伸至一些综合性的城市发展和应对气候变化领域。显然，这些领域相互关联，而又相互独立，甚至可能相互冲突或矛盾。在量化和非量化、互不可比情况下，需要决定权重，协同这些不同目标采用的方法。

从实证的角度，可持续发展经济学将一些基本要素，如环境资源要素，进行货币化并将市场价值纳入核算，可克服目标多维设置的困难。例如，在市场中，无论是消费者对环境质量需求的显性偏好，还是企业对环境污染造成的损失或生态修复的投入，均可货币化。正是基于这样的统一目标设定，国际上，如世界银行等机构从20世纪80年代起开展有利于环境改进的国民经济核算研究。2004年以来，中国有关部门开展了绿色国民经济核算研究（简称绿色GDP研究）项目，并测算出了绿色GDP数值=GDP–环境成本–资源消耗成本。目前，对绿色GDP研究所得的结果都尚未获得正式的公认和应用。其原因在于：一方面，缺乏伦理价值基础，例如，人的健康乃至生命、物种的消失，在市场上如何计算？另一方面，缺乏定价基础，例如，一个物种消失后便失去了市场供给，供求规律失灵如何解决？此外，缺乏科学信息。比如，土壤重金属污染等环境问题的危害性有多大？目前所获得的结论尚不足以支撑市场决策。

不论是作为规范经济学还是作为实证经济学的可持续发展经济学，都需要完善和创新，才能为实践提供符合目标设定的方法。

三、可持续经济的评价标准

可持续经济的评价标准包括数量和质量两个方面。如果把可持续发展简单地理解为发展，则"发展"用经济的增长来测度。这就使得可持续发展经济学理论实际成为以数量增长为导向的理论，可持续理论中的"可持续"（环境及代际公平）就不可能发挥关键作用，从而导致现实中环境可持续性面临的挑战日益严峻。

当然，不应低估经济增长的作用。经济增长不仅是可持续发展的一个目标，而且也是社会进步和环境保护的支撑。没有经济增长就没有就业，就不能摆脱贫困，也没有能力保护环境。在以发展与环境为主题的研究中，国际上分析了环境质量与人均收入之间的关系（环境库兹涅茨曲线），通过经验数据得出如下结论：当发展水平较低时，环境污染较轻，但随着人均收入水平的提高，环境污染随经济增长而恶化；而当经济发展达到一定水平，即达到某个"临界点"（拐点）后，环境质量则随人均收入水平的提高而逐步改善。

以增长为导向的政策选择和决策，虽然有利于消除贫困和改善民生，具有现实的政治基础和紧迫性，但这样的简单考虑偏向于只以经济增长或收入水平来评价发展，而忽略了保护环境、环境成本和生态损失，导致人们对气候变化负面影响的解决缺乏紧迫感，也弱化了代际公平和对环境可持续的责任。

实际上，经济、社会和环境是可持续发展经济的三大支柱，它们并不是相互孤立的，而是相互关联和依赖的。比如，联合国"千年发展目标"以发展为导向，突出社会弱势群体的发展和保障，将减贫放在第一位，以促进资源环境的保护。联合国《2030议程》制定的17个可持续发展目标也以发展为导向，强调消除饥饿、保护生态环境、维护社会公正和加强国际合作等目标。因此，可持续发展目标的测度应当把社会和环境的要求作为“可持续”经济发展的刚性约束条件，它们在根本上代表经济发展的质量。

四、评定可持续发展的观点

为什么发展一定要可持续？回答这个问题取决于用什么观点或原则对待可持续发展：

——从道德角度看，可持续发展在道德上是绝对正确的。一方面，“处在时间上游”的当代对“处在时间下游”的后代有着绝对的优势地位，即后代的存在和存在的条件取决于当代人的行动和行为，因此道义上当代应当对处在弱势的后代负责；另一方面，可持续发展反映了人类对后代关爱的本性，其在范围上有很大的延伸，不仅限于个体，而是涉及全社会。

——从纯经济角度看，可持续发展并非一定被认为是“正义”的，因为为了下一代的利益与发展，不得不损害当代人可直接获得的经济与物质利益，这“违反”了传统经济学中利益最大化的准则。例如，为了可持续发展，必须应对气候全球变化，必然要牺牲一部分经济利益，而这部分经济利益要在几十年后才能得到补偿或收益，也就是说，当代无法享受到这一投入的回报。站在经济学的角度，对贫穷国家而言，发展经济高于一切，损害当下的经济发展利益不符合社会整体的价值期望。因此，用纯经济观点看待可持续发展，这是难以实现的。

五、可持续发展范式

从根本上讲，古典经济学和新古典经济学都从属于工业时代的发展范式，如功利主义的伦理价值观，效用或收益（利润）最大化的目标函数，供求均衡的市场价值规律，自然资源的货币化、资产化等。传统的理论在此虽有一定的应用价值，但缺乏满足可持续经济特征所要求的理论与方法，例如，传统理论将自然资源作为满足人类需求的消费物品，而不是保护生态与环境的永续供给，也不包括应对面向未来收益的不确定性、对自然资源价值选择的风险等。

从经济学角度分析，由于对待自然资本的观点不同，即自然资本是否可用人造资本替代，相应地提出两种不同的可持续发展范式：

——一种是弱可持续性范式。该范式认为，人造资本的增加能替代自然资本的减少，只要保持二者合计的总价值不变，则发展就是可持续的。

——另一种是强可持续性范式。该范式认为，自然资本不能绝对为人造资本所替代，因为它们具有人造资本无法替代的“环境功能”，必须保持自然资本的价值，发展才是可持续的。

事实上，可持续经济的特征包括尊重和保护自然的承载力、社会的公平和公正。自然资源的生态价值是多方面的，不仅是为了满足消费和效用最大化，还为了维护自然生态系统的系统功能。自然生态价值不能完全用人创造的价值取代，也不能简单货币化或资产化。

可持续发展的概念特别是强可持续性意味着限制经济增长。经济活动严重依赖自然资源、原材料和化石能源，不可能无止境地增长。因为地球生态系统的承载力是一定的，宏观经济规模，以及所有的资源使用和物品产出都应受到限制。这需要达到一种状态，即在长期，资源和能源消耗的稳定经济状态。

有限增长概念完全不同于标准经济增长的观点。在标准经济增长中，GDP 按指数增长的趋势无限制地增长——例如，GDP 每年增长 4% 等。在有限增长的观点中，国家或全球经济系统必须遵循被称为逻辑曲线的形式增长，经济活动按此曲线达到最大规模并处于稳定的状态。

无论如何，工业时代发展起来的传统经济学范式不可能从根本上实现可持续发展。在后工业时代，必须通过传统经济范式向可持续经济范式的转型，才能实现可持续发展的目标。

第七节 从传统经济学到可持续发展经济学

传统经济学力图借助于简单的模型和假设来解释经济活动者复杂的社会经济行为方式。但在解决 21 世纪全球问题时，这一经济理论体系就失灵了。因此，有必要对它进行改革，以适应未来经济社会可持续的发展。

在过去的 250 年左右的时间里，增加生产和利润最大化处于经济学的中心位置，其结果不可避免地导致资源消耗不断增加。考虑到其对全球的危险性，这种短期经济学必须向长期经济学转变，以达到保护自然的承载力和维护社会公正的目的。鉴于此，传统经济学因其理论体系的缺陷，不足以支撑可持续经济的发展。因此，基于21世纪的问题和挑战，现在应当也应该建立新的理论体系了。

许多经济学家建议将生态关系嵌入经济理论。但传统的经济学假设已不能适应现实的要求，或者说传统经济学的目标并不符合可持续发展的原则。未来的经济学理论体系必须能与可持续发展的原则和管理规则保持一致。

一、传统微观与宏观经济学

此处，传统经济学是指所有在经济学中不考虑自然资源及其在代内和代际之间公正分配这些问题的经济学派。而其中最主要的，也是最受批评的是作为自由经济学代表的新古典经济学，后者主张完全竞争。

人们认为，亚当·斯密创建了古典经济学，奠定了微观经济学的基础。古典经济学强调自由市场作为“看不见的手”，能依靠需求侧和销售侧的双重竞争力量，将市场推向价格和生产平衡，从而达到供需平衡。与此同时，需要国家构建公共基础设施，如交通、教育等设施，并以此作为经济发展的主要条件，这在今天可解释为对自然资源的保护和公正分配。但是，古典经济学的后继者发展了自由市场经济理论，建立在此基础上的新古典经济学忽视了国家（政府）的这一积极作用，把政府看作“守夜人”，而不是一个构建者。古典经济学这样理解政府在经济发展中的角色和作用，实现可持续发展目标就是不可能的。

凯恩斯开创了宏观经济学。凯恩斯经济学否定了古典经济理论关于工资与价格能够迅速调整以使所有市场达到均衡的假定，认为工资与价格的调整过程是缓慢的，这意味着市场会处于一种失衡状态（市场失灵），故倾向于怀疑自由市场经济“看不见的手”的作用，而更提倡政府作为“看得见的手”在促进宏观经济中的作用，给政府赋予了稳定经济政策的任务。但是，凯恩斯没有也不可能在可持续目标体系的意义上要求政府扮演构建相应的政策和法律工具、建立可持续性护栏的角色。该理论仍然被理解为传统的政治经济学，不可能与可持续发展的目标相一致。

在当今现实的经济社会中，必须充分发挥市场的作用，正确发挥政府的作用，即依靠“两只手”共同的作用，才能为健康、可持续的市场经济提供保障。

二、自由市场经济与可持续市场经济

（一）自由市场经济

极端的自由主义经济学相信，经济的整个供给应当只通过市场来确定，因为按照传统的价格机制的理论和经济活动者有目的理性决策，市场会最佳配置商品和生产要素。这时，所有经济行为的成本和价值直接归于相应产生的原因，因而使商品表现出“正确的价格”。因此，按照市场自我修复力的假设，不可能出现资源过度利用情况，社会不可能出现令人无法接受的不公平现象。尽管这一观点表达了一个理想的理论系统，但它显然与实际不相符合。

自由市场经济的失灵会造成社会不可接受的后果（Rogall，2010），例如：

——经济失衡，包括失业、通胀、不平衡的贸易。

——贫穷和分配不均，包括贫困劳动阶层、不确定的劳动关系。

——经济权力集中，消费者操纵。

——对公共产品的金融支持不足。

——不能保持自然有限的承载力。

（二）可持续市场经济

因此，应当力求通过可持续的或基于生态和社会的市场经济，或混合型市场经济代替纯粹的（自由）市场经济，保证经济、社会和生态满足一定的高标准，借助于可持续经济发展的工具，实现后工业化社会的重构，如自然使用权可交易、金融系统服务生态化。

同时，应当部分放弃传统经济学关于市场自我修复力的假设，要求国家积极进行相应的政策构建。可持续性不能被看成应对各种形式市场失灵必要的例外情形，而应被看成一种常态。市场的作用可能导致错误的发展，如资源过度利用和造成发展失衡，因此需要合法的决策性干预，以提供经济的稳定性和健康发展。近年来发生的经济危机和经济衰退表明，极端的市场经济学所主张的国家不允许干预市场经济活动的想法在实践中没有说服力。

今天，事实已经说明，为了实现一个持久有尊严生活的世界，我们需要可持续的市场经济，需要建立社会和生态秩序框架，并提供足够的公共产品。因此，为了社会公共产品，也会部分放弃消费者主权，这就要求应用政策和法律工具，才能保证保护社会和生态的安全。可持续社会是一个广泛参与、民主决策、和谐相处、充满活力的社会。因此，可持续经济学要求通过政府引导性的政策干预，以保证在当代和代际之间实现社会公正。新古典经济学与可持续发展经济学的比较见表 4–1。

表 4–1 新古典经济学与可持续发展经济学的比较

	新古典经济学	可持续发展经济学
概念	传统概念	重新定义
模型假设	帕累托最优模型、经济人、消费者自主权	可持续经济模型、社会人、可持续生产
资源配置	纯市场经济，市场调节	可持续市场经济，追求适度
核心原则	货币化原则，弱可持续性	可持续原则，强可持续性
供需关系	消费者偏好，产品价格	消费偏好，企业战略，国家政策
市场形式	完全竞争价格，仅由供需决定	现实的市场，产品价格理论
增长范式	不断线性增长	可持续增长，Δ 资源生产力 > Δ GDP
失业	非适应性失业	趋势性失业（如自动化）
货币政策	货币作为交换手段	可持续货币政策和财政政策
自由贸易	货币系统	全球秩序框架，发展与合作
市场风险	短期自动恢复平衡	全球可持续秩序框架和政策

资料来源：参考 Rogall（2010）

三、可持续发展经济学

可持续发展经济学为市场经济提供如下两个方面的支撑：

——市场经济。市场经济提供一个以经济效率和效益为导向的模式，但必须满足社会和生态的条件，并以此作为经济的支撑，市场经济才可持续。

——社会政策。社会政策是可持续经济的核心组成部分，它提供社会安全保障，同时保证社会权利，有利于社会的和谐和稳定。

（一）社会和生态秩序框架

社会和生态秩序框架包括工业社会向可持续经济社会转型的政策和法律手段。可持续的经济学必须把政府政策和市场的失灵（经济中错误的发展）融入经济理论学说，并分析利益相关方不同的利益及其实现利益的方法。

利益相关方的分析不能只停留在分析上，如同成功的技术研究那样，所得的结果必须与可持续经济的目标相比较。必须意识到，这是一个规范性的

"构建"的任务，包括技术构建和经济构建。可持续经济必须摆脱纯市场经济的风险，并开发能抵御风险的工具。此外，还应分析不公平经济对政治的影响，并开发安全保障和预防的工具，如防止如下情况发生：

——非正式地影响官方和政府；

——政府、员工和客户的腐败；

——环境犯罪；

——垄断和价格串通；

——做假账和逃税；

——投机泡沫；

——虚拟投机交易；

——董事会不当得利；等等。

可持续经济学要开发有效的工具来抵御这些对社会有破坏作用的错误行为出现，例如：

——侵权举证责任倒置。

——杜绝避税天堂。

——提高银行透明度。

——收取外汇投机交易税。

——引入长期持股股东多数投票权。

——限制企业从公共合同获得的利润的上限等一系列工具。

可持续市场经济意味着，要遵循社会和生态秩序框架，同时协调发挥市场作为"看不见的手"和政府作为"看得见的手"的作用，为市场经济创造社会和生态的规范和健康发展空间。不规范的市场隐含巨大的风险，市场失灵和极端的不平等会摧毁可持续社会的物质基础。在经济市场中，国家始终有更优先行动的义务。

（二）三大经济学的贡献

迄今，可持续发展概念已经吸收了福利经济学、资源与环境经济学和生态经济学的主要观点。它们在本质上与可持续发展的内在要求有较强的理论一致性。但与此同时，由于自身的视角和重点假设不同，这三大学科领域的每一个学科研究都不能展现"可持续发展"的全貌，但它们对丰富可持续发展的理论都做出了贡献。

在随后的章节中，本书将分别说明福利经济学、资源与环境经济学和生态经济学理论是如何丰富可持续发展经济学的。

描述自然资源与环境的经济学有两种不同的方法：

——传统经济学方法。该方法是使用一套植根于标准的新古典主流经济思想的模型与工具，把经济学概念应用于环境。

——生态经济学方法。该方法持有不同的视角，它不仅把经济学概念应用到环境问题中，而且试图把经济活动纳入包括支持生命和所有人类活动的生物物理背景中。

关于以上经济学的 3 种方法，我们将作为重点在下面分别较详细地予以说明（冯凌等，2010）。

第八节　福利经济学

福利经济学主张以追求社会最大福利为目标，其社会目标的集中表述为效率、公平和发展 3 个方面的核心议题：

——效率。在个人效用既定、产权明确和完全竞争的理想市场条件下，生产、交换以及生产与交换的最优条件都可以通过主体的自由选择得以实现，以达到资源高效配置的最优状态（帕累托最优），从而使国民收入或社会经济福利总量达到最大。

——公平。在现实市场中由于外部性，个人边际生产成本与社会生产成本往往不一致，导致单靠自由市场不能对资源进行最有效配置，为达到公平的最优（帕累托最优），必须借助税收等政府干预手段加以调整。也就是说，要达到唯一最优状态，除了生产和交换的最优条件外，还必须具备使福利在个人间进行合理分配的条件。通过政府适当的收入分配政策能有效地矫正“市场失灵”，实现社会总福利最大化（帕累托最优化）。

——发展。社会发展和福利取决于提供各种社会权利的制度保障，例如，经济机会、政治自由、公民权利、社会保障、基础教育等。同时，这也取决于人们如何通过参与社会选择和公共决策来做出这些制度安排。福利经济学还关注贫穷、经济发展、政治民主和公共政策与制度等多个领域，这些都是在社会学领域探索可持续发展理论的重要内容。

实际上，这 3 个核心议题同时也是实现可持续发展的必要条件。财富公平分配体现了社会公平与正义的伦理思想，是可持续发展在社会维度的重要理论基础（李壹恣，2010）。

总体上看，福利经济学关注了可持续发展的社会方面，追求经济系统的最优和社会福利的最大化。其不足之处在于，没有考虑自然生态系统的限制性。它遵循新古典经济学的思路，认为在自由市场中，只要价格体系完善，经济生产系统就可以自动达到最高效率。它把个人的福利往往理解为人均物质消费或人均货币购买力，把全社会福利简单地等同于个人效用的累加。它以货币化的价格来衡量资本，因此允许自然资本与人造资本的相互替代。只要这样的替代所产生的资本总量更大，就应该将自然资本转化为人造资本，以提高社会的物质福利。然而，实际情况是，自然资本与人造资本在满足人类福利时只是部分可替代，而其他部分必须予以补偿。市场所提供的物质产品在人们总消费产品中只是一个很小的部分，而人们许多其他福利和基本生存条件却来自自然生态系统，要依靠它所提供的众多产品和服务。人造资本不能替代自然资本。将自然资本简单转化为人造资本，因此造成的生态灾难，其修复的过程复杂而且代价昂贵。这不仅造成生态不可持续，对人类福利实际上也是一种损害。

福利经济学作为传统经济学的一个分支，尽管将研究的重点放在物质产品的生产和消费上，没有考虑自然生态领域的因素及其生态系统的复杂性，但相对于新古典经济学有进步，它将人类福利的概念纳入了经济学的范围。福利经济学提出了外部性问题，把为提高人类福利的价值判断作为经济生产的标准和目标，具有规范性与实证性相统一的特征。只是由于对社会福利的定义、计量等采取了相对简单的纯经济的方法，所以尚不能完全揭示可持续发展所包含的经济、社会和环境领域的所有真实的规律。

第九节　资源与环境经济学

资源与环境经济学依据的是传统的经济学与方法，使用一套植根于标准的新古典主流经济思想的模型与工具，把经济学概念应用于环境问题的研究。

新古典经济理论分析环境问题的重要应用主要体现在：

——资源的经济分析。资源的经济分析包括对不可再生资源（如石油和矿产耗竭）在时间跨度上的配置；可再生资源（如农业和土壤）、共有财产资源（如大气和海洋），以及公共产品（如国际公园和野生动植物保护区）等的经济分析。由于这些资源不是私人所有，决定它们如何使用的经济原则不同于在市场中进行产品交易的原则。

——环境的经济分析。环境的经济分析的核心概念是外部性，或者外部成本与收益。外部性理论提供了一个分析环境问题的经济学框架，用于分析经济活动导致环境损害的成本，或改善环境的经济活动所产生的社会收益。外部性有时也涉及第三方效应，因为市场交易的双方也会影响到其他人。例如，每个消费者从加油站购买汽油，而汽油燃烧会污染环境，会影响他人健康。

建立在此基础上的现代环境经济学，强调从过度捕捞到化石能源耗竭，再到公共用地保护的许多问题。考察这些经济学概念有助于帮助我们建立环境问题分析的框架，并对环境政策制定提供指导：

——吸收并发展了福利经济学的边际理论、均衡及外部性理论，专注于研究传统经济学中所忽略的资源与环境等的外部性问题。它以资源环境价值论为依据，研究资源环境定价，并考虑如何将其纳入经济核算体系，为此提供理论、政策和制度措施。

——强调资源与环境对人类社会可持续发展的重要性，认为自然资源与环境对人类福利的贡献，不仅提供生产所必需的原材料和能源，吸收、容纳生产与生活所排放的污染物，还提供气候调节等自然服务和休闲、美学欣赏等直接的福利效益。

——证明了自由市场中资源环境的相对稀缺性，认为随着人们对自然资源的掠夺性开发和大范围的环境污染，资源环境已由相对稀缺向绝对稀缺转变。资源环境的绝对稀缺及其对人类社会重要的生命支持作用决定了它的边际效用价值，这一价值可以通过市场定价的方式得到解决。它还进一步研究了如何将其纳入市场进行定价、在国家层次上如何纳入国民经济计量体系，以及资源环境等自然资本如何在代际进行分配等问题。

在宏观层面，资源环境价值内部化的研究对可持续发展更有决策指导意义。该方法是用 GDP 减去资源消耗和环境破坏的自然资本补偿量，得到反映真实财富积累的“绿色 GDP”。这个指标比纯粹经济意义上的 GDP 更能真实地反映国家整体的可持续发展能力。

由于可持续发展还要求资本存量能满足后代人持续发展的需求，因此资源环境必须在代际进行合理分配。环境库兹涅茨曲线就是针对时间序列描述资源环境动态变化的典型模型。

资源与环境经济学为解决实际的资源环境问题提出了一系列有效的政策与制度措施，这些制度主要包括明确资源环境产权的制度安排、资源开发与排污许可控制、资源税与排污收费制度及排污权交易制度等。

资源与环境经济学局限于从经济学的视角和方法，注重资源与环境的外部性问题，很少考虑经济系统中物质产品的生产、分配和效率等问题，几乎不关注自然生态系统复杂的内部机制、结构和功能，所以不能全面揭示可持续发展需要的系统性的实际条件。

但它将传统经济学不考虑的资源与环境问题纳入经济学领域，并提出了多种基于经济学原理的解决方法，尤其是它对宏观政策的应用性指导作用，对保障社会经济系统可持续性具有重要意义。

第十节　生态经济学

一、生态经济学的观点

生态经济学是生态学（自然科学、物理学）和经济学（社会经济学、主流经济学）相互交叉、有机结合形成的新兴边缘学科。生态经济学关注 3 个核心问题：

——可持续发展的规模。

——有效的资源配置。

——经济产品的公平分配。

经济系统适度规模是其研究的首要目标，而有效的资源配置和公平分配则是实现的手段和途径。

生态经济学认为，自然生态系统的承载力有一定的限度，人类发展的经济社会系统有一定的规模和尺度。而地球生态系统是一个承载力有限的物质闭环系统，人类经济社会系统是地球生态系统的一个子系统，它是一个远离平衡态的自组织系统，所以为了维持自身稳定必须不断从自然界中吸收低熵的物质和能量，经过生产和消费后又以高熵的废弃物形式排放到环境中。所以，经济社会系统必须在地球生态系统的承载范围之内发展，也就是它具有最大的规模和尺度。

生态经济学还认为一个好的尺度至少是使地球生态系统和经济系统都能够持续发展，并试图用各种方法找出这个最优尺度。除了重视物质、能量等真实的生物物理方法外，生态经济学也注重生态经济系统的经济分析，尤其是自然生态系统对人类社会的价值的分析。

然而，与资源和环境经济学不同，它在评价自然资产时强调，必须基于生物物理观点，即在清楚认识生态系统的结构、功能和对人类的效用之后，再进行经济价值的计算。

生态经济学对自然资产评估通常分为物质量的计算和价值量的计算：

——物质量的计算往往借鉴生态学和地理学等对生态系统的研究成果，对研究区域的土地面积、生态系统类型、生物生产力和各种生态功能进行审查和计量。

——价值量的计算则参照资源与环境经济学的市场化价值方法，认为只有对人类直接或间接有用的价值才能计算出来，而自然的内在价值却不能也不应该进行经济化的计算。

按照生态经济学的观点，地球生态系统中的各个要素是相互联系的，通过能量流动、物质循环和信息流汇集在一起，而形成的复杂统一的系统。它所关注的核心是生态经济系统的结构和功能、生态效益与经济效益的统一，以及生态供给与经济需求之间的平衡。

基于生态经济系统发展的复杂特征和机制，生态经济学揭示出不可持续的原因是生态系统负反馈机制和经济系统正反馈机制之间的内在矛盾，要实现生态经济可持续发展就必须形成一个依赖于生态调节机制和人类理性行为的负反馈机制。

生态经济学主张：

——无论是在生产还是消费领域，人类社会都应该主动遵循自然生态规律，采用循环经济模式，产业设计应该以完整的生命周期、高效的代谢过程与完善的生态经济功能为目的。对物质闭环流动，强调严格遵循“减量化”（Reducing）、“再利用”（Reusing）、“再循环”（Recycling）的“3R”原则。

——在区域系统的生态经济规划中，应强调本土性和尺度效应，应依据不同的地域特征和目的，综合设计平衡的区域生态经济系统，以保证经济效益和社会效益的统一。

——在消费领域应倡导可持续的“绿色消费”原则，应克服盲目的过度消费和非理性消费，以保持社会经济系统的发展在生态系统的承载能力之内。由于人类是生态经济系统中最活跃的因素，具有能动性和创造性，所以应该通过生态经济教育来强化整体意识和长远意识，改变人们的生活方式、消费行为和价值观念，以使人类社会的发展更可持续。

二、经济循环流与生态循环流

我们必须充分理解经济系统、自然资源和环境之间的关系（哈里斯等，2017）。这就需要建立理解生态视野的基本构架，把经济活动与环境的关系进一步概念化。这里使用的方法是用经济循环流来表示经济过程，用生态循环流来表示生态过程，并找到它们的交汇点。

（一）经济循环流

经济循环流将商品市场与要素市场连为一体。图 4–1 是一个简化的模型，表示家庭消费者与企业在商品（产品和服务）市场与生产要素市场之间的关系。生产要素一般是由土地、劳动和资本三大类要素定义的。这些要素是企业生产产品和服务（供家庭户消费）的“投入”。产品、服务和要素（实物流）按顺时针方向流动，它们的经济价值反映在购买它们的货币流上，货币流按逆时针方向流动。在这两个市场中，供给和需求的相互作用决定了市场供需平衡（出清）的价格并且建立了产出的均衡水平。

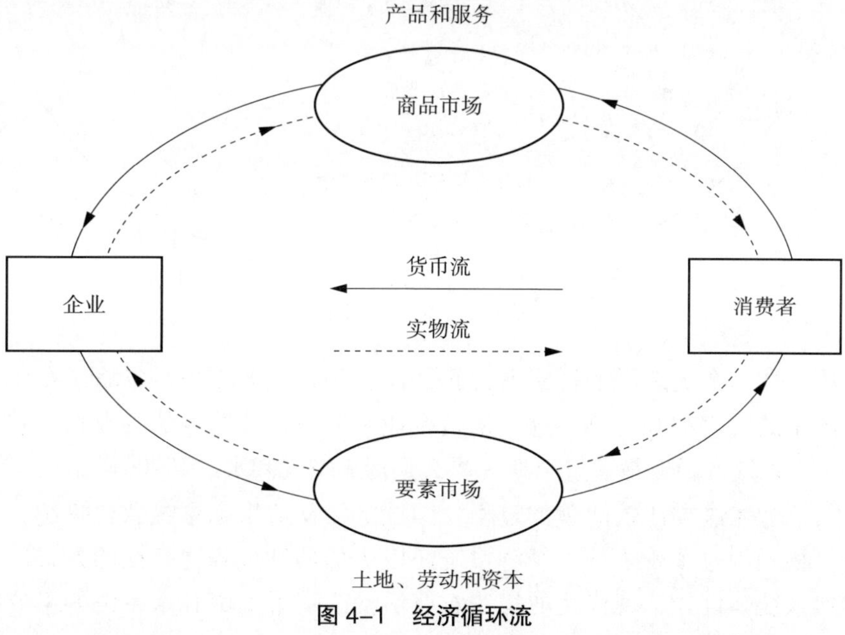

图 4–1　经济循环流

重要的是我们要理解，自然资源和环境在图 4–1 中处于什么位置？自然资源，包括矿产、水、化石能源、森林、渔业和耕地，总体上都包括在“土地”这一要素中。其他两项主要的生产要素即劳动和资本，通过经济循环流不断地再生，即分别产生就业和利润。

（二）生态循环流

生态循环流揭示了经济系统与生态系统的影响关系。它回答了自然资源通过什么过程再生出来，并为将来的经济利用提供供给。这就需要构造一个更大的将生态系统过程和经济活动包括在内的“生态循环流”（如图 4–2 所示）。

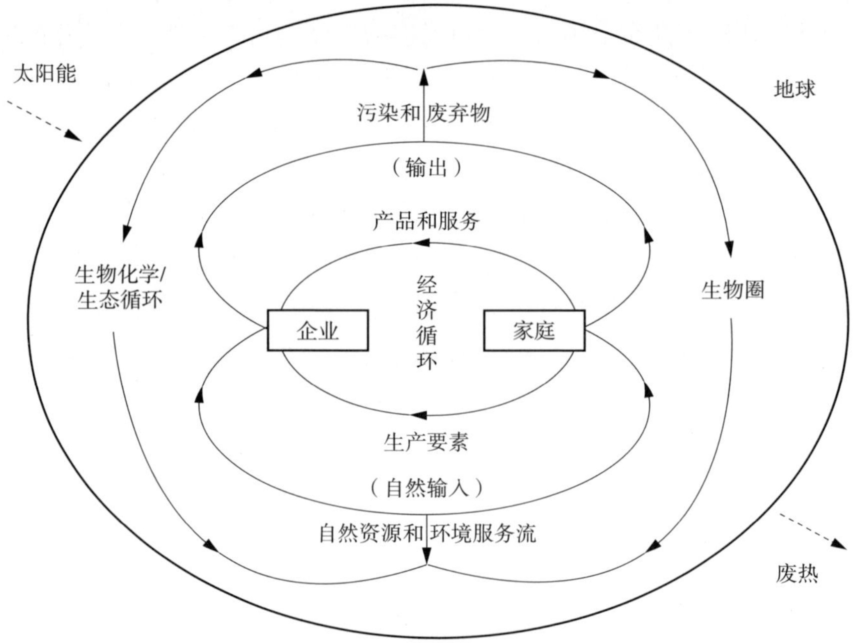

图 4–2　生态循环流

从这样一个更广泛的视野看，我们注意到在图 4–2 中，忽略了在生产过程中产生的废弃物和污染。这些来自企业和家庭户消费者的废弃物必然会再流回生态系统，要么是通过土地，要么是污染空气和水。

除了上述这样比较简单的过程，即经济活动从生态系统获得资源，又排放废弃物到生态系统之外，经济系统还以更加巧妙且普遍存在的方式广泛影响自然系统。例如，现代化的集约农业活动改变了土壤和水系统的组成和生态，也影响到环境中氮和碳循环。

图 4–2 揭示出了生态系统的循环流，它提供了把经济系统纳入生态背景中考虑的一个更为广泛的框架。很显然，生态系统有其自己的循环流，这种循环流遵循物理和生物的法则，而不是经济法则。这种更为广泛的循环流只

有一个净“输入”（太阳能），也只有一个净“输出”（废热）。所有一切物质都必然以某种方式在地球生态系统中循环或储存。

了解经济系统、自然资源和环境之间的关系，要从界定自然系统提供的不同功能开始：

（1）环境的源功能。环境的源功能是其为人类提供服务和可用原材料的能力。有两种原因可能导致环境的源功能退化：

——资源耗尽。由于人类开发速度快于资源再生速度，从而导致资源存量的下降。

——环境污染。环境受到污染，从而降低了其质量和有用性。

（2）环境的沉降功能。环境的沉降功能是其吸收和处理人类活动产生的废弃副产品的能力。在一定时间内废弃物的数量太多，或废弃物毒性太大，都会导致沉降功能负担过重。此时，我们所依赖的环境的某些方面（最常见的是土壤、水和大气）会受到损害、污染和毒化。

人类活动和环境之间的这些关系决定了经济循环（内层）和生态循环（外层）之间的交汇和耦合关系。

三、生态经济学的方法

生态经济学为系统理解和处理自然生态环境和人类经济社会的关系做出了重要贡献。它从系统视角对生态经济系统进行整体把握，提出生态容量概念和经济尺度理论，基于能量流、物质流、生态足迹的研究，并以现代工程论、控制论进行经济系统的重构与改进，包括循环经济系统规划、生态补偿制度设计等。在经济生产和消费等领域，它更强调研究如何实现物质和能量的高效流转。但它很少涉及物质产品生产、交换和消费的经济过程。它认为可持续发展是生态环境与经济发展的问题，很少涉及社会领域财富分配公平、社会公正等具体问题。

生态经济学的方法所指的是，不仅把经济学概念应用到环境问题中，而且力求把经济活动纳入包括支持生命和所有人类活动的生物物理背景中：

——吸收了自然科学规律，在构造环境问题分析框架方面具有更加宽广的视野。例如，为了了解许多海洋渔业规模的突然下降，生态经济学的分析涉及种群生物学、生态学，以及持有把鱼作为一种生产资源的经济学观点。

——强调能源，特别是化石能源在目前经济系统中的地位和重要性。所有的生态系统都依赖能源的投入，但是自然系统几乎完全依赖太阳能。20 世纪经济生产的快速增长依靠巨大的能源投入，在 21 世纪，全球经济系统还将引发更大的能源需求。能源的可获得性和能源使用对环境的影响是生态经济学的中心问题。

——把人类的经济活动受环境承载力的限制作为一个基本原则。承载力被定义为，可获得的自然资源基础，在没有耗尽的前提下，对人类或动物的种群水平及消费供给所具有的支撑能力。

——能源供应、稀缺自然资源，以及累积性环境损害等因素也意味着经济增长所受到的限制。在传统的经济理论中，这些因素的影响没有得到足够的重视，实际上经济活动的主要结构性变化必须适应环境的限制。

生态经济学的方法在于处理经济系统和生态系统两个循环流之间的关系。需要从经济价值和生态价值两个方面进行分析：

（一）经济价值分析法

经济价值分析法将应用于生产要素、产品和服务分析中的方法应用于分析自然资源流和废弃物流的经济定价。这种分析试图对投入经济中的环境和自然资源给出一个价格，包括对不常出现在市场交易中的投入物给出一个估计的价格，如清洁的空气和水。经济方法也能用于评估污染和废弃物处理产生的损失的货币价值。

给自然资源和环境功能定价，能把它们包括在内层的经济循环流之中。这是较为标准的资源和环境分析要达到的目的。用于这一目的的还有很多其他分析方法，包括再界定和评估产权、创新市场制度，如污染许可市场等。如果这样的价格机制能准确地反映资源和环境损害的“真实价值”，就能得到满意的结果，也就可相对容易地将这些要素包括在以市场为取向的经济分析中。

（二）生态价值分析法

生态价值分析法将经济系统视为更为宏大的生态系统的一个子系统。在这样的观点下，以价格所表现出的经济价值，不能完整地反映生态过程的复杂性，而且有时还导致与生态系统要求产生严重冲突。

因此，生态价值分析法基于传统经济学的价格和价值方法，要么通过改造反映生态系统的真实价值，要么通过能源流、环境承载力和满足生态平衡要求的方法来补偿。

在讨论人口、能源、资源、污染的具体问题的情况下，传统经济学和生态经济学方法的讨论分析有时具有相似的结果，但在另外其他情况下，两种方法提出的相应的资源和环境政策会导致完全不同的结果。

例如，在处理全球气候变化问题时，传统的经济学方法会涉及为避免气候变化而平衡成本与收益的问题。该方法用经济学术语估计由于海平面上升或更强的热浪导致的损失，再比较通过减少化石能源使用和其他办法减轻气候变化的成本，然后通过净收益最大化给出相应的政策建议。相反，生态经济学方法首先关注稳定气候的物理要求，特别是大气中二氧化碳和其他吸热气体排放量的限制。一旦明确稳定气候变化的物理要求，就可以分析实现这一状况所必要的经济措施。

在全球气候变化问题中的应用，传统经济学方法常常引入效果更加有限的政策行为，来避免过高的经济成本。生态经济学方法常常建议，采用更多积极的举措去保持大气平衡。虽然成本最小化也是生态经济学家关注的问题，但有一个前提，就是生态系统稳定的生物物理的要求必须得到满足。

第十一节　微观与宏观经济学

传统环境经济学和生态经济学应用于资源和环境问题的方法存在显著差别的原因还在于，微观经济学和宏观经济学对环境持有不同的观点。

传统的环境经济学分析主要依赖微观经济学理论；而生态经济学基于环境宏观经济学将经济系统置于更广阔的生态背景中。微观经济学观点集中于对个别资源和环境问题的分析，宏观经济的观点则关注经济增长和生态系统的相互关系。

一、微观环境经济学

在能给自然资源和环境确定价格的情况下，传统微观经济学理论有助于解释自然资源和环境服务达到市场均衡的过程（环境吸收污染和废弃物、捕获太阳能，以及以其他方式为经济活动提供服务的能力）。在微观环境经济学中起重要作用的分析技术包括：

——衡量外部成本和收益。例如，估计酸雨污染引起的损害的货币价值，然后将这一价值与通过污染控制技术或减少污染活动来修正产量的成本相比较。这样，我们就可以通过诸如对污染活动征税这样的方法来内部化外部性。

——作为资产来评估资源和环境，不论是私有还是公共所有。这涉及资源的跨期配置，即选择现在使用某种资源，或是将其保存到将来再使用。传统经济学方法使用折现率来平衡现在和将来的收益与成本。在这种方法中，当前的收益和成本比将来的收益和成本具有较高的价值，高多少取决于所采用的折现率和这种比较延伸到将来有多远。

——设计适当的环境资源产权规则，制定使用共有财产及提供公共产品的规则。例如，捕鱼场可以是私有的，或者是公共的，政府可通过出售渔业许可证，限制捕捞。相似地，野生动植物保护区可以是私人所有和管理，或者是作为公共公园来维护。

——通过某种形式的成本—收益分析，来平衡经济成本和收益。这常常涉及综合考虑市场上可观察到的价值与非市场的评估价值，如土地和物品具有可观察到的市场价值，而自然的优美和物种多样性的保护具有非市场的评估价值。举例来说，是否准许在一个从未开发的山腰修建滑雪场，需要评估滑雪运动的娱乐价值、可选择土地的使用价值，以及不太容易数量化的其他要素，例如水的供应、野生动植物，乡村特点变化所带来的影响。

在图 4–1 和图 4–2 所示的两个循环流背景下，上面讨论的分析方法来自“经济”循环：把经济系统中的定价概念作为中间流，用于连接两个循环，即自然循环和废物循环。当我们关注某一个具体的可以量化的问题时，这些方法大多是合适的。例如，计算用于购买在政府拥有的土地上采伐木材的许可证的适当费用，或对工厂空气污染排放施加适当的限制。

二、宏观环境经济学

定价方法在处理一些重要的不可量化的价值问题上的效果不佳，例如，美学、道德问题和生物多样性，也就是在一个生态群落中维护许多不同的相互联系的物种。它们可能也不太适用于分析全球环境问题，而解决全球范围的环境问题的重要性都在日益上升。例如，全球气候变化、臭氧层耗尽、物种消失、农业用地的广泛退化、区域性用水短缺、森林和海洋生态系统的损害以及其他大规模的环境问题，都要求研究人员具有更为宽广的分析视角。由于这一点，有生态经济学家呼吁发展宏观环境经济学，应用不同于前面讨论的传统经济学方法。

对环境问题采用宏观经济观点要求把经济系统纳入更为宽广的生态背景中。正如图 4–2 所示，经济循环流确实只是更大的生态循环流的一部分。生态流实际上是由许多循环组成。生态循环包括：

——碳循环。在碳循环中，绿色植物吸收大气中的二氧化碳（CO_2）并分解成碳和氧。碳储存于植物中，其中部分又被动物食用消耗。通过动物的呼吸作用和有机物的燃烧与腐烂，碳与氧再度结合在一起，从而返回大气。

——氮循环。在氮循环中，土壤中的细菌使大气中的氧和氮“固定”或化合，形成基本的营养物质供植物生长所用。

——水循环。包括降水、径流、蒸发，从而不断地为动植物的生存提供可用的清洁水源。

——其他有机循环。在生长、死亡、腐烂、新的生长的过程中，基本的营养循环通过土壤为动植物生命提供持续的营养。

所有这些循环都依赖太阳能和千年进化形成的复杂平衡机制得以运转。

从这样的背景来看，经济活动是在生态循环中提高物质生产力的一个过程。此处“生产力”的意思是，在投入和产出这一过程中能源和物质材料的总的使用强度。

例如，现代农业使用大量的人工氮肥以获得更高的作物产量。过多的氮通过径流产生环境问题和水污染。农业和工业都需要消耗大量的水，与家庭对水的消耗一起导致对水的需求超过自然水循环的能力，造成水库和地下储水层退化。

为驱动经济系统，提高生产力的最重要的方式是使用更多的能源。超过80% 全球经济系统中使用的能源来自化石能源。燃烧这些能源产生的碳排放使全球碳循环失衡。过多数量的二氧化碳积累在大气中，改变了决定地球气候的过程，因此影响到全球生态系统。

随着经济的增长，经济系统对生态循环的要求也在增长。能源的使用量、资源和水的使用量、废弃物的产生量都在增长。因此，宏观环境经济要解决的问题是，如何平衡经济系统规模，或者说宏观经济规模与支撑经济系统的生态系统及其有限性之间的关系。若以这样的方式来观察问题，就提出了一个改变经济分析的极其重要的范式。

第十二节　可持续经济与经济学的系统集成

可持续发展是人类在 21 世纪的压倒一切的头等任务。为综合、平衡当前和长远的经济与社会利益，为实现经济繁荣、社会公平和环境健康的发展，我们需要了解、研究和发展可持续发展经济学，实现可持续经济与经济学的系统集成。

无论从上述经济、社会和环境 3 个领域中哪一个角度出发，要实现的目标应当始终一致，发展的目标不应偏离可持续性。可持续性在经济、社会和环境领域的基本要求是：

——在处理经济与社会问题时，要以达到社会公平为目标。

——在处理经济与环境问题时，要以满足生态环境的承载力为目标。

——在考虑社会与环境问题时，要以实现代际公正为目标。

例如，制定环境保护的政策时，需要考虑经济成本和收益问题。在决定采用什么样的社会政策时，考虑经济的方面也是必不可少的。在一些情况下，可能也需要在经济和环境目标之间做出权衡，而在另外的情况下，经济和环境目标则是相兼容并且相互强化的。

由于近年来全球生态环境恶化，特别是气候变化导致气温上升，环境可持续性问题已经上升到前所未有的优先地位，因此处理环境问题往往是推动可持续经济学发展和形成的强大动力。

如前所述，应用经济学处理环境问题有两种不同的方法：

——传统经济学方法。该方法是应用标准的经济学原理，如货币价值和经济均衡的概念来分析处理环境问题。这种方法致力于对自然资源进行有效的管理，评估废弃物和污染对环境的影响。

传统经济学方法的许多分析是基于微观经济学进行的。它改进了传统的市场分析，并将其应用于分析经济活动对环境效应的损害和稀缺资源的使用。传统经济学中其他的经济分析方法为公共财产资源和公共产品的使用提供见解。

——生态经济学的方法。该方法是把整个经济系统看作更为宏大的生物物理系统的一个子系统。这种方法强调经济活动应适应物理和生物限制的需要，它是基于宏观经济学进行的。

这个相对新的领域强调经济生产与地球主要自然循环之间的关系。这是因为，在许多情况下，经济系统的运转会与自然系统发生明显的冲突，导致区域的和全球的环境问题，诸如过多二氧化碳累积形成的全球气候变化。这种更加宽广的视野，要求以新的方式衡量经济活动，并分析经济活动的规模是如何影响环境系统的。在宏观层面，以生态取向的宏观经济学涉及测算国民收入的新概念，它明确要求把环境污染和自然资源损耗计算在国民收入中。

此外，生态经济学家在微观经济和宏观经济两个层面上引入了新的分析形式，这些新的分析方法是基于支配生态系统能量流和物质流的物理法则进行的。

以上两种经济学分析观点和方法，有助于形成特殊的处理环境问题的政策，也能拓宽处理可持续发展问题的视野。

寻求经济增长与生态系统健康之间的平衡，而不是只注重经济增长（GDP），生态经济学家提出了新的发展方式、可持续发展方式的问题。保护生态环境而不使生态环境退化是经济发展的常态和规范方式，例如采用新能源、节约资源、发展去碳化产业，包括绿色制造业、绿色交通、绿色农业等。

在全球层面，可持续发展是对经济、社会和环境面临的日益严峻的挑战的系统性应对方案，而不是解决许多资源和环境问题中个别性问题的答案。

可持续发展代表经济、社会和生态（环境）系统动态、平衡、协调和高效运转的一种状态。这一目标的实现受多个维度、多重因素的限制，需要对这一复合系统有深入的研究和洞察力，需要依据客观经济规律、改进社会行为、树立新的道德规范并优化发展战略和经济模式。

对由经济、社会和生态（环境）所组成的复合系统，传统的经济学早已不能适应，为新的经济发展模式提供指导已无能为力。但是可持续发展经济学不是孤立的，也不是自然而然就可形成的。可持续发展经济学必须建立在传统经济学改造的基础之上，一方面要利用行之有效的经济学原理和经济学方法；另一方面要修改经济学的假设，拓宽经济学的维度视野，纳入新变量，开发新目标，制定新规则。可持续发展经济学是一个具有根本意义的、集成化的理论与实践工程，是一个浩大而复杂的系统化工程。

虽然我们在此已应用了可持续经济学这个概念，但目前还仅仅是一个开端，一个成熟的学科还远未形成，完成可持续经济学的集成还有很多艰巨的任务，有很长的路要走。要完成这一重大使命，需要经济学家、社会学家、生态学家，包括自然科学家、工程技术科学家等共同合作、深入综合研究，方有可能实现新型经济学的集大成。例如，目前有一些紧迫的集成研究领域，其中包括：

——生态系统的服务与承载阈值。

——生态系统的情景分析。

——低碳循环经济系统与政策制度设计。

——全球碳排放总量控制。

——消除贫困、经济公平分配、福利制度设计等。

除了跨界、跨学科的知识交融之外，更重要的是跨界、跨学科的科学家、社会活动家、企业家等必须打破边界，通力合作。

第十三节　可持续增长、变革与治理

当前，全球面临新冠危机、经济不确定性、气候恶化、生态破坏、不平等加剧、贫富差距扩大等多方面空前重大挑战。解决这些问题需要的是源于责任和价值观的治理措施。如何更好地推动可持续发展，科学衡量和评价增长是关系发展方向和发展质量的问题。

一、可持续增长

可持续增长不是唯 GDP 增长，而是平衡、可持续的增长。可持续增长又叫包容性增长。可持续增长的根本要求是贯彻可持续发展的价值观和原则，建立与此相适应的制度和机制，并在经济发展和经济活动的全过程中，激发经济社会的活力，社会各利益相关方应携手合作，落实对经济、社会和生态环境的全面发展，各尽其能，各负其责。这里所指的利益相关方，不仅包括供应侧，也包括消费侧。

经济合作与发展组织（OECD）2020 年 9 月发布报告《超越增长：转向新的经济途径》指出，世界正面临着与环境、经济、社会和政治体系相关的紧迫挑战，但使用 20 世纪的工具无法应对这些挑战，需要重新思考经济对改善人类福祉和地球生态所起的作用。报告呼吁应将经济增长作为实现社会目标的手段，而非目标本身，包括增强环境可持续性、减少不平等、增进福祉、提升韧性。这要求人们应更新作为经济决策参考依据的理论、工具和方法。

欧洲环境署 2021 年 1 月发布的政策简报《没有经济增长的增长》指出，经济增长与生产、消费、资源使用的增加密切相关，并对自然环境和人类健康产生了一定的不利影响。因此，各国需要妥善处理经济增长与全球可持续发展的关系。

未来增长的焦点应从数量转移到质量上。人们需要重新思考的不仅是增长本身，还包括观察、分类、评估、管理社会发展的方式。新冠疫情给经济造成了持久、严重的负面影响，且这一影响仍在延续。加之全球化减退，地缘政治的不确定性增加，与此并行的还有2008年金融危机后贫富差距的扩大，环境压力与日俱增，如极端气候问题、环境污染、生物多样性流失等，各方面因素相互交织，给经济增长造成了空前的威胁，人类社会发展面临前所未有的挑战。

在全球发展新的背景下，传统经济学中“经济人”这一假设不再适用，不可能被广泛视为人类的思考和行为模式，也失去了作为可持续经济的政策制定者对增长的定义的基础。

二、变革与治理

变革与治理主要指制度性变革和适应性治理。

人们不仅需要新的增长理念，还需要改革为旧的增长理念提供支撑的制度。如果进步无法量化，也就很难实现问责。

新的可持续性理念和观念十分重要，如果能与其所在的制度相适应，就会同时被政策制定者和公民视作“可付诸行动的理念”，它就会得到广泛的接受和支持。因此，我们不仅需要新理念，还需要有随之而来的具体制度性变革。

更进一步说，不但应当提倡以某种国民幸福或社会效用目标取代GDP增长目标，而且应当推进更深层次的改变。政府应当从设定定量增长目标的角色转向超越经济增长、在实现社会福祉的过程中担任质量保证人。若要找到富有雄心而又切合实际的可持续经济增长的路径，需要发挥社会各界的积极性，需要开拓多种多样的新兴视角，并确保社会各方主体积极地参与变革性的、创新性的发展。

开放性的合作与对话十分重要。面对变化和变革，会出现多种不同的意见、价值观争论，甚至冲突。例如，新冠疫情、气候变化、金融危机、地缘政治，使人们意识到控制治理模型的局限性，这种模式属于以专门技能和证据为基础而进行预测的技术性治理。但为适应新的世界，推进可持续发展这一复杂的系统变革，必须将适应性治理提上日程。

跨界思维与观念更新。在可持续发展的社会中，人人都有从经济、社会、生态、文化、政治发展中寻找希望的需求。如果仅从物质层面看待这些希望，经济增长受限的前景就难以满足人们的需求。因此，需要同等地追求超越经济的在其他方面的增长，而且也要依靠科学和创造力所提供的非凡的建议。

举例来说，文化和艺术就可作为想象力的有力手段，为经济增长提供替代路径。文化和艺术能调动人的情感和认知，消解主观表达和客观观察之间的现代性分裂。多方面融合的知识和行动有助于创造想象、实验和合作所需的空间。在实践中，许多有意义的经验并不能被货币化或量化，对 GDP 增长的沉迷难免使公共政策偏离正轨。当代世界的挑战是将关于增长的新见解和动能注入公共议程和有价值的变革之中。

跨越专业或学科框架之外的知识形式同样富有价值，超越经济学乃至超越学科的思考有助于丰富超越经济增长的构想。例如，有一个南美洲国家把原住民的“好生活”理念作为国家性倡议。他们主张采纳祖先流传下来的集体性知识和生活方式，寻求尊重自然与满足人类需求之间的平衡，而不仅是追求经济增长，最终实现了社群、家庭、自然以及更广阔天地之间的和谐。

考虑到世界的多元化，不同人群的愿望可能差异显著，但可能都有其合理性，因此需要不断更新关于增长和进步的观念，从而调整相应的经济政策。

三、适应性治理

适应性治理是一个兴起于 21 世纪的新概念。它聚焦于正式的和非正式的机构对共享资产的管理和使用的变化，涉及制度安排的效率和适应性。适应性治理吸收了制度理论、政治经济学、资源和环境经济学、实验经济学、演化博弈论、组织理论、生态学、系统理论、复杂系统科学等多个研究领域的思想，可以帮助人们更清楚地理解和应对不同类型的市场失灵和制度失灵，而这些失灵可能妨碍旨在增进福祉的政策的制定和实施（宋爽等，2019）。

适应性治理概念源自公共资源治理和韧性研究。它强调对社会—生态系统（包括社会子系统、生态子系统及二者之间的交互影响）固有的复杂性和不确定性进行调和，而不是依靠降低复杂性和不确定性来做决策。当未来无法预测和控制时，适应性治理可以作为系统的控制工具。

适应性治理旨在通过适应性的社会权利分配与行为决策机制，使社会—生态系统能够在动态条件下可持续地保障人类福祉。

适应性治理理论为“转型治理”与“协作治理”提供了建构依据，其主要目的是：

——理解和应对社会—生态系统的整体性、复杂性、非线性、不确定性。

——建立社会子系统与自然子系统相匹配的、非对抗性的社会结构、权利分配制度以及行为决策体系。

——通过综合、开放的方法管理生态系统，使之能够可持续地提供生态系统服务。

适应性治理的创新性在于采用反馈循环途径：政策和决定形成后可能被反复修改，而非一劳永逸。在这个重复性过程中，系统和治理机制在相互作用、变化的关系中适应彼此，其中最为重要的是在有需要且征得公众同意后，及时修改方案。

生态系统在满足社会需求中发挥基础性的作用。健康的生态系统具有良好的经济意义，没有生态系统安全，其他安全也就无从谈起。因此，生态适应性治理是实现可持续发展的核心。应通过适应性生态系统治理体系，即强调可持续发展和人类福祉的全面融合，来保护生态系统。

生态治理需要将自上而下的国家政策和自下而上的发展策略相结合。需要充分发挥市场的作用并获得社会主流认可，采用开放综合的方法，有效共同参与治理行动，包括认识当前的生态状况，评估当前的政策，并将生态系统指标与其他经济和社会指标相结合，用以共同监测可持续性发展的进程。

实践表明，适应性治理是应对复杂性、不确定性的有效方式。

第十四节　经济增长与社会进步

一、增长与发展

世界在过去的200年享受着巨大的经济增长的红利，但却为此付出了代价。正因如此，我们必须应对增长所带来的社会、环境和经济问题，不可持续的发展不断挑战大自然承载力的极限。

“增长”和“发展”的方案在本质上并不一定是相同的。增长是物理规模上的数量的增加，而发展是质量的改善或者潜力释放。一个经济可能有增长而没有发展，或者有发展而没有增长，或者二者皆有，或二者皆无。

当增加生产以资源和健康为代价，且这一代价高于所生产的东西的价值时，所出现的是“非经济增长”。例如，“本地经济增长”可能产生“全球非经济增长”：提高汽车生产量可能会增加汽车厂员工的收入，但可能导致更多的空气污染和温室气体排放，加重全球变暖。为了使发展成为可持续的，它必须是全面的，也就是说，必须成功地平衡经济和社会及环境的目标。

在《我们共同的未来》中，可持续发展被定义为是“满足当代人的需求而不损害未来各代人满足其需求能力的发展”。发展涉及经济、社会和环境的改变，因而要求采用跨学科的方法，来衡量发展与社会福祉。

GDP 一直被视为或代表着一个国家的财富，虽然该衡量标准在评估生活水平方面可能是有效的，但在评估生活质量方面却有很大的不足。

我们需要一个能够反映国家和社会福祉的指标，而不是与日常生活只有少许联系的 GDP 数据。

一个国家经济的成果通常通过 GDP 来定义，它也常常被看作生活标准的尺度。但是，GDP 没有包括社会和生态的成本和价值效用，也不包括非市场性的交易，如家庭工作。此外，如果只是从财务的观点来衡量幸福，则可持续发展的方向将是很难坚持的。

当然，GDP 指标既有缺点也有优点。它的简单性和通用性，使之成为货币和财政政策实用的工具。但问题在于，大多数人混淆了 GDP 与幸福（可持续）的增长，GDP 水平并不代表幸福的水平。

为了在可持续性的意义上衡量福利和发展，就必须超越 GDP 开发相应的工具。比如可以考虑借助于 SWOT 分析来研究衡量福利进步的指标的选项，分析在多大的程度上，可在 GDP 测量中引入生态和社会的因素。不过，这些因素用一个货币值衡量并不容易。另外一个方法是研究用指标完全取代 GDP 的可能性。

但研究表明，在 GDP 的基础上补充生态的社会指标是很有意义的途径，它有助于汇总信息并建立起它们与 GDP 的关系。

这就需要引入一个广泛而透明的指标体系，用以支持经济决策与可持续发展相结合的普遍的参照指标体系，对推动可持续发展进程的决策十分重要。

二、资源配置与增长规模

资源配置与增长规模是可持续经济学的核心理念之一。

戴利在《超越增长：可持续发展的经济学》一书中阐述了可持续发展经济学的几个核心理念：

——可持续发展应视为对传统经济学具有变革作用的革命性科学和架构。不同于传统发展观，“增长”是一种物理上的数量性扩展，而“发展”是一种质量上、功能上的改善，而“可持续发展”就是一种超越增长的发展。强调可持续发展，就需要对当前的以数量为中心的发展观进行清理，建立以福利为中心的质量性发展观。

——将“经济是生态的子系统”作为发展观的核心。传统发展观的根本错误在于认为经济是孤立的系统，可以无限制增长。而可持续发展强调经济只是外部有限生态系统的子系统，其增长不是无限的。随着经济子系统的增长，当整个生态系统从一个“空的世界”变为一个“满的世界”时，当自然资本替代人造资本成为稀缺的限制性因素时，经济子系统就要从数量性增长转为质量性发展。因此，经济发达国家首先应为可持续发展做出贡献。

——可持续发展是生态、社会、经济这 3 个方面的优化和集成。可持续发展要求生态规模上的足够、社会分配上的公平、经济配置上的效率同时起作用。应当改变一些人的生活超过了足够，而另一些人的生活则远远低于足够的状况。

——从操作意义上讲，要使世界走向可持续发展，必须进行政策调整。可以从以下几方面入手：停止当前把自然资本消耗计算作为收入的做法；对劳动及其所得应该少征税，而对资源流量应该多征税；从强调劳动生产率转向强调资源生产率；应该以国内市场为首选发展国内生产，只有在明显高效率的情况下才能让资源参与国际贸易。

戴利的著作建立了一个与传统经济学和传统发展观不同的新理论框架，对国民账户、国际贸易、贫穷、人口、宗教、伦理等问题进行了一系列的再思考，也是对环境、经济和可持续发展的理论、政策进行研究的具有系统性、深刻性、革命性的集大成之作。

“规模”这一术语是“人口乘以人均资源使用量而得出的生态系统中人类生存的物理规模或尺寸”的缩写。经济中既定资源流程的最佳配置是一回事（一个微观经济问题），而整个经济相对于生态系统的最佳规模则又是另一个完全不同的问题（一个宏观问题）。微观的配置问题类似于将既定重量最合理地分配在一条船上。尽管重量被合理地分配了，但仍存在船究竟可以承受多大净重的问题。这一绝对最佳载重量在海事制度中被称为装载线（Plimsoll Line）。当水位标志达到装载线时船就达到了安全承重能力的极限；当然若重量分配不当，水位线就会提前达到装载线。如果载重过大，以最佳方式分配重量的船也仍将沉没。大家都去垂钓，至少在鱼还存在的时候，也是一个同样意义的比喻。

应当弄清最佳配置与最佳规模是两个不同的问题。宏观环境经济学的主要任务是设计出一个与装载线相类似的制度，用以确定重量即经济的绝对规模，使经济之船不在生物圈中沉没。

市场当然是在经济子系统中运作的，不过它在其中只做了一件事——通过提供必要的信息和动力刺激来解决配置的问题。虽然市场在解决配置问题上做得很好，但它并未解决最佳规模和最佳分配的问题。人们普遍承认市场是无法解决公平分配问题的，但对于市场无法解决最佳规模或可持续的规模这一问题却未能得到一致认可。

不承认规模问题与配置问题的独立性会造成混乱。例如，国家货币政策的高贴现率和低贴现率会给环境造成不同的压力。高贴现率会造成更大压力，因为它加快了不可更新资源的耗尽速度，同时缩短了开发可更新资源的闲置期并减少了周转量。它虽然大大改变了资本和劳动对开发自然资源项目的配置情况，但却限制了项目的数量。低贴现率在鼓励减少每一项目利用资本的同时却增加了项目的数量。高贴现率的配置效果是为提高产量，但它的规模效应却是在降低产量。解决这一困境的方法是要意识到：对待这两个独立的政策目标需要两种独立的政策工具。我们不能采用单独贴现率的政策手段来同时解决最佳规模和最佳配置这两个不同的问题（丁伯根，1952）。贴现率应该能用于解决分配问题，但规模问题的解决则要靠一种目前还未存在的政策手段来解决，我们不妨把它称为“经济的装载线”（Economic Plimsoll Line），它能限制经济规模。

总之，由于自然资本已经代替人造资本成为限制性要素，因此我们应该采取政策最大限度地提高它现在的生产率和它未来的供应量。因为它意味着，最大限度地提高人造资本的生产率和累积的现行政策已不再是“经济的”。如果自然资本是限制性要素，那么测量收入的适当方法就要求优先考虑保持自然资本。

第十五节　如何测度增长与发展

一、GDP 增长与发展

GDP 是指一个国家（或地区）所有常住单位，在一定时期内（1 年或 1 季度），生产的全部最终产品和服务价值的总和（通常以货币表示）。可以通过生产、收入和支出 3 种不同的计算方法分别反映国内生产总值及其构成。它常被认为是衡量一个国家（或地区）经济状况的指标。GDP 反映的是增量，而不是存量。GDP 的增长与投资、消费和出口密切相关。

应当承认，将“GDP”作为经济指标有明显的优点。在微观经济政策中，从货币政策和财政政策两方面看，它具有重要的积极作用。GDP 将简单性、直线性和通用性相结合，以及在作为“可观测市场价格”指导原则的客观性方面也的确是独一无二的。因此，力图废除 GDP 极不可行，也不值得推荐。实际上，GDP 可用于研究特别的经济问题，作为可持续发展和福祉总的量度，目前除了它还没有更好的选项。

但 GDP 也有其固有的不足。因它以最终产品（除去中间产品）的市场活动的价值来计量生产总值，并未计入非生产性的活动（如家务劳动、自给性生产、公益活动等）。GDP 用货币平均值表示财富增长，但不能反映财富的流通，在平均 GDP 提高时，社会贫富差距可能反而加大。同时，GDP 没有包括经济活动的环境质量，高污染、高排放会带来 GDP 增长，这会加剧环境负面影响或资源过度消耗，使国家总体福利下降。

人类追求的目标不仅是经济收入，还包括幸福和健康，实现经济、社会和环境可持续发展是基本的前提。因此，应用多维度的指标才能表示可持续发展的水平。

但在现实社会中，经济活动者和决策者常常将 GDP 增长与福祉增长相混淆。应该认识到，虽然二者具有高度的相关性，但不属于一种因果关系。

因此，当力求实现可持续发展而不是只追求“经济增长”时，就意味着重视 GDP 是必要的，但绝不是仅限于此，而应当选用另外的在此基础上的扩展指标。

总体说来，为“超越 GDP”，采用包括 GDP 但不限于 GDP 的扩展方式，可能是最现实的和最可接受的选项。例如，欧盟成员国可持续发展指标在很大程度上是基于国家会计系统，官方统计服务可建立在具有广泛的可持续发展的知识基础之上。

有各种不同的方法可用于扩展 GDP，获得实际应用需要公共认知和政策支持。因此，建立综合、透明和具有普遍参照意义的指标体系，对推进可持续发展进程的决策十分重要。

一些经济学家对 GDP 指标持批评态度，呼吁同时考虑到环境和社会方面制定经济指标。全球生态环境恶化和社会不平等产生的问题加速了人们对可持续发展及其测度标准的认识。例如，2010 年，墨西哥湾的深水地平线钻机发生爆炸，给人类和自然带来了灾难性的后果。很明显，清理的成本和数十亿美元保护自然的努力并未反映在经济统计中。相反，它们实际上却导致了基于 GDP 增长的经济产出。

GDP是衡量经济表现以及福利的最重要指标之一。它所衡量的是国内生产的商品和服务的价值，也就是一个国家的经济增加值。这里出现的问题是，不断上升的GDP并不总是能捕捉到经济活动可能带来的负面影响，例如事故、灾难，或日趋严重的社会不公平等问题。而且，基于短期的经济评估，一个经济体力图通过推动GDP增长积极推动发展，但忽视了其对环境和社会的长期影响，从长远看这是不可持续的发展。

二、如何测度可持续发展与进步？

要评估可持续发展与进步并不是那么容易，因为这些不是纯粹的目标。“发展”的目的是改善人的生活的质量。发展的目标和实现目标的工具会涉及不同的优先重点。发展的基本需求包括食物、住所、健康、安全和教育等。因此，消除贫困对人类的发展也很重要。除了这些基本发展需求，“发展”还包括许多其他方面，它们在某种程度上是一个价值观和偏好的问题，因此很难用客观的经验方法来定义。国家、地区、个人的“发展、进步、财富和健康”可能受各方面因素的影响，例如，净收入、经济衰退、就业、教育，以及文化程度、知识和人力资本、贫穷、资源和产品的可用性及配置、健康、寿命、儿童死亡率、安全、犯罪、生活质量、幸福、休闲、文化身份、民主、人权、平等、环境污染、水和空气的质量、自然资源的过度消费和破坏、生态系统的价值、生物多样性损失、砍伐森林等。

为了评估发展是否可持续，上面列举的问题和其他可能的问题，都应得到考虑。评估可持续性要求多维度的指标，并能体现经济、社会和环境之间的关联性，其中包括可识别、可测度的经济、社会和环境的情景。然而，转向“可持续性指标”也意味着要转向客观上不那么可量化的和“无形”的指标，例如“生活质量”和“生态完整性”等指标。可持续性指标被用于理解进步与发展的状态，表明采用什么路径和达到目标的距离还有多远。为此，必须设定指标的参考基准、门限和标准，并用于指导政策和社会行动。

第十六节　“超越GDP”的测度

“超越GDP”的指标可理解为“GDP替代性指标”，更确切地说它是“包括 GDP，但不限于 GDP”的指标。

一、衡量可持续进步的指标的分类

选择指标的特征和准则是为了衡量可持续的进步需要有可行的指标，但要描述指标必须满足的要求并不容易。在大多数情况下必要的条件是由人们想使用指标的情形所决定。选择指标（或一整套指标）要求具有一种适合的方法。

根据国际最佳实践，已经开发出一些超越 GDP 的指标、指数或指标系统，例如联合国、世界银行、OECD、欧盟统计局等国际组织所采用的不同的指标系统。

为考察这些不同的指标、指数和指标体系，我们可以将其分为 3 类，即通过采用调整 GDP、替代 GDP 和补充 GDP 的 3 种不同方式，来衡量发展和社会进步。

（1）调整 DGP：通过纳入环境和社会因素，将其货币化，对传统的经济绩效进行调整。

（2）替代 GDP：设法直接评价社会进步，例如，通过评价社会平均满意度（如幸福星球指数，the Happy Planet Index），或者人类基本功能发展（如人类发展指数，the Human Development Index）。

（3）补充 GDP：这里构建新的指数不是调整或取代 GDP，而是对 GDP 进行结构上的补充设计。即采用增加环境的和 / 或社会的信息对它进行补充，例如，欧盟可持续发展指数（the Sustainable Development Indicator，SDI）。

二、衡量可持续发展的方法

自《报告》发布以来，有 3 种用于衡量可持续发展的方法：

——三支柱法。该方法把可持续发展看作一个关于经济、社会和环境同步的系统，所有方面必须同时是可持续的，因为其中的每一个支柱本身都很重要，而且这三大支柱是相互联系在一起的。

——生态系统健康法。该方法把经济和社会系统看成全球生态系统的子系统。可持续的关键特质是生态系统在响应外界冲击和变化的韧性方面的能力。生态系统的“健康”必须得到保护和加强。这一方法指的是聚焦：

（1）人类活动给生态系统造成的“压力”，包括材料和能源获取、物理结构改变、污染排放、人类空间占用和生态生产力。这一压力常常是损害生态系统健康的原因，表现为服务流动退化和 / 或管理选项减少。

（2）生态系统对这些压力的"回应"，这可能包括描述生态系统状态和生态系统应对压力的能力。

——资源或资本方法。通过对生产的、社会的和自然的资本的替代或保护，该方法把可持续发展作为保证国家人均财富不减少的发展。它延伸了经济资本的方案，融合了来自物理的方案和社会科学，包括人类的、社会的、自然的和环境的资本的措施，或为此目的的指标。

三、"超越 GDP"倡议

人类需要适当的指标来应对 21 世纪的挑战，例如气候变化、贫困、资源耗竭、健康和生活质量。

2007 年，欧盟与罗马俱乐部、OECD 和 WWF（世界自然基金会）举行了"超越 GDP"高级别会议，发起了"超越 GDP"倡议，旨在开发如同 GDP 那样清晰而又有吸引力的指标，但在环境和社会方面的进步更具包容性。会议的目标是阐明什么指数最适合用于测度进步和它们怎样才能将它们融入决策过程。2009 年，欧盟发布了沟通路线图："GDP 与超越：测度改变世界的进步"，描绘了 5 个改善进步指标的关键行动，以满足公民的关切及技术和政治的最新发展要求，包括应用高水平的指标来补充 GDP，例如，环境保护、生活质量和社会包容等方面的指标。

在此后指数开发与测试中，欧洲统计局最早在指数精确度估计中取得了进展，为各国账户系统扩充环境和社会议题的指数提供了良好的保障。针对空气污染排放、环境税和材料流账户，2011 年欧洲统计局通过了第一个法规。针对物理能量流、环境商品及服务和环境保护支出，2013 年欧洲统计局通过了第二个法规。同年，欧洲议会通过决议，支持开发明确的、可测度的、测量中长期经济社会进步的指标。

基于"超越 GDP"倡议，欧盟出台了一系列新的指标，其中包括：可持续发展指标（SDI）（2001 年）、资源有效性指标（2011 年）、关键就业和社会指标（2014 年）、欧盟地区社会进步指标（2016 年）。

在全球新冠疫情的背景下，2021 年欧洲重新开启了超越 GDP 指标的讨论，反思后疫情时代凝聚力政策框架，提出超越 GDP 测量欧洲经济的可持续复苏和韧性，并融入欧盟的绿色新政和绿色金融。

第十七节　可持续发展指数

可持续发展指数（SDI）是欧盟开发的测度可持续性进展的指数（Eurostat，2015）。该指数于 2001 年在欧盟理事会得到通过，并于 2006 年进行了更新，制定指数的目标是达到和保持经济发展、社会凝聚力和环境保护的协调统一。监控这一综合目标的进展是欧盟发展战略的核心组成部分。

可持续发展指标 2005 年开始用于监测欧盟可持续发展战略。2006 年更新为 7 项主要挑战：能源、交通、消费和生产、环境保护、公共健康、社会和谐、全球挑战。针对可持续发展十大主题——经济社会发展、可持续生产和消费、社会和谐 / 包容、人口老龄化、公共健康、气候变化和能源、可持续交通、自然资源、全球伙伴关系和良善治理，共设置了 130 个指标。

在此基础上，欧洲统计局（Eurostat）于 2007 年以联合国可持续发展委员会 1996 年 UNCSD NH– 指标为基础，结合《21 世纪议程》主题和 2007 年欧盟可持续发展战略进行了调整，基于可持续发展指标每两年发布一次战略进展的监测报告。

在联合国通过《2030 议程》后，欧洲统计局继续发展了这一整套指标体系。基于可持续发展目标的政策优先重点，开发出了一个分级主题框架，对总共 155 个可持续发展指数分组，提出了三级指标体系：

——第一级：主导性指标。用于政策分析和监控主导的政策目标的进展。包括 GDP 在内，采用了 10 个主题，即经济发展、贫穷与社会包容、人口老龄化、公共健康、气候变化和能源、生产和消费模式、自然资源管理、交通、良善治理和全球伙伴关系。第一级指标是为高级别政策制定者和全社会公众提供的。

——第二级：支持性指标。用于核心政策评价和对主导目标所取得的进步进行更具体化的监控。第二级指标是为政策决策者和公众构建的。

——第三级：分析性指标。用于对政策进一步分析和更好地理解与可持续发展指数框架中其他主题或联系相关的趋势或议题的复杂性。第三级指标是为更专业的受众（例如，科学机构、学术团体等）提供的。

可持续发展指数提供了一个清晰的、易于评估和沟通政策的框架。政策的紧密关联保证其与使用者高度相关，确保指标在决策中得到有效应用。相比其他一些指数难以获得一个整体性全貌，比如，人类发展指数、真实进步指数等，可持续发展指数 155 个指标中纳入了 GDP，“人均 GDP”包括在主导性指标中，故 SDI 指数克服了纯 GDP 的短板。

2021年，欧盟发布了转型绩效指数（Transitions Performance Index，TPI），用以从4个维度测度评定国家在通往公平和繁荣等可持续发展之路上取得的进步。这4个维度是：经济、社会、环境和治理。更新版的TPI增加了两个新的亮点：一个是增加了数字化的指标，用以捕获数字化在经济中的作用；另一个是增加了材料足迹，用以计算材料的总体消耗。这套指数共有28个指标，能测度欧盟确定的2019—2024年的6个优先重点事项，可对欧盟各国及欧盟之外的国家的进步进行对标。TPI指数的28个指标是一个用于对欧洲统计局可持续目标监控报告进行排名和比较的工具，同时具有国际可比性。数据显示，欧盟所有成员国的可持续性在过去10年表现强劲。

第十八节　改善GDP的选项

在国际范围内，无论是在企业（微观）层面，还是在国家（宏观）层面，几十年来一直在探讨如何“超越GDP”的测度指标，或对它做相应的补充或修正，以衡量质量进步的可能性。经济学家也一直在寻找GDP的替代方案，以更全面地反映经济体和社会的表现和状况。

到目前为止，替代性的增长计算方式主要用来提供信息和吸引人，仍然需要将可持续增长目标更牢固地植根于政治议程中。从投资者的角度来看，并非所有计算增长的方法都有意义，但是这些指数表明将可持续发展纳入投资决策的重要性。

本节举例介绍几个从不同角度测度进步、具有影响或特色的指标系统。

一、人类发展指数

人类发展指数（HDI）是联合国开发计划署（UNDP）自1990年开始发布的，用以衡量世界各国经济社会发展程度的指数。它是美国经济学家为寻找GDP替代指标而最早开展的尝试。HDI仅包含3项要素，即收入、寿命和文化程度，尽管后来有人增添了第四项要素“社会平等”，但该指标的基本原理不变。收入用调整生活成本后的人均GDP衡量，寿命用人均期望寿命衡量，文化程度则同时用识字率、就学率和高等教育接受率决定。北欧国家的HDI排名常年名列前茅。

二、全球幸福指数

联合国自 2012 年起每年发布全球幸福指数报告。报告根据对 150 多个国家调查的结果评价，在世界范围内得到各国政府和社会组织的认可。报告考虑人均 GDP、健康预期寿命、生活水平、国民内心幸福感、人生选择自由、社会廉洁程度以及慷慨程度等多方面因素得出评价的结果。欧洲国家通常在报告中排名最高，而该大陆的北半部显然处于领先地位。在 2021 年最新报告中，芬兰（连续第 4 年）被评为世界最幸福国家，随后是丹麦、瑞士、冰岛和荷兰。新西兰在此成为前 10 位的唯一非欧洲国家。2021 年中国幸福指数排名上升了 10 位。

三、美好生活指数

OECD 的美好生活指数是测量一个国家或地区居民幸福程度的指标。OECD 于 2013 年宣布，对 34 个成员国的幸福感做出评估。评估的指标包括：住房、收入、就业、社区、教育、环境、公民参与、健康、生活满意度、安全以及工作与生活的平衡。它具有一个特别的功能：每个公民都可以使用一个专门设计的网站，根据自己的看法评估自己国家的福利，并指出对他们特别重要的内容。

四、基尼指数

基尼指数用以衡量财富在人口中的分配，提供描述经济不平等的数据。该指数是将一个社会的收入分配与一个类似的社会中收入同等分配相对照而比较的方式。在一个全社会都有相同收入的国家，其基尼指数为 0。在一个所有收入只属于一个人的国家，其基尼指数为 1。

据 OECD 数据库的数据，2015 年土耳其和美国的基尼指数大致相同，位于 0.39~0.41。但在该年土耳其的人均 GDP 几乎比美国低 80%。这个例子说明基尼指数能够凸显 GDP 无法体现财富的平等分配。

五、真实进步指标

真实进步指标（Genuine Progress Indicator，GPI）是最著名的指标之一。

它是根据美国经济学家和诺贝尔奖获得者詹姆斯·托宾（James Tobin）的概念开发的。它是在 GDP 的基础上进行调整，对经济、社会、环境等账户进行综合测度，以衡量国家或地区真实经济福利的指标。

这套指标分为经济指标、社会指标和环境指标三大类。作为衡量实际进步的指标，它将消极和积极的社会因素补充到 GDP 之中，还考虑了一个国家的财富分配不均问题。例如，马里兰州多年来一直在计算 GPI，并用该结果来改善公共交通并提高化石燃料税。通过比较半个世纪以来的 GPI 数据得出一个结论，这就是，尽管 GDP 持续增长，但 GPI 却停滞不前。也就是说，在人均收入达到一定水平后，经济活动的加码，边际效应只会递减，甚至完全消失。

六、国家福利指数

在德国，联邦环境局已将 GDP 扩展为国家福利指数（NWI）。它是在 GDP 基础上，增加了约 20 个影响福利的指标，表示为一个货币化的总量。其中，最大的一项是用收入分配（基尼指数）权重的个人消费支出。在消费支出中，包括支持福利和减少福利两种支出类型。例如，社会的不平等、空气和水的污染、通勤所用的（非生产的）时间、为犯罪活动的支出等，使福利指数值减小。环境成本和不可再生资源的消耗也属于负面的影响。此外，家庭劳动、志愿者工作、为健康的支出等被认为可增加福利。数据显示，自 20 世纪 90 年代初以来，NWI 增长了 8%，远低于 GDP 的增长率（40%）。在 1999 年，NWI 达到最高，此后下降直至 2005 年，从 2013 年开始重新增长。

七、加拿大幸福指数

加拿大幸福指数根据人口随机抽样，把人们普遍看重的价值观进一步聚合成八大类指标：社区活力、民主参与、教育水平、环境情况、人口健康、文化休闲、生活水平以及时间利用。用 64 个细分指标来衡量加拿大的社会进步水平，并及时洞察可能出现的滑坡、有损人民幸福水平的因素。加拿大幸福指数的问世，使人们对公共政策更加关注，用它衡量人们希望建成怎样的社会。

● ● ● 第五章 ● ● ●

高质量与可持续发展

第一节　可持续发展的意义何在

总体上讲，可持续发展的内涵包括发展应实现的目标和实现目标的方案及过程。要理解可持续发展的意义，则必须回答如下一些问题：

——可持续发展具体意味着什么？

联合国把可持续发展定义为不降低当代的生活质量，同时保证未来子孙后代生存的能力。这意味着，可持续发展指在不耗尽未来的资源之前提下的生存和发展能力。

一个可持续的社会必须是对社会负责任的，并且必须注重环境保护以及人与自然系统的动态平衡。

——可持续发展为什么重要？

无论从短期和长期看，可持续发展都极为重要。否则，如果传统发展模式继续下去，资源将耗尽，生物多样性将消逝，生态损伤将不可修复。清洁的水、空气和所需资源关乎人类的未来。

——可持续发展的原则是什么？

可持续发展是建立在经济、社会和环境可持续发展的原则之上的。经济、社会和环境可持续发展，即经济可持续性、社会可持续性和环境可持续性，也称为可持续发展的三大支柱。

如前所述，在企业层面，可持续性就意味着贯彻 3P 原则：

经济可持续性指企业必须盈利，有足够的财力支持它持续运转。条件是，企业必须寻求经济与社会和环境的平衡，而不是一味追求利润。

环境可持续性指保护地球，保护环境和自然资源：减少碳足迹、水消耗，无害包装、整个供应链的各个环节节约资源和能源的过程，实现成本有效、财务有利。

社会可持续性指以符合道德的行为尊重人（权），履行对员工、利益相关方的责任。

3P 原则指企业在关注经济效益的同时还必须关注社会和环境的可持续发展。它描述了在可持续发展概念下，始终追求经济、社会和环境效益可持续的统一和平衡。

——可持续发展的目标是什么？

为应对全球可持续性挑战，联合国 2015 年通过了《2030 议程》，它所确定的 17 个目标（SDGs）是可持续发展目标的集中体现，包括诸如消除贫穷、饥饿，保证清洁的水、卫生设施，节能和清洁能源，以及负责任的生产和消费等主题在内。企业应当制定可持续发展战略，把 SDGs 转变为具体的措施。

——如何评价企业可持续发展？

原则上，可持续发展的评价或衡量遵循 3 个维度，也就是 3P 原则。3P 原则反映的是一种发展方式，虽然没有表达测量评价的参数，但在此原则基础上，许多组织机构已开发出可供不同行业、企业采用的指标、工具和实施指南，用以判断企业如何将经济、社会和环境可持续发展作为一个基本的发展原则。

——可持续发展对企业有什么影响？

采用三重基线原则管理对企业十分重要。满足联合国可持续发展原则，不仅是道德伦理的要求，而且在经济上是很有意义的，因为这很可能产生新的成功商业模式。可持续发展目标和价值会吸引员工、股东、客户和合作伙伴的关注，无论对企业的声誉和收入都会产生积极的影响。

——怎样实现可持续发展？

以欧盟为例，为实施 2050 年可持续发展目标，欧盟专门发布了可持续发展战略，其中包括 6 项措施：

（1）改善教育，公共健康，提高收入和实现更好的环境决策。

（2）负责任的消费和生产，引入循环经济，消耗更少的资源。

（3）去碳化，清洁能源，节能。

（4）营养和清洁的水，提高农业生产力，减少肉类消费。

（5）智慧城市，促进福祉的城镇模式，加强数字基础设施与互联互通。

（6）科学、技术和创新，数字化支持可持续发展。

可以预见，在未来全球会大力推动应对气候变化、整个供应链实现环境保护、循环经济、资源节约的行动。企业也将被要求为减少排放、节约资源、保护生物多样性和社会包容可持续发展做出更大的努力。

第二节　高质量与可持续性

一、质量的新定义

通常质量被理解为一个正面、积极的概念。但质量所指并不局限于产品的质量、生产方式或产品性能的优劣。

同产品生产质量和使用寿命一样，产品的生态和社会的质量也具有重要的意义。

质量包括经济的、社会的质量和价值的质量。比如，一个服装制造商把使用生态材料作为质量的要求，使任何一个小的废弃物都可用于制造堆肥，主张服装产品具有文化的意义，这样的产品就有面向未来的（可持续的）价值的质量。

所以，质量一般被理解为是好的、有价值的，是花了一定的代价生产出来的。产品使用的结果受到时间的检验，因产生满意和舒服感而作为回报并得到珍视。不言而喻，精致的加工、令人满意的特性和经久耐用的材料都属于质量范畴。所以，质量也是针对产品生命周期的价值的质量。

质量还要延伸到供应链，即整个价值链的质量都应是好的。比如，在供应链上不雇用童工、没有强迫劳动、付给员工合理的工资、不使用有损环境的化学材料等。如果在整个供应链中，每个参与者都这样做，供应链的总体质量就更有广泛的意义。

当今，追求全面质量的时代已经到来，可持续性作为时代的主题也获得了质量的意义和价值。应当明确，质量不是可有可无的，也不是锦上添花的，或附加值的增加。质量是一种态度，是内心责任的要求，是属于下定决心的结果。

二、质量与可持续性的联系

质量与可持续性有什么联系呢？尽管这两个概念所针对的是不同的领域，

但它们之间却有紧密的联系。

“质量”和“可持续性”都意味着追求产品、生活和环境的高品质。它们都要求具有耐心、谨慎、反省和耐力。我们有必要从专业化的角度对它们做进一步对比考察：

什么是质量？质量来自拉丁语“qualitas”，意思是种类、性质、特征。国际上将“质量”统一定义为一个专业名词。例如，ISO 把质量定义为“一个对象的一组固有的特征所达到的要求的程度”。换句话说，质量是参照所要求的特征而实现的特征。

什么是可持续性？当今，由于产品生命周期越来越短，加之技术发展趋势和客户要求的变化，或者由于全球投资者对短期盈利的渴望等，这些因素驱使企业采用适当的行动方式。但在此过程中，企业需要认清短期利益与长远成功的重要性关系。某些措施表面上看来是不必要的付出，甚至不利于取得短期的成果，但从长远看这刚好就是持续成功的条件。

换句话说，这意味着，一个组织在短期观点下采用权宜之计，其结果最终可能要付出高得多的代价。更不用说，这样一个态度很可能会危及组织的生存基础。因此，为了取得长期持续的成功，组织必须首先要转变思维方式。

三、组织的持续成功

我们可以看看，构成质量管理基础的国际标准对组织可持续成功是如何定义的。ISO 9004：2018《质量管理　组织质量　对实现持续成功的指南》国际标准引用了 ISO 9000：2015《质量管理体系　基础术语》中关于组织成功的定义：“持续成功强调，组织必须在经济、财务利益与社会及生态环境利益之间取得平衡。”

这意味着，现代质量管理不只关注组织自身的和直接的环境问题，不只追求持续的经济成功。这也说明，组织要关注产品或服务是否符合社会的要求和环境的要求。组织应当具有全球视野和本地可持续行动的能力，从而为自身存在和发展创造条件。

国际标准化组织明确了自己的定位：通过支持其成员从国际标准中受益并保证标准落实，以支持实现联合国可持续发展目标。也就是说，ISO 质量标准所处理的并不只是产品及其生产质量的问题，而是处理经济、社会和环境方面的所有问题，为组织提供有效的工具，以帮助应对可持续发展的挑战。

因此，组织应用 ISO 标准，在经济、生态和社会 3 个方面都能改进可持续发展的绩效。

许多组织按照 ISO 9001 建立了自己的质量管理体系，从而对其产品和服务进行持续改进，以满足顾客的需求和期望。

然而，在当今外部和内部环境不断变化以及竞争越来越激烈的市场环境下，组织面临经济、社会和环境全方位的挑战，局限于 ISO 9001 认证已经远远不够了。比如，ISO 9001：2015《质量管理体系要求》中质量标准仅关注于为一个组织的产品和服务的质量建立信任，而 ISO 9004：2018《质量管理　组织质量　对实现持续成功的指南》中，质量标准则关注为一个组织的持续成功的能力建立信任。

组织应超越认证要求，除保持和提升满足客户的需求和期望之外，还应满足其他利益相关方（如股东、员工、合作伙伴、监管机构和社区等）的需求和期望，并提升其综合实施能力，以实现长期持续成功。

四、组织的质量

组织的质量是组织为了实现持续成功的条件，其本质特征建立在愿景、使命、价值观和文化基础上，是满足客户和其他利益相关方的需求和期望的标尺。组织的质量取决于组织的决策、取决于与实现持续成功的相关因素，包括组织内部和外部的因素。

组织的质量不同于生产、产品和服务的质量。生产质量关注制造出特性一致的产品，确保在生产过程中不产生偏差。产品和服务质量关注满足客户的需求和期望，而组织的质量则关注满足其他利益相关方的需求和期望。

使命、愿景、价值观和文化是组织构建其相关活动的基石。ISO 9004：2018《质量管理　组织质量　对实现持续成功的指南》对组织的这四大要素做出了如下的定义：

——使命：组织存在的目的。

——愿景：组织未来的展望。

——价值观：是支持组织的愿景和使命，旨在形成组织文化中发挥作用并确定组织重要因素的原则和（或）思维模式。

——文化：是与组织的本质特征有相互联系的信仰、历史、道德、被观察到的行为和态度。

以上反映组织本质特征的这四大要素是相互关联的，组织的最高管理者应当确保其相互之间保持一致。

第三节 新时代高质量与可持续发展

一、可持续发展是高质量的发展

2020 年，突如其来的新冠疫情严重冲击全球经济，导致产业链、供应链中断，同时重创供应和消费两侧，造成经济的衰退乃至停滞。当今世界不仅相互依存，而且瞬息万变、错综复杂。综观全球化的新特征，人类必须团结起来，共同应对挑战，构建更美好的世界。

在“十四五”时期中国将面临能源、环境、人口、气候变化以及城镇化、数字化、全球化等新的挑战。注重可持续发展的主题在国际和国内，对宏观和微观，对战胜当前新冠危机，实现可持续复苏，都具有根本的意义。

经济、社会、环境的发展是可持续发展的三大支柱。经济活动领域与社会和环境领域是不可分离的整体。要从长期发展的角度思考经济发展，把握经济、社会、环境之间在时间和空间上的协调性和关联性，就是要运用多维度和动态的思维打造经济、社会和环境协同发展的新模式，实现社会全面、长期和永续的繁荣。

从原理、本质以及方案上讲，实现可持续发展意味着在推动经济增长的同时，必须考虑环境的可承受能力、资源的合理利用，发展成果的公平分配（二次分配）。这是一种系统化的思维方式，是考虑 3 个变量的均衡关系，而不是唯 GDP 的单一思维。

过去，在经济粗放发展阶段，不仅对环境产生负面影响，企业经营管理目标一味追求经济效益最大化也不再能适应社会的发展。GDP 不是不重要，企业利润不是不重要，重要的是发展经济要兼顾环境和社会效益。

百年不遇的新冠危机空前提高了人们对环境保护的意识。在新时期，可持续发展作为一种新的发展范式必将加速被普遍接受。企业必将转变传统的经营模式，把环境与社会的要求及其影响纳入企业发展规划，通过从思想到行为的转变，实施可持续的企业管理，进而推进企业管理现代化。

二、“高质量”引领新时代发展

《中共中央关于制定国民经济和社会发展第十四个五年规划和二〇三五年远景目标的建议》（以下简称《建议》）全文始终贯彻落实新发展理念与高质量发展主题，其中高质量发展以创新发展、协调发展、绿色发展、共享发展和开放发展五大理念为指导思想，五大理念互相关联并注重平衡可持续性。同时，《建议》也明确了“十四五”时期经济社会发展的六大主要目标，分别是经济发展取得新成效、改革开放迈出新步伐、社会文明程度得到新提高、生态文明建设实现新进步、民生福祉达到新水平、国家治理效能得到新提升，旨在“十四五”时期经济社会发展过程中，协调、全面推进六大目标，加速国家现代化进程。很显然，以 GDP 为特征的高速增长将被以经济社会全面发展的高质量增长所取代。

“十四五”期间以供应侧结构性改革为主线，主要是高质量解决市场经济中供应和需求的平衡，充分发挥要素配置的效率，特别是资本和数据要素的作用，以建立有韧性的产业链、供应链和经济系统。实现高质量发展任务，需要充分利用市场配置资源，同时更好地发挥政府和市场间的协调作用，提供公平、公正的运行机制和营商环境。可以说，高质量发展也是实现经济社会可持续发展必不可少的重要条件。

三、数字经济与创新驱动

数字基础技术和设施的发展开启了第四次工业革命。在新时期推进经济向纵深高质量发展，在供给侧结构性改革与创新过程中，数字化将起到关键作用。构建数字经济是当今世界发展和竞争的大趋势。数字化转型是推动传统产业转型，构建新经济、新产业和新业态的抓手。对此，建立新型数字基础设施是先决条件，其中包括 5G、大数据、云计算、人工智能和区块链等新型基础技术与设施。数字技术与传统制造业、生产性服务业相结合，不仅要提升消费互联网的品质，更主要的是要着力发挥智能制造和工业互联网的潜力。

第四次工业革命是新的发展契机，利用数字技术为城市、能源、交通、建筑、农业等实施数字化赋能，是提质增效打造数字化高地的新机遇。数字化为实现以人为中心的发展提供了有力的技术手段，因此也为加速升级教育、健康、医疗等公共产品和服务提供了前所未有的高质量发展的有利条件。

建立数字化基础设施也需要模式创新。在这方面，全面把握数字化基础投资与经济复苏措施、传统产业与新兴产业、传统基建和新基建之间辩证统一的关系十分重要。在数字化基础设施建设方面，将公共财政与社会资本相结合，因地制宜地发挥市场的潜力，将有效推进数字化的进程。无论是数字化基础设施、数字化改造和数字化赋能，还是其他各种项目的投资，对投资主体、项目主体和监管等方面都有一个共同的要求，要满足环境、社会与治理（ESG）的要求，也就是采用可持续的投资方式，只有这样，投资、项目和运营才会是高质量的、可持续的。

疫情加速了数字化进程，数字化转型是机不可失的大趋势。这将是一种变革，是导致经济结构、产业供应链和企业商业模式发生重大转型的变革，这决定了未来的竞争格局，也必将形成新的业态、新的格局和新的生态，进而加速推动数字经济向前发展。因此，应对数字化革命浪潮带来的挑战，深度思考和参与数字化转型，是当前发展中一个紧迫性的问题。

四、后疫情时代经济高质量重构

无论是一个地区，还是一个产业或企业，实现可持续发展必须以建立核心优势为出发点，构建长远竞争力和品牌，没有捷径可走、没有弯道能超车。要在多个层面发力，提升发展的质量和水平，例如，在核心技术和底层技术上下功夫，在实体经济转型升级，在区域、行业和产业链、供应链上形成差异化优势，在产学研及整个价值链建立跨界生态合作系统，如此等等。高质量、可持续的发展是因地制宜的发展，其根本在于人的发展，人力资源和能力建设，工匠精神引领专业化、职业化具有决定性的意义。

新冠疫情重创了全球化。全球经济需要可持续的复苏。后疫情时代将是一个更加注重国际规则的时代。构建全球治理体系，尊重法治、尊重市场规则、尊重知识产权、遵循合作共赢，需要全球的共识。在后疫情时代，重建全球新秩序、新格局、新标准，对市场主体都是更高的要求和新的挑战。经济、产业、企业和供应链的安全、风险将会是人们普遍关注的焦点。新冠危机作为“黑天鹅”事件，不应被看成最后一个危机。人类共同努力，应对全球气候变化，避免“黑天鹅”事件，将是刻不容缓的义务。

要融入全球经济，必须着眼于全球化发展的大趋势和大格局，把对社会负责任的理念融入企业战略管理，以高度的责任感去审视企业的风险，包括合规风险、道德风险和资本的风险。立足建立核心业务优势，根据行业特点、地区特点和自身发展的历程和文化基因，构建自己的差异化竞争力。只有这样，才谈得上有能力实现高质量的、可持续的发展，并推动全球在贸易、投资和产业合作中的进程。

人类经历了不同的发展阶段，经济基础决定上层建筑，上一次工业革命以来的发展模式已经不适合今天第四次工业革命，即数字革命时代的要求。

要实施可持续发展的新范式，需要放弃传统的思维和行为模式，这就需要从转变思维方式、决策方式、管理方式和行为方式 4 个层面上推进和实现可持续的变革。毫无疑问，这是时代赋予我们的一项重大使命。

最后，在西部财经论坛召开之际，我们简单看一看成渝双城发展最新的定位。这次新的发展定位是双城发展由地区上升到全国格局的定位，也是在新时期发展更高质量的定位。具体来看，从成渝城市群到成渝双城经济圈，从现代产业基地到有影响力的经济中心，从创新先导区到科技中心，从开放型经济战略高地到改革开放新高地，从城乡发展示范区到高品质生活宜居地，从美丽中国先行区到高质量发展增长极和动力源，所有这些不同方面的要求都有一个共同点，就是强调成渝双城经济圈发展的高质量的特征。一方面，这为成渝的发展提出了新的质量上的要求；另一方面，也必将注入强劲的发展动力。因此，必须站在经济、社会和环境可持续发展的高度来规划和布局，才能实现成渝双城自身的发展，同时为四川、西南和全国的经济社会发展做出应有的贡献。

第四节　新基建——数字经济的新引擎

一、新基建为什么重要

（一）数字化时代背景

为什么提出新基建？应该说，既有国内的背景，也有国际的背景，总体上是数字化大趋势所决定的。在人类进入 21 世纪以后，世界发生了复杂的变化，技术不断飞跃发展，给社会带来了巨大变革的挑战，这是一个时代的特征，而突如其来的新冠危机大大加速了数字化变革的进程。

半个多世纪以来，国际社会达成了一种共识，人类需要一种新的发展方式，即可持续的发展方式。这种新的发展方式体现在人类活动的各个领域，从能源、交通、制造，到城市化、人口老龄化，直至地缘政治、技术安全、供应链各个方面。

人类社会从蒸汽机时代到电力时代，再到通信信息时代，直至今天的数字化时代，是一个不间断的发展过程。今天正在发生的第四次工业革命或数字化革命的趋势和浪潮，开启了一个崭新的历史时期。它不仅不可逆转，而且完全不同于过去的历次工业革命，数字化革命将会在经济社会各个领域产生长期、持续、具有颠覆性的影响，包括一个国家、产业、企业及地区、城市未来的发展方向，经济社会可持续性和数字化的方针、政策、战略和治理等。

第四次工业革命的挑战和将要解决的问题与前三次工业革命相比，有根本的不同。我们知道，经济基础决定上层建筑，新的生产方式决定新的生产力和生产关系。从这种意义上说，新型基础设施建设（简称新基建）就是数字经济转型的引擎和加速器。要理解这一点，我们需要理解新基建的意义、内涵，与经济、社会、产业和企业及其转型之间的逻辑关系与影响，同时也必须理解如何才能更好更有效地构建和实现新基建。

（二）数字化的基础设施

在中国过去40多年的经济发展中，在大力发展第一产业、第二产业之初，需要修公路、修铁路、建机场、建工厂、建工业园区等，这些就是我们当时发展需要的基础建设。如果没有这些基础设施，第一产业、第二产业要有很大的发展就缺乏条件，而这些条件是基础性的。

今天，我们进入了数字化时代，我们发展所缺乏的最重要的基础条件就不是公路、铁路、机场、桥梁、隧道，也不是工厂、工业园区，因为那些东西我们早就有了。我们所需要的，是在第一产业、第二产业的基础上，大力发展第三产业，即发展数字化的服务产业，为实现经济全面腾飞创造基础条件。同时，为经济社会全面进入数字化奠定技术基础。我们把这样的必需的基础设施叫作数字化基础设施。所以，数字化基础设施建设是中国经济发展的阶段性的必然选择。这也是进入21世纪，全世界迎来了第四次工业革命，或叫数字革命所开启的新的数字化转型的开端。

二、新基建的目标和内涵

（一）新基建的目标

那么新基建的目标是什么呢？中国的经济需要增长，但发展的方式可能与过去大不相同。过去我们的GDP增长高达10%，但从2010年开始，实际的增长速度不断下降。虽然推动经济增长依然有各种途径，但我们必须明确，推动GDP增长不是经济增长的唯一方式。当我们谈新基建时，它总是与数字经济相联系。我们一定要知道，数字经济不是仅仅为了经济增长，更重要的是通过数字化转变经济发展的方式，转变企业经营的方式。从更大范围讲，要通过数字科技手段高效地实现一个可持续的、公平的、包容性经济增长，实现环境改善、资源节约和经济社会的繁荣。

我们知道，第一次工业革命应用了蒸汽机，提高了生产力。第二次工业革命应用了电力，成就了大规模生产。第三次工业革命应用了计算机，开启了自动化生产。第四次工业革命则综合利用数字化的网络、数据、自动化和智能系统，这让经济社会数字化赋能成为可能，并能释放出指数性规模效应，将人类带入全新的数字化时代。

如同前几次工业革命，科学技术的力量推动了生产力的发展，改变了生产关系。今天我们要打造新型数字经济体系，实现产业、企业数字化现代化的生产力，也必须充分利用数字科技的力量。因此要实现经济社会数字化变革和转型，实现中国经济高质量、可持续发展目标，必须加强数字化基础设施建设。在这里，新基建将为实现这个革命性目标奠定必不可少的基石，并将长期发挥巨大的作用。

应该说，数字化转型并不是从今天才有的。实际上，从 20 世纪 90 年代就已开始，只是在我们的语境中，之前常常叫信息化。信息化发展的过程不断过渡，数字化技术占据了主导地位，数据成为技术资产，今天二者合二为一了。

构建和利用数字化基础设施是一个系统化的问题，必须避免盲目或无序行动。首先必须知道它的科学内涵、功能及其与产业链的关系，其次要明了相关的应用领域。每个企业、地区、城市的决策者作为利益相关方，都应找到自己发展和应用的方向和定位坐标系，从而寻求有效的、可持续的投资方式。

（二）新基建的内涵

关于新基建没有一个统一的定义。从直观上的理解可认为，新基建就是新型基础设施建设的简称。

2020 年，国家发改委具体确定了新基建的七大产业方向，它们就是：5G 基站、新能源汽车充电桩、大数据中心、人工智能、工业互联网、特高压、城际高铁及城轨交通。而且，首次明确了新基建的范围，即新基建涵盖的三大基础设施的领域：

一是信息基础设施。主要是指基于新一代信息技术演化生成的基础设施，比如，以5G、物联网、工业互联网、卫星互联网为代表的通信网络基础设施，以人工智能、云计算、区块链等为代表的新技术基础设施，以数据中心、智能计算中心为代表的算力基础设施等。

二是融合基础设施。主要是指深度应用互联网、大数据、人工智能等技术，支撑传统基础设施转型升级，进而形成的融合基础设施，比如，智能交通基础设施、智慧能源基础设施等。

三是创新基础设施。主要是指支撑科学研究、技术开发、产品研制的具有公益属性的基础设施，比如，重大科技基础设施、科教基础设施、产业技术创新基础设施等。

以上对新基建范围的界定不应当是一成不变的。伴随着技术革命和产业变革，新型基础设施建设的内涵、外延也会相应发生变化。

三、“东数西算”大数据网络

2022年，国家发展改革委等部委通知，同意在京津冀、长三角、粤港澳大湾区、成渝、内蒙古、贵州、甘肃、宁夏等8地启动建设国家算力枢纽节点，并规划实施10个国家数据中心集群，“东数西算”一体化大数据工程正式全面启动。

“东数西算”中的“数”，指的是数据；“算”指的是算力，即对数据的处理能力。“东数西算”是通过构建数据中心、云计算、大数据一体化的算力网络体系，将东部算力需求有序引导到西部，优化数据中心建设布局，促进东西部协同联动。

目前，我国数据中心大多分布在东部地区，土地、能源等资源日趋紧张，而西部地区资源充裕，特别是可再生能源丰富，具有承接东部算力需求的潜力。为充分发挥体制机制优势，我国应从全国角度一体化布局，优化资源配置，提升资源使用效率。

“东数西算”工程在全国布局8个算力枢纽，引导大型、超大型数据中心向枢纽内集聚，形成数据中心集群。同时，在当前起步阶段，8个算力枢纽内规划设立了10个数据中心集群，划定了物理边界，并明确了绿色节能、上架率等发展目标。通过多方指标约束，促进集群高标准、严要求，最小化起步。

西部数据中心处理后台加工、离线分析、存储备份等对网络要求不高的业务，东部枢纽处理工业互联网、金融证券、灾害预警、远程医疗、视频通话、人工智能推理等对网络要求较高的业务。

“东数西算”本质上要解决算力的供需矛盾，打通东西部间数据直连通道。与一体化数据中心相关的产业链长，覆盖门类齐全，带动效应大，它将为国家、企业和产业带来重大的投资和发展机遇：

——推动数据中心合理布局、优化供需、数据资源配置，有利于提升国家整体算力水平。

——带动公共和私有资本共同参与相关产业链上下游的投资与发展，包括电信网络提供商的投资和发展。

——网络上下游设备制造商的发展，包括光纤光缆、光器件、网络设备等基础设施。

——数据中心服务提供商、IT设备托管服务商、数据中心控制商的发展。

——大数据、云基础软件、云基础设施的投资和发展，并且促进可再生能源发展和应用，数据中心绿色低碳运行，数据中心和电力网一体化设计，以及东部西部产业协同，延展东部发展空间，推动西部大开发形成新格局。

四、新基建与产业链

新基建涵盖一系列关键的产业链，其中之一是5G产业链。我们以5G网络为例说明新基建与相关产业链的发展的相互推动和影响。5G代表一个庞大的产业链。例如，5G网络与电力网络相类似，包括核心网络、传输网络，也有分配网，它们是一个一个相互连接的。构建这样一个网络，就需要上游的通信设备制造商、中游的网络设备制造商、下游通信系统终端应用装置制造商等构成不同的价值环节并形成整个产业链。除此之外，要构建5G网络，必须要有通信网络的规划设计机构和网络建设工程公司，当然网络建成后还要有通信运营商承担网络的运营。在5G网络的支撑下，通过大数据、云计算、人工智能、区块链、传感技术、智能终端等技术，将网络与现实世界、实体经济连为一体，为它们各种各样的应用提供基础设施的方便。

通信技术的一个重要性的特征是，它的发展符合摩尔定律。对于5G通信网络，无论是它的容量、速度，或者带宽，实际上变化速度都是翻倍的。速度、带宽、数据处理能力，5G的这3个重要的特征构成了它在新型数字基础设施及其关键的应用场景中的关键地位。

比如，在速度方面，涉及自动驾驶、远程医疗、工业互联网等，是不能有太大迟延的。又如在应用远程医疗方面，在做手术的时候，信号的传输及反馈速度也不能太慢。

传输带宽和数据处理能力也很重要。例如，流媒体视频及图像传输要求的带宽远远大于语音或文字传输；而在物联网、智能家居、智慧旅游、VR及AR应用中都有海量数据处理速度的要求。

为了比较1G到5G有什么不同，我们可以道路为例来说明。例如，把1G比作乡间小路，2G就好比是公路，3G就相当于高速公路，4G就像是加宽了的高速公路。那5G呢？5G就是立体化加宽的高速公路。所以，它的带宽容量大大拓展，它的速度大幅度增高，它处理海量数据的能力、吞吐能量大大加强。4G和5G之间不是渐进式的发展，而是飞跃性的变化。

五、新基建对经济社会的影响

但是，数字化转型并不完全是一个技术问题，因为技术是为人服务的。所以，数字化不仅仅发生在企业、工厂，数字化也会深入经济、社会、生活的各个方面。

实际上，数字技术已经改变了我们的生活、交流、学习的方式。数字技术也创新了商业模式、交易方式，改变了农村和城市的面貌。在社会方面的这些变化才刚刚开始。

数字化在社会层面的影响，最重要的例子就是智慧城市。智慧城市应用数字化改善民生服务的效率和质量，增强了城市及交通的安全性，提高了环境、健康、文化生活的水平等。

数字化也加速了政府平台建设，许多服务都已数字化了。政务数字化叫“E-government”，现在大部分服务都能够通过数字化的方式，借助于公众服务平台来提高，政务的操作实现透明化，事务处理和操作可追踪和溯源。借助于数字化平台，让更多的公众能够参与互动，实现民主治理、全社会的公平公正，这具有重要的意义。

通过数字化平台，还可以实现许多公共服务的数字化应用，例如，健康、医疗、教育、安全、环境监控，以及公共治理、危机管理等。

数字化不仅是经济提质增效的最重要手段，更是构建新型经济模式的机遇。传统制造业必须进行数字化转型，服务业也必须进行数字化创新。数字化在市场的供需两侧同时发力，将产生相互促进的规模效应。

数字化基础设施除了改变企业、产业链和供应链运行的技术基础外，也将对企业的组织、运行和管理产生重要的影响。因此，企业和组织的转型就是必然的、不可避免的。而此时的企业和组织就需要新的数字化知识、新的数字化能力。与此相应，数字化对职业和就业便提出了新的要求。无论是企业的领导者，还是管理者和员工个人，对数字化准备不足就意味着风险。

无论是企业，还是社会组织，适应数字化的一个重要要求就是去官僚主义、去等级制，实现组织网络化，不断适应在数字化中的组织结构和机制演化与变革。

在抗击新冠疫情和经济复苏的过程中，数字化技术提供了强有力的支持，在应对危机中发挥了关键作用。新冠疫情预示一个危机高发的时代，对危机必须有清醒的认识、周全的准备和超前的布局。在这里，认知和应对的能力是关键。因此，投入新型基础设施建设浪潮，所获得的韧性就不仅是经济的，更是全社会的。

六、投资新基建的原则

数字化的转型和数字化的应用将会给投资与增长带来巨大的影响。在新冠疫情防护期间，国家也出台了许多与投资相关的文件，其中之一就是中国的新证券法。此外，在吸收外资投资、改革开放扩大外需、加强国际合作、复苏世界经济等方面，也出台了若干重要的更高开放水平的文件，其中包括构建更加完善的要素市场化配置体制机制、加快完善社会主义市场经济体制的文件等。这些政策也为数字化新基建有效投资提供了政策方向。

在做出新型数字基础设施的建设投融资的决策时，我们需要贯彻通行的可持续性原则，具体讲就是 ESG 原则，也可理解为对投资融资决策的 ESG 要求。2020 年 3 月 1 日起施行的《中华人民共和国证券法》进一步强化了信息披露的要求。2022 年 4 月 15 日中国证监会发布《上市公司投资者关系管理工作指引》，首次纳入“公司的环境、社会和治理（ESG）信息”。2022 年 1 月 7 日上海证券交易所发布《上海证券交易所股票上市规则（2022）》，对上市公司治理和 ESG 信息披露提供了明确的内容指引。此外，与资本和投资市场相关的规范政策，都显现或隐含了 ESG 的要求。

从长远看，ESG 将会成为投资融资、经营管理、治理和披露信息必须满足的要求。在国际市场上，不实践 ESG 基本准则，就意味着你不可能进入国际资本市场，或进去之后也有巨大的风险。例如，瑞幸咖啡的财务造假事件，就是这方面的一个失败例子。失败的真正原因就是违背了 ESG 原则。财务造假这种问题归结到底，就是治理的问题。在现实中，企业违规爆雷或被官方列入黑名单，一部分是由于环境污染超标出了问题，另一部分则是违背了

《中华人民共和国劳动法》，或违背了《中华人民共和国民法典》。这些都是违背了 E 和 S 原则的问题。基于 ESG 这三方面，我们可以得出一个结论，企业不遵循 ESG 原则，就是不负责任，也等于说企业不遵循 ESG 原则，将会面临巨大的风险。所以说，ESG 是衡量企业可持续性的一个标尺，也是新基建项目投融资的准则。

而且，更重要的是，数字化转型是一个渐进的过程，它是一个因企业或地区而异，因行业、城市而异的一个有序的长期构建过程。例如，在具有巨大生态价值的地方，大兴土木，建立大数据中心，是否需要可行性研究？是否需要考虑可持续原则，做出规划决策、投融资的决策呢？答案是肯定的。

再则，新基建投融资应采取什么模式？是靠政府，还是靠企业，抑或是靠 PPP 的模式，即政府和企业的合作模式？

新基建是一个政府和企业共同推进的任务，需要坚持自上而下，同时也要有自下而上的配合。如果不充分利用这个方式的潜力，新基建可能缺乏资源配置的效率。新能源、5G、大数据中心等投资采用政府与社会资本框架，由企业和政府共同发力，可能会更好地满足经济社会和产业发展数字化的市场需求。

新基建投资融资很可能与政府债务、企业的杠杆发生关系。债务和杠杆水平需要严格地控制。盲目举债、盲目投资，都会产生风险。此外，新冠疫情中货币宽松化、供应链中断、能源及大宗商品价格上涨，也有可能导致通货膨胀的风险。

七、新基建是系统化工程

新基建的投资一定要按照一体化设计，因地制宜，一定要根据地方、产业、企业的具体情况，要结合现有的条件和能力，有序推进整体发展战略规划，不能盲目行动或跟风，否则就有巨大的隐患和风险，如产能过剩。

在数字化这个领域，我们有许多优势，但也有短板，差距不在应用方面，也不在市场方面，而是在新基建的底层技术、关键技术方面，比如芯片、基础软件等。

对芯片投资固然重要，但这并不是新基建的全部。而且，要知道这是重资产投资，投资获得回报需要时间。急功近利的思维可能成为阻碍数字化发展和转型的一大障碍，不能操之过急，最好老老实实把自己的事情做好，把价值创造出来了，自然就会有所收获。现在，我们不仅需要关注消费侧的数字化，更需要在供应侧的数字化方向上发力，在数字化基础设施建设上投资就是重要的一个发力点。

在供应侧，除了新基建的底层技术之外，在核心应用层的工业设计技术，其中包括工业互联网的操作系统之类，都是核心竞争力。如果价值创造不在价值链的前端，也不在价值链的后端，只处于价值链的中部加工制造，则不仅创造的价值有限，而且产业也缺乏总体竞争力。

所以，我们需要在这两端发力，要改变价值创造的结构。我们常说经济转型、经济结构的调整，结构的调整不仅在宏观，在产业、企业和技术领域也要进行结构调整，也要有结构化的思维。目前，企业大多数数字化应用都是以外来技术为基础的，故缺乏核心技术。底层技术、基础性技术作为创造核心价值的技术，需要长时期的投入、研究和开发。

从战略上考虑，不仅要在应用上发力，同时要着力推进数字基础设施和基础技术。对此，需要加强科技转化机制，加强企业、研究机构及大学的合作，这反过来对新基建又提出了相应的要求。

在新的数字化基础设施建设中，我们不能忽视数字安全的问题。数字安全、网络安全，以及知识产权、数字产权、数字隐私、数字伦理等，所有这些因素对保证经济社会数字化系统的安全、稳定和质量都至关重要。

除了强调新基建对产业升级、企业转型的作用，以及工业领域的投资之外，还应特别强调在民生方面的投资和应用，特别是公共卫生和教育这两个领域，包括广大农村的数字化。国家的现代化，离不开农村的现代化。我们需要有远见的企业家、政策决策者，构建以人民为中心的数字化服务。

新基建必须符合可持续发展的原则，各地各单位只有找到它与自身长远发展的结合点，通过系统化的构建和实施，才有可能取得成功。新基建和数字化转型一样，它是一个系统化的工程，涉及诸多方面，必须具有全局的观念。新基建应兼顾传统产业与数字产业，底层技术、中层的技术与应用技术协同发展。作为企业或地区，需要权衡自己的优势和短板；力求形成合作的伙伴关系，形成数据价值共享；建立优势互补有竞争力的产业链、产业集群，打造数字化高地。

要注重供应链的安全。一个城市、一个地区要构建稳定有韧性的供应链和产业集群。但是，完成这两项任务，都必须要有一个理念的支撑，这就是长远的发展规划。

新基建需要与地区、产业、企业的实质性需求和发展协调一致，不能贪大求全，必须以科学为指导进行规划、设计和建设，避免烂尾楼工程。决策者、领导者需要可持续发展的领导力，这种领导力不足是成就宏大事业最大的陷阱。

实现经济社会高质量、可持续发展，加速经济数字化转型是新一轮工业革命的中心任务，新基建是关键的基础设施，会给供给侧结构性改革带来巨大的新动能。发力新基建，立足当前应对经济复苏，面向未来构建可持续包容性的经济社会，利用机遇防范风险，意义重大且深远。

第五节　新时代可持续发展与 ESG 投资

ESG 投资是推动新时代可持续发展的重要引擎。下面与大家分享四个方面的内容：一是可持续发展的挑战；二是可持续发展的内涵；三是 ESG 投资的价值；四是 ESG 投资的战略意义。

一、可持续发展的挑战

“可持续发展”这个词，很早就有了，不过我们还需要进一步普及。关于 ESG，很多人可能不知道是什么，现在我要把可持续发展和 ESG 这两个问题放在一起来讲。那么，二者跟我们的高质量发展、跟我们的新格局和未来的发展又有什么关系呢?

前不久，在中国第五届西部财经论坛上我曾讲到“十四五”时期高质量与可持续发展之路，本节所讲的是在同样大框架下更深入的、更有针对性的一个话题。那就是如何在实现高质量发展总的要求下，去实现金融与产业高质量融合的问题。

我们先来看可持续发展的挑战。关于可持续发展的挑战，我们可以讲很多，我想用两幅画面或图景来说可持续发展意味着什么。之所以说是画面或图景，是要表明一些现象是近在眼前的事，其后果不是我们想象的那么遥远。

第一幅画面是过去的 10 年，我们经历了在整个地球历史上最高的温度，我们看到全球气候变化给人们的生活和经济带来巨大影响，森林火灾、干旱、飓风频发，还有冰川融化、生物多样性消失等。不仅自然灾害频发，地球的资源也在不断耗尽，尤其是淡水资源。在地球生态承载力的所有的重要指标上，都大大超过了它的限度，这是我们所经历的画面，是看得见，也感受得到的，或者是听说过的。但问题是，这样极端的自然现象对我们意味着什么？我们有没有认真去思考过呢？

2020年向我们展示了第二幅画面，是全世界正在经历的抗击新冠疫情的画面，一个在人类历史上前所未有，一个突如其来并在全球蔓延的公共卫生事件。新冠疫情给人类带来了一场灾难，到现在也尚未结束，对经济社会的影响、给人类造成的精神创伤将长期存在。

新冠疫情"黑天鹅"事件出现以后，引起了人类深刻的反思。这种反思实际上追溯到一个源头，那就是人类迄今的发展方式，及其在生态和气候方面产生的负面后果。全世界有一个普遍的认识，新冠病毒很可能源自环境，病毒通过中间的动物宿主传给人类。由于环境的恶化，生态系统出现问题，生态链发生断裂，病毒跳跃式地进入了人类社会。

也许，在新冠疫情暴发之后的两年里，全球所发生的剧烈的气候变化没有引起我们太大的警觉，但是2020年以来肆虐全球的新冠疫情不折不扣地敲响了警钟！保护人类赖以生存的地球是刻不容缓的事。面对这样的危机，我们将如何去应对？除了隔离，口罩防护，或者封城或关闭边境，还有疫苗接种，没有别的办法，也付出了惨重的代价。在现在病毒还没有完全被战胜的时候，又出现新的变异病毒。疫情一波又一波出现，一波又一波地在全球蔓延。病毒无国界，这需要我们认真对待。

这两幅画面有一个共同的特征，表明了我们这个世界处在危机的状态，人类自身的不可持续的经济活动是引发危机的根源。危机给我们最大的启示是，要从根本上去思考，发展的目的是什么？正确的发展方式应该是什么样的？

迄今的发展方式是什么？这与200多年来的工业化有关。工业化提高了生产力，创造了财富，发展了经济，但在很大程度上以破坏环境和过度消耗资源为代价。单纯追求经济增长、追求效益而忽视环境和社会的规律已成为不可持续的发展方式。所以说，可持续发展是事关人类生存发展的问题，是事关我们自身和子孙后代是否还有生存和发展空间的问题。正因如此，可持续发展已经成为人类共同的责任、共同的语言，是促进全球团结、合作、共同构建未来的黏合剂。所以，在当今人类发展的议程中，可持续性处于最优先的位置。

为什么这样讲呢？人类反思工业发展以来的经济行为、管理行为和消费行为，一方面出现资源和环境的问题，地球愈来愈不堪重负；另一方面贫富差距加大，社会公平、公正、人类的和谐共生受到威胁。

自20世纪60年代之后，全球各国、各地区、各层面和不同群体共同参与可持续发展的讨论，特别是在联合国的领导下，对可持续发展及其与企业、社会和政府相关的责任达成了基本的共识。简单的理解就是，我们人类的发展既要为当今自己的幸福，也要为未来子孙后代的幸福同时担负责任。建立美好的社会是目标，全社会各自担负责任、付诸行动既是实现可持续的目标的路径，也是实现可持续目标的方案。也就是说，实现可持续发展目标和对社会负责是历史的潮流，是全球行动的纲领。这里有两个标志性的事件具有现实意义，一个是全球《2030年可持续发展议程》，另一个是2015年的《巴黎协定》。全球每一个国家，所有的跨国企业、本土企业，所有的社会组织都应遵循这两项标志性的要求，为可持续发展做出自己的贡献。

在未来的二三十年，甚至更长的时间，我们将会遇到什么样的挑战，也就是我们将会处理什么样的主题，我们的任务又是什么呢？当然经济增长是不可缺少的，但是我们还将一如既往继续使用化石能源、继续排放温室气体吗？生态环境系统将如何得到保护？城镇化如何去实现？气候变化如何去应对？公共卫生、医疗、教育、食品安全，人们对美好生活期待的需求如何才能得到满足？如此等等，都是重要的课题。此外，从国际形势看，全球供应链、地缘政治以及全球贸易也都要面临严峻的挑战。

今天已进入数字时代，我们正在经历第四次工业革命，这是一个形势错综复杂、瞬息万变和充满不确定性的时代。这个时代向每一个国家、地区，每一个企业家提出了一个问题，那就是我们如何才能应对前所未有的挑战？我们的发展方式是什么？我们的生产方式是什么？我们的投资方式是什么？以及我们的消费方式是什么？一切从这些基本的问题开始，我们的远景规划都离不开要为这些关键的、根本的问题找到答案。

所以，我们需要理解决定未来发展的框架性和核心的问题，一些有关未来二三十年甚至更长时间要解决的问题，比如应对气候变化、绿色转型、人口老龄化等，这些关乎长远发展的问题即构成了我们所讲的可持续发展的背景。

二、可持续发展的内涵

要理解可持续发展的内涵，需要回到前面所讲问题的要点上。我们谈到，要转变工业时代以来过度追求经济效益，或单纯追求经济增长的范式，要避免或减少对环境和社会的负面影响。这里不得不强调联合国做出的卓有成效的努力，于 1987 年第一次提出了全球可持续发展的愿景。简单地说，我们的经济发展是为人类今天的幸福，为人类今天生活达到高的标准，但我们必须要想到我们的后代还需要有尊严的生活，对此我们负有责任。这意味着，我们必须放弃不可持续的发展模式，即追求经济效益以满足当代人的需要，如果耗尽资源，危及子孙后代的生存，则是不可取的。换句话讲，在发展经济的同时必须兼顾环境和社会的要求。要树立长远观念，要做出长期规划，要平衡协调这三者之间的关系。所以我们说，经济、社会、环境是可持续发展的 3 大支柱，3 个领域必须协调统一，这应该成为普遍的思维方式。

本节之所以讲这个思维方式，是要强调很多人是没有该思维方式的，当然也就不可能有相应的决策方式、管理方式和行为方式。

前面我讲了要按照一种方案来实现可持续发展，那么这种方案是什么呢？综合考虑经济、社会和环境三大领域，我们必须构建一个科学的体系。具体讲，在经济和环境之间要解决环境可承受度的问题。在经济与社会之间，要解决公平性的问题，也即二次分配的问题。在环境与社会之间要解决公正性的问题。环境可承受度是一个发展范式的问题，而公平和公正则是在空间和时间上对发展质量进行考量。

可以说，这些基本的理念和原则构成了我们实现可持续发展的基本方案。看起来这似乎很抽象，但实际上并非如此，所有这些理念和原则都是构建发展方案和发展战略的框架要求。

宏观上是这样，从微观上来看呢？我们的市场经济以企业为主体，对于企业来讲，过去创造价值和利润的方式通常只考虑了一个经济的维度，出现高污染、高排放，甚至违规违法现象，但是在可持续发展理念之下必须要把环境和社会的约束作为企业治理和管理的刚性条件，这是一个与之前不同的思维方式。直到今天，我们的很多企业家头脑里实际上只有一个单一的经济维度，而没有社会和环境的维度，对企业可持续发展来说这是最大的风险，很可能引发危机。要知道，今天的经济系统不是单变量的，而是一个复合的多变量的系统。

综上所述，从宏观到微观地考虑，也就是说，今天经济社会发展的要求发生了变化，人的思维方式也必须随之改变，才能适应经济社会发展的需要。这同时表明，我们整个经济社会发展面临一个向可持续发展转型的任务，要完成这个任务的条件就是改革或变革。

三、ESG 投资的价值

我们要发展经济，当然需要调动资金、利用金融工具进行投资，但我们必须回答一个问题，那就是按照什么样的标准和准则，投资才是可持续的？也就是说，我们需要考虑哪些主题、哪些议题去做出投资的决策。自 2005 年左右到现在，在联合国和全球经济界共同合作努力下，形成了一个普遍的概念，叫作责任投资，或叫 ESG 投资，也叫可持续投资，有时也被称为影响力投资。在中国的语境下，普遍称为绿色投资。这些概念大同小异，有一个共同的方向，那就是投资如何有助于实现可持续发展，尽管它们包括的内容以及概念不完全一致。今天我们讲一个国际普遍共识的概念，就是 ESG 投资。ESG 是一个把环境、社会和治理的因素纳入投资决策过程的投资方式，是投资者决策的依据、对企业的行为做道德规范评价时遵循的原则和准则。

按照这样一种准则来进行投融资，无论是银行、基金还是其他的金融机构，它们所做的事情，要坚持的原则就是：

（1）投资者必须把 ESG 的标准纳入决策当中，金融机构在设计金融产品的时候，要秉持对环境和社会负责任的态度。在考虑产品组合的成分时，要权衡被投资的对象在环境、社会和治理方面的绩效表现。

（2）投资者作为股东，要获得最大的效益，但有责任要求被投资的公司在管理决策中融入 ESG 的准则。

（3）投资者必须履行责任，要求被投资的企业能够恰当、真实地披露环境、社会和治理的信息，也就是要求企业披露 ESG 的信息。

正如现在我们在 A 股市场、新三板、科创板以及其他金融产品和服务领域看到的日趋严格的要求那样。尽管在国内还不完全是按 ESG 的要求，但可以预计，在未来这是必然的趋势，对企业特别是上市企业，必将提出更高的要求。

我们讲 ESG 原则和准则，是有具体内容的。对一家企业在应对气候变化、污染、节约能源方面提出的一些要求，都属于 E 的范围。对于企业在员工工作的条件、健康、安全、教育、培训、赋能、能力提升等方面的要求，都属于 S 的范围。对劳工标准方面的要求也是如此，当企业供应链延伸到国际范围的时候，实践国际劳工标准尤为重要。关于治理，首先指的是合规和合法，董事会的结构、股权、制度和机制，以及薪酬、行为准则；其次还有消费者权利保护等。此外，对信息披露的真实性和所持的态度也十分重要。这些都属于 G 的范围。

我们之所以把这些统称 ESG 原则或准则，是因为 ESG 在不同的国家、地区，在不同的行业和企业，其具体的内容是不尽相同的。这与每个国家、地区和企业所处的经济社会、政策和法律环境有关。

四、ESG 投资的战略意义

在讲 ESG 投资具有战略意义时，我们也要强调其在宏观上对建立可持续金融市场的意义。实施 ESG 理念，不仅是投资机构与被投资的企业的问题，也与政府的政策、监管机构的职能、规范和提升资本市场效率有很大的关系（如图 5–1 所示）。

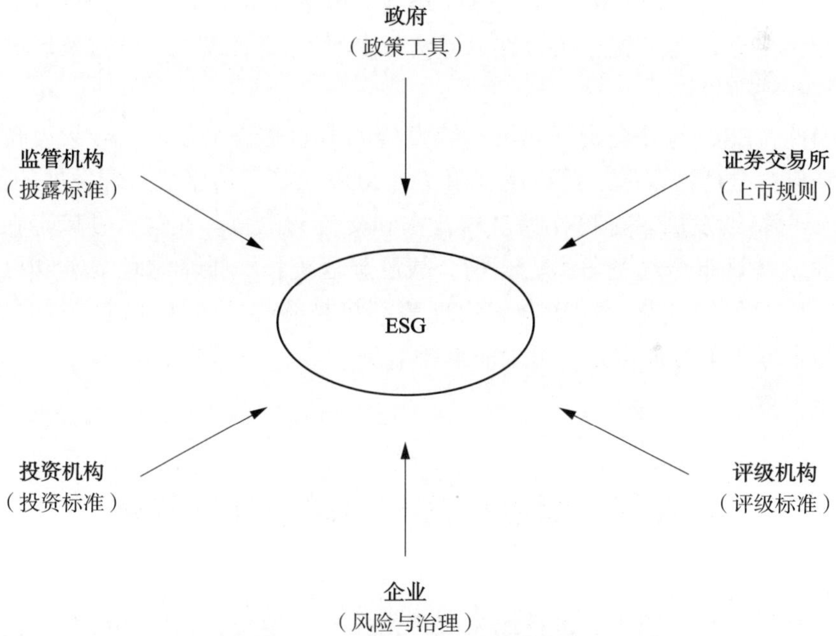

图 5–1　ESG 与可持续金融市场

在绿色投融资等方面，国家已经出台了许多政策，现在最重要的是如何落实的问题。投资机构和企业必须主动适应宏观层面上 ESG 的影响和要求，不仅是核心业务更可持续，而且能在金融市场中规避风险，在国际范围内提升影响力和竞争力。

按照 ESG 的标准，要实现投资可持续，不仅需要监管机构对企业行为进行监管，而且需要对股市、债市、金融市场监管。财政和金融的政策支持实施 ESG 的要求，能更有效地创造健康的营商环境，能更有效地为经济注入可持续发展的动力。

另外，评级机构和咨询机构需要遵循 ESG 的标准和理念，特别是评级机构提供投资所需的信息具有指向性。评级机构和咨询机构作为服务的第三方，其自身的道德责任十分重要。如果第三方机构评出的 5 星企业，第二天就出现逃债跑路、违规违法、爆雷等情况，或发布财务报告、可持续发展报告和社会责任报告时造假，这些不规范的做法不仅是自身的风险，而且可能引发严重的市场危机。

总结一下，ESG 究其本质来讲，它是对社会和环境负责任的一种投资原则、准则、方式和方案。如果谈到对社会和环境负责，实际上就是我们所讲的要履行环境和社会的责任。社会责任是以可持续发展为目标的，是负责任的发展方案。从这个意义上说，ESG 是具体衡量方案落实程度的标准和尺度。把它作为标准，能审视相关方在这些方面具体的绩效表现，可对发展的结果做出判断和评价。

因此，ESG 与社会责任和可持续发展的概念是有关系的。今天可持续发展已经成为全球性议题。可以说，落实《2030 议程》可看成全球发展的任务，2030 年可持续发展目标可作为全球合作和交流的语言。在这个领域走在世界的前面就是具有全球竞争力。当前，战胜新冠疫情、推动绿色复苏和可持续发展、应对气候变化、构建全球治理等都将是核心的主题和需应对的挑战，是参与全球竞争与合作必不可少的重要准备。

第六节　绿色经济与“碳中和”战略

绿色经济在高质量、可持续发展中占据核心地位，碳中和应对气候变化已成为绿色增长的前提条件。为了实现气候保护和绿色发展的双重目标，必须在宏观和微观经济层面实行系统的治理与管理范式转变。碳中和与绿色增长不是相互对立，而是相互促进、互为因果的关系。气候变化的不确定性预示着巨大的风险，实行科学的碳中和战略是建立未来全球竞争优势、创新实力和领导力前所未有的机会。

一、传统的经济模式不可持续

自工业革命 200 多年来，全世界普遍形成和沿用了一种经济发展的模式，到今天这个模式走到了尽头。这个传统模式的主要特点是什么？为什么不可持续？我们需要从市场经济的机制开始，从商品市场和要素市场两个方面来看。

商品市场是产品从生产到交换直至消费所构成的市场活动。市场的力量对经济增长产生了巨大影响，在有效创造巨大财富的同时，也随之产生了显著的负面影响，这就是价值创造产生了外部效应。商品生产、交换和消费总是伴随着有害气体的排放、污染和废弃物的出现，导致对环境和生态系统的损害。可以说，经济增长与排放呈正相关关系，今天的地球及其外部空间的承载能力已经达到甚至超过了极限。其中一个根本的原因，就是化石能源为经济提供主要动力，成为温室气体排放的主要来源。温室气体带来温室效应使地球温度上升，引起全球气候变化。而今天碳排放和污染达到了如此严重的程度，不仅威胁到经济可持续发展，而且威胁到未来人类的生活和生存。因此，人类不得不立即和果断采取行动来应对生态和环境面临的严峻挑战，特别是碳排放对气候变化、温度上升的挑战。

要素市场是商品市场中生产产品或提供服务所需要的投入来源。在不可持续的发展模式中，土地被认为是最主要的一个要素投入。实际上，经济增长依赖整个自然环境，其投入的自然资本远远不止土地，还有其他自然资源，如水、空气、地下的矿产资源。这些要素很大部分并未计入市场的成本，或者也未考虑到资源存量的有限性或可再生性。这样，经济发展与自然环境被孤立对待，发展就遇到一个很大的问题，即要素不能实现合理、优化和公平的配置，因为忽视了其中有些资源具有公共性，有些资源具有稀缺性或者可再生性。忽视这些资源要素的公共性、稀缺性、可替代性或可再生性也就决定了经济无限增长的条件和模式不具可持续性。

在不可持续的市场经济模式中，商品市场循环产生外部性和要素市场循环导致的公共性、稀缺性成本是不可持续的两个主要矛盾。正是它们的相互作用和正向加强的循环，不断推动了经济增长，对供给体系、生产体系、消费体系产生了决定性的影响，凸显市场机制不可持续的一面。

迄今为止，人类经济活动使得生态系统失去了平衡，地球升温、海平面上升、生物多样性减少等不可逆的后果，这反过来又影响到经济发展和人类的健康。现在，人类到了一个关键的十字路口，必须反思和改变发展的范式，即一方面必须解决经济发展的外部性问题，另一方面必须解决自然资源要素公共性、稀缺性成本的问题。其中，能源转型是至关重要的一招，即必须放弃使用碳密集型化石能源，如石油、煤炭，转而充分利用可再生、可替代清洁能源。如果不这样做，地球的健康和人类自身的生存和发展都将受到严重的威胁。

二、21 世纪的挑战

在市场经济中，可借助于市场机制实现市场的资源配置和供需动态平衡。供给和需求推动增长螺旋式上升，推动 GDP 不断增长。创新和技术发展进一步提高了效率，增加了财富。但经济外部性和资源公共性、稀缺性却没有纳入经济发展成本的计量，更未将它们作为经济发展的边界条件。随着财富的增加，总是伴随着温室气体排放加剧，排放累计总量增加，资源消耗加速，存量日益减少。我们所说的碳排放，实际上是温室气体排放的代名词。二氧化碳占据主要成分，还包括甲烷等气体。所有有害气体的排放产生温室效应，使地球温度升高。

这些有害气体的排放，通过 3 种途径进入我们赖以生存的环境和空间：一是进入空气，比如产生 $PM_{2.5}$；二是进入土壤（陆地）、水（江湖和海洋）；三是进入大气层空间。

人们对前两者比较容易感觉到，但对大气层污染造成的影响却不那么敏感。实际上，自工业化以来，因人类经济和生活活动排放的温室气体而产生的温室效应已使地球的温度上升了 1℃左右。如果继续现有的排放，不采取强有力的减排，地球温度将继续上升，很可能达到某一临界点，对人类的生存和发展带来灾难性的后果。为了避免灾难性的气候后果，国际社会在《巴黎协定》中承诺并设定了将地球升温控制在 2℃以下，并努力争取控制在 1.5℃以下的目标。从 2020 年初计算，全球二氧化碳预算仅为 4000 亿吨。如继续目前的排放水平，到 2030 年就将耗尽，到 2100 年大气中二氧化碳浓度将从目前的 400 ppm 上升至 900 ppm，地表温度比 2005 年的平均温度高 4.8℃，海平面将上升近 1 米。地球温度每增加 0.1℃都将带来危险的后果和高昂的代价。

应对全球气候变化是 21 世纪人类面临的最严峻的挑战，一个关键的问题是实现能源转型。能源是国民经济发展的基础，是各行各业发展和企业生产绝对必需的动力源。外部性问题的根源在于不可持续的能源结构，今天的能源结构中化石能源占主导地位，石油、煤炭等都是基于碳的能源。这种能源在直接利用和转换利用的过程中都会排放二氧化碳，其结果是，与能源相关的部门都不可避免地成为使地球升温的温室气体排放源，除了电力、热力、制冷的工业部门，还有工业制造、交通、建筑等一切使用能源的部门。所以，能源转型意味着经济转型、产业转型和企业转型。一方面，排放必须付出成本；另一方面必须转向利用清洁、可再生能源。能源转型是实现绿色发展和碳中和的最关键、最核心的任务。

我们不能简单地认为能源转型只是能源部门的事情，或只是电力部门的事情。能源转型的影响远远超出了能源部门，能源作为从供给到分配，直至消费的整个价值链的基础，涉及各行各业、千家万户。今天维持经济系统的运行主要依靠的是基于化石的能源，经济活动的每个环节也就直接或间接地与碳排放、温室气体排放发生了联系。因此，能源生产、传输、分配和消费的企业和个体都必须朝着开发或利用可再生能源（如风能、太阳能等）和清洁能源（如氢能）的方向转型。

我们可用的土地、水、森林都是经济发展必须依靠的自然资本，必须受到保护。其他许多资源，包含各种有色金属和稀有金属等，其存量都是有限的，也必须节约利用。所以，在推动经济增长、扩大生产、满足人们日益增长的需求时，必须把保护资源、节约资源作为发展约束的条件。既然存量是有限的，那就需要珍惜，一定不能耗尽，因为这不仅是当代，而且也是后代生存的基础。为实现资源有效利用，这里有 3 种不同的方案：一是寻求资源的替代品；二是采用循环利用；三是利用可再生资源。

在经济发展中植入减缓或消除外部性和保护公共利益（外部性内化）、资源稀缺性这样的刚性约束，就已表明这是一种不同于过去的、新的经济发展模式。宏观经济可持续发展在微观层面产生的必然影响就是，企业必须采用可持续发展的商业模式、可持续治理和管理模式。

三、经济转型的必然性

由此看来，能源转型是整个经济全面转型的关键。在更广泛的意义上，经济转型可以理解为在宏观层面经济结构调整，中观层面产业升级，微观层面企业治理方式、管理方式和生产方式的转变。企业的组织结构、流程、机制都必须调整，价值创造的全过程，即产品从研发、生产、销售、使用直到回收的生命周期，都必须以能源和资源的约束为框架条件。

对传统经济来说，这是一个颠覆性的变革。因为在粗放式的发展中，这些因素均不在考虑之列，而在未来它们是发展和增长的刚性要求。刚性要求代表必然，所以企业无法回避，也没有其他的捷径可走。这也就说明了，碳中和所提出的核心问题，为什么并不只是像植树造林吸收二氧化碳那么简单，它首先关注的是基于企业核心业务的碳减排能力，或碳中和能力。经济绿色转型、低碳转型必然促进传统的经济方式、生产方式、管理方式和消费方式发生根本性转变，催生创新的产品和服务，实现这一转变也必然是一个创新和变革的过程。

在经济全球化背景下，考虑到商品全球贸易，即产品和服务在国际范围内生产、交换和消费，在供给和需求两侧都有碳排放的足迹，这会反映在产品和服务要满足的标准和规范之中，进而导致国际贸易规则的变化，比如“碳边境税”“碳泄漏”的考虑都与此相关。经济绿色转型、低碳转型是全球势不可当的大趋势，它将在全球市场和全球供应链中产生复杂、深远的影响。

四、碳中和的本质

在全球经济绿色、低碳转型的大趋势下，国家提出的碳中和具有重大的战略意义。认识碳中和的本质和底层的逻辑十分重要。碳中和在本质上代表经济发展去碳化的过程。也就是说，碳中和可被视为当前经济可持续发展的一个主导方向，它将成为整个经济系统、金融系统、产业和企业的主导性控制参量。

碳中和就是实现净零排放，它包括减排的目标和减排的路径。要构建和管理与时代相适应的可持续的、绿色经济系统，就离不开这个主导性的参量，否则经济发展就会失去根本优势的方向，也在很大程度上失去未来的竞争力。为什么呢？我们所谈的绿色经济、绿色转型是人类为应对空前严峻的气候挑战给出的答案，是面向未来并主导未来的理念。作为推动经济繁荣的动力，它将全面融入经济、金融和企业可持续发展的战略。换句话说，不仅过去的发展方式和过去的战略不再适用，未来发展或增长的质量也将以新的方式来衡量，绿色、去碳化的程度必将成为评价质量的标尺。

碳中和战略是应对气候变化的战略，是绿色经济、高质量、可持续发展战略的有机组成部分。要把碳中和理念作为主导参量融入整个经济系统和企业的治理和管理中，这实质上要求对经济、金融、产业和企业进行系统性的绿色重构，并实现绿色投资、供给和绿色消费的综合目标。

只有减少全球碳排放，到 21 世纪中叶实现碳中和，即达到“净零排放”，大气中的温室气体浓度才能不超过一定的阈值，地球的升温才能在可控的范围内，气候危机对经济社会和人类产生灾难性的后果才能避免。既然主要是人类的经济活动影响了气候变化，那么全球就要基于人类的经济活动找到应对这一挑战的办法，这就是加速推进碳中和进程、努力减缓并适应气候变化。从这个意义上说，所有经济活动的参与者均负有义不容辞的义务，主动而不是被动应对气候变化，主动而不是被动参与经济社会绿色转型。

五、绿色经济的特征

绿色经济是与自然、生态环境和生物多样性保持一致的国民经济，是去碳化、资源有效、社会包容、面向创新的经济增长。其特征具体表现在：

（1）避免向环境排放有害物和污染物；

（2）发展循环经济；

（3）减少非再生资源利用；

（4）用可再生资源替代非可再生资源；

（5）实现可再生能源供应；

（6）保持生物多样性和维护生态服务功能。

绿色经济表明，经济发展已从追求数量转变为追求质量，也意味着经济发展在很大程度上不依赖化石能源，经济增长实现与碳排放脱钩，并在预定的时间达到碳中和，即实现净零排放。反过来说，只要经济增长与碳排放量呈正相关或线性增加的关系，那么这样的经济就不可被认为绿色经济。

与此相应，未来衡量经济的指标除 GDP 外，还将纳入反映环境健康、国民健康和福祉的指标。传统上，GDP 常常是衡量经济增长的唯一指标。高污染或高排放的产出也不可避免地被计入其中，尽管 GDP 数量增加了，但它并没有表达出产出的质量。虽然如此，GDP 并非不重要，问题在于，经济增长不等于经济发展，后者具有数量和质量的特征，它不能简单地只用一个数字指标来衡量。

GDP 重要但不完整，除 GDP 数量指标之外，还应补充环境和社会方面的质量指标，碳中和就是补充生态环境方面的关键议题。

在未来，不仅在宏观层面衡量经济的价值的标尺会发生前所未有的变化，在微观层面也会发生同样的变化。企业是经济的主体，企业从事的经济活动的可持续性和参与方式将会变得十分重要，衡量企业价值和发展质量的标准和尺度也将随之发生变化。与此相应，未来评价和衡量企业发展的不仅是利润、市值等经济数量指标，还会同时增加满足环境、社会和治理（ESG）标准要求的质量指标。过去单一的尺度将日益为综合的 ESG 尺度所取代。

满足环境、社会和治理的要求，即遵循 ESG 框架，将会成为全球通行的标准和普遍的实践，特别是金融机构配置资产、发放债券，或是对企业的投资、融资等，ESG 将在引导绿色、包容、可持续发展中发挥越来越重要的作用，而应对气候变化在 ESG 的议题中则处于优先的地位。

六、绿色转型成功的路径

绿色经济是根植于可持续发展理念的发展方案，同时也是经济可持续发展的具体化，其中经济和生态的关系处于核心的位置。但绿色经济并不只是与生态相关，绿色转型涉及经济的各个部门，还包括处理其社会影响，例如公平、社会可承受、就业和人力发展等，它是一个多维度协同的概念。因此，成功实现绿色转型的首要任务是要消除对绿色经济的认知障碍，即不应把经济和生态二者对立起来，而应看作相互促进，并全面创造经济、环境和社会价值的机会。

绿色转型是一个从宏观到微观全方位的变革，是对传统的粗放式发展进行颠覆性、创造性的改变。在此过程中，我们需要参照国际可持续发展目标框架，同时必须遵照国家“十四五”规划的目标，实施国家为应对气候变化和实现碳中和所提出的措施，结合发展水平、行业属性和自身的现状，积极主动构建可持续转型的路线图，包括制定战略和措施、确定目标和选择合理的路径。

国际上有两个最重要的可持续发展目标框架：一是《2030 议程》所确定的 17 个可持续发展目标（SDGs）；二是《巴黎协定》所确定的把地球升温控制在 2℃以下、最好控制在 1.5℃之内的目标。这是世界各国实现绿色经济转型，应对气候变化，实现经济繁荣、社会公平、生态可持续，以及开展国际合作共同的基础，也是制定碳中和战略目标的系统化参考框架。

绿色转型需要首先明确优先重点领域，即那些对气候变化有重大影响的领域。例如，从全球范围来看，对温室气体排放量影响最大的部门包括工业制造、电力、农业、交通和建筑。每个国家发展水平和经济、产业、消费的结构不尽相同，但明确优先重点对实现应对气候变化的自主贡献具有战略意义。

开启应对气候变化行动的关键一步是设定碳中和的目标。要基于“碳盘查”建立数据基础，考虑在不同的地球升温的情景下的“碳预算”，设定减排的路径，要根据所选定的基准年，设定中期（比如到 2030 年）和长期（比如到 2050 年或 2060 年）应达到的减排目标。应当注意，中长期目标既是有力度的，又是可行的，而且二者必须是连贯一致的。为了使长期目标不至于落空，中期目标和措施必须是明确和具体的，为实现中期目标，短期引入的措施也必须合理有效。

碳中和需要合理选择衡量减排量的单位。在实践中，设定的减排目标有绝对目标和强度目标之分。绝对目标指的是以设定绝对减排，即减排的总量，作为减少温室气体排放的目标。例如，到2030年碳排放量减少20%。强度目标指的是相对于某种经济产量减排的强度，如单位GDP或单位产量的碳排放强度。强度目标能反映减排的进展，但不能反映实际减排的物理量。因此，只有绝对目标才能提供国际、国内横向和纵向相比较的基础。

应当特别强调，绿色金融是绿色转型的有机组成部分，也是实现绿色转型的必要条件和重要工具。绿色金融指的是能产生环境效益以支持经济可持续发展的投融资活动。在宏观层面，利用公共政策，把资金引向绿色、可持续的活动和项目具有决定性的作用。金融机构和金融市场普遍要求将ESG准则融入战略和决策过程，作为投资组合、资产估值和开发金融产品的标准。推进绿色金融的基础是必须对经济活动进行规范化的分类，如绿色债券分类目录，以具体表明投融资目标，为绿色经济、过渡性和有助于为绿色发展赋能的活动提供激励和动力。

此外，在微观层面，碳中和在企业不是一件孤立的事情。企业需要在高质量、可持续发展的框架下，基于科学的方法制定具体的绿色转型或去碳化、碳中和的战略和目标。首先，对自身的碳排放量进行盘查，选择标准的管理工具，如温室气体核算体系（GHG Protocol）或ISO 14064标准，并参照国家对行业的要求、行业数据库，根据企业自身的基础和条件，确定可行的实现碳中和的目标和路径。其次，企业应聚焦核心业务环节，要特别注重节能减排，设法采用可再生能源，减少企业内部活动碳排放，进而向价值链的上游或下游延伸。企业处于全球供应链生态系统中，因此必须与供应链伙伴协同合作，促进整个供应链实现去碳化。

对企业来说，绿色转型意味着要把节能减排、去碳化和保护资源作为价值创造的条件，将这一理念贯穿到整个生产和管理过程中，融入从产品研发、产品制造到产品消费和循环利用的整个生命周期，实现企业全价值链可持续性转型。

绿色增长是健康的经济增长，以经济增长与碳排放脱钩为先决条件。绿色转型需要时间，与碳脱钩需要与之匹配的速度。只有在应对气候变化总体战略的指引下，通过制定协调一致的措施，利用科学碳中和方法，比如参照科学碳目标倡议（Science Based Targets initiative，SBTi）等建议，并采用有效的管理手段，持续改善和优化，才能有助于实现绿色和增长的双重目标。

数字化（如大数据、人工智能等）在支持绿色转型、加速碳中和进程、提升能源和资源效率、创新商业模式、创造新产品和新服务、改善生态足迹和提升绿色竞争力等方面都可以发挥关键的作用，其中包括数据管理、风险管理、价值链管理、产品生命周期管理等。数字化是为绿色转型赋能的重要手段。

七、碳中和与绿色经济的关系

绿色经济在高质量、可持续发展中占据核心地位，碳中和应对气候变化已成为绿色增长的前提条件。为了实现气候保护和绿色发展的双重目标，必须在宏观和微观经济层面实行系统的治理与管理范式转变。碳中和与绿色增长不是相互对立，而是相互促进、互为因果的关系。气候变化的不确定性预示着巨大的风险，实行科学的碳中和战略是建立未来全球竞争优势、创新实力和领导力前所未有的机会。

多年来，全球气候变化产生的影响告诉我们，气候的危机就在我们的身边，这是每个国家、地区、城市和企业都必须应对的风险，对经济社会的安全性和必备的韧性至关重要。

空气污染严重危害人类的健康，近在眼前，是容易看到的事情。但不可忽视的是，全球气候变化的影响范围正在扩大，全世界极端天气和事件频发，造成经济、生产和生命财产的巨大损失。这不断给我们敲响警钟，让我们反思什么是最重要的。目前，全球尚处在应对新冠危机过程中，新冠危机与生态环境恶化密切相关。我们不知道下一个危机是什么，但气候科学家告诉我们，如果人类不采取行动，或不立即采取有效的行动，以保护气候、地球、海洋和生物多样性，气候危机很可能会成为下一个比新冠疫情更严重、更难应对的危机。

当市场标准和规则朝着去碳化、低碳化、碳中和的方向发生变化时，粗放式的发展显然不再有竞争力。除此之外，绿色经济、低碳发展的模式也是防范气候风险、提高经济社会环境韧性必不可少的措施。

一方面，气候变化充满不确定性，企业和公众将会面临潜在的重大风险和损失。必须采用前瞻性的判断并通过微观审慎方法，管理当前的和未来可能发生的风险，其中包括物理风险、转型风险、责任风险和信息披露风险等，它们具有不同的传导方式，可能产生系统性的影响。

另一方面，气候变化和天气事件可能对实体经济造成巨大的物理损失，如干旱、洪水和风暴，以及海平面上升这些事件会带来直接的财产损失，也会产生后续的间接损失，如对全球供应链的干扰。气候变化也可能造成农业损失、劳动力缺失和实体资产的低效运转，而这些影响甚至会超越实体层面，造成更大的系统性风险，如经济波动、生产效率降低，并增加主权违约的风险。

绿色、低碳经济转型（碳中和）隐含潜在的金融风险。气候法律、法规、政策、技术以及市场趋势的变化都可能导致大部分资产被重新估值，其发生的不确定性还会威胁金融稳定和金融机构的安全。企业及市场相关方必须尽早转型，前瞻性地适应监管框架的变化，否则就会遭受惩罚和声誉受损等。

由于极端气候的影响，实体经济遭受财产损失，它们可能向保险机构索赔，在此过程中可能出现不确定性的风险。

披露与气候相关的信息对保持市场有效运行十分重要，市场参与方和投资者需要获得这些信息，才能对金融风险和机会进行评价和估值。

此外，正如前文所述，绿色转型涉及的领域广泛，不仅包括传统的化石能源，如煤炭、石油和天然气，同时也涵盖电力、工业、交通和基础设施等依赖化石能源的产业。绿色、低碳转型和碳中和会对经济运行中的各行各业产生深远的影响，而多个领域并进的转型还有可能进一步造成转型风险的叠加。

八、绿色经济的前景

我们应当清楚地看到，以碳中和应对气候变化也是一个国家、一个企业前所未有的巨大发展机会。绿色经济能保护我们赖以生存的地球，为人类健康的生活和福祉提供保障，并能促进绿色、包容性增长，引领未来可持续发展的新模式。实现碳中和与绿色经济转型的过程，就是在全球竞争的市场中以创新的方式创造价值、提供高质量的产品和服务的过程，也是塑造市场竞争力和领导力的机会。

绿色经济转型意味着市场（商品市场和要素市场）的可持续性转型，是结构化和系统化的。在市场中，无论是供给侧还是消费侧，在碳中和中都起着举足轻重的作用。供应侧结构性改革显得极为关键，因为供应侧是碳排放外部效应产生最主要的来源。消费拉动经济，消费与交换的任何产品和服务也都会产生碳排放和碳足迹。在实现绿色经济转型过程中，实施供应侧结构性改革同时促进绿色消费，必将是创新产品和服务、创新商业模式和创造新就业的重大机遇。

充分利用碳中和、促进绿色经济转型提供的前所未有的战略机遇，就是在建立引领未来全球市场的战略优势。战略优势是长远的竞争实力，这将主要表现为：

——在供需两侧充分发挥提升能效水平的潜力。

——各行各业可再生能源电气化。

——气态和液态可再生能源和原料供应。

——开发关键性碳移除技术（Carbon Dioxide Removal，CDR），包括碳汇、碳捕获与封存技术（Direct Air Carbon Capture and Sequestration，DACCS），以及先进的工业流程等。

实施以上这些战略举措，在时间顺序上有先后之分，但都基于一个共同的前提，这就是推动加速建立先进的基础设施，如数字网络、智能电网、智能交通、氢能供应网络等，从而为实现经济绿色现代化注入强大动力。

绿色经济转型意味着要同时采取减缓和适应气候变化的措施。必须遵循科学合理的减排路径，平衡短期、中期和长期的利益和风险，以最终实现碳中和与经济增长的双重目标。这是一项划时代的艰巨任务，需要充分发挥市场的作用、更好发挥政府的作用，也就是需要有法律、政策和激励的宏观可持续导向，激发市场活力、企业家精神，依靠可持续治理和管理手段，实际落实“共同而有区别的责任”。企业是推动变革和创造价值的主体，绿色经济和碳中和为企业可持续发展提供了前所未有、大有作为的机会。

绿色发展和碳中和都是可持续发展的基本组成部分，以人类未来共同的福祉为目标，在伦理道德层面具有重要的意义。应对气候变化，实现碳中和是全社会共同的任务。十分有利的是，人们对绿色发展的认识不断提高，对绿色产品的需求在不断增长，新冠疫情也极大地加强了这一大趋势。

联合国政府间气候变化专门委员会（IPCC）于 2021 年 8 月发布了第六次气候变化评估报告，来自全世界 60 多个国家的 200 多名科学家，给出了科学的结论，人类的经济活动是使地球温度上升的根本原因。该报告指出，今天地球温度的上升已经是确定无疑的。气候科学家证明了人类的经济活动造成了气候变化，以科学的方式为人类必须改变经济发展范式和生活方式提供了逻辑支撑，而要实现这一改变，同样也只有通过科学的方式和方法，包括治理创新、管理创新、科技创新、数字化赋能等。

在此背景下，意味着企业和全社会需要加速可持续发展的知识更新，加大可持续发展的能力提升，只有这样才能抓住碳中和应对气候变化和绿色增长的机遇。这是实现高质量、可持续发展的机遇，打造未来竞争力的机遇，也是塑造全球领导力的机遇。

●●● 第六章 ●●●

可持续发展战略与ESG

第一节 可持续发展战略

一、可持续发展战略与目标

（一）背景

早在1992年联合国环境与发展大会（地球峰会）在通过的《21世纪议程》中就提出世界各国应根据自身的情况制定国家可持续发展战略。

2015年9月，联合国通过了《2030年可持续发展议程》所确定的17个可持续发展目标（SDGs）。该议程为现在和未来的人类和地球的和平与繁荣展现了共同的蓝图，到2030年消除一切形式的贫困，并以平衡和包容的方式实现经济、社会和环境3个方面的全球可持续发展。

2015年12月，联合国气候变化大会达成了应对气候变化的《巴黎协定》，旨在为可持续的低碳未来加速行动和加大投资，大力减少全球温室气体排放，将21世纪全球气温升幅相比工业化前水平限制在2℃之内，并力求采取措施将气温升幅控制在1.5℃。

《巴黎协定》通过之后，联合国政府间气候变化专门委员会于2018年11月发布地球升温1.5℃影响的特别报告警告，若继续升温至1.5℃，对全球生态和经济有严重的潜在后果，因此必须采取紧急行动限制排放，来应对气候变化的威胁，并促进全球可持续发展和建设具有发展韧性的社会。

可持续发展目标和《巴黎协定》都号召每一个国家进行彻底的转型，要求政府、公民社会、科技界和企业一致协同行动。

可持续发展目标是全世界共享的可持续发展框架，但需要各国明确行动和跟踪落实17个目标的进展。同样，实现可持续发展的目标也必须得到企业、科学界和全社会的支持。

（二）欧洲绿色协议的重点和目标

在此背景下，欧盟以可持续发展目标和《巴黎协定》作为行动的框架，于2019年12月发布了到2050年实现碳中和目标的“欧洲绿色协议”（European Green Deal，EGD），以此应对欧洲经济去碳化的挑战。作为指导欧盟政府、组织和企业行动的方针，EGD为欧盟经济去碳化、减少污染和废弃物提供了一个全面的框架，并使可持续发展目标处于“欧洲绿色协议”的中心。

“欧洲绿色协议”是欧盟的经济新增长战略，旨在实现将欧盟转型为一个公平和繁荣的社会，一个现代的、资源有效利用和有竞争力的经济体，使经济增长与资源利用脱钩，到2050年温室气体达到净零排放的目标。

（三）“欧洲绿色协议”优先重点

“欧洲绿色协议”宣布了4个长远的优先重点：

（1）使欧盟成为第一个气候中性的洲大陆。

（2）削减污染，保护人类生活、动物和植物。

（3）支持欧盟企业成为世界清洁技术的领导者。

（4）确保绿色转型的公正和包容。

（四）欧盟可持续转型的八大领域

为实现以上4个综合性的目标，欧盟计划在以下8个领域实现可持续转型：

（1）欧盟气候目标方面，2050年要实现欧盟的碳中和。

（2）在能源领域，要提供清洁的、能支付得起和安全的能源。

（3）在工业领域，要推广清洁的和循环的经济。

（4）在建筑领域，要提供高能效和资源节约的建筑。

（5）在交通领域，要大力发展新能源汽车和智慧交通。

（6）在农业领域，从农场到餐桌要全生命周期提供环境友好的、公平的、健康的食物体系。

（7）生态领域，保持和恢复生物多样性。

（8）大气污染，有害物的零排放。

该计划明确实现这些领域的转型必须保证以金融转型和公平转型为前提。

二、可持续转型与气候战略

根据“欧洲绿色协议”，2020 年欧盟提出了第一部气候法，以提供有效和公平的转型条件，为投资者提供可预见性，并确保转型不可逆转。同时，欧盟提出了更具雄心的气候目标，明确到 2030 年相比 1990 年碳排放减少至少 55%，以确保 2050 年欧洲成为首个气候中性的洲大陆。欧盟可持续增长战略及其核心元素如图 6–1 所示。

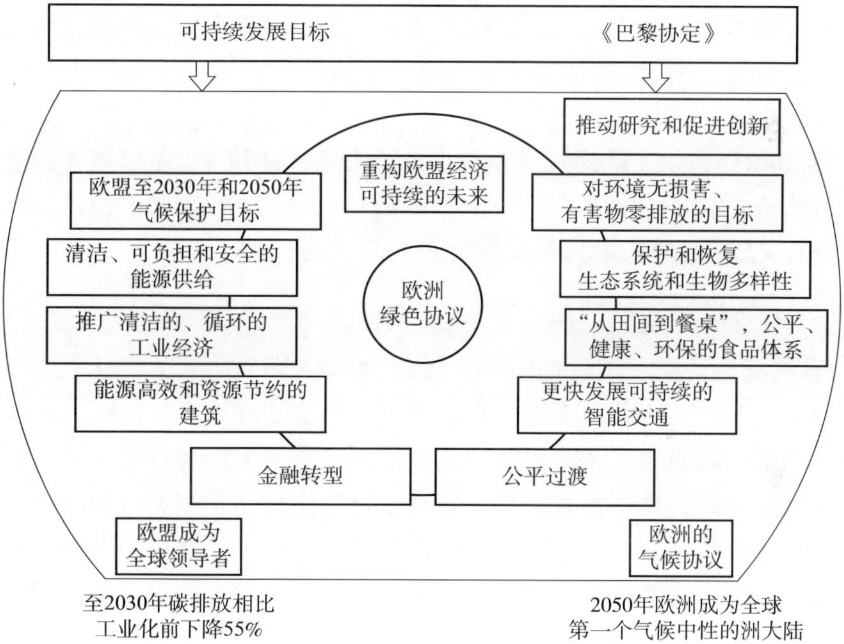

图 6–1 “欧洲绿色协议”——可持续增长战略

资料来源：“欧洲绿色协议”（2019 年）

当今世界正面临三大突发危机：新冠流行病引发的健康危机、社会隔离措施引起的前所未有的经济衰退和对所有人影响最为深远的气候危机。新冠疫情证明，理解环境与公共健康议程之间的联系并纳入政策考虑是至关重要的。不可持续的供应链和生产过程导致森林退化和生物多样性受到威胁，实现绿色转型有助于降低未来动物传染性疾病和流行病发生的概率。

情况越来越明显，我们生活的世界已超出了它能承受的限度，气候和生物多样性的紧急性必须融入后疫情时代经济复苏的计划之中；关键还在于世界各国要从新冠教训中学习和建立更具韧性和包容性的社会。

（一）遵循可持续发展目标和《巴黎协定》的愿景

为此，联合国《2030年可持续发展议程》及可持续发展目标和《巴黎协定》为我们提供了一个长远的愿景，这就是实现联合国大会所称的“我们共同的未来”。“欧洲绿色协议”为欧盟提供了“欧洲共同的未来”的具体愿景，并与可持续发展目标和《巴黎协定》保持一致。

为使欧洲成为气候中性、资源有效、技术领先和社会平等的大陆，并将可持续发展目标融入欧盟经济和社会政策的协调机制，欧盟决定将人和地球放在欧盟经济政策的中央。新冠疫情暴发以来，欧盟为应对健康、环境和经济的大量挑战，使绿色新政在绿色复苏中发挥关键作用，决定推出一揽子政策和基金计划以促进绿色经济发展。

“欧洲绿色协议”的出发点是对可持续发展目标和《巴黎协定》的坚定和明确的承诺。作为可持续增长战略，“欧洲绿色协议”制定了广泛的目标，提出了如何实现经济和社会可持续转型必要的一揽子措施。

（二）气候法和路线图

“欧洲绿色协议”不仅提出了欧盟2050年实现碳中和的目标，还提出了涵盖能源、工业、交通、建筑、农业等所有经济领域落实目标的关键政策和措施路线图。欧盟制定《欧洲气候法》和相关法律法规与政策工具，以实现碳中和减排目标，具体内容包括：修订碳排放交易体系相关法律法规；提高碳排放交易体系覆盖范围之外的行业减排目标；修订《能源税指令》；针对选定的行业提出碳边境调节机制，以降低碳泄漏的风险；制定信息披露、可持续经济活动分类系统及法规。

三、金融可持续转型

（一）欧洲可持续投资计划

明确了实现绿色协议的资金渠道。首先是实施“欧洲可持续投资计划”，以绿色投融资来确保转型的公正合理。据估算，欧盟要实现当前2030年的气候与能源目标，每年还需2600亿欧元的额外投资，约占2018年欧盟GDP的1.5%。这需要公共和私营部门的共同投入，将资金流向绿色产业。此外，国家层面要制定环保预算，充分运用绿色预算工具，将公共投资、消费和预算直接引向绿色优先项目。金融投资行动计划和金融可持续转型的系统化方案是绿色协议的核心支柱之一。

"欧洲绿色协议"表明，为了过渡到气候中性经济和实现生态可持续的目标，所有行业都需要大量的投资。投资所需的大部分资金必须来自私有部门。为了填补这一投资缺口，必须将私有资本流引向生态可持续投资，并且还必须考虑全新的金融框架。特别重要的是，应该让企业和投资者更容易识别生态可持续投资，并能保证其可信度。

（二）金融可持续转型的三大目标

为实现绿色协议的目标，作为重要的前提，欧盟考虑必须大力推进金融的绿色转型。欧盟在可持续金融行动计划中提出三大目标，如表6-1所示。

（1）将资本引向更可持续的经济活动。制定欧盟可持续经济活动的分类系统和绿色债券标准。

（2）将可持续性融入风险管理。在银行监管中考虑ESG风险，风险管理中加强可持续性方面。

（3）通过企业和金融机构改善非财务信息披露，支持透明性和长期性。可持续分类系统用于企业的报告义务。

表6-1　欧盟可持续金融行动计划的目标

Ⅰ将资本引向更可持续的经济活动	Ⅱ将可持续性融入风险管理	Ⅲ促进透明和长期行为
1. 可持续活动分类体系 2. 金融产品的标准和标识 3. 促进可持续投资 4. 投融资和咨询 5. 可持续性基准	6. 研究与评级 7. 机构投资者的义务 8. 审慎的要求	9. 信息披露，会计报告 10. 企业可持续治理

资料来源：欧盟 https：//eur-lex.europa.eu

四、可持续金融一揽子措施

基于可持续金融行动计划，欧盟于2021年6月发布可持续金融一揽子措施，它包括4个基本组成部分，即可持续金融战略、可持续信息披露、绿色债券标准和可持续金融信息披露。

（一）可持续金融战略

可持续金融战略包括建立《欧盟可持续经济活动分类规则》（*EU*

Taxonomy Regulation），与此同时更新《企业可持续发展报告指令》（*Corporate Sustainability Reporting Directive*，CSRD），更新《可持续金融信息披露条例》（*Sustainable Finance Disclosure Regulation*，SFDR），以及更新许多其他与企业、市场参与者和中介相关的措施，如基准法案。

（二）可持续信息披露

金融和非金融企业按分类法的信息披露义务，包括新 CSRD 指令和披露条例。条例要求相关企业基于分类法向投资者提供关于它的资产及其经济活动对环境友好的信息，反对“漂绿”。

金融企业，例如银行、资产经理或保险公司必须披露生态可持续的经济活动在整个资产中所占的比例。实体经济企业（非金融企业）必须给出在分类法中包括的生态可持续经济活动在其营业额、资本支出和业务支出中所占的比例，具体规定企业提供计算、指标和数量上的证据的义务。指标分别分解到具体的符合分类法的活动中。

（三）绿色债券标准

欧盟公布了自愿性的绿色债券标准（Green Bond Standard，GBS）。为私有或公共发行人提供可持续投资融资的指南。当经济活动与分类法挂钩得到支持时，绿色信贷可用于长期项目的融资。在债券发行后分类法的技术筛选准则发生变化时，发行人还可继续遵循现有的规则 5 年。

绿色债券标准必须满足如下要求：

——绿色债券的收益应当在债券到期之前完全或不扣除成本用于与分类法相应的项目。关于详细的报告要求，比如，绿色债券在发行前说明书的审查和发行后配置报告的审查都要保证债券收益运用完全透明。

——所有绿色债券是否遵守欧盟标准和符合欧盟分类法都必须通过外部验证来控制。

——所有为绿色债券发行人提供服务的外部验证者必须是在欧盟证券市场监管局（ESMA）注册并受其监管的。

欧盟希望由此建立绿色金融产品的“黄金标准”，并有效避免“漂绿”。

（四）可持续金融信息披露

欧盟《可持续金融信息披露条例》已于 2021 年 3 月 10 日全面生效，对所有欧盟成员国产生直接法律效力。SFDR 从实体及产品两个维度，对几乎所有类型的金融市场参与者和财务顾问均提出了可持续投资信息披露要求，并针对 ESG 投资的资产管理人提出了额外的更高水平的披露要求。

SFDR 的实施将在整体上明确和统一可持续投资信息披露的法定标准。

对于在欧盟境内或面向欧盟投资人募集资金、发行产品，或为位于欧盟的金融市场主体提供顾问服务的机构，理解和掌握 SFDR 所提出的信息披露要求，建立符合 SFDR 要求的信息披露制度和流程，对把握 ESG 投资领域的业务机遇至关重要，也为所谓“漂绿”行为敲响警钟。

从地域范围来看，SFDR 具有域外效力。对总部位于欧盟境外，但在欧盟设有子公司或开展业务的主体，会与欧盟主体一样受到 SFDR 的直接约束。

SFDR 对所有金融市场参与者和财务顾问提出了基本的可持续信息披露要求，同时对于 ESG 领域的金融产品以及拟对环境或社会产生积极影响作为投资目标的金融产品设定了更高的披露义务。

SFDR 对“可持续投资”做出了统一定义，即指对有助于实现环境目标的经济活动的投资，或对有助于实现社会目标的经济活动的投资，同时被投资的公司遵循良好的公司治理实践，特别是在健全的治理结构、员工关系、员工薪酬以及合规、纳税等方面。

SFDR 对可持续投资的定义与《欧盟可持续经济活动分类规则》中对可持续经济活动的定义相一致，都是要求在努力对某个目标做出实质性贡献的同时，坚持无重大损害的预防性原则，确保其他目标不受到重大损害。

在实体层面，如果未考虑投资决策对可持续性因素的不利影响，则应明确说明其不考虑的原因，应在网站披露，说明包括有关是否以及何时打算考虑此类不利影响。

在产品层面，金融市场参与者，都应在其合同前披露中明确披露金融产品是否以及如何考虑对可持续性因素的不利影响，并定期在报告中对可持续性因素的主要不利影响的信息进行说明。

在披露与可持续性指标有关的内容、方法和表述方式时，机构可参考欧洲银行管理局（EBA）等提出的《监管技术标准》（RTS）。

五、可持续金融分类体系

（一）可持续金融分类授权法案

欧盟于 2021 年 4 月发布的《欧盟可持续金融分类气候授权法案》（*EU*

Taxonomy Climate Delegated Acts，以下简称《授权法案》）和2020年6月颁布的《欧盟可持续经济活动分类规则》（以下简称《分类规则》）是“欧洲绿色协议”为实现欧洲2050年碳中和目标的重要举措。据2020年《欧洲绿色新政投资计划》预计，在未来10年内为可持续转型每年将撬动的投资约3500万亿欧元。

《授权法案》关注转型金融，响应了“欧洲绿色协议”设立的6大环境目标中的两大目标，即减缓气候变化和适应气候变化，其他4个目标包括海洋与水资源的可持续利用和保护、循环经济、污染防治、生物多样性和生态系统保护与修复，欧盟还会继续出台相应的《授权法案》。

（二）经济活动分类的实质性

该法案通过引入技术标准来界定符合欧盟气候变化适应及减缓两大目标的经济活动，为欧盟定义和推动资本流向气候投融资和金融体系将资本转向低碳经济提供了一套共同的语言体系。预计将有助于缩小《巴黎协定》签署以来气候行动与实体经济投资之间的差距。欧盟确认了欧盟经济体到2030年将温室气体排放量减少55%的目标，该目标是《分类规则》的纲领和基础。

欧盟强调应对气候变化金融转型的重要性，把项目范围分为低碳（Low-carbon）、转型（Transitional）和赋能（Enabling）3种类型。后者虽然会造成温室气体排放，但目前已是行业内的最佳实践，暂无替代方案，且能够直接推动其他领域对实现环境目标做出实质性贡献，其中包括了如水泥、钢铁、化学品、肥料等项目。此外，天然气、核能以及农业相关项目也未包括在2021年的《授权法案》中，对相应领域需进行技术审核，天然气和核能会在2022年发布的《补充授权法案》中出现。

欧盟可持续金融技术专家组（TEG）的建议为环境可持续投资建立了较为严格的科学标准，例如，在发电领域，排放要求为100克二氧化碳/千瓦时。

根据该法案，欧洲所有投资者和大型企业都将被要求每年报告其投资组合和活动中的可持续部分，并且绿色和可持续金融产品必须符合《分类规则》的定义。此外，机构投资者和公众将能够比较出哪些公司在应对气候变化方面做得更多，以及了解哪些金融产品符合《分类规则》的标准。

就气候金融转型而言，欧盟的《授权法案》是第一个设置了技术标准以界定对减缓气候变化和适应气候变化有实质性贡献的经济活动的文件。

（三）可持续活动分类方案

在欧盟金融一揽子方案中，欧盟可持续活动分类方案是实现生态可持续目标的核心组成部分，它对金融企业、非金融企业的活动，对财务信息和非财务信息的披露，对金融和实体经济的 ESG 数据的标准、透明度，以及表达方式和组织方式都会产生重要的影响（如图 6–2 所示）。

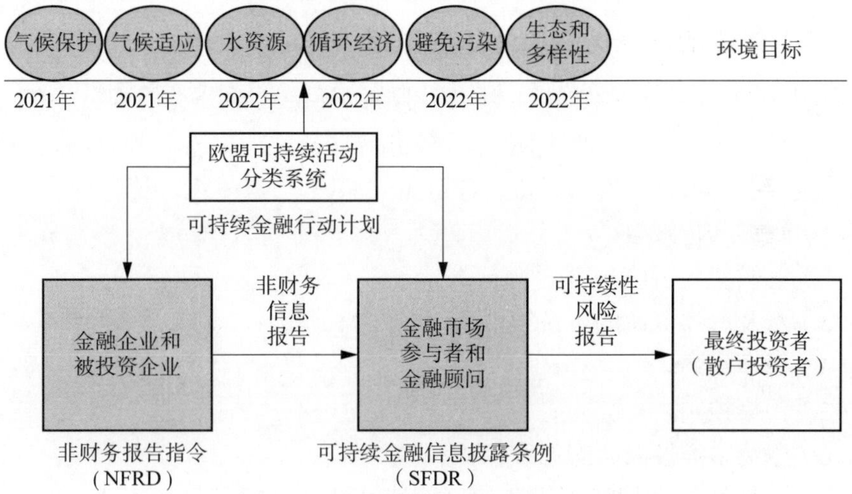

图 6–2　欧盟可持续活动分类系统的影响

资料来源：参考 Teter Friedrich，Finn Wendland，Institut der deutschen Wirtschaft（2021）

六、可持续经济活动分类框架

（一）经济活动通用分类规则

欧盟于 2020 年 4 月 15 日通过“建立促进可持续投资的框架规则”，以此为欧盟内所有企业和投资者提供一套通用性分类系统（Taxonomy），亦称分类法，以识别哪些经济活动可被认为是具有环境可持续性的。

该分类法促使投资者把投资重心转移到可持续发展的技术和业务上，以此作为达成《巴黎协定》2030 年目标和欧盟 2050 年实现碳中和的重要基础，并预计可减少 40% 的温室气体排放。为此目标，欧盟估计每年必须投资约 1800 亿欧元。

2020 年 6 月，欧盟公布的《可持续经济活动分类规则》源于欧盟 2018 年 3 月发布的《欧盟可持续金融增长行动计划》。其分类的目的是：在欧洲建立一个统一和通用的法律框架，以按类别区分经济活动是否具有环境可持续性。该法规规定所有金融产品都必须根据该分类规则分类。对于宣布具有环境可持续性的产品，均须披露如何适用和符合分类规则；而针对不符合环境可持续性的其他产品（包括那些只具有ESG目标而不具备环境可持续性的产品），必须做出声明：该金融产品未符合欧洲可持续经济活动分类规则。

（二）经济活动分类标准的环境目标

欧盟于2020年6月发布的《欧盟可持续经济活动分类规则》，基于“欧洲绿色协议”的6大环境目标建立了经济活动分类的框架，其目的是将金融市场的资金引向可持续发展经济，并避免“漂绿”。其6大环境目标为：

（1）气候变化减缓。

（2）气候变化适应。

（3）水及海洋资源的可持续性。

（4）循环经济。

（5）污染控制。

（6）生物多样性及生态系统保护。

在此可持续活动框架下规范的可持续性活动必须满足如下4个要求，才能被称为“可持续的经济活动”：

（1）必须至少为上述6大环境目标之一做出实质性贡献。

（2）对其他任何环境目标均无重大损害（Do No Signiflcant Harm，DNSH）。

（3）遵守稳健且技术科学的技术筛选标准（Technical Screening Criteria）。

（4）遵守最低限度的社会和治理保障（Minimum Safeguards）。

在上述6大环境目标中，气候变化减缓和气候变化适应为2项气候优先目标，于2022年1月1日生效。与此相关的经济活动细节规范（Technical Screening Criteria），于2023年1月1日生效。

（三）气候优先目标下产业的分类

在“气候变化减缓”的目标下，可持续经济活动被分为9大产业88种类型，而在“气候变化适应”的目标下，可持续经济活动被分为13大产业94种类型，如表6–2所示。

表 6–2　气候优先目标下产业的分类

	气候变化减缓		气候变化适应
1	林业	1	林业
2	环境保护与维护	2	环境保护与维护
3	制造业	3	制造业
4	能源业	4	能源业
5	水、污水、废弃物和治理	5	水、污水、废弃物和治理
6	运输业	6	运输业
7	建筑和房地产	7	建筑和房地产
8	媒体与通信	8	媒体与通信
9	专业科学与技术	9	专业科学与技术
		10	金融和保险
		11	教育
		12	健康和社会工作
		13	艺术和娱乐

资料来源：https：//ec.europa.eu/sustainable–finauce–taxonomy/home

在 2 项气候优先目标下，制造业类别中包括 17 个经济活动：

（1）可再生能源技术制造。

（2）氢气生产设备制造。

（3）低碳运输技术制造。

（4）电池制造。

（5）建筑节能设备制造。

（6）其他低碳技术制造。

（7）水泥制造。

（8）铝制造。

（9）钢铁制造。

（10）氢制造。

（11）炭黑制造。

（12）苏打灰制造。

（13）氯制造。

（14）有机基础化学品制造。

（15）无水氨制造。

（16）硝酸制造。

（17）塑料原料制造。

七、可持续金融的两大基石

欧盟金融一揽子方案要求整个金融行业的企业将ESG融入投资的决策和咨询过程。在此金融方案中有两个关键核心监管法规：一个是《可持续金融信息披露条例》，另一个是《欧盟可持续经济活动分类规则》，二者构成ESG的两大基石。

（一）《可持续金融信息披露条例》

2021年3月生效的《可持续金融信息披露条例》为资产管理企业调整投资行为，转向可持续投资，披露投资行为的环境社会影响（ESG）制定了共同规则。《可持续金融信息披露条例》具有域外影响力，因而可能会影响世界各地在欧盟市场上寻求投资的企业的行为。大约60%的欧洲基金资产投在了欧盟之外的地方。

在中国，外资持股正在急剧增加。例如，贝莱德投资了在上交所上市企业的A股股票，如招商银行、贵州茅台、平安保险和中国石化等公司。这些企业很可能最终被纳入《欧盟可持续经济活动分类规则》中，这取决于它们在绿色转型中所扮演的角色及其对可再生能源等绿色技术投资的具体情况。

（二）《欧盟可持续经济活动分类规则》

通过与《欧盟可持续经济活动分类规则》配套的法规、技术标准和对“绿色”的定义，经济活动的可持续性将按照分类标准受到严格的审查。

根据欧洲央行的数据，获得环境、社会和治理（ESG）授权的基金规模自2015年以来增长了170%。新冠疫情暴发以来，欧元区投资者在这一领域的投资增长了20%。ESG和非ESG基金在疫情开始之前收益水平接近，但之后ESG表现更出色。煤炭等一些化石燃料能源投资不再具有吸引力，其回报率相对较低。趋势表明，环境、社会和治理（ESG）投资将成为新常态。

八、中国《绿色债券支持项目目录》

2021年4月，中国发布《绿色债券支持项目目录（2021年版）》，这是该目录 2015 年版的首次更新。这使得我国在绿色项目识别和项目筛选原则上更与国际接轨，同时与国内现行其他的绿色经济活动界定标准更为兼容，是构建绿色金融体系的重要进展。为实现 2060 年碳中和的气候承诺，未来三十几年内，中国碳中和所需的绿色投资规模将在百万亿元以上，甚至数百万亿元。自 2016 年提出构建绿色金融体系以来，中国绿色债券、绿色信贷、绿色保险等金融产品发展迅速，已成为全球最大的绿色债券发行国。绿色债券支持的项目中交通和能源领域项目占比过半，有效推动了交通和能源领域的低碳发展，中国已成为全球最大的清洁能源投资国。

不过，中国的绿色债券标准与国际标准并不一致，在《绿色债券支持项目目录（2015 年版）》中，包括煤炭等化石能源清洁利用项目，对绿色债券在国际市场的认可和交易有一定影响。同时，七部委联合发布的《绿色产业指导目录（2019 年版）》的兼容度也较低，且债券市场受多头监管，在一定程度上增加了绿色债券发行、披露和交易成本。

绿色债券支持项目目录的更新主要体现在将国内绿色项目界定标准与国际接轨上：

——首次统一了各相关管理部门对绿色项目的界定标准，覆盖的项目与七部委的《绿色产业指导目录（2019 年版）》、人民银行绿色贷款以及银保监会绿色融资统计等相关制度基本对接，这将有效降低发行、管理和交易成本，促进各部门协同，提升市场效率。

——剔除了在国际上较受争议的化石能源相关项目，并采纳国际通用的筛选原则，这将增强国际上对中国绿色债券的认可度，促进绿色债券跨境交易。

——中国更新的绿色债券支持项目目录不仅在“无重大损害”的整体原则上与欧盟一致，而且其一级分类设定也符合国际主流绿色资产分类标准。

《绿色债券支持项目目录（2021 年版）》采用 6 大产业框架，作为全国统一的绿色债券指导文件，其产业分类如下：

（1）节能环保产业。

（2）清洁生产产业。

（3）清洁能源产业。

（4）生态环境产业。

（5）基础设施绿色升级。

（6）绿色服务。

——如果从气候金融的角度看，中国的《绿色债券支持项目目录（2021 年版）》包括的项目以减缓气候变化为主，只有少量针对旱涝灾害防控的项目涉及了适应气候变化的内容，而欧盟的《授权法案》覆盖了减缓气候变化和适应气候变化更广泛的项目。

中国正在制定一系列经济和社会治理信息披露规则，包括中英气候与环境信息披露试点、《深圳经济特区绿色金融条例》和粤港澳大湾区金融机构环境信息披露试点。可以预见，在未来随着碳达峰、碳中和措施进一步落实，金融和实体经济的生态可持续性将会成为宏观和微观关注的中心。

九、新加坡可持续经济活动分类法

新加坡于2021年发布了一份分类法草案，有别于欧盟环境目标及无重大危害原则，提出了一个创新的概念，即把经济活动按“绿黄红灯”类别分类，以反映经济活动的可持续性，将达标的经济活动归于“绿灯”类别，将转型中的经济活动归于“黄灯”类别，而将未达标的经济活动归于“红灯”类别。所提出的产业类别分为8大类：

（1）农业与林业 / 土地使用。

（2）建设 / 房地产。

（3）运输与燃料。

（4）能源（包括上游活动）。

（5）工业。

（6）媒体和通信。

（7）废弃物 / 循环经济。

（8）碳捕捉和封存。

第二节　可持续投资与融资

一、可持续投资概念与内涵

随着可持续发展观念日益普及，对社会负责任的投资（也称责任投资）的发展及其投资市场的增长日益受到广泛的重视。但由于历史的原因，这一领域产生了不同的概念、术语或叫法。诸如，可持续投资、ESG投资、社会责任投资、影响力投资、主题投资、生态投资、绿色投资、绿色金融、道德投资、使命投资、社会意识投资等，不胜枚举。这些名称常被不同的利益相关方使用，时而也相互交替地使用，其结果不仅引起名称上的混乱，而且不同的术语很难用于识别、测量和评价类别广泛的资产。图 6–3 列示了与可持续投资相关的概念。

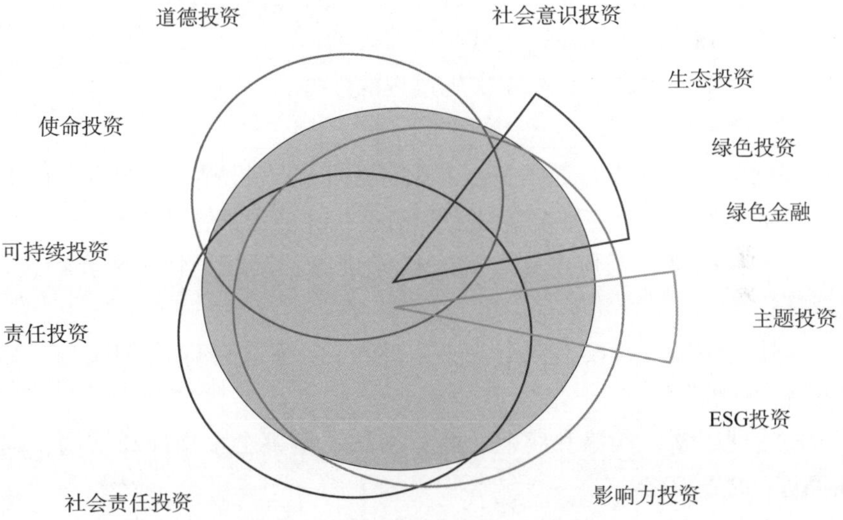

图 6–3　与可持续投资相关的概念

本节力求解释并澄清与责任投资这一领域相关的最常用的概念、术语及其内涵。

责任投资的核心宗旨是，考虑非财务因素可以对财务绩效产生影响。责任投资强调非财务回报，是定义最为宽泛的投资类别。责任投资的类型可以分别按照投资回报和投资意向两大原则来划分。它包括了“社会责任投资”和“影响力投资”两种情况。

二、可持续投资原则

联合国环境署金融倡议和联合国全球契约投资者倡议鼓励金融市场各方采纳并贯彻负责任投资原则，完善公司治理、诚信和问责机制，并通过破除市场运作、结构和监管方面的障碍，建立起全球可持续的金融体系。兼具经济效率和可持续性的全球金融体系对于长期价值创造不可缺少。这样的金融体系，将会为长期、负责任的投资带来回报，也将惠及整个环境和社会。

“责任投资”的一个同义语叫“可持续投资”，责任投资是“负责任投资”的简称。2006 年联合国发布了负责任投资原则（Principles for Responsible

Investment，PRI）。PRI 的 6 项原则已成为全球责任投资领域的基本行为准则，它们是：

——将环境、社会和治理（ESG）理念纳入投资分析与决策过程；

——积极行使股东权利，推动企业完善环境保护、社会责任和公司治理；

——要求所投资的企业适时披露与 ESG 相关的议题；

——推动 PRI 原则在投资领域广泛被采纳；

——共同合作提高 PRI 原则实施过程的效率；

——定期报告贯彻落实 PRI 原则的情况。

ESG 投资。责任投资通常指把非财务因素纳入投资决策的投资过程，而非财务因素也可认为是与环境、社会和治理相关的因素，它们是：

——环境因素：气候变化、温室气体排放、资源消耗、废弃物及污染，砍伐森林；

——社会因素：人权、工作条件（如童工、强迫劳动）、健康和安全，员工关系及多样性；

——治理因素：贿赂和腐败、高管薪酬、董事会多样性和结构、政治游说和献金、税务策略。

截至 2020 年 9 月，签署 PRI 责任投资原则的资产管理和投资机构已达 3000 多个，资产管理总量为 103 万亿美元，签署方承诺，其投资的实体对 ESG 议题进行适当披露。PRI 要求其签署方从 2020 年开始按照气候相关财务披露工作小组（Taskforce on Climate–Ralated Financial Disclosure，TCFD）建议的治理和战略决策进行 ESG 报告。

以下分别描述各种投资类型（Schroders，2021）。

三、投资类型

（一）按回报划分

投资的类型分为两类，即按财务的回报和按非财务的回报：

（1）按财务回报：追求最大化财务回报、控制风险资本回报的投资都属于传统的投资范畴，它们都只考虑财务回报，不考虑非财务回报，也就是不考虑在社会和环境方面的回报。

（2）按非财务回报：非财务回报考虑的是一项投资的正外部性。典型的情况是指投资对社会和环境的产出。非财务回报包括对人类社会回报和对自然社会回报两种不同的情况。这些社会性的收益通常总称为“社会回报”。也就是说，“社会回报”包括社会和环境两个方面的受益。有时，“社会回报”还包括另外的内容，如欧洲风险慈善协会使用“社会事业”投资这一术语，它包括在社会、环境、健康和文化等事业领域的受益。图 6–4 为按投资回报的投资类型分类。

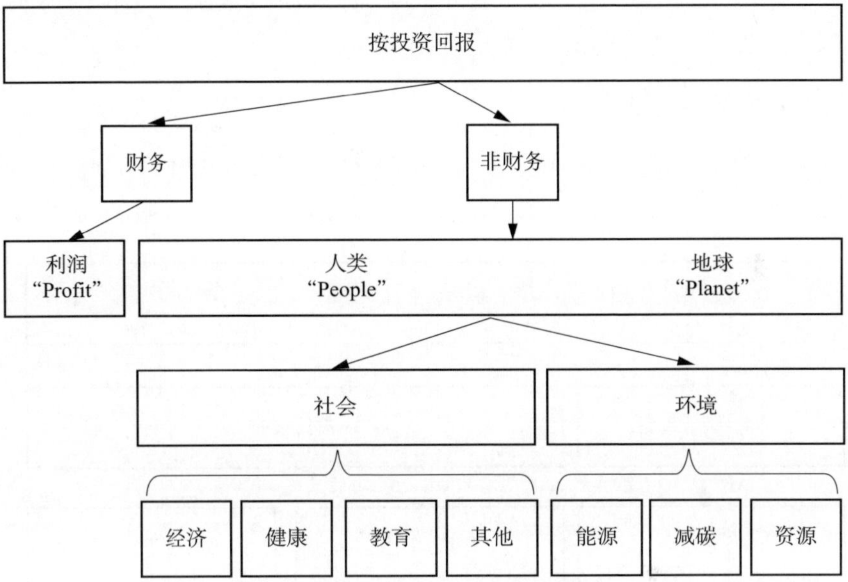

图 6–4　投资类型——按投资回报划分

当今，常用三重基线回报来表示在财务、社会和环境方面的回报。也有二重基线方案的定义，它鼓励投资者在追求纯财务回报之外，还考虑对社会的影响。在此理念之上，再进一步考虑另一个因素，即对环境的益处，这就成了三重基线回报。三重基线投资方法表明，企业的成功应基于它对利润（Proflt）、人类（People）和地球（Planet）（3P）负责任的行为。

因此，既考虑财务回报，又考虑社会和环境回报的投资通常就被理解为是负责任的或可持续的。

当今，一个普遍采用的投融资框架是所谓 ESG 框架，用它来评价一个企业在环境、社会和治理方面的特征。ESG 不仅用以测量一个组织对地球和人类的责任，而且也用以判断企业的领导力和商业道德实践的行为。

ESG 是联合国 PRI 的一个关键要素。PRI 作为投资的指南，旨在鼓励机构投资者考虑其受益人长期的利益。企业应考虑将 ESG 融入战略和组织管理，包括制定政策或做出承诺，以保证落实其道德行为并使社会总体受益。

按照 Opimas 的数据，应用 ESG 标准推动投资的全球资产价值在 2020 年达到 40.5 万亿美元，相当于 4 年内增加几乎两倍。此外，积极战略占 ESG 相关资产管理规模的大部分（美国为 75%，欧洲为 82%）。

晨星（Morningstar）2020 年的分析显示，全球共有 534 只可持续发展指数共同基金和 ETF，总资产管理规模达到 2500 亿美元。产品数量和资产规模在过去 3 年的增加均超过一倍。此外，欧洲仍是最大的市场，占全球资产的 75% 以上，美国从 3 年前的 13% 上升到 20%。

（二）按意向划分

投资可按投资意向的不同分为“不考虑社会”“无害于社会”“有益于社会”三大类（如图 6–5 所示）。

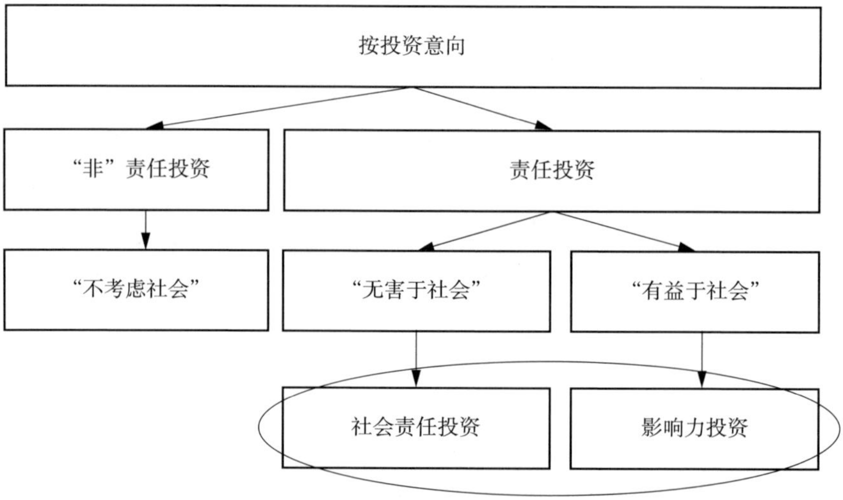

图 6–5　投资类型——按投资意向划分

（1）“不考虑社会”的投资，即不考虑社会方面的回报的投资，它们属于传统的金融投资（Conventional Financial Investing）范畴。这类投资的首要目标是，追求财务回报最大化而不考虑非财务回报。不过，这类投资实际上也是有社会影响的，要么是正面的，要么是负面的。

（2）“无害于社会”的投资，即对社会负责任的投资，或称为社会责任投资（Socially Responsible Investing，SRI）。这类投资追求在获得财务回报的同时有正面的社会产出。SRI 是通过排除那些从事有害活动的企业（负面筛选）或者投资于社会责任领先的企业（正面筛选）来达到对社会“无害”的目的。

（3）“有益于社会”的投资，即对社会、环境产生影响的投资，或称为影响力投资（Impact Investing），这类投资的目标是要达到具体的、可测量的社会产出，同时又要产生财务回报。

社会责任投资和影响力投资统称为负责任的投资，或简称为责任投资。为了区别起见，上面提到的“不考虑社会”回报的传统投资暂且称为“非”责任投资。责任投资遵循的基本理念是 PRI 基本原则及 ESG 框架。

四、可持续投资筛选策略

对社会负责任的投资通常称为 SRI，是可持续投资中最大的细分领域。2011 年，单在美国 SRI 资产已超过 3 万亿美元。到 2012 年，美国市场在全球 13.5 万亿美元中已占 4 万亿美元；尤其在欧洲其市场分量最大，占整个 SRI 资产的 65%。

实施 SRI 的战略是追求有竞争力的财务回报，并应用筛选策略，使有害于社会目标的外部性最小化。这些筛选策略通常与一个组织（企业）的 ESG 特征或 CSR 特征有关。

SRI 采用不同的方法策略以保证投资“无害于社会”（如图 6-6 所示）：第一种策略是负面筛选，就是排除或过滤“非道德”的投资对象。第二种策略是正面筛选，就是挑选在当下，或在未来其社会责任（CSR 或 ESG）水平最高的企业。第三种策略是股东积极主义，它是通过行使股东权利对企业的 CSR 或 ESG 相关议题的管理产生影响，力图减少有害于社会的外部性和改善股东回报。

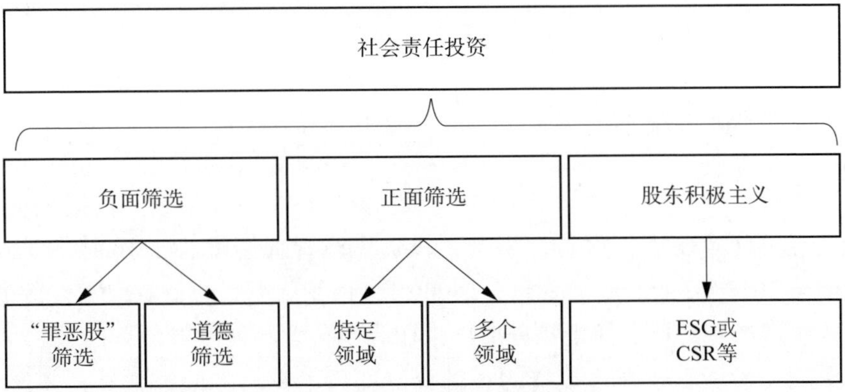

图 6-6　社会责任投资策略

（一）负面筛选

负面筛选投资方法是剔除那些 ESG 或 CSR 表现差的企业和（或者）筛选

掉不合规、不遵守某些准则的企业。在一项投资涉及负面的事件或商业实践的情形下，这一方法有助于降低信誉风险出现的可能性。例如，剔除“罪恶股”和剔除违背道德或宗教宗旨的投资对象。

“罪恶股”：这种筛选是排除投资于其产出有害于社会的企业，例如烟、酒、赌博、淫秽或军火等行业。

伦理或宗教：这种筛选排除投资于违背伦理、道德或宗教标准的企业。这些准则被信仰基金所采用，例如禁止高利贷、投机或赌博。

（二）正面筛选

正面筛选投资方法是指投资于 ESG 或 CSR 表现具有中上水平或最好的公司。正面筛选的投资组合可能专注于一个具体的产业、领域（如环境），也可能覆盖多个产业和领域。

（三）股东积极主义

股东积极主义投资方法是指利用股东的权利影响企业，使之改善其管理实践并成为负责任的企业。股东通过挑选管理者、使用代理投票权、股东诉讼，或象征性地与不肯改变其政策的企业划清界限等类似的方法，来影响企业的运营。环境和社会运动越来越重视股东通过与管理者个别协商和吸引公众的参与，进而改变企业的行为。

全球可持续投资联盟 2013 年的报告发现，大多数 SRI 投资常用的战略是负面筛选（资产为 8.3 万亿美元），之后是股东积极主义（资产为 4.7 万亿美元）和正面筛选（资产为 1.0 万亿美元）。

五、影响力投资

影响力投资是可持续投资领域增长最快的一个细分领域。根据全球影响力投资者网络（GIIN）报告，影响力投资资产管理规模从 2016 年的 1200 亿美元增至 2018 年的 5000 亿美元（+400%）。由于影响力投资有着很好的前景，所以这类资产总是从责任投资分离出来作为单独类别加以考虑。

影响力投资属于责任投资的一部分，即除了有财务回报之外，还产生可测量的社会和环境影响力的投资。影响力投资可投入单个，也可投入多个社会和环境的领域，这取决于投资者的偏好。

影响力投资分为两种，即社会影响力投资（如图 6–7 所示）和环境影响力投资（如图 6–8 所示）。

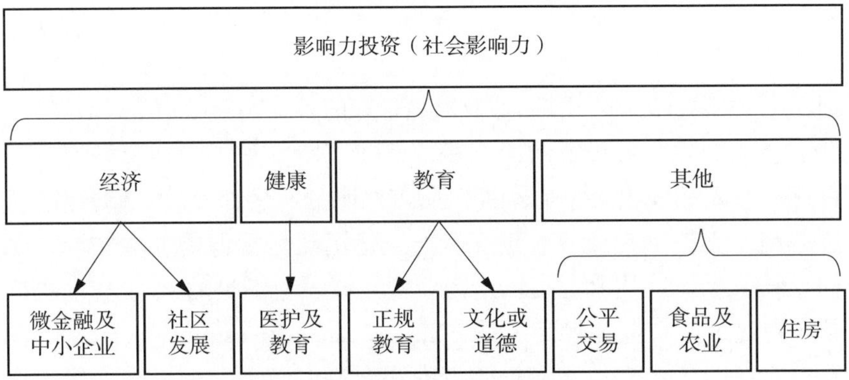

图 6–7　影响力投资（社会影响力）

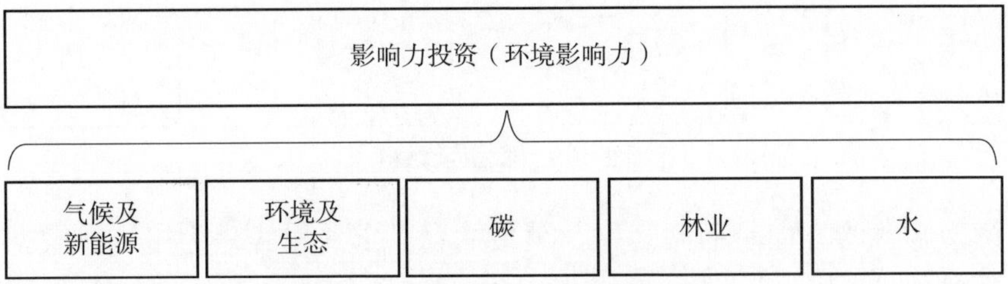

图 6–8　影响力投资（环境影响力）

影响力投资的前景：现代社会趋势表明，未来确定无疑的投资前景是，赚钱和获得社会回报不再是相互排斥的。这一结论特别适用于责任产业投资，特别是影响力投资。影响力投资是小于社会责任投资的领域，但其增长速度要快得多，按照国际金融公司（International Finance Corporation，IFC）2020—2021 年的数据，全球影响力投资的规模为 2.281 万亿美元。全球影响力投资实现了快速增长，也随之带来了挑战。

当前，寻求影响力投资的资金供应超过这些投资机会所产生的需求。由于产业是高度碎片化、差异微小和复杂的，对投资者来说，要识别信贷投资备选方案，评估其适合程度颇具挑战性。信息缺乏与供应过剩交织在一起，也是一件危险的事情，就像全球金融危机期间显现的情况那样。

六、微型金融

微型金融（Microfinance）是指对低收入家庭提供贷款、储蓄、保险及货币支付等一系列的金融服务，其核心是微型（无抵押）信贷。微型金融是影响力投资中最大的，也是最好被测量的投资。它是面向经济目标的投资，是在有目的地支持经济发展的同时，获得有竞争力的回报、风险可控的投资。微型金融作为一种影响力投资，有很长的业绩记录，最早可追溯到 30 多年以前。到 2012 年底，私有、国际微型金融管理的资产高达 85 亿美元。

微型金融是影响力投资的一个重要例子。特别是，微型金融为发展中国家数百万的穷人和低收入企业家提供所需的服务，例如贷款、储蓄和转账等。这些服务用于支持创收业务、建立资产、稳定消费和保护金融安全。微型金融机构（MFIs）把这些服务提供给需要服务或服务不足的人。MFIs 机构本身越来越多地通过微型金融投资工具（Microfinance Investment Vehicles，MIVs）得到私有实体的资金支持，使投资者的资金流向微型金融机构，这样从投资者到微型企业家就构成微型金融链（如图 6–9 所示）。

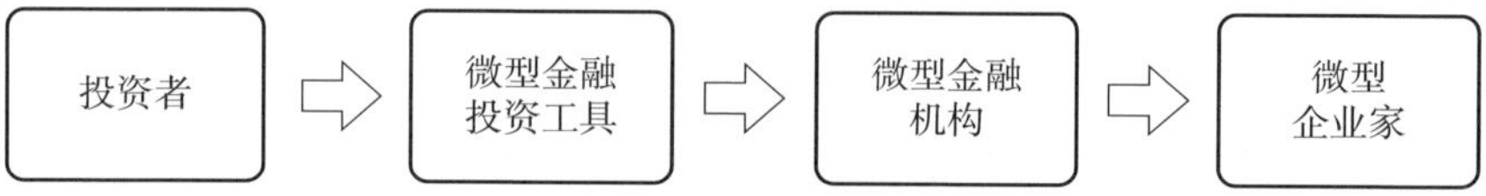

图 6–9　微型金融链

微型金融的方向是面向基层，满足社会需求并以客户为中心。微型金融能更好地给人们带来机会，使之用于他们的独创性活动、增加财富和改善生计。

不过，为了避免不负责任的投资实践，推动可持续发展和盈利能力，金融界提出了一系列旨在促进负责任金融和保护客户的倡议，包括负责任投资原则（PRI）、社会绩效任务组（SPTF）、微型金融透明（MF Transparency），以及 SMART 运动（SMART Campaign）等。微型金融作为产业是迄今国际上影响力投资最大的细分领域，在跨境影响力投资中，微型金融和中小企业投资占比达 85%。微型金融因其长期追踪绩效，保证具体的可测量的社会回报，影响力投资为投资者提供了一个重要的备选投资方案。这也表明，投资者在确保这类资产达到财务和社会目标方面可扮演关键的角色。

七、可持续融资与准则

要回答一项融资的可持续性如何，其答案取决于对可持续性的定义，但迄今为止对此并没有给出一个统一标准。不过，从根本上讲，对一个金融工具的评价不能只根据经济准则，而要按照可持续的准则才能做出。这一可持续准则常常也被称为 ESG 准则，即环境、社会和治理的原则。对于可持续金融产品的投资人或债券发行人来讲，这些准则的透明性和合法性十分重要。

例如，在碳中和、生物多样性、劳工标准等方面，发行人必须证明其金融工具的可持续性价值。这就要符合可持续的经济活动分类系统、绿色债券标准或企业责任指标规范的参数的要求。

一个企业或一项投资有什么可持续性的影响，可以用 ESG 准则来表达，但到目前为止对这些准则还没有具体统一的强制性的定义或评价系统。

根据气候债券倡议（Climate Bonds Initiative）2020 年的数据，可持续融资的市场在可持续债券中的投资达 10.73 亿美元。其中大部分属于欧洲发行人。特别是绿色债券，即具有生态影响的信贷在具有较成熟绿色债券市场的欧洲占据统治地位，其中包括许多大型私有和公共领域的发行人。

可持续商业模式，以及可持续融资面向未来的能力是显而易见的，但是要验证它始终是最大的挑战。在市场上有大量的标识和证书，从综合的评价方法和标准，到具体气候保护、能源或劳动保护标识，直到协会或倡议组织的会员和证书。在这一领域最为重要的是，监管者应当建立统一性的监管准则。

要透明性而不要"绿洗"：对于可持续金融产品的发行人，融入 ESG 准则有可能证明其可持续性。定义明确的剔除准则同样也是常用来为投资者建立透明性。这些剔除准则应当参考全球普遍适用的可持续性定义的标准，比如，已用于可持续性报告的标准。不过这些标准在很大程度上都应视为框架性的指南，只是泛泛承认国际标准，还远谈不上已有一个可持续发展的战略。

八、可持续金融工具与企业可持续融资

尽管对可持续金融工具没有统一的定义，但原则上可持续融资可分为两种不同的类型。

（一）专项融资

债券发行筹集的资金只能用于对环境或社会有正面影响的具体项目，主要是"绿色债券"和"社会债券"，都属于专项融资。可持续债券：如上所述目前尚没有这种形式的作为绿色或社会债券的法律规则。但已建立了某种程度的市场标准，即所谓的绿色债券原则。除了只能将资金用于可持续投资项目外，发行人必须向投资者告知有关资金的应用。这时，有些发行人会借助于专业化的中介机构。

（二）ESG 融资

这种融资不同于上述债券，资金应用不与目标直接联系在一起。也就是

说，发行筹集资金也可用于一般的企业融资。不过条件是要与预先确定的可持续性准则的指标（KPI）或一个 ESG 评级的级别挂钩。发行债券、贷款和承兑票据贷款都属于此类融资。可持续性绩效得到改善，则融资的成本就下降。如果目标没有达到，则成本就会提高。

（三）企业如何利用可持续融资

从本质上讲，可持续性准则也是投资的准则，可持续性的风险越大，投资的风险也就越大。一个主要的目的和前提是，为了提供透明度和可比性，并由此决定方向和信任度，这些准则的定义应是统一的和可测量的：

——透明性是关键：对于企业这同样意味着，利用可证实的、按照可持续性准则评价的可持续金融产品，企业的透明度可达到一个新的水平，即对所有的利益相关方透明。通过明确承认可持续性准则，企业家向员工、客户和供应商发出明确的信号。即使没有开启的绿色或可持续的商业模式，可持续金融工具也是构成企业可持续战略的一个重要的组成单元。赢得声誉是决定采用一个可持续金融工具的重要因素之一。

——开发新的潜在投资者：对于私有投资者来说，可持续性准则越来越成为决策的准则。对可持续投资的需求正在不断增大，企业可利用可持续融资开发新的潜在投资者。

——采用国际标准：全球契约和可持续发展报告标准是最常用的国际标准。在联合国全球契约中，联合国定义了 10 项社会、生态和治理的原则。根据全球契约倡议的数据，目前全球已有 12000 个企业签字承认这一标准。全球报告倡议（GRI）的可持续报告标准中包括 36 个模块和 120 个指标。欧盟自 2017 年以来规定，员工数量超过 500 人的企业都有法定的报告义务。随着 2021 年 4 月推出新的“可持续发展报告指令”，报告义务的适用范围扩大到更多的企业。从 2022 年开始，欧盟成员国国家层面也必须做出定义。GRI 报告指南是可持续发展报告中最常用的标准。

可持续融资的需求将会不断增长。无论是私有还是公有投资者都面临实体经济服务的挑战。对于首次投放可持续金融产品的发行者来说，因透明度和报告义务的要求，可能成本相对较高，但考虑到这些支出也是企业可持续战略的一部分，它同样可看作企业对未来可持续性进行的投资。在这方面，数字金融工具具有很大的优势，投资者可更有效地处理信息，而且成本相对较低。

第三节　ESG 原则与企业及供应链风险

一、ESG 及其发展趋势

社会的变化、技术的进步及其检验投资回报（ROI）的能力也增强了环境、社会和治理（ESG）的重要性。现在，ESG 不仅是一个热门话题，也是企业董事会讨论的主题，正在不断成为投资方、员工和客户的期望和要求。

企业把可持续性议题，即 ESG 议题，当作优先重点，注重社会责任投资机会对投资者来说十分重要。ESG 是合规和风险控制的基础。为获得 ESG 优势，企业必须培养 ESG 意识、制定 ESG 战略并实施投资者要求的不断提高的测评标准。

ESG 代表环境、社会和治理的准则或标准，它是社会意识空前增强的投资者识别和审查投资活动、项目和判断投资对象的标尺。

（一）环境标准

关注一个企业对待环境议题，例如气候变化、温室气体排放（GHG）、能源效率、可再生能源、绿色产品和基础设施、碳足迹和水资源保护等的方式。

（二）社会标准

关注企业如何对待复杂和演变的社会议题，例如，善待员工，包括劳动条件、健康和安全、薪酬待遇、公平、公正、多样性、包容性、数据隐私，以及供应链和社区问题的处理等方面。

（三）治理标准

关注组织内外运作的关系和机制，诸如高管薪水、补偿金、董事会与管理团队的多样性和独立性、代理授权、董事长与 CEO 职能、大多数或多数表决权、双重或多重股权结构、与利益相关方沟通的透明性等。

长期以来，企业社会责任（CSR）被看作企业的商业“雷达”，它强调内部的问责，处理一系列“软性的”、质量性的议题。随着时间的推移，社会和环境议题成为关注的核心，加之技术的进步，不仅扩大了量化一个企业使用自然资源、社会的影响和善治的状态的需求，而且也使之成为可能。获得细致的 ESG 数据的可能性在投资者中提高了对 ESG 议题的重视程度。因此，ESG 成为可量化一个企业的可持续性和社会影响的手段，是当今投资者一个重要的投资测量标准。

ESG旨在提供与企业的业务目标和满足利益相关方要求的度量结果。例如，讲对环境负责，就要看在温室气体排放或应对气候风险方面的影响。讲关心员工利益，就要看薪酬、健康和安全等措施落实的程度。讲在供应链中的责任，就要看是否尊重国际劳工标准、对待伙伴是否公平。讲治理的责任，就要看组织的合规、道德行为和防止腐败的举措。一个企业不能只讲其"负责任的故事"，而不展现"具体负责任的行动结果"。

实际上，无论是数据采集和分析，还是基于数据的报告，技术的进步都使应用ESG标尺变得更为容易。

在欧洲企业报告ESG的结果已有强制性的法律，在美国还没有授权的和标准化的ESG披露框架。但这种情况也可能很快就会得以改变。目前，优秀的企业正在设法加强抗风险和提高可持续的韧性，以满足投资者的要求，并保持透明性。美国证券交易所已经释放改革的信号，为使投资者和公众能更好地获得企业如何管理气候风险的信息，估计会扩大ESG投资和制定企业公开披露ESG信息的规则。

美国在联邦层面没有标准化的披露框架，但在很多州都有州法律。例如，加利福尼亚的公共职员退休系统（California's Public Employees' Retirement System，CalPERS）利用ESG因素指导其大量的退休金投资。其他地方，如伊利诺伊州从2020年1月起实行可持续投资法案。马萨诸塞州、密苏里州、新泽西州、纽约州和佛蒙特州都在修改立法。

在欧洲，欧盟2020年12月已通过具有里程碑意义的ESG协议，决定建立划分经济活动可持续性的标准。必须在严格的科学的基础上决定金融产品对生态环境的可持续性的影响。气候相关财务披露工作小组也是欧洲的另一个重要的信息披露倡议。

二、ESG对企业为何重要

（一）ESG以多种方式影响企业

——银行向企业贷款时，它们特别关注并提出许多细致的有关ESG风险的问题。

——如果投资者和出贷方能看到企业目标明确，并且注重管理ESG风险，他们对贷款的低风险就有信心。一些银行甚至用低利率奖励ESG基础坚实的借贷人。

——企业因缺乏 ESG 意识，有失去投资者，特别是面向未来的投资者的风险。聚焦于气候风险在很大程度上是代表未来的年青一代推动的，他们想要把钱用于可持续的投资项目。

——他们也想避免投资 ESG 记录不良的企业，因为这样的企业风险极大，在未来可能会受到惩罚。

（二）企业落实 ESG 的优势

——改善资源效率和可持续性。

注重 ESG 的企业由于注重资源节约、员工保护和行业监管，会提高资源效率。与资源消耗相关的成本、风险和运输成本因聚焦 ESG 的资源配置而得以降低（例如利用数据中心）。

——改善风险管理。

ESG 议题隐含许多风险，ESG 议题处理的缺失并非微不足道。ESG 风险管理包括业务连续性计划和供应链管理，这关系减小因业务中断造成的后果。ESG 有助于企业按价值观行事，对社会公正问题有正确公开的回应，如在领导层中的性别平等或董事会的多样性。ESG 有利于企业减缓和应对气候变化，也有利于减少许多其他风险。

——主动地合规。

已有的趋势表明，ESG 标准可能很快就会在更大范围直接影响到企业，因全球可持续投资的需求增长，加强和规范数据收集和 ESG 议题报告将会成为常态。欧洲率先正式要求企业遵循标准化的可持续报告标准。在美国和其他国家，这一趋势也会到来。

——与盈利正相关。

最近的研究表明，目的明确的企业把管理 ESG 风险当作整个业务的风险。在 ESG/ 风险管理和营利性之间存在正相关性。

此外，越来越多的投资者、个体消费者、B2B 购买者，甚至求职者都在放弃对 ESG 议题无所回应的企业。因此，投资损失、客户背叛和人才流失都是风险。

——投资者吸引力。

ESG 投资者除了考虑潜在的可营利性和风险因素外，还想把价值，如回应气候变化，一并纳入他们的投资组合。ESG 倡议对这些寻求 ESG 机会的投资者就很有吸引力。

如果企业的客户在管理ESG，而自己却没有这样做，那它很可能就会失去这样的客户。同样的事也会在消费者那里发生，因为他们越来越关注所购买产品的生产过程、成分和组成。如果一个企业还没有ESG倡议，就不难理解它为什么失去了ESG投资者提供的机会。

——员工吸引力。

员工把企业的目的置于利润之上的偏好日益增强，他们更乐意在注重ESG的企业就业。同样的倾向也发生在消费者身上，这会影响他们的产品购买决定。

——客户和利益相关方的需求。

许多ESG框架都要求企业对供应链和ESG风险进行尽职审查。如果企业的客户在管理ESG，而自己没有，则这样的企业很可能失去客户。

同样的事情也可能发生在消费者身上，因为他们关注所购买产品的生产过程、成分和组成。许多消费者重视具有ESG特征的标识和认证标准，因为这有助于他们做出购买决定或评判成本。

三、国际ESG评级及评级框架

ESG评级是机构或分析师所提供的测评框架，旨在测量企业长期的韧性和工业材料在环境、社会和治理方面的风险。许多不同的组织提供ESG评级，以帮助投资者识别可持续的投资机会。

ESG评级的模式通常效仿基金评级的风格。例如，MCSI的ESG评级包括从“领导者”（AAA、AA）、“平均”（A、BBB、BB）到“落后”（B到CCC）的范围。

（一）国际ESG评级规则

——MCSI ESG评级：MCSI ESG评级由摩根士丹利国际资本发布，设计用来测量一个企业长期的韧性和工业材料的ESG风险。

——S&P全球评级：S&P全球评级是对一个企业应对未来潜在风险和机会的ESG战略和能力的专项评估。对于投资者，ESG评级是一个理想的工具，它提供面向未来和长远的应对ESG颠覆性风险和机会的意见。

——欧盟分类规则：欧盟发布了全欧ESG投资的分类规则系统，支持绿色协议，把私有投资引向实现气候中性的经济转型，评价经济活动是否生态可持续。

——惠誉评级（Fitch Rating）：惠誉评级表明，与环境、社会、治理相关的风险可对信用质量产生影响。

（二）国际 ESG 评级框架

ESG 框架被企业用来制订标准化的 ESG 计划，被投资者用以影响企业的可持续性和道德行为。目前国际上主要的 ESG 评级框架如下：

——SASB：可持续会计标准委员会（Sustainability Accounting Standards Board）框架关注对财务有决定性作用的 ESG 议题。这包括为 ESG 中广泛的议题提供行业具体的指引，例如温室气体排放、能源和水管理、员工健康和安全、数据安全等。

——TCFD：气候相关财务披露工作小组（Taskforce on Climate-Related Financial Disclosure）框架由金融稳定委员会开发，用于改善和增强与气候相关的财务信息的报告。

——SDGs：联合国可持续发展目标（UN Sustainable Development Goals）包括 17 个目标 169 个子目标和指标。它是全球实现可持续发展，每个企业都可做出贡献的一个广泛的 ESG 框架。

——CDP：气候披露项目（Climate Disclosure Project）是为全球投资者、企业、城市、国家和地区提供的管理环境影响的框架。CDP 具有最丰富和最全面的有关企业和城市行动的数据资料，是最严格的环境报告标准。

——GRI：全球报告倡议（Global Reporting Initiative）框架提供劳工、人权、生物多样性、能源、节能等经济、社会和环境领域广泛的议题的管理和指标，基于组织在相关领域的影响进行实质性的评价。

——Certifled B-Corp：被认证的公益企业（Certifled B-Corp）要求它们在决策中考虑对员工、客户、供应商、社区和环境的影响，并遵守透明和问责的原则。

从以上可以看出，所有这些框架包括的重点都不相同，ESG 管理需要建立相应的数据收集、处理和结构体系。因此，企业要根据自己的具体情况，决定采用适合的框架。

四、ESG 对金融和实体经济的影响

近年来，ESG 准则在金融和实体经济领域受到广泛的重视，其中有 3 个因素，即收益优化、风险最小化和监管要求加速了对 ESG 的理解和认知。

（一）收益优化

从今天科学和组合的理论来看，考虑可持续性目标有利于收益的优化。这与早先把考虑 ESG 准则看成有损利润，甚至会降低风险多元化效应的观点相反。至少在 ESG 和财务绩效之间不存在负面的关系，而在考虑 ESG 准则时实际上产生了改善风险回报。在新冠疫情中也显示，符合 ESG 的投资相比传统的投资获得了更好的收益。根据 MSCI 指数提供商 2020 年 6 月的数据，在新冠疫情发生以来 ESG 指数的发展在全球多个地区都优于传统的指数。

（二）风险最小化

考虑 ESG 准则和指标是简单的现代风险管理，因为可持续性准则的作用如同一个风险过滤器。当今，对于不可持续管理的企业，外部负面效果内部化的概率极高，即责任人终将承担外部负面效果的责任，或者因短期的利益损害第三方，例如员工、客户、供应商、大众、环境及股东就必须付出代价。此外，因逃税、洗钱、腐败、环境事件、欺诈、受制裁等而被罚款和赔偿常常要承担严重的后果。因此，投资者要追求高收益—风险比，就需纳入 ESG 准则使风险最小化。

（三）监管要求

资本市场总是自动寻找收益—风险特征最有利的投资。力求收益优化、风险最小化，投资者越来越要求投资要符合 ESG，这就推动可持续投资在过去若干年来获得极高的增长速度。可持续投资几乎是呈指数式增长的。近年来，在投资时考虑可持续性目标，或考虑 ESG 准则获得了最有效的推动力，这就是监管的作用。监管是趋势的放大器，无论是在金融政策制定、实体经济的经济活动规范，还是非金融企业非财务报告、金融企业的财务报告等方面，考虑 ESG 准则已成为全面的框架要求。

根据欧洲央行的数据，获得 ESG 授权的基金规模自 2015 年以来增长了 170%。自新冠疫情暴发以来，欧元区投资者在这一领域的投资增长了 20%。ESG 和非 ESG 基金在疫情开始之前收益水平接近，但之后 ESG 表现更为出色。煤炭等一些化石燃料能源投资不再具有吸引力，其回报率相对较低。

据贝莱德在全球进行的一项调查表明，2020 年投入 ESG 企业的投资达 230 亿美元，而 2019 年才为 4.5 亿美元。道琼斯公布的数据也显示，2020 年流入 ESG 基金的投资相比 2019 年增长了 102%。2020 年有关数据还表明，ESG 股票表现优于股市，在欧洲、美国、亚洲的收益率分别高出 20%、46% 和 77%。

趋势表明，可持续性有利于经济回报，也有利于社会和地球，与二者完全正相关。ESG 将成为衡量可持续性的新常态。

五、ESG 风险（物理风险、转型风险及金融稳定性风险）

气候及环境风险、社会风险和治理风险也被描述为企业应管理的“ESG 风险”。这些 ESG 风险可能导致企业的财务风险。当前，气候及环境风险在可持续发展中处于中心的位置（Quiggin，2021；BaFin，2019）。企业的气候及环境风险可分为：物理风险、转型风险及金融稳定性风险。

（一）物理风险

暴风、暴雨、洪水、冰雹、暴雪、干旱、海水平面上升和生产及工作条件的恶化都属于物理风险。

与保险企业相比，银行受物理风险的影响不是主要的，只是在特别的情况下，例如当计算中心受极端气候事件影响无法工作时，处理运营风险就是必不可少的。

间接的物理风险在银行业尤为突出。例如，客户的贷款可能无法收回，因为银行融资的建筑物或生产系统被摧毁了。另外的原因可能是客户的收入基础被削弱或完全丧失，农业歉收就是这种情况。如果融资失去物理上的安全性，或者建筑物和生产工厂超出保险范围，则间接的风险就会更大。

（二）转型风险

转型风险包括由于政策变化引起的风险，例如实施燃煤控制和新的环保政策。客户拒绝“污染企业”也属于这类风险。同样，新技术、潜在的颠覆性技术，以及环境污染者的责任，都可带来风险。

（三）金融稳定性风险

今天，物理风险和转型风险对市场的影响比人们想象的要大。它们甚至可能转化为金融稳定性风险。迄今，银行业监管考虑了信贷、市场、运营和流动性方面的风险，也包含了针对可持续性的方面。因此，应当综合考虑如下的风险：信贷风险和交易对手风险、市场风险、运营风险。

1. 信贷风险和交易对手风险

在信贷风险和交易对手风险中，可持续性风险不仅表现在借款人损失的概率上，也反映在安全的价值上。例如，一场风暴摧毁了信贷融资的办公楼，在发展的市场中，安全性本身也只是在一定的范围内被投保险的，而人寿保险不在其中。

这意味着很大的概率会产生未被保险的损失，而资金的缺口必须依靠自身资金填补。依据保险业的估计，当地球温度上升 4~5℃时，保险已将是不可能的，一次性的或重复性的灾害都会对借款人造成生存的危险。

许多零售银行发现，在不断增多的洪水风险和破坏性暴风的危险中，与气候相关的金融风险已经相当严重。

2. 市场风险

在市场风险中，物理风险直接反映在市场的价格中。无论是暴雨还是飓风，无论什么原因引起，农业收成一旦受到毁坏，市场上就没有了。但如果极端天气事件增多并且气候情况恶化，也可对微观经济的参数产生影响，比如经济增长、就业率和通胀率，公共基础设施会受损，税收也会减少。

不过事情还远不止如此。在发生气候灾害时，当评级机构提高对国家、地区和乡村的风险级别，并且其债务也因此贬值时，可能引起恶性循环。所以，信用评级机构开发了多种工具，以便能评价气候变化对国家的影响。

经济向生态转型对经济增长的方式和范围、对生产率和投资的组合也有明显的影响。此外，碳密集型工业负担不可避免地增加会改变各种形式的能源和原材料的价格。例如，在碳交易系统中，二氧化碳每吨价格会上涨。

为了把温度控制在 2℃之内，科学研究的结果表明，每吨二氧化碳的价格应该为 100 欧元或更高，这不仅仅局限于欧元区。对气候事件的金融风险的突然的或广泛的重新评价可能使市场失去稳定并导致其顺周期发展。如果风险头寸出现在哪些银行尚不明朗时，金融机构同时做出的反应可能使情况变得特别严重。这时，要面临巨大的损失和流动性的问题。在最坏的情况下，风险的紧张状况还可能进一步加剧。

3. 运营风险

运营风险情况的表现有所不同。气候变化无疑会增加运营风险。极端天气事件可能影响业务的连续性，甚至对其在世界其他地方的子公司和集团内部的服务产生影响。原则上，金融机构直接的物理风险包括了运营风险，但这并不适用于所有其他原因产生的声誉风险，比如，在银行的商业行为被评价为不道德和产生法律风险时，银行错过了按可持续性重新定位的时机，从而会产生风险。

市场的情绪在发生变化。利益相关方总是更加关注银行在应对气候变化方面的反应。所以，金融机构在确定战略定位时必须考量与高排放企业的商业关系。

六、ESG 风险与可持续发展目标（SDGs）

所有要考虑的 ESG 风险最终都应从联合国 17 个可持续发展的目标推导得出。按照可持续发展目标考虑，则 ESG 风险应包括以下方面。

（一）环境

——环境保护；
——适应气候变化；
——生物多样性保护；
——水资源和海洋资源的可持续利用和保护；
——循环经济，废弃物避免和循环；
——环境污染避免和减少；
——健康生态系统保护；
——土地可持续利用。

（二）社会

——遵守公认的劳工标准（无童工、无强迫劳动、无歧视）；
——遵守工作安全和健康保护；
——适当的薪酬，公平的工作条件，多样性以及培训和继续教育；
——工会和集会的自由；
——保证足够的产品安全，包括健康保护；
——供应链上对企业的要求平等；
——包容性项目和考虑社区及社会弱势群体的利益；
——诚实纳税。

（三）治理

——防止腐败的措施；
——通过董事会和监事会的可持续性管理；
——董事长薪酬与可持续性挂钩；
——投诉的可能性；
——员工权益保障；

——数据保护保障；
——信息披露。

七、供应链的风险与安全

企业的供应链是通过将投入转化为产品或服务的多级增值活动所构成的。它包括企业及与之有直接或间接的业务关系的实体。这些实体或者为企业供应产品或服务，或者接受该企业的产品或服务。

传统上，供应链具有为企业运营服务的职能，它为企业正常运转提供保障。然而，随着全球化分工的深入，特别是近年来政治经济的不确定性因素的增加，供应链中断即意味着企业将停止运转。因此，供应链的风险管理是企业运营的核心任务。

企业逐渐发现，以“经验事件驱动”的传统的供应链管理方法已经不能适应当今应对复杂的供应链风险的要求。

（一）预知的风险

传统的风险是基于经验的预知的风险。传统的供应链的风险管理过程通常包括 3 个环节：

——风险识别：对历史上发生的事件，进行数据分析，归纳出各种可能出现的风险。

——风险评估：评估风险发生的概率及其对企业的影响，对所有风险进行排序，从中找出对业务影响较大和发生概率较高的重点风险并纳入管理。

——应对方案：针对筛选出的重点风险，有针对性地提前制定相应完善的应对预案。

也就是说，传统的供应链管理是基于“预知的风险”的管理。在传统的供应链管理中，企业通常与供应商或渠道商保持稳定的交易，往往不会预期发生供应危机，也很少对宏观形势、行业趋势进行前瞻性的审视。

但是，市场需求在不断变化，产能结构也在不断调整，供应商的价格政策也会随着改变，所有这些因素都有可能对企业的供应链造成重大影响。

事实上，随着企业规模的扩大，产业的发展和供应链的延伸，供应链的复杂度和风险呈几何级增长，企业面临许多未知的风险。

（二）未知的风险

——宏观风险，即由于宏观环境（如地缘政治、环境政策和贸易政策）

的变化给整个产业链带来的潜在负面的影响，包括政治干预、汇率波动、极端气候、贸易保护、劳工法律、大流行病等突发因素的影响。

——供应链的风险，即在整个供应链上游和下游发生的风险，包括人权、合规、运营事故、产品质量、IT 安全、知识产权、产能供应等风险。

——企业内部的风险，即在企业内部由于治理、管理和运营流程导致的潜在风险，包括问责、透明、诚信、安全、健康，以及需求预测、产品开发、运营、库存和成本控制等导致的风险。

（三）供应链的韧性

企业应当以创新的方式构建可持续的、具有韧性的供应链：

——风险意识：企业应当关注非传统风险。

——客户和利益相关方：企业应当把客户利益放在首位，同时关注其他利益相关方的利益。

——有备无患：企业应当对危机随时准备好应对措施。

——替代方案：企业应当具有替代方式降低对单一供应链的依赖性。

——横向能力：企业应当加强内部各职能部门的合作。

——纵向能力：企业应当加强供应链内供应商伙伴的合作。

企业应充分理解当今风险和危机的特点，把握时机，洞察复杂的关联性。企业要充分利用数字化的优势，建立应对危机的数字化能力。

我们正处在一个瞬息万变、突发事件频发的时代。企业必须具有危机意识和管理供应链风险的能力，为企业稳定运行、健康发展创造刚性条件。

八、供应链负责任的商业行为

《世界人权宣言》将人权列入国际法范畴。《中华人民共和国宪法》明确规定“国家尊重和保护人权”。无论对全球贸易、投资，还是对供应链的安全，企业将尊重人权作为自己的责任和义务至关重要。

（一）企业与人权

在全球供应链中，企业负责任的商业行为至关重要，其中也包括尊重人权。

企业可对人权产生深刻的影响。这种影响可以是积极的影响，例如，提供创新和服务，以提高世界各地人民的生活水平。这种影响也可能是消极的影响，例如，工商业活动破坏人民的生计、剥削工人或使有些群体流离失所。公司也可能与包括国家在内的其他行为者共谋践踏人权。

然而，国际人权条约通常不对公司等私人行为者规定直接的法律义务。相反，国家有责任颁布和执行可要求公司尊重人权的国内立法。

依照国际人权法，各国有义务保护其领土和 / 或管辖范围内的人权不受第三方，包括工商企业的侵犯。即使国家不履行义务，所有工商企业都应尊重人权，这意味着它们应避免侵犯他人的人权，并应解决它们所涉及的负面人权影响。如果发生侵权行为，受害者必须通过司法和非司法申诉机制获得有效补救。

（二）人权指导原则

在全球供应链中，企业应遵循《联合国工商业与人权指导原则》，实施人权尽责。

2011 年，联合国通过了《联合国工商业与人权指导原则》（以下简称《指导原则》）。《指导原则》是防止和应对与企业活动相关的人权负面影响风险的全球标准，为完善企业与人权方面的标准和做法提供了国际公认的框架。《指导原则》的国际认可标志着数十年有关人权如何适用于工商企业的辩论取得进步的里程碑。《指导原则》是处理工商企业对人权影响问题的第一个权威的全球框架，可适用于国家与工商企业，阐明了它们各自处理商业活动所涉人权风险的义务和责任。

该文件虽无法律约束力，但为更好地保护工作环境中的人权提供了准则。据此，国家和企业必须采取合理防范措施，确保人权不受侵犯。权利受到企业侵犯时应有起诉的机会。

（三）中国《国家人权行动计划（2021—2025）》

2021 年 9 月，中国发布了《国家人权行动计划（2021—2025 年）》（以下简称《行动计划》）。《行动计划》是中国依据国家尊重和保障人权的宪法原则，遵循《世界人权宣言》和有关国际人权公约精神，结合《中华人民共和国国民经济和社会发展第十四个五年规划和 2035 年远景目标纲要》，立足促进人权事业全面发展，确定的 2021—2025 年国家尊重、保护和促进人权的阶段性目标和任务。《行动计划》包括 7 个方面的内容：

（1）经济、社会和文化权利；

（2）公民权利和政治权利；

（3）环境权利；

（4）特定群体权益保障；

（5）人权教育和研究；

（6）参与全球人权治理；

（7）实施、监督和评估。

其中，强调参与全球人权治理、履行国际人权条约义务，以及为全球人权事业做出中国贡献：

——全面落实联合国《2030 年可持续发展议程》。继续将《2030 年可持续发展议程》纳入国家中长期发展规划，全面推进国内落实工作。

——促进全球供应链中的负责任商业行为。促进工商业在对外经贸合作、投资中，遵循《联合国工商业与人权指导原则》，实施人权尽责，履行尊重和促进人权的社会责任。建设性参与联合国工商业与人权条约谈判进程。

（四）德国供应链法

2016 年，德国政府通过了实施联合国《指导原则》的国家行动计划。在此计划指导下，德国 2021 年 6 月通过了《供应链尽职调查法》(以下简称《供应链法》)。该法旨在加强全球供应链的人权保护，通过确保德国企业拥有负责任的供应链来改善国际人权状况，规定各大企业未来在全球供应链内承担更大的责任。《供应链法》为尽职调查制定了明确且可行的要求。这些要求基本上延伸到整个供应链范围——从原材料到销售成品。该法任命了一个外部机构来监督和强制遵守尽职调查，并有权进行干预。此外，企业每年必须至少发布一次尽职调查报告。

该法将分两步生效。自 2023 年 1 月 1 日起，适用于大约 600 家员工超过 3000 人的德国企业；自 2024 年起，适用于雇员 3000 人以下、1000 人以上的企业。在德设分厂或子公司的外国企业也包括在内。

若企业默许供应链内的童工现象，或不道德的薪资水平，未来可能将为此付出昂贵代价。作为一项新法律，《供应链法》规定了高额罚款，以促使德国大型企业未来更加关切境外供应商遵守人权和环境保护。

它首先涉及直接供应商。对间接供应商，一旦有实际迹象显示侵犯人权的行为（“实质性认知”），则也适用该法。

企业必须遵守国际上关于禁止在任何情况下对他人实施暴力的规定、确保某种程度的劳工保护和环境标准、支付被认为是公平的工资。若受害者同意，德国工会和非政府组织可向德国法院起诉境外侵犯人权的行为。

对环境污染或对受害者剥削进行赔偿，公司不承担民事责任。

（五）欧盟供应链法

在欧盟层面也在计划制定一部供应链法。欧盟委员会和欧洲对外行动署

（European External Action Service，EEAS）于 2021 年 7 月发布了一份《欧盟企业应对经营和供应链中强迫劳动风险的尽职调查指南》，旨在通过提供关于如何识别、预防、减轻和解决其风险的实用建议，提高企业在其价值链中消除强迫劳动的能力。

该指南采用了 OECD 的尽职调查框架和其中包括的 6 个步骤。该指南还列出了一系列关于强迫劳动的具体考虑。该指南实现了欧盟贸易战略的支柱之一，即寻求促进负责任和可持续的价值链，并为可持续公司治理立法到位做好了准备。这项立法预计将引入强制性的尽职调查义务，要求欧盟公司在其运营和供应链中识别、预防、减轻和说明可持续性影响。

联合国《指导原则》已成为一项全球标准，并越来越多地反映在其他国际治理框架中，如 ISO 26000 国际标准、经合组织《跨国企业准则》、联合国全球契约等，对企业管理和防止供应链人权风险具有重要的意义。

九、ESG 缺失的危险性

（一）ESG 是可持续性的象征

可持续性最重要的方面集中体现在缩略语“ESG”。ESG 是成功筹集资本的一个主要的因素。企业善治对企业的估值有越来越大的影响。股票波动证明，企业可持续性计划能增加利润和降低风险。

寻求资本的企业应当有一个广泛的可持续性方案。对于许多有意识的人来说，经济健康发展、可持续性越来越重要。聚焦于这个主题不仅会影响到自己的形象，而且会在很大程度上有助于企业的估值。将来，这一趋势还会继续加强，因为年青一代会期待政策和经济面向可持续的未来。

可持续性代表一个面向共同福祉，包括环境、社会和治理在内的广泛的方案。一段时间以来，ESG 主题已进入非法典化的监管标准（“软法规”）之中。越来越多的市场参与者被纳入监管。对投资者、基金管理机构、公私募基金也不例外。联合国可持续投资原则（UNPRI）已为世界 2400 多个投资基金所承认。

（二）ESG 对企业信誉的影响

忽视 ESG 的方面，不仅对一个企业的声誉非常不利，而且也影响对企业的评价。迄今，已有许多熟知的案例，都表明忽视上述标准对企业的估值产生多大的负面影响。

这时企业的形象对企业的价值的影响可能越来越大。许多投资者长期以来已把 ESG 报告当作他们的预测模型的一个变量并直接影响其投资的选择。因此，对投资机构十分重要的是，不仅要深入了解满足 ESG 的要求和考虑潜在的风险，而且还要对此进行透明的沟通。

股票价格的波动和研究都表明，可持续性计划事实上能增加利润和降低风险。在此背景下，基金经理在投资阶段了解与 ESG 相关的方面是必不可少的。这时不仅要关注一个候选对象在多大程度上已实施了国际上被承认的标准，同样重要的是了解企业的领导怎样对待可持续性主题，企业治理是如何根植于组织的。

一个交易中 ESG 尽职审查不仅能影响购买价格，而且能影响在合同中确定的保值、担保和义务，所以能够真正创造价值。反过来说，在购买决策中如果没有足够考虑到 ESG 的相关方面，由此会产生高额的代价，或者严重的声誉损失，相关投资基金机构也可能会不可避免地受到牵连。

国际知名财富管理机构投资家已公开声明，如果一个企业的董事会和监事会不严肃地对待可持续性的主题，他们将拒绝投赞成票。在可持续性问题上的透明性将越来越重要，对一个企业是否能筹集到必要的资本起着决定性的作用。

（三）忽视 ESG 的损失

企业忽视 CSR 趋势可能受到惩罚的损失常常被低估。

CSR 有助于企业长期成功和声誉众所周知，但不负责任造成的损失却被低估。对 CSR 缺乏敏感性的后来者常常要付出更高的成本。对于 ESG 主题监管会越来越严，不可能临时应对，需超前做好准备，相对于后来者这也是竞争优势。由于全球变暖和气候变化，碳达峰、碳中和的目标和政策对企业也将会产生直接的影响，碳交易、碳税、边境税等都可能是越来越现实的问题。

十、知识产权与全球竞争力

当前，全球经济、治理体系和国际秩序正在经历空前的变革，新一轮科技革命和产业变革正在如火如荼地展开。中国在深入推进供给侧结构性改革、建立开放性新经济体，为加速全球经济复苏注入新动力。

（一）全球竞争的战略机遇

打造富有活力和国际竞争力的经济和市场，使之成为高质量发展的典范，将为提升中国国际竞争力、深度融入世界经济、更高水平参与国际合作和竞争开拓新的空间。

在参与全球化竞争的过程中，特别是在当前的形势下，不仅企业，社会各类组织都应从战略上认识和理解并引领国际标准和规则，特别是尊重和保护知识产权的意义，并采取必要的步骤和措施。

这一举措为推动中国高质量发展，促进创新、增强市场活力、建立公平的竞争环境，加强在全球的整体竞争优势，都提供了极好的战略机遇。

主动应对挑战。在新一轮世界经济深度调整、全球科技革命和产业变革中，中国参与制定和引领科技和服务贸易规则，更加积极主动、公平地参与全球合作竞争，更高水平地融入全球经济体系，这将是对推动全球经济创新发展做出的积极贡献。

在全球化和市场经济中，在当前形势下，为了避免风险，增强信誉，提升竞争力，企业和组织应充分认识国际范围内公平运营和公平竞争各个方面面临的挑战，积极主动采取必要的措施和行动。

企业和组织应在增强“硬实力”和“软实力”两方面全面发力，把引领国际规则、尊重知识产权作为公平竞争的主要前提条件，在提升认知能力、增强风险意识上下功夫，并建立起相应的规范和管理流程。或者升级现有的管理体系，或者建立新的价值观管理系统，将这些要求融入企业和组织治理、行为及其影响的范围。

中国高质量发展是时代的要求，引领国际标准和规则、尊重知识产权、提升全球竞争力具有重大的战略意义。

（二）市场经济和全球贸易的重要基石

在市场经济中产权是一个核心机制，在国际贸易中尊重知识产权已成为一个重要的规则。在企业和组织参与经济活动的背景下，尊重知识产权的问题被归属于公平运营和公平竞争的责任范畴，其中也包括对资源或财产的支配权。

关于尊重知识产权，国际标准化组织发布的 ISO 26000《社会责任指南》为企业和组织提供了有益的建议，其中包括：制定和贯彻促进尊重支配权和使用权的指导方针；充分研究其所有权，以保证这些所有权的使用和利用在法律上得到保护；保证不卷入损害他人支配权的活动，例如通过滥用强势地位，通过伪造或盗版，或者损害消费者的利益；对其获得的和使用的使用权付给公平的补偿；在行使和保护其使用权时始终考虑社会利益、人权和个人的基本需求。

（1）公平运营

公平运营主要涉及企业和组织如何正确处理与相关的或合作的伙伴之间的关系。公平运营包括反腐败、反垄断、公平竞争、尊重物质产权、尊重知识产权等，公平运营可促进社会公平、经济繁荣和创新的活力等。

公平的运营和道德行为关乎市场经济的正常运转，是企业家成功需具有的高度的价值观和标准。由于当今经济的分工越来越细，国际化程度越来越高，所以企业今天所处的相关背景比以前任何时候都复杂得多。

公平运营是一个企业或组织在所有实际活动中实践符合道德的行为。为了做到这些，必须遵守法律和规范。但只是这样还不够，因为企业高尚的行为还取决于企业在文化上和价值观上必须具有深刻认识。

在当今的条件下，企业行动领域不再只局限于本企业、本地区或本国，所以企业面临的情况更为复杂。履行社会责任不意味着只在本国遵守法律的同时把有风险的、有害的或禁止的行为转移到另一个因法制不健全而允许或容忍这种行为的国家。

不正当的竞争形式原则上会损害经济可持续发展，甚至全世界的发展。经济是推动发展、社会进步和增长的决定性力量，所以公平的、可持续发展要求的行为具有特别重大的意义。

（2）公平竞争

对于国际化企业，它们会遇到不同国家地区的文化，对公平有不同的理解。在一个文化圈子里认为是自然而然能够接受的行为，而在另一个文化圈子里则可能是禁止的，或认为是不正当的。

在任何情况下，只有所采取的行动对内对外都始终是明确、可理解、透明和纯洁的，才会在社会上建立起信任。企业这样的行为也是它在全球持续获得成功的基础。

公平竞争依赖公平的竞争环境，后者则更多的是针对组织层面。无论在组织内部还是组织之间，其游戏规则并不都是在法律上已经标准化了的。在法律上规则通常情况下针对的是人，而未能足够深入组织内部。因此，企业或组织应该确定在日常行动中正确的竞争秩序，遵守共同制定的规则（不一定是法律规范化的）。

不公平的行为是一个组织在利益相关方的信誉上的风险并可能产生合法性的问题。公平运营反映一个组织在所有实际活动中符合道德的实践行为，这是一个互动的过程，不仅包括一个组织的直接伙伴，例如员工、供应商或者合同伙伴，还包括间接的关系。

关于公平运营和竞争，国际标准化组织发布的《社会责任指南（ISO 26000：2010）》为企业和组织提供了有益的建议，其中包括：确保所有活动方式符合每一种情况下适用的竞争法律并支持与竞争管理当局的合作；制定过程和其他谨慎的措施，防止卷入和合谋有害竞争行为；强化员工对遵守竞争的法律和公平竞争规则的意识；支持公共政策，加强竞争理念，也包括考虑反垄断法律、反倾销实践和该地区适用的法规。

（3）尊重知识产权与支配权

市场经济是全球承认的有效配置社会资源的方式。不过，只有在“产权”明确和完全规范时，市场才会真正令人满意地运转。此外，产权不能只停留在纸上，而且还必须通过适当的惩罚措施加以保护。承认物质上和知识上产权观点的依据是，只有经济和物质上必要的安全，才能支持投资，也才能支持创新，促进发展和创造。

对资源或财产有产权和支配权之分。有权使用某些物质的和非物质的资源的权利称为支配权。这一权利可以是出自法律，源于合同义务或者社会义务。只属个人使用资源的权利在经济学上称为“产权”。在法律描述的财产的概念中“产权”是一个广泛的概念。按照经济学的解释，在“产权”概念下面也包括社会标准。

支配权又可分为物质上的或非物质上的。物质上的支配权是对财物享有的权利，非物质支配权表示对脑力劳动成果，如文字、理念、发明等享有的权利。按照这一观点，支配权包括财产的使用、转移、抛弃或者销毁。

支配权可认为是更广泛的，比如说对土地或资产、版权、专利、资金、道德权利或者其他权利享有的支配权。支配权甚至可延伸到法律可能尚未书面确认和明确的权利。

世界各国对财产和它的支配权的法律规定是不尽相同的，这在直接投资和国际贸易中是一个重要的需要考虑的问题。

第四节　现代企业与 ESG

一、企业组织与制度

过去 200 多年工业化的过程中，世界经济经历了前所未有的快速增长的阶段。其决定性因素之一被认为是现代股份公司的发明和兴起，它为蒸汽机、电力科技引发的工业革命的制度和组织形式奠定了基础。以下综述股份公司的历史发展及特点（郑志刚，2020），然后转入现代公司治理（ESG）。

（一）专业分工与效率

一方面，公司制度的建立为筹集资金、开展大规模投资创造了条件，投资者以股份形式共同投资企业并分散了风险，实现了资本社会化。另一方面，投资者把企业经营决策交给专业的职业经理人，实现了专业分工，提升了效率。这就为社会大生产和工业革命奠定了制度和组织基础。

（二）所有权与经营权

股份公司的产生突破了手工作坊和家庭财富的限制，实现了社会性资金融通和风险分担，进一步促成资本所有者与经营管理者的专业化分工，从而提升了企业经营管理的效率。这一过程实际上是企业（股东）所有权和（经理人）经营权相分离的过程，是实现资本社会化与管理职业化分工的过程。通过企业组织形式，实现资本与管理优势互补、利益共享、合作共赢，是现代股份企业运转的基本方式。

在企业所有者（委托人）将管理权交给经理人（受托人）实现分工的情况下，就有如何在二者之间保持信息对称、减小或避免利益冲突的问题。

投资者作为股东，如何保证投资安全、获得合理的回报，是一个关键问题。投资者投入企业的资金属于权益融资，不同于企业从银行贷款的债务融资，后者的期限、利息在借贷合约中有明确约定，而且还需抵押和第三方担保。如果企业董事会没有做出派发股利的承诺，在公司经营不善时，投资者的投资就可能打水漂。

如何才能保证投资者把资金交给经理人，而又要避免投资的风险，这个问题在长时间里一直困扰着投资者，直到诺贝尔经济学奖获得者哈特（Oliver Hart）提出现代产权理论，才为解决这一问题提供了答案。

（三）股东权益与债权人权益

按照哈特的理论，投资者签订的权益融资合约是不完全合约，即在双方签订合约时，企业未来运营的风险是不可预测的。但公司承诺投资者享有所有者权益，成为公司的股东。股东拥有以下权利：

一是股东对股票购买合约中未规定的（不完全的）事项，在股东大会上具有最后裁决权，这一权利被称为“剩余控制权”，它说明投资者成为股东，就享有所有者权益，拥有对不完全事项的最终决定权。

二是股东必须为企业可能做出错误的决策、按出资额分担相应的责任。这一权利被称为“剩余索取权”，它说明股东的利益分配在员工、债权人等其他利益相关者之后，即投资者成为股东后在享有所有者权益的同时也承担义务。

因此，股东是承担企业经营风险的最后责任人。所以，在公司的资产负债表中，公司的资产价值减去负债价值后的差额，即“剩余”就构成“股东权益”。尽管在资产负债表中债权人的负债和股东的所有者权益之和被称为企业的总价值，但作为出资者，债权人和股东拥有的权益是不同的。债权人的权益是合同权益，受合同法的保护和救济。股东的权益是所有者权益，受公司法和公司章程等的保护。

正因为投资者能享有一个公司的所有者权益，即拥有上述剩余控制权和剩余索取权，这使得他们愿意投资一个公司成为其股东。

（四）传统的公司治理

这样一来，在传统的公司治理理论中，股东被明确为公司治理的权威，以股东为中心的治理制度便逐步确立起来。股东的权威性集中体现在股东大会上，股东大会作为公司的最高权力机构，通过其法律地位和《公司法》对股东权益提供保护，而经理人对股东负有诚信责任。

在传统公司的组织安排中，股东是决策的最后责任人，股东享有控制权，但不直接干预具体经营管理。由于资本社会化分散了风险、经营管理职业化提升了管理效率，股利发放完全取决于董事会，但不是公司的一项义务。企业实行股份制、所有权和控制权的分离是企业组织制度的革命性发展。

应当指出，股东的权利只限于那些在合约中不完全规定的事项的范围之内，已经明确规定的事项则不属于股东权利。

在当今公司治理中，虽然股东仍然占据重要地位，但员工、客户、供应商伙伴、债权人、社区和政府被认为是企业的利益相关方。因此，保护利益相关方的利益，满足利益相关方的期望，是现代企业治理的核心。

二、代理冲突与治理

（一）效率与垄断

企业效率的提升要求股权的高度集中，极端情况下导致产生垄断的组织形式。垄断带来政治腐败和经济秩序混乱。

在公司发展的历史上，1890 年美国制定了第一部反托拉斯法——《谢尔曼反托拉斯法》，拆分了标准石油等 30 多个独立企业，股权从集中走向分散，由财团控制的金字塔组织结构走向扁平结构。20 世纪 30 年代出现全球经济大萧条，有观点认为企业股权分散结构和由此形成的所有权与经营权的分离对经济秩序构成了威胁，是诱发大萧条的一个重要的外因，因而提出了在公司制度下公司治理的问题。

（二）代理成本与冲突

在公司治理问题提出后，委托—代理理论成为分析现代股份公司经理人与股东利益冲突的框架，产生了“代理成本”的研究范式。股东所有权与经理人经营权的分离导致外部分散股东和经理人之间存在信息不对称性。在经济学意义上，信息不知情的外部分散股东是“委托人”，而信息知情的经理人是“代理人”，二者具有信息不对称的“委托—代理”关系，投资者无法保证资金不被经理人掠夺、滥用或浪费。在信息不对称情况下，二者的利益冲突导致产生非效率的“代理成本”，代理人有可能利用信息的不对称获得利益，即所谓“信息租金”。因此，在传统企业治理中，“缓解代理冲突，降低代理成本”成为公司治理的主要政策目标。

在现代企业发展过程中，专业化分工使效率提高，所有权和经营权分离导致委托—代理产生冲突和成本，这是理解公司治理问题的基本逻辑，前者是企业运行必需的根本措施，后者是随之而来的衍生问题。公司治理就是要解决专业化分工和代理成本之间的矛盾问题。

（三）公司治理的 4 种类型

在现实的市场中，按照专业化分工程度的高低和代理冲突的严重性，可将企业划分为 4 种类型（如图 6-10 所示）：

——家庭私有企业通常所有权和经营权是合二为一的，不存在与外部经理人的冲突，但专业化分工效率不高。

——有些股份公司既实现所有权和经营权分离，又妥善处理股东与经理人间的冲突，实现善治。

——有些股份公司虽然实现所有权和经营权分离，但未妥善处理股东与经理人间的冲突，未实现善治。

——有的公司所有权和经营权未分离，也未妥善处理股东与经理人间的冲突，管资本和管企业职能边界不清（如国有企业）。

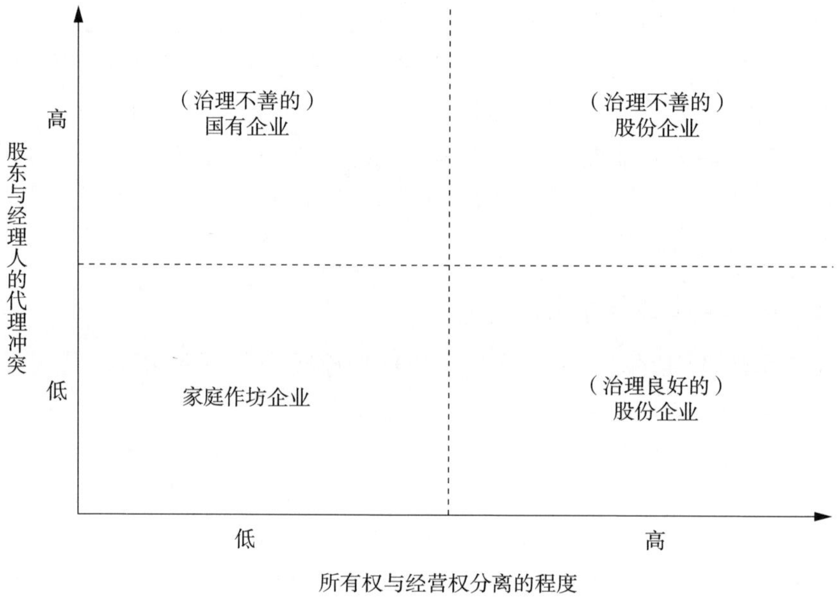

图 6–10　不同治理水平的企业类型

资料来源：郑志刚（2020）

因此，所有权和经营权分离是提高企业资本市场化和运营效率的手段，但只有在妥善处理股东与经理人间的代理冲突，即在善治的前提下，这一优势才会正确地发挥，企业才会持续健康发展。

善治包括良好的控制、监督和透明的问责机制；否则就有可能出现诸如股份企业中“一股独大”“野蛮人入侵”“险资举牌”等不利于善治的问题。

三、股东利益与股权结构

长期以来，公司治理的权威是股东中心主义或“股东至上”，主要表现在股权构架和资本导向的企业控制方式上，最终追求的目标是“股东利益最大化”或“利润最大化”。以股东为中心是自由资本主义世界企业治理的目标和宗旨，也是自由市场经济的主流。

股权结构设计及控制权安排是处理股东与经理人代理冲突的一种基础性公司治理安排。

（一）“同股同权”构架

在股份公司长期发展的历程中，形成了不同的股权结构设计的方式，如可选择集中或分散的股权结构，而在分散股权结构下，体现公司控制权可选择“同股同权”或“同股不同权”的投票权配置方式。后者常出现在大型高科技企业中。

（二）“同股不同权”构架

在“同股不同权”的构架下，既可选择直接发行双重或三重股权结构股票，也可通过基于股权协议或股东认同的内部制度变相形成同股不同权。例如，谷歌、京东、小米等是直接发行双重股权结构股票构建同股不同权的结构，阿里巴巴则是通过股权协议和合伙人制度变相完成构建同股不同权的结构。

“同股不同权”构架的核心是通过投票权配置使权重向创业团队倾斜，使创业团队与外部投资者之间的短期雇佣合约转化为长期合伙合约，使股东分担风险和创业团队主导业务创新的专业化分工深化，以提升管理效率。

应当指出，“同股不同权”的构架依然是资本导向的企业控制方式，并没有改变以股东作为公司治理权威的股东中心主义，改变的只是股东与创业团队短期的代理关系。这有助于创业团队长期主导业务模式创新、提升管理效率，有利于建立长期合作共赢的伙伴关系，也可有效防范“野蛮人入侵”。然而，股权倾斜的股权结构设计也有损害外部分散股东利益的潜在风险。

相比之下，高科技公司更加青睐“同股不同权”的架构，但这绝不意味着“同股同权”的结构不再有用。例如，同样是高科技企业的微软、亚马逊等，采取的是传统的“同股同权”构架。至于选择什么样的股权构架，完全取决于企业自己对控制权考虑的出发点。

（三）“可变利益实体”构架

一些中国互联网公司为了在境外成功上市获得资金，而又避免外资直接以股权方式涉足被禁止或被限制的领域，采用了所谓“可变利益实体”构架。这些互联网公司作为境内实体在境外注册一个拟境外上市的公司，境外投资人（股东）不是通过直接股权关系，而是通过协议方式控制后者的业务和财务、享有后者合法经营的利益。这样，通过将境内实体的利益转移至境外上市实体，既避免直接股权的法律（境内监管）障碍，又可将境内公司财务并入境外公司财务报表，满足国际会计准则（境外上市）的要求。

企业的控制权无疑是重要的，但其实现方式是复杂的。传统上，公司的控制权实现的方式包括股东大会的表决权、（合伙人）实际控制人委派或兼任董事长、金字塔式的或交叉持股的控制方式。在资本导向或股东中心主义的前提下，这些都难以成为有效消除代理冲突的根本方式。

在公司治理实践中，存在两个不同的控制权设置方向：一个是以保护股东利益为导向，另一个则是以保护消费者利益为导向。

实际上，现代企业治理处理的不仅是股东利益（控制权），而且还包括企业经理人、员工、供应商、监管机构、社区和生态环境等多利益相关方的利益（权利），即经济、社会和环境相统一的利益。

四、“利益相关方”治理模式

“利益相关方”理论强调，企业的决策和活动会影响利益相关方的利益，企业（经理人）不应只对股东一方负责，而应该对所有的利益相关方负责。企业的管理决策不是只追求股东价值最大化，而是要寻求所有的利益相关方之间利益的平衡，企业治理的目标和原则应追求利益相关方的价值的最大化。

实际上，利益相关方的价值的最大化是股东价值最大化的前提，所以二者并非绝对对立的。企业在保持资本与管理专业化分工的情况下，达到更好的资源配置，同时又利用社会资本，建立合作共赢和长期可持续生存和发展的条件。

自20世纪50年代首次提出企业社会责任之后，国际社会对企业在经济、社会和环境的可持续发展中的角色不断有了新的认识和定位。今天，企业和社会对企业的宗旨和目的在很大程度上已经达成共识，即企业在只追求利润的同时必须满足社会和环境可持续的条件，这就是应满足包括股东在内的所有的利益相关方的利益和期望。商业公司不仅应该向股东提供良好的回报，而且还要为员工创造安全、薪酬丰厚的工作机会，为客户提供优质产品和服务，并为国家和社会发展服务。

在经济界，围绕“以股东为中心”还是“以利益相关方为中心”一直存在激烈的争论。坚持“股东至上”的观点认为满足多个利益相关方的要求是不可能实现的。

1978年，赫伯特·西蒙（Herbert Alexander Simon）因对“经济组织内的决策过程进行的开创性的研究”，荣获诺贝尔经济学奖。他提出“公司行为理论”对简单的利润最大化假设提出了疑问，强调了大公司中复杂的内部结构，其目标和子目标的多重性，以及必须建立“令人满意的”而不是“最优的”决策模型。他认为在不确定性的世界中，企业组织决策不可能是完全理性的，管理者需要实现多个“子”目标，从而实现组织的目标。企业是一个复杂的系统，是由相互关联和影响的子系统所构成。各个子系统之间相互协调，以保持系统的有效运转。因此，公司的存在需获得足够的利润，但除了维护股东利益之外，它还必须为客户、员工、供应商伙伴，为环境，并为保持与监管机构和公众的关系等方面进行投资。

系统化设置子目标很重要，因为它是实现更高目标的必要条件。公司具有的一个独特的形式是，它是可以永久存在的法人实体。这一特点使公司特别适合在不确定的条件下进行大规模的长期经营。企业的长期存在或生存就成为一个比股东价值最大化更可持续的目标。

除了消除代理成本，还有许多可选方案让经理人担负起责任，以确保公司的成功，因而无须采用单一的度量标准。同样，不能用一个单一量化的指标，比如用股价衡量公司的表现，这样企业治理能力、公司业绩也就简化为满足单一目标的简单的公式。而社会对一个企业及其治理的评价，则是以满足多个目标为前提的。

在现实的市场中，公司的股份由个人或机构（如共同基金和养老基金）持有，不同的股东有不同的利益，股东的价值是多元的，因此不存在单一的股东价值。长线投资者和短线交易者的利益也不一致，长线投资者希望公司投资于未来，短线交易者也许希望经理人能做任何能使股价长期上涨的事情。

如今，金融投资界更倾向于承认在价格与价值之间只存在松散的关系。这意味着，暂时推高企业的股价，有可能损害企业的长期前景。安然公司的会计欺诈就是典型的例子。此外，通过削减工资和研发费用，以增加会计利润，或通过借贷来资助大额分红或股票回购计划等短期主义都可能成为企业长期可持续发展的风险。

企业真正的股东也是多元化的，因为投资的组合是多元的，还包括各种融资、公司债券、政府债券等投资方式。股东不仅是投资者，还可能是员工，产品购买者、服务消费者等。代表广泛利益的股东不仅关心他们投资的公司赚了多少钱，而且还关心这些公司是如何赚钱的。所以，股东并不是一个单一的群体，他们往往也代表着不同的利益。这要求企业、企业经理人的任务是，寻求一种充分但不一定是完美的方式，来满足不同股东群体、多元股东主体的利益，从而满足社会各利益相关方的期望，而不能延续旧的治理模式只关注“狭义的股东利益”。

2019 年，美国“商业圆桌会议”的成员、188 位全球顶尖企业的首席执行官共同签署了题为《公司的宗旨》的宣言。宣言强调：“我们每个企业都有自己的目的，但我们对所有利益相关者都有着共同的承诺。每个利益相关者都至关重要，我们致力于为公司、社区和国家的未来的共同成功创造价值。”

这一宣言是商界放弃长期以来“股东至上”的主导治理模式，向“利益相关方”模式转变迈出的重要的一步，也是企业为实现经济、社会和环境可持续目标的重要转向，因此对企业治理和管理具有重要的象征性的意义。

五、企业治理的领域

“企业治理”概念集中概括了控制和监督一个企业的整个过程。它涉及内部的规矩，包括规章、方针和监控职能及其措施。

本来这一概念只描述股东对一个企业管理者的控制，但在后来，人们把这一概念扩大了，其中也越来越多地包括不同利益相关方之间的关系、企业控制的内部结构或外部因素等。

这一主题在过去的若干年里之所以越来越得到重视，首先是因为出现了一系列管理方面的丑闻。其次是考虑到全球化导致不断变大的竞争压力，对企业决策进行监管也是必要的。

如果把一个企业理解为在统一领导之下不同利益群体所组成的共同体，则企业治理的任务就在于，要尽可能发展所有关系并实现各个群体之间的契约。

在治理实践中有两种不同的方案，即股东方案和利益相关方方案。前者只是考虑股东与管理者之间的关系；后者则要考虑除股东之外，还包括员工、供应商、债权人和其他与企业有关的群体的利益。正因如此，它是一个系统的，但也是更复杂的方案。

该治理方案的目标是，同时保证各个利益相关方的利益，尽量获得最大价值创造收益的条件。为此，就必须满足不同方面的期望，以便能最佳地利用现有的资源，以使企业取得成功。

企业治理的 4 个领域如下：

（1）企业整体的目标。

（2）企业的组织结构、流程和人力资源。

（3）企业管理活动的监督与评价。

（4）企业风险控制和与利益相关方沟通，使之享有信息权和监督权。

例如，对企业管理者而言，股份制企业的监事会代表全体股东，可在需要时对总裁进行控制；相反，在外部驱动的市场控制范围内，供给和需求决定自我控制和协调。企业管理者的错误决策会受到市场的惩罚，市场会抛售股票，股价会下降。此外，企业发布业务报告或可持续发展报告会增进信息透明度和与利益相关方的关系与理解。

六、企业治理的基本原则

企业治理的基本原则如下：

——权力划分；

——透明；

——减少利益冲突；

——激励各个参与方。

经济合作与发展组织 1999 年通过了《OECD 公司治理原则》。以此力求加强企业治理的监管和达到治理体系在国际上的统一，并把几个最低标准确定为国家法律的基础。

OECD 将普遍的治理原则分为 5 个部分：

——股东的权利；

——股东的平等；

——利益相关方的作用；

——报告与透明；

——监事会的义务。

管理和监督一个企业的规则和推荐建议因国家而异，不同规模和性质的企业治理的方式和利益相关方的组成也不相同。但有些规则具有“善治”的共同性，例如：

——透明：不仅是内部流程还是外部沟通；

——可持续性：价值链长期有效；

——合规：遵守法律和法规；

——自我控制：持续检查，必要时按企业治理调整自己的行动。

企业治理作为企业管理和监控的整个系统的总称，包括其组织、业务政策的基本原则，以及内部和外部控制机制。

企业治理在不断演变，关注的核心是环境和社会的期望。尽管治理的主题，例如反腐败、高管薪酬、股东权利和透明报告始终在董事会会议的议事日程上，但企业的董事认识到他们也必须充分了解社会议题，受媒体关注和更知情的公众的影响，有些问题有可能升级，迅速影响企业形象及其业务。这可能让投资者要求企业董事会加强从环境、社会和治理的角度检查企业的战略。

自2020年以来，新冠疫情不仅严重冲击了企业及其供应链，也在很大程度上使企业治理受到考验。

新冠疫情引发的危机管理凸显ESG的重要性。ESG因素将重塑董事会及管理层。

最近一项对全球机构投资者的调查表明，基金管理者和企业治理职业人在识别企业治理趋势时，首次都认识到环境和社会议题对投资者而言处于最优先位置，董事会应加强对“E”和“S”的实质性问题的监督。

在全球尽管存在地区的差异，但ESG发展的趋势都在加强。这种趋势已经并将继续推动企业董事会的重构，其中包括在以下方面对董事会的工作产生影响。

（一）战略

——审查企业的目的；

——设置ESG目标。

（二）风险管理和披露

——ESG风险管理和监督；

——透明的ESG报告和与气候相关的财务报告。

（三）董事会治理

——董事会多样性；

——股东和利益相关方（特别是员工）的参与；

——高管薪酬；

——特别方面，如纳税信息披露。

企业董事会的挑战是多方面的，如何具体处理这些治理议题，也会受到公众和社会的广泛关注。

七、企业治理与ESG

（一）企业治理的演变

若干世纪以来，企业治理已经稳步发生变化。

当今一个最有指导性影响的企业治理指南是G20与OECD于1999年共同发布的《OECD公司治理原则》，并于2015年更新，包括“全球金融危机获得的企业治理教训、跨国界所有权延伸、股票市场作用、从家庭储蓄到企业投资更长和更复杂的投资链影响的方式的变化”等方面。

与此相似，也由于发生一系列企业丑闻，美国于 2002 年颁布了《萨班斯 – 奥克斯利法案》（*Sarbanes-Oxley-Act*，SOX），制定了一系列对美国企业治理的要求。特别在所有财务报告中包括了内控报告。受《萨班斯 – 奥克斯利法案》影响，许多国家也出台了类似的法律。

2008 年的金融危机使企业治理再次成为更受关注的焦点。OECD 发现金融危机的发生可部分归因于不健全的企业治理。因此，OECD 和欧盟于 2010 年通过绿皮书发布了改进银行和金融机构治理的新的指南。

ESG 对投资有重大的影响。大多数 ESG 投资者相信，如果缺乏有效的治理（G），ESG 中的“E”和“S”就不复存在。也就是说，如果 ESG 中没有“G”，则“E”和“S”也不会成功。

因此，治理作为 ESG 的一个因素对投资决策有决定性的影响。更进一步说，我们需要了解，企业治理是如何演变的？怎样的治理才是良好的治理？治理必须如何延伸才能促进可持续行为？

（二）在“G”的背后是什么

简单地说，企业治理指的是企业决策的过程和落实决策的过程。通常，企业治理只与对企业负责的董事会相联系。

然而，股东同样在控制企业，通过任命董事和审计者以及通过监控合理的治理结构落实到位。企业治理不仅是整体性的，治理结构和过程也必须对更小的单位做出规定并实施，如业务分部或基地，包括企业的产品。

企业治理的方案要追溯到解决经济中最棘手的一个困境问题，即委托—代理的问题。如果代理（如雇员）不按委托者（如企业雇主）的意愿行事而获得个人利益，就会出现利益冲突。为了使这一风险最小，委托者可对代理准许所做加以限制并监视代理的行动。依照传统的做法，今天的企业治理的主要任务包括：

——决定所有权、董事会和其他管理结构；

——建立决策授权、政策和标准；

——设定战略目标；

——实施适当的披露、合规和审计过程。

虽然企业治理常常与上市的或大型私有企业最为相关，但对私营的家族企业的治理也有明显的需求。与任何其他企业一样，家族企业需要落实治理，才能保证它达到业务的战略目标。此外，家族企业的治理有助于形成所有权结构和针对家族成员参与的不同方式设定明确的规则。在企业的参与涉及几代人时，这将十分重要。

（三）“G”是ESG成功的关键

健康的治理是产生积极的环境和社会影响的根基。如果ESG中“E”和“S”不受稳健的“G”措施的支持，则它们难以使投资者信服。

ESG中的“G”即企业治理，是董事会和管理结构的系统，也是一个企业的政策、标准、信息披露、审计和企业合规管理的指导。

根据对229个投资者的调查发现，91%的受访者认为治理作为ESG的因素对投资者的决策具有最大的影响。正确的治理十分重要。

强有力的治理是把环境和社会友好意愿变为现实和促进健康的决策和问责的手段。投资者应看到这一点，即具有优秀治理过程的企业趋向报告最强的财务绩效。

企业治理正在演变。今天，传统的议题，比如商业伦理、反腐败和贿赂、高管薪酬、股东权利和透明的报告只会形成ESG投资者的部分观点。

高管在他们的治理方式中必须拥抱广泛的环境和社会关切，例如，在董事会和管理团队中注重性别和少数民族多样性，确保关键利益相关方的观点看法（如员工的声音）能在短期、中期和长期的决策中得到反映，董事会成员理解ESG因素的影响的增强会对他们的风险监督作用，以及游说活动的伦理和企业税务安排产生何种影响。

他们必须理解对这样的议题的决策将对财务结果和利益相关方的观点产生什么影响。他们需要解释ESG承诺是如何融入他们的全球业务战略的。

虽然企业受新冠疫情的影响程度不同，但他们都必须反思企业的实践，特别是供应链，以便适应新常态。

当企业为后疫情时代做准备时，良好的企业治理比任何时候都重要。要安全获得“E”和“S”将更加取决于“G”获得的成功。

八、企业良治的原则

不过，依然有某些构成良好治理的普遍适用的方面。国际企业治理网络（International Corporate Governance Network，ICGN）提出如下的8项原则。

（一）董事会的作用和责任

董事会应当在知情的基础上真诚、关照和勤奋，为了企业的长远利益，为使股东受益而努力，同时尊重利益相关方的利益，包括债权人。

（二）领导力和独立性

董事会的领导力要求董事会和行政角色的透明和平衡性，以及过程的完整性，以保护中小投资者的利益和促进企业整体的成功。

（三）组成和任命

董事应具有充分的多样性，包括相关知识、独立性、能力、企业经验和观点多样性，以形成有效的挑战、讨论和客观的决策。

（四）企业文化

董事会应采取高标准的商业伦理，保证其愿景、使命和目标在价值观上是健康的并具有引领作用。伦理行为准则应有效沟通并融入企业的战略和运营，包括风险管理体系和形成结构。

（五）薪酬

薪酬的设计应使 CEO 和行政官员的利益与企业和股东的利益相一致，以有助于保证长期的绩效和可持续的价值创造。董事会也应保证合理的薪酬与必要的股东分红和保持未来投资的资金达到适度平衡。

（六）报告和审计

董事会应及时监督向投资者和其他利益相关方高质量披露与财务、战略和运营绩效、企业治理和环境及社会相关的实质性信息。实施稳健的审计对必要的质量标准十分重要。

（七）股东权利

所有股东的权利应当平等并必须得到保护。保护这一权利的基础是保证股东的投票权与股东的经济利益直接挂钩，同时中小股东对关键决策或对他们在企业中的利益有影响的交易具有投票权。

（八）ESG 风险

当然，当今的治理必须延伸，要包括有助于识别 ESG 风险和推进可持续性实践的措施。无论从董事会支持可持续的商业行为，还是从制定新的政策或实施处理可持续性的议题来审视，当今董事会作为治理机构必须如同对财务绩效的关注那样重视环境和社会的影响。

在实践中，这意味着董事会必须更加努力，并在更传统任务之上，深度进入土地使用、能源、水、碳排放、人权、机会平等和多样性，以及伦理和其他内部的标准等议题，不仅是组织内部应用的，也包括企业供应链上应用的标准。

一个经常提出的问题是，董事会如何将风险监督的作用用于ESG相关的风险。虽然大量的ESG相关的风险，比如供应链中断或劳工实践，会自动归于董事会风险监督的责任并进行处理，但治理专家建议董事会应为应对ESG风险付出特别的努力。作为这一过程的一部分，董事会应要求管理层识别任何对企业有实质性影响的议题和配置好企业的资源来管理这些ESG风险。

在企业发展过程中，社会对企业的要求是不断变化的，现阶段越来越强烈地提出可持续性主题，这不仅关系到企业的可持续管理，保持自身的永续发展，而且还特别强调对环境管理和对生态主题的重视。

因此，企业治理不是一成不变的规则，而总是不断增加新的内容。它是一个价值观变化的象征，例如，在某个时候，当一个国家决定，修订关于工作时间和休假的法律和规则时，则企业治理的规则就得进行相应的修订。

九、企业的韧性与ESG

自新冠疫情暴发以来，企业为战胜危机，面临许多挑战，包括应对气候变化的不确定性。除了应对短期“救火”危机，还必须保证其业务在中期和长期的可持续性，并根据客户、员工、政府和其他利益相关方不同的行为、偏好和期望的特点，来构想决定各种后疫情时代的情景。

在任何危机中，企业治理都必须回应和适应。尽管不同的企业受新冠疫情的影响不同，但所有的企业都必须对它们的治理进行再评估。这里我们将考察在新冠疫情背景下企业治理和企业董事会如何为后疫情时代做好业务发展的准备。

（一）董事会在危机中的作用

新冠疫情正在并将继续以不同的程度影响企业，这取决于企业的规模、地理位置、市场、服务和流动性。不过，有一点是肯定的，那就是疫情对几乎所有企业的功能和运行都会造成风险。

新冠疫情的影响就其性质和范围而言是前所未有的，使得企业董事会要根据每天产生的新的需求界定决策的优先事项，从健康和安全的措施到迅速建立远距离工作基础设施，同时还要处理严重的供应链中断的问题。

受到快速决策的压力，董事会仍然需要确保有可能做出最好的决策，而不是修订已有的政策、预算和过去已应用的措施。

那么，一个最好的具有紧急性的治理实践应该是什么样的呢？不同的企业可能有不同的好的经验，其中也有一些共同之处。

（二）与管理层紧密合作

如果能听取管理层的意见和建议，董事会关于危机的适应的决策会更加有效。治理从纯粹的监督延伸到（必要时）适当地支持管理业务。双方可约定，一旦局势缓和，情况恢复正常，企业董事会和管理层之间的“临时分工”就重新回到“正常分工”。

（三）实时沟通

疫情防控措施不仅使企业董事会不得不用虚拟的会议代替线下的会议，从新的工作形式中获得最佳效果，而且全球健康危机也意味着董事会和管理层必须更频繁地相互沟通，每周更新，实时决策。

员工必须适应可能的居家办公和改变了的工作环境，及时和连贯的沟通有助于董事会的决策，如员工的安全措施和新的政策。频繁的沟通对供应链、对客户、对股东和社区也同等重要，以使企业的利益相关方免受不确定性的影响。

为成功应对不断变化的危机给决策带来的压力，董事会成员用“战时”议程取代通常的议事日程，主要包括健康与安全、流动性和现金管理、资本投资和相关政策。

（四）紧急状态和长期决策的平衡

董事会成员也应当保持大的格局，关注长期战略，使之成为未来成功的基础。董事会成员有必要做出紧急的决策，也应该时而关注外部的信息，如工业、行业和协会组织及竞争者的经验（往往被证明是很有价值的）。

（五）股东和利益相关方对话

在疫情防护中，利益相关方对话不是单方向的。UNPRI 认为，负责任的投资者有义务提供帮助，使病毒的负面影响最小化，制定投资者与企业董事会互动的指南，以有利于提高对话效率。对话指南可包括以下方面：

——加强与严重受冲击的企业的互动；
——发现潜在的危机因素；
——支持经济恢复的措施；
——利用虚拟股东大会；
——讨论金融纾困方案；
——关注长远的投资决策等。

（六）董事会聚焦于后疫情时代业务的变化

新冠疫情给业务带来了许多变化，有些变化将继续存在。董事会的优先重点是，支持管理团队针对后疫情时代不同的情境制定最适合的业务战略，同时考虑到不同的利益相关方的变化了的偏好和期望。也就是说，关注企业治理在哪些方面可以促进差异化发展。

（七）重新评估企业的目的和价值主张

新冠疫情已经开始重塑产业，也改变了企业的利益相关方的偏好和期望。新的行为会随之产生新的标准，企业董事会需要重新评估其目的和价值主张的可持续性。董事会可通过产业网络和专家，以及利益相关方帮助其管理层识别新的趋势，理解商业条件会如何发生变化。

（八）重塑供应链

在新冠疫情暴发后，许多企业在供应链上挣扎。例如，一些防护设备、消毒液等卫生物资短缺，超市货架空空等现象都是供应链出现“瓶颈”的表现。

不同的企业对待自己供应链的中断都有不同的处理方法。这里的共同点是，引起人们对全球供应链构建是采用“准时制”还是“高韧性”的根本性的思考。

因此，许多企业通过备用渠道、增加关键物资的库存，或通过就地采购、缩短供应链等措施来加强供应链的韧性。企业董事会相信，它们需要采用更有效的供应链技术以应对未来的危机。更具韧性的供应链表明，预算限制和更有效的供应链并不是相互排斥的。

（九）检查商业和运营模式

在疫情中董事会通过新的实践，采取更广泛的方式探索企业业务的运转方式，危机中采用的模式可能会为未来开辟新的道路。

尽管董事会需要确保有效的现金管理和财务稳定性，在许多情况下这意味着要通过运营模式扁平化来找到降低成本的可能性，但董事们也有一个历史性的机会为后疫情时代带来改变，这就是加强他们的 ESG 方式以取代其压缩成本的方式。

一个重要的聚焦点是考察绿色复苏这种能够提升关键环境绩效的指标（KPIs），发现新的绿色投资机会和商业模式，同时也有利于社会。

在 ESG 中，一个强有力的“G”能够体现董事会工作效果的差异化，有助于企业和社会更顺利地走向可持续的后疫情时代。

第五节　可持续信息披露开启新纪元

首先，有必要说明，在这里之所以用“可持续信息披露”而不局限于用“可持续发展报告”这个术语，是因为我们所见的许多“报告”不是作为企业现代管理的工具，而是被庸俗地简化为“写故事”或“讲故事”（孙继荣，2013），狭义的理解往往使“报告”沦为“作秀”，用另一种说法叫作“绿洗”。

实际上，可持续发展的经济市场只有依靠透明的信息才能健康运行，市场主体有责任这样做，可持续性的前提是必须保证既有良好经济效益又有良好的社会及环境绩效（即 ESG 绩效），二者缺一不可（孙继荣，2018）。

近年来，可持续信息披露引起了越来越多的关注。投资机构在做出投资决策或银行在进行融资时，除了企业分析传统的年度财务数据外，它们越来越依赖非财务信息（即 ESG 信息）。基金公司、资产管理公司、保险公司和其他利益相关方也要求可持续发展报告能提供更高质量的信息，以便能够进行风险评估和做出可靠的业务决策。

目前的问题是，国际上没有统一的可持续信息披露标准，现行的许多披露缺乏透明度、缺乏实质性和相关性，因而信息可靠性差，并且不具可比性 。因此，这样的信息质量不适合用于考虑与可持续性相关的风险，这可能危及金融体系的稳定性。此外，可持续信息披露在一些国家是自愿性而非强制性的，更不用说要经过独立的第三方审计。

新冠大流行提高了人们对 ESG 和监管环境之间密不可分的联系的认识，应对气候变化的紧迫性进一步强化了对 ESG 重要性的认识。制定一个全球通用的可持续信息披露标准，确保可持续性方面更高的透明度和可比性，并最终结束财务报告和非财务报告这两个不同的“世界”相分离的历史时代已经到来。

一、可持续信息披露准则的通用性

在全球低碳转型和促进可持续发展的国际形势下，企业作为经济社会活动的主体，其活动受到诸多因素影响，同时也会对外部环境产生影响。投资者和利益相关方迫切需要了解企业的可持续信息，用于支持长远价值投资决策：

——气候变化是人类面临的紧迫的生存问题，涉及全球所有部门和所有司法管辖区的企业。企业提供一致和可比的可持续相关信息，包括企业如何应对向低碳经济的转型，这对投资者和其他利益相关方至关重要。

——当今，企业的大部分价值是非财务的，体现在技术、智力资本、人力资本和经营的社会许可等方面。投资者和利益相关方需要深入了解这些因素，以便了解企业价值是如何创造和维持的。

——企业的长期回报受到全球经济增长和更广泛的社会和环境问题的影响，这些风险因素将直接影响公司的业绩和前景。投资者和利益相关方越来越需要一致可比和可靠的信息来支持投资决策。

企业的价值判定已经从“单维经济价值”转向“多维可持续价值”，企业非常需要监测和报告其多维价值的实现情况，促使企业自身提升其环境和社会战略目标的完整性和真实性。

通常情况下，财务信息发布在主流企业报告中，可持续性信息发布在单独的可持续性报告中。然而，随着可持续性问题对企业创造价值的影响越来越明显，投资者和利益相关方希望在主流企业报告中看到与企业价值创造相关的 ESG 信息的披露。

到目前为止，许多国际组织和区域制定了相关的可持续信息披露框架或标准，包括：

——碳信息披露项目（CDP）的环境信息披露；

——全球报告倡议组织（GRI）的 GRI 标准；

——气候披露标准委员会（CDSB）的披露框架；

——可持续发展会计准则委员会（SASB）的可持续会计准则；

——金融稳定理事会（FSB）的气候相关财务信息披露工作组（TCFD）建议；

——经济合作与发展组织（OECD）的跨国企业准则；

——国际标准化组织的《社会责任指南（ISO 26000：2010）》；

——国际综合报告委员会（IIRC）的国际综合报告框架；

——价值报告基金会（VRF）的综合报告框架。

这些框架和标准为企业披露可持续发展提供了重要参考，但由于各报告框架侧重点不同、所针对的受众群体不同，现行的可持续发展报告难以全面客观地反映企业经营的社会外部效益，尤其是如何将可持续发展信息反映到财务指标上，如何体现企业可持续发展价值，都有必要进一步探索，以便投资者、股东及其他利益相关方能有效评估企业面临的可持续发展的风险和机遇。

在此背景下，国际上许多主要的组织和机构都已积极投入全球通用可持续发展披露准则的开发之中，以下举例说明其中两个具有全球影响的发展。

世界经济论坛（World Economic Forum，WEF）立足利益相关方理念，结合可持续发展目标，致力于开发通用的可持续信息披露标准，以促进可持续价值创造。

国际财务报告准则基金会（International Financial Reporting Standards Foundation，IFRS Foundation）基于多年来在高质量国际财务报告准则制定中所积累的经验，立足现有可持续标准基础，致力于建立一套通用的国际可持续报告准则，以体现价值创造为重点，更好地反映可持续发展对企业财务的短期、中期和长期影响，支持投资者和利益相关方的决策。

二、世界经济论坛基于价值创造的信息披露标准

全球许多企业将其价值观和战略与联合国的可持续发展目标保持一致。世界经济论坛的国际商业理事会充分意识到，虽然市场中有众多 ESG 披露框架和标准制定者，诸如气候披露标准委员会、全球报告倡议组织、国际综合报告委员会和可持续发展会计准则委员会，但在这些度量标准之间缺乏一致性和可比性，造成企业无法以协调一致的方式，向所有利益相关方提供并展示其在可持续性方面的进展，也不利于针对可持续发展目标提供可靠的信息。国际商业理事会与四大会计师事务所积极合作，不断探索创造一套通用的、兼具普遍性和重要性的 ESG 指标和推荐性披露标准，以期在各个行业及国家或地区，以一致的方式用于企业的主流年度报告之中。

世界经济论坛于 2020 年 9 月在《衡量利益相关者理念：制定通用指标和

一致性报告，促进可持续价值创造》白皮书中首次公布了利益相关者理念指标。2021 年 1 月，在世界经济论坛线上达沃斯会议期间，包括论坛及其国际工商理事会会员在内的 60 多位商业领袖共同承诺遵守这些指标。

该推荐性披露标准和指标将可持续发展目标和 ESG 领域联系起来，构成披露标准的四支柱框架，即治理、地球、人和繁荣，如图 6–11 所示。

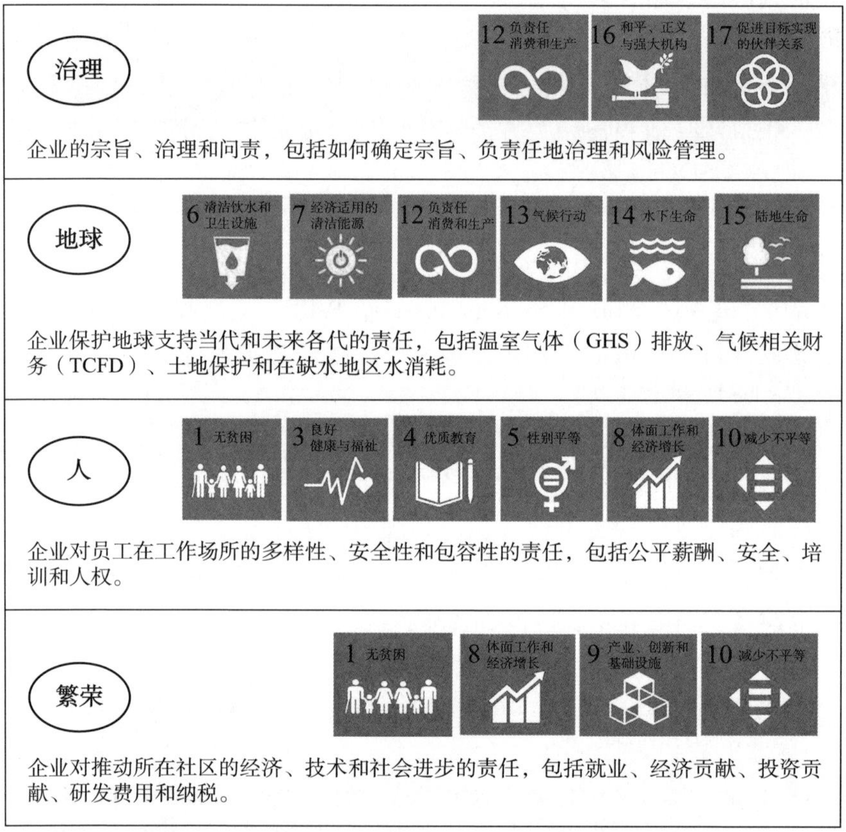

图 6–11　世界经济论坛 SDGs–ESG 信息披露框架

该信息披露标准总共包含与联合国可持续发展目标相对应的 21 个核心指标和 34 个扩展指标：

——核心指标：21 个核心指标，主要为定量指标，目前已有许多公司采用不同形式披露相关信息，或通过努力积极获取有关信息。核心指标主要关注发生在组织内部的活动。

——扩展指标：34 个扩展指标是在现有实践和标准中有待完善的指标，涉及广泛的价值链范围，或以更复杂或有形的方式（如以货币方式）产生影响。扩展指标是衡量和传达可持续价值创造过程中更加先进有效的方法。

在上述披露标准的四支柱框架中，所包括的 21 个核心指标分别为：

（1）治理（SDGs12、16、17）。

——企业的宗旨；

——治理机构的组成；

——利益相关方参与；

——反腐败；

——道德合规及报告；

——风险管理。

（2）地球（SDGs 6、7、12、13、14、15）

——温室气体排放（GHE）；

——气候相关财务信息；

——土地利用及生态；

——水消耗和利用。

（3）人（SDGs1、3、4、5、8、10）

——多元和包容；

——薪酬平等；

——工资水平；

——避免童工及强迫劳动；

——健康与安全；

——培训投入。

（4）繁荣（SDGs1、8、9、10）

——就业人数和就业率；

——经济贡献；

——投资贡献；

——研发支出；

——纳税总额。

全球各行各业和利益相关方越来越认识到，在评估企业绩效方面，不仅财务报表至关重要，对环境、社会和治理指标的考察和报告也同样重要。新冠疫情已经凸显了企业在打造繁荣社会、构建人类与地球可持续关系中的核心作用。

精心规划、精密设计的 ESG 指标有助于企业评估和展示自身贡献。为了在可持续价值创造方面推行通用指标和一致性报告，世界经济论坛在全球范围内积极开展工作，做出了开创性的贡献，也推动了制定全球通用的具有一致性和可比性的可持续性报告准则的进程。

三、国际可持续发展准则理事会

2021 年 11 月 3 日，在第 26 届联合国气候大会上，国际财务报告准则基金会官方宣布了国际可持续发展准则理事会（International Sustainability Standards Board，ISSB）正式成立，并将气候披露标准委员会和价值报告基金会与新成立的 ISSB 合并，旨在制定和发布可持续发展披露准则（IFRS Sustainability Disclosure Standards，ISDS），为全球不同地区的投资者提供具有一致性和可比性的可持续发展报告指南，制定一个全面的可持续发展信息披露的全球基准，助力全球低碳经济转型和可持续发展目标的实现。国际财务报告准则基金会还为此专门成立了技术准备工作小组（TRWG），工作组成员包括气候披露标准委员会、国际会计准则委员会（IASB）、气候相关财务信息披露工作组、价值报告基金会和世界经济论坛。

ISSB 将以总部加区域办事处的方式覆盖全球众多区域，包括美洲、亚洲—大洋洲，以及欧洲—中东—非洲。与发展中国家和新兴经济体的密切接触将会成为 ISSB 的优先事项。根据目前公开信息，ISSB 理事会所在地和主席办公室设在法兰克福；蒙特利尔办事处负责支持理事会的关键职能，并与区域相关方展开深入合作。在与 VRF 合并后，位于旧金山和伦敦的办事处也将为市场参与和与区域利益相关方的深入合作提供技术支持和平台。ISSB 将继续讨论在亚洲—大洋洲的区域设立办事处。

全球可持续报告标准推进时间表。2022 年 3 月 31 日新成立的国际可持续发展准则理事会发布了国际财务报告准则基金会可持续信息披露准则两份征求意见稿。该征求意见稿旨在回应 G20 以及国际证监会组织 IOSCO 的要求，为全球投资者和资本市场提供全面、完整、一致的与可持续发展相关披露信息。

此前，技术准备工作小组拟定了《可持续发展相关财务信息披露的一般要求样稿》（*General Requirements for Disclosure of Sustainability-related Financial Information Prototype*）和《气候相关披露准则样稿》（*Climate-related Disclosures Prototype*），为本次征求意见稿的发布奠定了基础。

值得一提的是，ISSB 原计划于 2022 年下半年进行意见征询，这次发布的两份征求意见稿的时间点都已提前，这意味着建立全球统一的可持续信息披露准则或将提速。ISSB 标准开发进程如图 6–12 所示。

2020年9月	国际财务报告准则基金会发布关于成立可持续发展理事会意见征询，“五大机构”均表示合作意向；
2020年10月	世界经济论坛的国际商业理事会（IBC）发布《度量利益相关者资本主义》（Measuring Stakeholder Capitalism）提出一套通用的将可持续发展目标和ESG领域联系起来的ESG指标和推荐性披露标准；
2020年12月	CDP、CDSB、GRI、IIRC、SASB五个机构联合发布与气候相关财务披露标准原型，为国际财务报告准则基金会制定可持续发展报告的开端奠定了基础；
2021年2月	国际证监会组织（IOSCO）董事会承诺与国际财务报告准则基金会联合制定有效的系统框架，在新的ISSB下设定国际一致和可比的可持续披露标准；
2021年3月	国际财务报告准则基金会成立技术小组（TRWG），承诺使用上述标准原型，向拟建的新董事会提供建议；
2021年4月	美国总统的国际气候融资计划明确包括一项承诺，支持并与IFRS和IOSCO合作，以实现“一致、可比和可靠的气候信息披露”；欧盟委员会（EC）在非财务报告指令（NFRD）的基础上发布了可持续报告指令（CSRD）；
2021年6月	七国集团财政部长和央行行长发布声明支持国际财务报告准则制定国际标准的倡议。IOSCO发布发行人可靠信息披露愿景和目标；
2021年7月	20国集团财长和央行行长发布公报，欢迎国际财务报告准则开发全球可持续报告标准；
2021年11月	国际财务报告准则基金会在格拉斯哥COP26宣布成立ISSB；
2022年3月	ISSB发布了两份标准征求意件稿：《国际财务报告准则可持续信息披露准则第1号—— 可持续性相关财务信息的一般要求》《国际财务报告准则可持续信息披露准则第2号—— 与气候相关的披露》；
2022年7月	ISSB标准征求意见稿公开征询意见于29日结束。

图 6–12　ISSB 标准开发进程

四、国际可持续信息披露准则（ISDS）

（一）准则的架构

国际可持续发展准则理事会（ISSB）充分利用现有的 ESG 和可持续发展框架（特别是 TCFD、CDSB 和 SASB）制定了可持续信息披露准则（ISDS），其架构包括列报、主题以及行业特定标准（如图 6–13 所示），每类标准都将遵循 TCFD 中建议的四大支柱，即治理、战略、风险管理及其指标和目标。

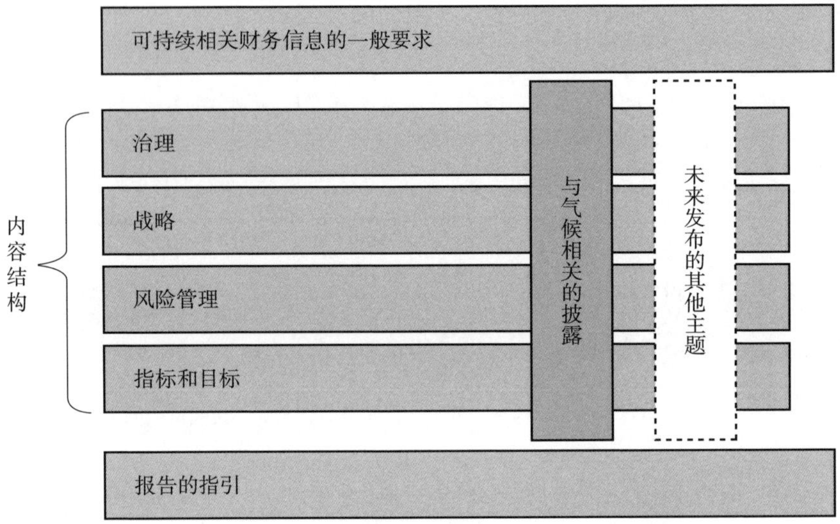

图 6-13　国际可持续信息披露准则（ISDS）架构示意

（二）国际财务报告准则可持续信息披露准则（征求意见稿）

此次 ISSB 新发布的两份征求意见稿为：《国际财务报告准则可持续信息披露准则第 1 号——可持续性相关财务信息的一般要求》《国际财务报告准则可持续信息披露准则第 2 号——与气候相关的披露》。

1. 可持续性相关财务信息的一般要求

ISSB《国际财务报告准则可持续信息披露准则第 1 号——可持续性相关财务信息的一般要求》征求意见稿的内容包括：

（1）针对如何披露与可持续性相关的风险和机遇的重要信息（包括其指标与目标）为企业提供指导，且要求企业披露其供应链上下游的相关信息，这包括供应商和分销渠道。

（2）披露的结构基于 TCFD 中建议的四大支柱，即治理、战略、风险管理及其指标和目标。

（3）旨在基于《国际会计准则第 1 号——财务报表的列报》和《国际会计准则第 8 号——会计政策、会计估计变更和差错更正》，对公允列报、比较信息、财务数据和假设的使用、估计的来源和结果的不确定性以及所遵循准则的声明等提出要求。

（4）对尚未纳入 ISSB 标准中的其他重要可持续议题（即气候信息之外的可持续议题）提供可遵循的披露指南。具体而言，要求企业要考虑其他投资者价值观主导的披露框架，如 SASB 的行业标准和 CDSB 识别的水资源风险、生物多样性风险等相关考虑，以确保企业适当确定风险并制定相应的披露指南。

（5）把可持续发展信息作为企业通用财务报告流程的一个组成部分，并应同时发布企业财务报告与可持续性报告。此外，还应当明确披露公司可持续发展相关信息与其财务报表信息之间的关系。

2. 与气候相关的披露及要求

ISSB《国际财务报告准则可持续信息披露准则第 2 号——与气候相关的披露》征求意见稿的内容包括：

（1）本准则根据 TCFD 原则进行了补充，并按国际化的 SASB 气候相关行业标准而制定；

（2）本准则为气候信息披露提供指导，作为与四大支柱和跨行业指标（包括温室气体排放量）相关的信息披露指南；

（3）披露的目的是帮助投资者评估与气候有关的风险和机遇，识别其对企业价值产生的影响；

除了与四大支柱一致的气候信息披露之外，还提出以下具体披露要求，即：

（4）识别由气候变化引发的物理风险（包括急性和慢性）和转型风险（政策或法律、市场、技术和声誉）带来的风险和机遇；

（5）除了企业如何实现气候相关目标和降低其运营的相关风险外，还包括如何降低其供应商和客户适应与减缓价值链中因气候变化引发的间接风险；

（6）说明利用哪些风险管理流程和使用哪些风险管理工具；

（7）对采用内部碳定价机制的企业，要求阐释如何在内部实施该机制，并披露每吨温室气体排放量的内部定价；

（8）披露其范围 1、范围 2 和范围 3 温室气体排放量及排放强度；

（9）明确应当单独披露合营和联营企业的范围 1、范围 2 温室气体排放量；

（10）披露分行业的与融资活动相关的碳排放量；

（11）披露企业提升气候韧性的相关措施，包括利用气候情景分析等工具；

（12）披露企业如何使用碳抵消实现自身碳减排目标的相关计划。

更为重要的是，企业应该披露气候相关风险如何影响当期财务报表，并阐释气候风险对企业财务状况的中长期影响。

以上两份征求意见稿开放 120 天至 2022 年 7 月 29 日公开征求意见。利益相关方除应答 ISSB 官网提供的反馈意见外，还可以通过在线调查提供意见反馈。这两份意见稿完成修订后正式发布将是响应投资者对可持续发展信息披露需求的重要里程碑。此外，国际财务报告准则基金会还计划将其余的 SASB 准则（即气候之外的可持续发展相关信息）逐步纳入 ISSB 准则当中。

五、全球可持续信息披露准则对企业的影响

国际财务报告准则可持续信息披露准则第 1 号和第 2 号征求意见之后将正式发布，它们将在以下方面对企业产生影响：

——披露包括全价值链的范围 3 温室气体排放核算是巨大的挑战；

——目前参考的 SASB 的标准，虽然都是以《温室气体议定书——企业核算与报告准则》为基础，但是与国内现行的温室气体排放核算方法和报告指南存在口径方面的差异；

——现阶段要求企业的主体单独披露范围 1 和范围 2 的温室气体排放信息，这与财务报告合并范围的要求不同；

——要求企业进行气候情景分析，确保与《巴黎协定》等拟定的国际减排路径保持一致，企业在搭建相关模型时需要使用数据，而数据源的准确性和完整性是巨大的挑战；

——企业一旦使用可持续发展披露准则编制可持续性报告，则应当与其应用国际财务报告准则编制的财务报告同时披露，这将对发布半年及季度财务报告的企业产生重大影响。

六、企业应当关注的重大事项

（一）治理方面：建立与可持续发展相关的治理架构

——制定符合企业发展和运营要求的可持续发展治理架构，明确各个委员会和部门的具体权责。

——确保董事会参与可持续发展相关治理，组建跨职能或指派相关的工作组，规划和实施内部协助机制，应对披露要求。

（二）战略方面：制定整体可持续发展战略和中长期行动计划

——积极识别不同利益相关方的核心诉求，将可持续性因素融入企业长期业务战略中。

——制定企业可持续发展的战略目标、战略重点，例如，如何有效应对可持续发展风险、管理信息披露及搭建内部信息管理系统。

——结合企业制定的整体可持续发展战略，拆解关键行动计划和目标，明确中长期行动的关键里程碑。

（三）风险管理方面：制定气候风险管理框架

——分析气候风险对现有业务运营可能产生的潜在影响，搭建气候情景分析框架，识别重大风险因素，将气候风险考量因素整合到现有企业运营流程中。

——积极储备与气候风险相关的人才，提升数据、技术方面的管理能力，搭建信息支持系统。

（四）指标和目标方面：积极披露气候相关信息，定期回溯和更新指标和目标

——与投资者和主要利益相关方积极沟通，选择并确定契合企业的气候目标和指标。

——计划和实施完成各气候目标和指标的具体措施，定期披露在气候风险管理方面取得的实践进展。

——对于提供比年度报告更频繁（例如半年或每季度）的财务报告的公司，在应用可持续发展准则时，意味着其可持续发展报告需要以相同的频率报告。因此，企业应当采用合适的系统、程序和控制方案，以确保相关信息披露的严谨性。

七、可持续信息动态披露的实质性与外部影响的实质性

在企业与外部利益相关者对话方面，企业报告职能起着非常重要的作用。公司报告能够以对方理解和信任的形式，向他们提供所需信息。

这种沟通方式也有助于保持企业领导者的诚信。领导人员如果意识到企业发布的战略、目标和绩效指标必须符合法律要求，并将受到投资者、贷款方、监管机构和媒体的审查，就会制定并着力实现可靠的战略目标。

企业的战略目标正越来越多地涵盖气候变化及自然资本。在一些地方，由于气候变化的影响，企业业务运营被迫中断；在其他的区域，商业活动的自然资本影响已经损害到了当地社区，并且使品牌声誉受损或导致代价高昂的法律诉讼。如今，投资者已将气候变化、自然资本的风险和机遇视为改变企业价值的关键因素。整个社会也对企业以透明、可理解的方式公布其在气

候变化、自然资本方面的影响提出了更高的要求。

鉴于全球的聚焦点都在于减缓气候变化，公众对自然资本问题的关注力度持续增长，使之成为世界上众多司法辖区监管议程的首要事项。国际上有一系列重要的自愿性倡议，它们是强制性要求的基础。因此我们应当从熟悉这些自发举措入手，为将来的变革做好准备。

为了推动更准确的决策，企业报告应在公司管理层和利益相关方两个维度上同时发挥支持作用。正是为了有助于管理层的决策，信息必须与企业战略紧密相关。以战略为焦点的信息也可能会对其他一些利益相关方有用。而且还有部分利益相关方或许需要更详细的信息，以了解企业战略和活动如何产生影响。信息缺失、模糊不清或错误陈述都会影响使用者根据报告所做的决定，因此这些信息是十分重要的。

碳信息披露项目、气候披露标准委员会、全球报告倡议组织、国际综合报告委员会和可持续发展会计准则委员会五大组织共同发布的《意向声明》强调了与可持续发展主题的实质性密切相关的 3 种视角（如图 6–14 所示）：

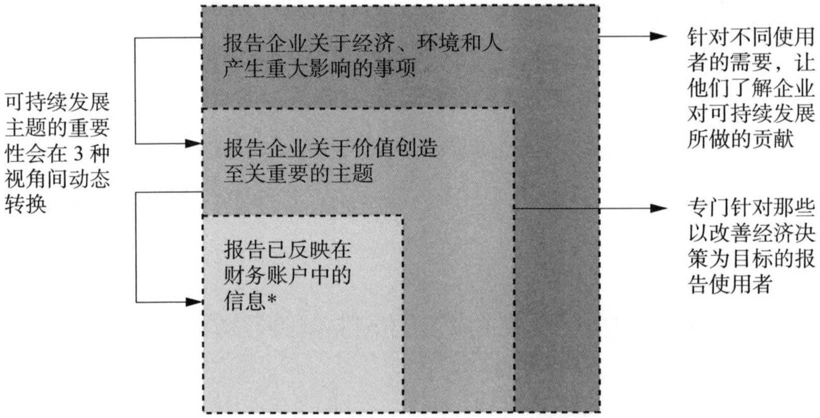

图 6–14　可持续信息动态披露的实质性与外部影响的实质性

注：* 包括现金流量预测。

资料来源：ACCA（2021）

——内框代表财务视角：有关报告企业的财务信息，可能会对目前及潜在的投资者、贷款方和其他债权人在决定为企业提供资源时产生重大影响。

——中间方框代表企业价值创造视角：这些信息在很大程度上影响着企业短期、中期和长期的价值创造能力，包括企业领导者（董事会和执行管理层）用于制定战略决策的信息。

——外框则代表外部影响视角：反映企业对经济、环境和社会产生重大影响的信息；或者信息会在实质上影响广泛利益相关方的评估和决策，其中涉及商业伙伴、民间社会组织、消费者、客户、雇员和其他工作者、政府、当地社区以及股东等。

气候变化、自然资本主题的重要意义可以从外部影响转移至企业的价值创造乃至财务成果。

因此，管理层的明智做法是积极监测其对气候变化、自然资本的影响，即便这些影响乍看之下或许与企业的价值创造无关。企业领导者应当关注信息重要性动态特征，并强调从长期角度进行风险管理和战略决策的关键意义。

截至目前，由客运航空产生的碳排放大部分仍停留在外部影响领域。世界上大多数国家和地区都免除对煤油和其他航空燃料征税。如果像欧洲委员会（2020 年）考虑的那样取消免税政策，航运部门企业将面临财务影响。

第七章

应对气候变化与碳中和战略

第一节　人类活动与气候变化

一、气候变化的原因

世界气象组织（WMO）和联合国环境规划署（UNEP）联合成立了政府间气候变化专门委员会（IPCC），提供有关气候变化的科学信息及客观来源。

IPCC 在 2013 年发布的《第五次评估报告》中得出了明确的结论：气候变化是真实的，人类活动是导致气候变化的重要原因，主要是燃烧化石燃料（煤、石油、天然气）释放出的污染气体。

2021 年 8 月，IPCC 正式发布第六次评估报告第一工作组报告《气候变化 2021：自然科学基础》。来自全球 65 个国家的 234 位科学家，通过历时 6 年的综合评估，得出了科学的结论，“毫无疑问，人类活动已经引起了大气、海洋和陆地的变暖”。

——气候变化是真实的，人类活动是导致气候变化的主要原因。

——地球大气中温室气体的浓度与全球平均温度直接相关。

——自工业革命以来，温室气体浓度一直在稳步上升，全球平均温度也随之不断升高。目前全球地表平均温度较工业化前高出约 1.1℃。

——最大量的温室气体（约占温室气体的 2/3）是二氧化碳（CO_2），它主要是燃烧化石燃料的产物。

——甲烷是天然气的主要成分，对今天我们所经历的气候变暖的贡献率达 25%以上。它是一种强大的污染物，在释放到大气中后的 20 年中，其全球变暖潜能值（GWP）是二氧化碳的 80 倍以上。

人类活动的深刻影响已从大气圈进一步扩展到海洋、冰冻圈和陆地生物圈，表现在海洋酸化、全球海平面上升、全球冰川退缩、北极海冰范围缩小、北半球春季积雪减少、格陵兰冰盖消融，以及北半球温带地区生长期延长等方面。

气候变化不仅限于温度指标，二氧化碳浓度已从工业革命前的 280 ppm 左右上升到 2019 年的 410 ppm 左右，海平面全球平均上升约 20 厘米（2018 年）。

报告指出，全球许多区域出现极端事件并发的概率将增加。高温热浪和干旱并发，以风暴潮、海洋巨浪和潮汐洪水为主要特征的极端海平面事件，叠加强降水造成的复合型洪涝事件加剧。

特别是不排除发生类似于南极冰盖崩塌、海洋环流突变、森林枯死等气候系统临界要素的引爆，一旦发生，将给地球生存环境带来重大灾难。

IPCC 报告的结论、传递的理念和科学的方法为全球应对气候变化打下了坚实的基础。除非全球在未来几十年大幅减少二氧化碳和其他温室气体排放，否则 21 世纪全球温度将超过 1.5℃甚至 2℃。

因此，我们需要紧急行动起来，实现 1.5 ℃温升或 2 ℃温升限度目标，2050 年左右实现二氧化碳净零排放，与此同时也要减少其他温室气体排放。

2019 年，全球温室气体排放量连续第三年增加，达到了 524 亿吨二氧化碳当量。尽管二氧化碳排放量在 2020 年同比减少 7%，但由此产生的主要温室气体（二氧化碳、甲烷）和氧化亚氮在大气中的浓度都在继续上升。

在过去 10 年，排名前四位的排放国（中国、美国、欧盟 27 国加英国、印度）温室气体总排放量（不包括土地利用变化）占全球的 55%。排名前七位的排放国（包括俄罗斯、日本）排放总量占全球的 65%，其中二十国集团成员的排放量占 78%。在考虑人均排放量时，国家的排名发生了巨大变化。图 7–1 列示了排名前六位的排放国温室气体排放量（左）和人均排放量与全球平均水平（右）。

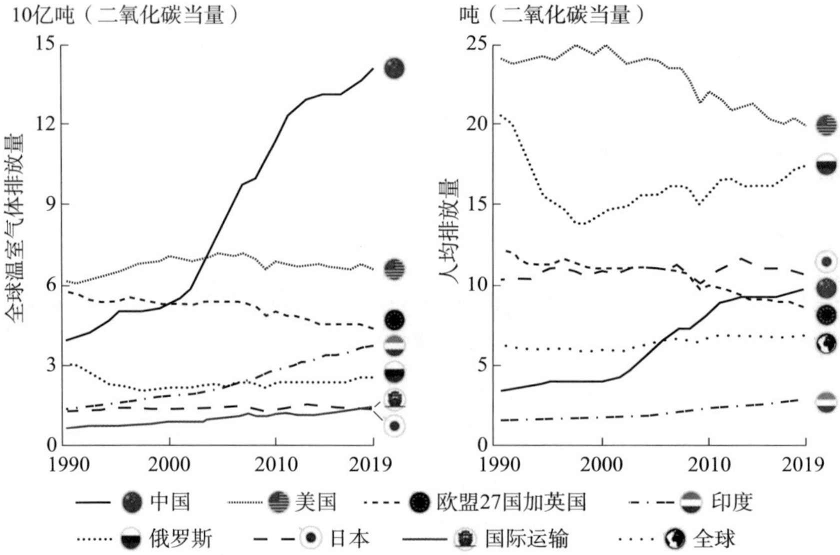

图 7–1　全球温室气体排放量和人均排放量

资料来源：联合国开发计划署（UNDP），https：//www.unep.org/emissionsgap–report–2020

二、气候变化产生的影响

迄今为止，全球气候变化及其影响已经达到空前严重的程度：

——根据世界气象组织的数据，2019 年全球平均温度比工业化前的水平高 1.1℃。

——2010—2019 年这 10 年间的平均温度是有记录以来的最高值，2019 年是有记录以来第二个最热的年份。

——人类活动产生的温室气体加剧了冰川的融化，且海平面高度已达到有记录以来的最高值。

——全世界 30%的人口在一年之中有超过 20 天遭受致命的热浪袭击。

——2019 年，包括土地利用变化在内的温室气体排放总量达到了 591 亿吨二氧化碳当量的新高。

——基于当今全球对减少气候污染物排放的相关承诺不足，2030 年的排放量最高可达 600 亿吨二氧化碳当量。

在如今全球升温 1.1℃的情况下，热浪、干旱、洪水、冬季暴风雨雷、飓风和野火等极端天气事件的发生频率和强度不断上升。

当前，全球温度已经比前工业化水平高出约 1.1℃。过去 4 个十年的气温比1850年以来的任何一个十年都高。就在2021年，欧洲西部暴雨引发的洪水令数百人丧生。太平洋西北地区的破纪录高温天气也导致数百人死亡。格陵兰岛冰川大规模融化。地中海地区和西伯利亚野火肆虐。巴西部分地区遭遇了史上罕见的旱灾。气候科学家说："气候变化已经影响到了人类居住的每个角落。"

10年前，科学家建议，各国政府需每年减少3.3%的碳排放量，而今为了防止全球升温突破1.5℃，从2019年起到2030年，我们需要每年实现7.6%的碳减排。每一年我们选择不采取行动，碳减排的难度和成本都会随之增加。

根据IPCC的建议，有必要大幅度减少甲烷排放，助力将全球升温控制在1.5℃或2℃范围内。保护和恢复自然空间，不论是陆地还是水体，对于限制碳排放至关重要。

全球一半以上的GDP适度或高度依赖大自然，对基于自然的解决方案进行投资不仅会遏制全球变暖，而且截至2030年每年将为企业带来约4万亿美元的收入，且每年新增超过1亿个工作岗位。

三、地球温度限于1.5℃为何重要

在2015年达成的《巴黎协定》中，各国政府承诺将全球平均温度控制在此前工业化水平升温2℃以内，并努力达到升温1.5℃以内的目标。同时也统一提交国家承诺，致力于在2030年前减少或抑制各国温室气体的排放。

在2021年格拉斯哥举行的联合国气候变化大会上，世界各国领导人强调，必须把全球变暖幅度控制在1.5℃以内。如果不采取雄心勃勃的行动，地球升温幅度势必将突破1.5℃的阈值。超出1.5℃的每一点升温都会带来更严重的影响，威胁全世界的生命、食物来源、生计和经济。

IPCC在2018年发布的《全球升温1.5℃特别报告》指出将全球升温控制在1.5℃以内，而不是2℃或者更高，将能够显著避免气候变化所带来的严重影响，而要实现这一目标，则需要各国实施"前所未有的快速且深刻的转型"。

为防止全球升温超过1.5℃要求，我们在2030年前将全球碳排放量减少为2010年的一半，并在2050年前实现净零排放。

虽然1.5℃和2℃之间，看起来只差了0.5℃，对于整个地球的影响却是巨大的。

升温1.5℃将对世界造成严重的气候影响。科学家指出，升温幅度一旦突破 1.5℃这一阈值，就意味着人类、野生动植物和生态系统都可能遭受气候变化带来的更严重后果。

到 2100 年，将全球升温控制在 1.5℃能让海平面少上升 10 厘米，还能挽救 10%~30% 的珊瑚礁。但是如果升温 2℃，海平面的上升幅度将增加 1 米，超过 99% 的珊瑚礁都会死亡。这对于依赖珊瑚觅食和栖息的鱼群是一个毁灭性打击。

全球升温超过 1.5℃将会加剧气候变化的影响。高温、热浪将会更频繁地来袭，程度也会更严重。气温升高还会让大气变得更湿润，引发更多强降雨，从而增加洪水风险，蒸发量增加还会导致更严重的干旱，极端天气事件的风险明显增加。

与 2℃相比，1.5℃的升温有可能防止格陵兰岛和南极西部的大部分冰盖融化崩塌，以及海平面上升数米等不可逆转的环境破坏的风险。如果升温幅度超过 2℃，冰盖就会瓦解，海平面会上升 10 米之多。二者相比之下，北冰洋迎来“无冰夏季”前者是每隔一个世纪，后者是每隔 10 年。

与 2℃相比，1.5℃的升温有助于在 21 世纪末将海平面上升水平控制在几英尺（1 英尺约为 0.3 米）以内，尽管海平面上升几英尺仍然会造成巨变，包括侵蚀海岸线、淹没一些小岛国和沿海城市。两种情况相比，到 21 世纪末，沿海地区海平面上升影响的将是 600 万人口，或者是 1600 万人口。

与 2℃相比，1.5℃的升温可减轻陆地、淡水和沿岸生态系统的负面影响，更好地保护它们为人类服务的功能，可降低海洋温度升高以及海洋酸化加剧等风险，降低对海洋生物、海洋生态及渔业等各方面的影响，在城市区域将能够大幅度减少高温热浪和空气污染的出现次数。

全球升温由 1.5℃到 2℃还会加大对粮食生产的影响。如果世界上的几个粮食主产地同时发生农作物歉收，会导致大范围的食品价格飞涨和饥荒席卷全球。

全球变暖会导致携带疟疾和登革热病毒的蚊虫大范围滋生。相比升温 1.5℃，升温 2℃会让更多昆虫和动物丧失栖息地翻倍，还会增加森林火灾风险，进而危及野生动植物的生存。

科学家指出，全球升温 2.7℃会导致热带和亚热带地区在一年中的部分季节“因为炎热而无法居住”。生物多样性会遭到极大破坏，粮食安全将受到冲击，极端天气将会超出多数城市基建的应对能力。

随着全球变暖，地球达到“临界点”的风险也会增加。一旦达到这个临界点，就会触发地球系统不可逆转的连锁效应。具体何时达到“临界点”目前还不确定。

《巴黎协定》规定，缔约国应把全球平均升温控制在比工业革命前水平高出 2℃之内，并努力限制在 1.5℃。

无论是发达国家还是发展中国家，升温在 1.5℃内都能够有效地降低气候风险。能不能把全球变暖控制在 1.5℃以内，没有简单的答案，要取决于全社会的各个方面，都需要发生前所未有的快速且深远的转型，这种重大的转型在 2030 年之前显得特别重要。

据 IPCC 特别报告的计算，如果要将升温限制在 1.5℃，那么与 2010 年相比，到 2030 年，全球人为的二氧化碳净排放要下降 45%，并且要在 2050 年左右达到"净零排放"，也就是碳中和。

将升温控制在 1.5℃的目标在总体上符合可持续发展目标。因此，各国必须一方面加快转型，避免单一或是主要依赖矿物能源的发展模式；另一方面也必须尽早采取深度减排行动，同时改变消费和生活方式，在需求端减少排放。

四、气候保护与碳预算

（一）碳排放的预算属性

大气中二氧化碳浓度在不断增加。我们排放的二氧化碳的总量决定了我们能把地球的升温限制在多大的范围之内，这就是碳排放具有的预算属性。碳预算也是气候中和预算。

考虑到遵守碳预算的可能性和不确定性，以及去碳化速度产生的社会经济后果，政策制定者有必要做出决策，如何按照全球二氧化碳预算的目标来树立减排的雄心。

巴黎气候大会达成了雄心勃勃的目标，迄今已有 160 多个国家承诺做出碳中和的自主贡献。即使 100% 实现各国自主贡献承诺的目标，2030 年全球二氧化碳的水平仍将比 2010 年高 15.9%，到 2100 年地球的升温将达到 3℃，此后升温趋势将继续加强。

根据联合国环境规划署的数据，要使全球气温上升在 1.5℃以内，温室气体排放量需要在未来 10 年从目前的约 500 亿吨减少 50%。到 2050 年实现碳中和。

（二）人类还允许排放多少二氧化碳

为了战胜气候危机，我们必须毫不犹豫地减少二氧化碳排放。问题是，我们应该减少多少？应以多快的速度来进行？

二氧化碳预算方案给出了具体的数字，它表明只有快速的改变才能拯救地球和人类。

科学表明，地球温度上升主要是由人类排放的温室气体引起的，特别是二氧化碳，这就是科学家所指出的线性关系。

每增加一吨二氧化碳，都会导致温度上升。更多的二氧化碳也会使温度更高，因而也有导致极端气候的危险。自工业化时代以来，温室气体已使气温上升了超过 1℃，而且升温还在继续。

基于温室气体增加和温度上升之间的线性关系，为把温度上升的限度控制在某一范围之内，我们从中可得出还允许排放多少的结论。

因此，把温度上升限制在 1.5℃之内，允许我们排放的二氧化碳量，这就是我们人类的二氧化碳预算。

IPCC 最新的计算结果表明，从 2020 年开始全球的二氧化碳的总预算为 4000 亿吨，这意味着：

——如果我们把全球二氧化碳余量限制在 4000 亿吨，则我们达到 1.5℃的目标的概率为 67%。

——如果我们排放二氧化碳只有 3000 亿吨，那么使升温保持在 1.5℃的概率为 83%。

虽然碳排放预算难以精确计算，因为其他温室气体也会产生相互的影响，但结果不会改变一个事实，那就是这个预算是有限的。

如何达到 1.5℃或 2℃的目标？IPCC 相信，只有立即采取行动：

——为达到 1.5℃目标，到 2030 年净排放必须比 2010 年下降 45%，到 2050 年降到 0。

——为达到 2℃目标，到 2030 年净排放必须比 2010 年下降 25%，到 2070 年降到 0。

因此，大幅度提高可再生能源在电力生产中的比例，不可避免地压减燃煤，工业和建筑业必须更高效，交通必须更环保，都是绝对必要的。各国也必须为气候保护投入上千亿美元的资金。

此外，还必须有“负碳排放”的措施目标才能实现。也就是说，只有在能排放的温室气体的量与大气中能被消除的量达到相等时，“净零排放”才成立。迄今为止大多数存储二氧化碳的措施都还未充分研究，所以隐含高风险。因此，不能过多地依靠二氧化碳负排放作为减少温室气体排放的手段。

理解升温限度和碳预算十分重要，它是决定全球、各国、各行业企业碳中和的行动路线图的根本和基础。

五、碳中和路线图

人类活动导致大量温室气体产生，这使全球气候变暖，气温稳定上升构成了地球和人类巨大的威胁。减少人为的碳排放，并尽可能降低大气中的温室气体的浓度，使之达到平衡，是全球必须应对的刻不容缓的任务。到 2030 年，全球温室气体排放量需要减少 50%，才能避免不可逆转和灾难性的气候变化。

2015 年，《巴黎协定》的目标是将全球平均气温升幅控制在不超过工业化前水平的 2℃，最好不超过 1.5℃。越来越多的国家制定自主贡献（NDCs）目标，已经做出碳中和的承诺，制定了政策、措施或具有约束力的气候法律。不少企业也纷纷采取行动，设定了碳中和的目标。在 2015 年至 2019 年间，全球 338 家企业率先设定了科学碳目标，年总排放量减少了 25%。现在迫切需要更多企业投身应对气候变化的行动，并且做出可信的承诺。长期承诺需要以短期和中期的计划和行动作为支撑。

2020 年 9 月，中国在第 75 届联合国大会上首次提出“中国将提高国家自主贡献力度，采取更加有力的政策和措施，二氧化碳排放力争于 2030 年达到峰值，争取在 2060 年前实现碳中和”。

2021 年，中国《政府工作报告》指出，要扎实做好碳达峰、碳中和各项工作，深入实施可持续发展战略，促进生产生活方式绿色转型，中国将以实际行动为全球应对气候变化做出应有贡献。

自 2021 年以来，为落实碳达峰和碳中和目标，生态环境部、国务院相继印发《关于统筹和加强应对气候变化与生态环境保护相关工作的指导意见》《关于加快建立健全绿色低碳循环发展经济体系的指导意见》等政策，《碳排放权交易管理办法（试行）》也于 2 月正式开始施行。

国家政策、法规的相继出台，为进一步贯彻以环境（E）、社会（S）、治理（G）为主题的责任投资创造了条件，将加速推动中国经济社会绿色发展，推动企业以 2030 年碳达峰和 2060 年碳中和为目标开启可持续转型的进程。

碳达峰、碳中和目标将为能源、产业和企业转型带来巨大挑战和机会。总体上，需要应用 ESG 理念，自上而下，完善碳中和目标的系统设计，发挥政策引导，促进企业商业模式和消费方式的转变；同时，要充分发挥监督和规范职能，建立统一的 ESG 标准框架。企业必须制定碳中和目标和实施路线图（如图 7–2 所示），并为此实施可持续创新和不断加强能力建设。

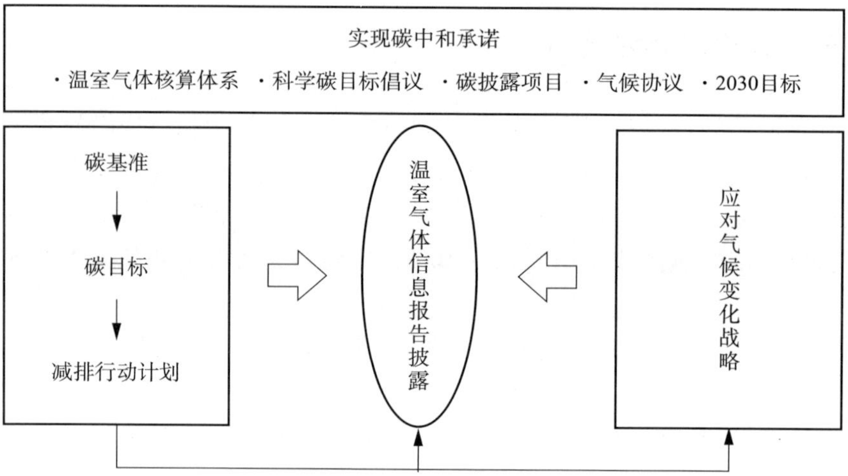

图 7–2 建立企业的碳中和路线图

企业必须设定基于气候科学的目标，一个科学的碳目标可描绘出企业减少温室气体排放的途径。因此，开展碳核查和设定科学的碳目标是企业实现碳中和整个过程的起点，在此基础上就可设计详细的路线图。

第二节 碳排放基准及核查

一、基准年温室气体排放量

企业需要先从排放源出发，确定基准年温室气体排放量（联合国全球契约组织和 BCG，2021）。

企业对温室气体排放情况的了解，具有重要的意义，它有助于管理温室气体风险和识别减排机会、实施温室气体减排计划、实施碳披露报告、参与碳交易，也会得到公众的认可

因此，温室气体排放的核查和量化能够服务于多个目标，是为不同利益相关方、不同用途服务提供所需信息的一个方案。

大气层中自然存在的或由人类活动产生的温室气体，一般包括二氧化碳（CO_2）、甲烷（CH_4）、氧化亚氮（N_2O）、氢氟碳化物（HFC_s）、全氟碳化合

物（PFC_s）和六氟化硫（SF_6）6 类。为评价各种温室气体的温室效应，可将它们折算为二氧化碳当量，即与二氧化碳相当的量。其计算公式为：

温室气体的二氧化碳当量 = 温室气体的质量 ×GWP。

其中，GWP 是全球增温潜势值（Global Warming Potential），它表示单位质量的温室气体在给定时间段内辐射强度的影响与等量二氧化碳辐射强度影响的比例关系。

按照 IPCC 第 4 次评估确定的全球增温潜势值，甲烷（CH_4）为 25，氧化亚氮（N_2O）为 298，六氟化硫（SF_6）为 22800。

企业温室气体基准核查和量化指的是确定基准年的排放量、界定企业组织的边界、明确温室气体的种类、梳理相关排放活动，并评估相应的活动的排放量。

目前主要应用两种确定温室气体排放量的方法：

一种是系数法：这种方法通过计算活动数据和相应的排放因子来确定排放量，是一种被广泛采用的标准的评估方法，典型代表是温室气体核算体系（Greenhouse Gas Protocol，GHG Protocol）和 ISO 14064 系列。

另一种是测量法：这种方法利用排放连续监测系统（CEMS），对相应活动的温室气体的浓度进行连续的测量。

测量法更适合按行业细分的报告标准进行，例如美国环保局根据《清洁空气法》确定的温室气体最终排放规则、欧盟排放交易体系的《监测和报告条例（*Monitor Report and Verification*，MRV）》，以及中国《工业企业温室气体排放核算和报告通则》（GB/T 32150—2015）。

虽然由组织机构和政府发布的温室气体核算和披露标准数量众多，但各种温室气体核算标准的方法还是相当一致。

温室气体核算体系（GHG Protocol）是测量和披露企业在全球范围内的温室气体排放量的公认的标准。众多常见的其他标准均参考这一体系，例如，具有广泛影响的碳披露项目（CDP）建议企业按照温室气体核算体系披露信息。全球超过 9600 家企业已参加 CDP 项目，大部分企业的基准核算排放量都是按照温室气体核算体系确定的。

二、碳排放量确定的原则与方法

因此，企业进行碳排放核查和量化，有必要了解温室气体核算体系确定排放量的原则、方法和流程。

（一）界定组织边界

温室气体核算体系推荐了 3 种设定组织边界的方法：

——“股权比例方法”，按照企业所持的股权比例来核算碳排放；

——“财务控制权方法”，只覆盖持有 100% 控制权的子公司来核算碳排放；

——“运营控制方法”，除去享有权益但无运营控制权的子公司来核算碳排放。

企业在设定组织边界时，可以选择上述 3 种方法中任意一种，并始终贯穿整个核查过程。

（二）确定温室气体种类

与其他全球和地区标准一样，温室气体核算体系建议企业参考《京都议定书》中规定控制的 6 种温室气体，即二氧化碳、甲烷、氧化亚氮、氢氟碳化物、全氟碳化合物和六氟化硫。然而，这些温室气体种类并非强制性的标准，企业可以根据自身主要经营活动确定相关温室气体的种类。

（三）确定运营边界

组织边界确定之后，需要确定企业的运营边界，才能识别与其运营相关的排放范围和相应的报告范围。

企业需要确定应纳入碳核查和量化的排放活动范围。温室气体核算体系将排放活动分为 3 个范围（如图 7–3 所示），为企业进行碳核查和量化提供参照。

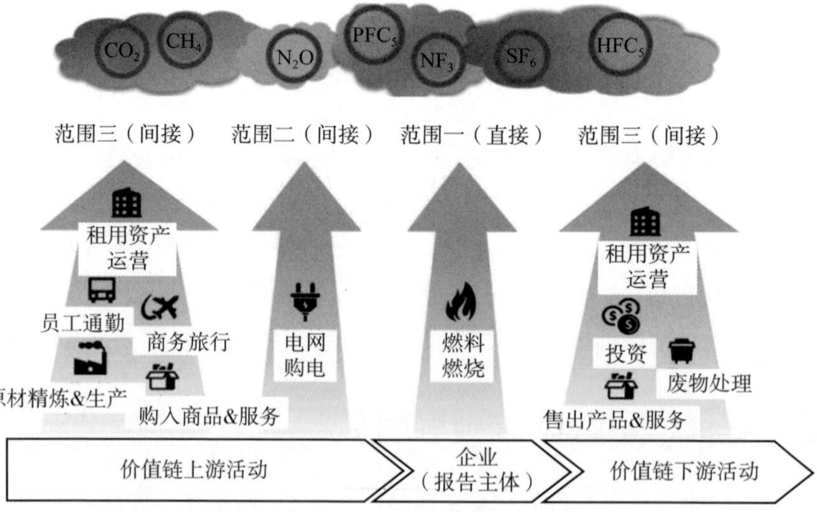

图 7–3　企业温室气体排放范围的界定（GHG Protocol）

资料来源：WBCSD、WRI

——范围一：指企业直接控制的燃料、燃烧活动和物理、化学生产过程所产生的直接温室气体排放。典型的属于这一范围的排放是来自企业的燃煤发电、自有汽车使用、化学材料加工及设备中的气体排放。

——范围二：指企业消耗的外购能源所产生的间接温室气体排放，包括电力、热力、蒸汽和冷气。典型的属于这一范围的排放是电站在发电过程中的温室气体排放。

——范围三：指其他间接温室气体排放，包括企业上游、下游广泛的活动范围。温室气体核算体系示范性地列出了常见的范围三的活动，企业可以自主决定所纳入核算的活动。对某些行业的企业，范围三作为间接排放，在其整个排放量中占据很大的分量。企业在深入开展碳排放基准评估前，需要与上下游合作伙伴确认愿意承担的碳减排责任。

对于大多数参考温室气体核算体系的报告披露系统，例如，对 CDP 而言，范围一和范围二通常是必选项，而范围三在起始阶段一般作为可选项。企业对范围三的内容可综合考量，力求在环境和社会方面体现更大的责任担当。

三、碳排放量评估的流程

温室气体核算体系采用系数法（如图 7–4 所示）评估企业的排放量。评估过程是，先从排放源出发，收集相关排放活动数据，再选择最合适的排放因子，最后计算出排放量。

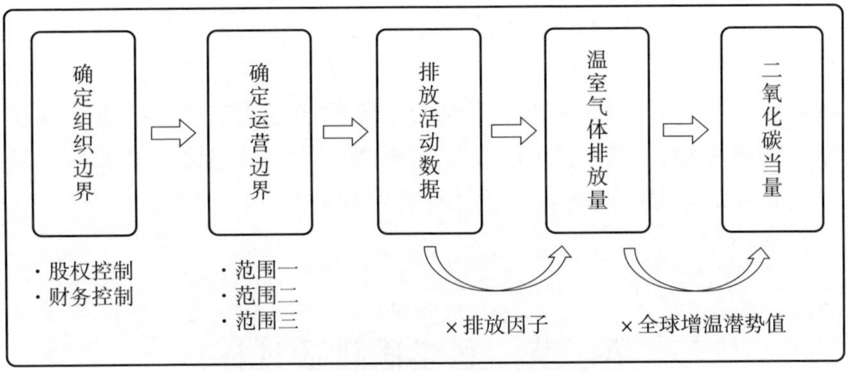

图 7–4　温室气体排放量的核算与量化

资料来源：GHG Protocol、ISO 14064

1. 收集排放活动数据

企业需要确定指定范围内各项活动的排放源并收集活动数据。例如固定燃烧、工艺排放、购买电力度数（千瓦时）、废弃物处理的吨数等物理数据。

2. 确定二氧化碳排放量

确定排放活动数据后，将活动数据与一个被称为“排放因子”的系数相乘，便得出企业相应的排放量。排放因子表示单位生产或消费活动量（如电力消耗量）产生的温室气体排放量。

例如，购买某电网电力为 10 kWh，电网排放因子为 0.4819 kg CO_2/ kWh，则使用的电力产生的二氧化碳排放量为 4.819 kg（10 kWh × 0.4819 kg CO_2/ kWh=4.819 kg）。

排放因子取决于具体活动、国家、地区、技术和能源结构，其选取方法不尽相同。大多数情况下，企业不必直接测量或计算排放因子，尤其是那些中、低排放行业的企业。企业可采用国家发布的标准排放因子指标，如 GB/T 32150—2015，或地方部门发布的数据。必要时参考国际组织的标准，当缺乏更准确的排放因子时，企业可以利用 IPCC 排放因子的数据库（EFDB）等资源获取各种排放因子，减少排放评估的复杂性。

3. 确定总排放二氧化碳当量

在获得不同温室气体排放量后，需按照国际公认的 IPCC 全球增温潜势值（GWP），将它们转化为统一总排放的二氧化碳当量（CO_2e）。计算公式可表示如下：

$$E_{CO_2\text{-}eq} = \Sigma\ \text{MGHG-i} \times \text{GWPi}$$

其中，$E_{CO_2\text{-}eq}$ 为总排放的二氧化碳当量，MGHG–i 和 GWPi 分别表示每项温室气体的排放量和全球增温潜势值，i 表示温室气体的种类。

以上步骤可用手动或自动方式完成。对某些行业，例如铝业、水泥业和半导体行业等，温室气体核算体系提供了排放计算的工具。当企业确定了活动数据、选择排放因子之后，可充分利用这样的工具完成计算流程。目前也有些数据服务企业提供与此相关的计算程序和云服务。

第三节　科学碳排放目标

一、设定碳排放目标的过程

企业设定碳排放目标，需要考虑多重因素，是一项颇具挑战性的任务。

其主要考虑的因素为：

——企业的效益：碳排放目标的设定和执行通常与投资有关，需要与企业的战略优势相结合。

——目标类型选择：有不同的设定目标的方法，例如，是将目标计算为绝对排放量的百分比，还是根据物理或经济指标计算为排放强度，不同的行业可能的目标设定需基于不同的科学数据库和经济预测。

——碳排放目标的可信度：与全球升温远低于 2℃或 1.5℃挂钩，科学碳减排目标的考虑因素包括目标的期限，以及是否涵盖内部运营（即“范围一”及“范围二”排放）和价值链（即“范围三”排放）产生的排放。

——利益相关方的支持和沟通：企业设置的碳减排目标必须得到内外认可，这不仅是融入战略和管理的条件，也关乎企业的信誉。

二、目标设定考虑的维度

设置合理的减排目标对于企业推进碳中和进程十分重要。

《巴黎协定》目标是把全球平均气温升幅控制在不超过工业化前水平 2℃，并努力将气温升幅控制在不超过工业化前水平 1.5℃。要确保能遵循这一目标，就必须将它转化为企业的、实际可行的减排目标。图 7–5 列示了温室气体减排目标设定的过程，企业需要从 4 个维度考虑：

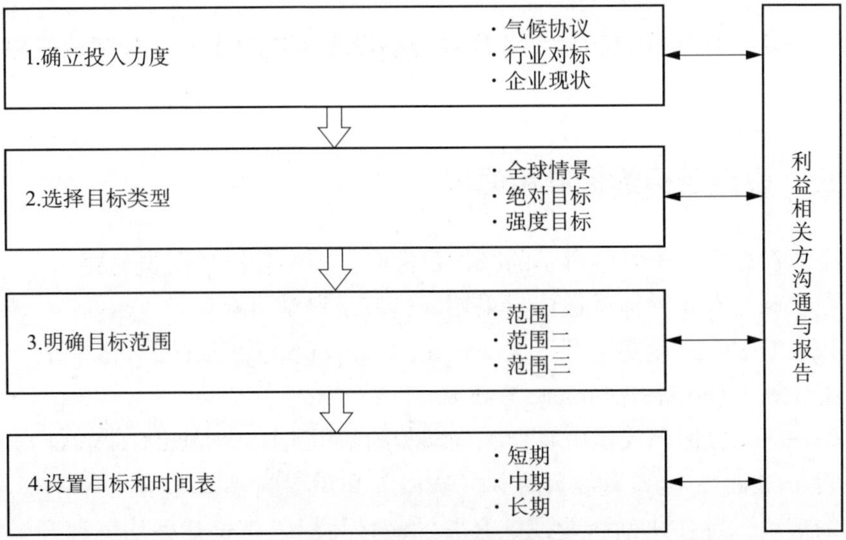

图 7–5　设定科学减排目标

1. 确立投入力度

企业需要根据当前的排放水平、所处行业对企业的普遍期望或要求，明确碳减排的决心和目标的投入力度。这一决心或力度反映企业在多大程度上遵循全球升温情景的意愿，如 1.5℃或 2℃。

2. 选择目标类型

将企业减排目标与碳预算和升温情景挂钩，可采用绝对目标或强度目标。

绝对目标适用于大多数企业，这一方法为减少全球温室气体排放提供了更为直接的途径。但绝对目标应客观地反映企业持续的减排效果，必须考虑企业业务规模增长或衰退影响的因素。

因此，许多企业倾向于采用强度目标，即每单位经济产出的排放量，比如单位产量、员工人数或单位产值，或同时设定绝对目标和强度目标。

具有明确的活动数据和物理强度数据的行业，例如发电、钢铁、化工、铝、水泥、纸浆和造纸、公路、铁路和航运、航空运输，以及商业楼宇等适合采用强度目标。

3. 明确目标范围

企业需要确定减排目标的覆盖范围，即按照范围一、范围二、范围三，并明确要纳入的地区和业务部门。

4. 设置目标和时间表

为保证目标切实可行，企业需要分别设定短期、中期、长期的战略目标和时间表。

三、设定目标的标准和倡议

企业在设定基于气候科学的减排目标时，有多种标准可供选择。

在全球已有 4 种标准被广泛采用，这就是科学目标倡议（SBTi）、转型路径倡议（TPI）、X 度兼容性（X–Degree Compatibility，XDC）和中小企业气候中心计划（The SME Climate Hub）。

——科学目标倡议是由联合国全球契约组织（UN Global Compact）、碳披露项目（CDP）、世界资源研究所（WRI）和世界自然基金会（WWF）共同发起的倡议，旨在协助企业设定必要的减排目标，将全球平均气温升幅控制在不超过工业化前水平 2℃，并努力将气候升幅控制在不超过 1.5℃。

SBTi 目前提供了设定中期、短期减排目标的方法，即设定 5~15 年的方法，并将基于成熟的目标设定方法论，扩展减排目标设定的范围，于 2021 年推出长期的科学的碳中和目标设定方法。

——转型路径倡议是一项由英国环境局养老保险基金牵头发起的全球倡议，涉及众多资产持有者，并得到了众多资产管理公司的支持。TPI 利用企业公开披露的数据，评估企业向低碳经济转型的进展，支持其减缓气候变化的努力，为它们提供设定和调整碳减排目标的指南。

——X 度兼容性是德国气候咨询机构 right. based on science 推出的科学气候指标。旨在基于量化单个企业对全球变暖的影响，通过假定其他所有企业的排放强度和经济产出也与该企业处于同一水平，推导出到 2050 年地球的升温幅度。企业可将推导的结果作为合理参考标准，来设定和调整自身的减排目标。

——中小企业气候中心计划是国际商会、指数路线图倡议、全球商业气候联盟和联合国“奔向零碳”运动联合推出的倡议，旨在支持中小企业实现 2030 年前将温室气体排放减半、2050 年前实现碳中和的目标。

通过指引中小企业制定具体承诺，并提供赋能工具包，最终实现业务和价值链的碳减排目标。

以上 4 种标准各有其特点，但对碳减排目标设定逻辑基本一致，均将企业的目标水平与不同的升温情景挂钩。

SBTi 提供了升温低于 2℃或 1.5℃的两种情景。TPI 提供了 5 种情景，包括升温 2℃和 1.75℃的情景，以及《巴黎协定》承诺的努力将升温控制在 1.5℃的情景。XDC 提供了 2 种，即 2℃和 1.5℃的情景。中小企业气候中心计划仅提供了 1.5℃的升温情景。

虽然企业被鼓励设定更高的减排目标，在制定目标时，企业应该根据自身的实际情况，制定可行的目标。

四、标准和倡议的应用

近年来，由于 SBTi 的通用性和广泛的行业覆盖面，它已迅速成为最受认可的、将企业减排目标与《巴黎协定》对齐的方法。截至 2021 年 3 月，已有 1323 家企业加入 SBTi。加入 TPI 和 XDC 的企业分别为 340 家和 30 家，约 800 家中小企业（员工数量少于 500 人）加入了中小企业气候中心计划，但它们各具特色和应用价值。

（一）标准和倡议覆盖的行业

SBTi覆盖十五大行业，并提供按行业划分的目标设定指南，除为铝、森林、土地和农业、电力、化工、服装及信息通信等特定行业提供相关指南外，目前针对油、气、交通、运输、化工、金融、服务等其他主要行业的指南正在编制中。TPI和XDC分别覆盖十大行业，中小企业气候中心计划则通过《1.5℃商业手册》（1.5℃ *Business Playbook*）为企业提供指导，该守则也是指数路线图倡议（Exponential Roadmap Initiative）推出的一份有关温室气体减排的详细指南，介绍了七大行业如何按照1.5℃的目标设定减排目标。

（二）SBTi的通用性

SBTi为不同行业的企业提供灵活的目标设定类别指导：

——为企业提供按绝对减排法和强度减排法（含物理强度和经济强度）设定的两类目标，允许企业用绝对值（tCO_2e）或强度值（tCO_2e/t）来设置减排目标，并为范围三目标的设定提供指导。SBTi两类目标类型对不同行业的作用不同，因此企业通过SBTi设定减排目标时，可以利用相关工具来比较，并选择适合所属行业和企业情况的目标类型。

——SBTi为不同行业的企业提供详细的流程指南。从获得企业内部的支持，到基准年、目标年范围、边界设定和目标设定的方法，SBTi为企业提供分步的指南和指导，并提供一整套标准或验证方案，确保特定行业和跨行业目标的透明度和可比性。

（三）联合国“奔向零碳”倡议

由科学碳目标倡议组织（Science Based Target initiative）及联合国全球契约联合发起的“企业1.5℃雄心倡议”（Business Ambition for 1.5℃），承诺在其运营的3个范围内设定与1.5℃温控目标相一致的减排目标，制定短期和长期目标时都保持与《巴黎协定》最高目标一致，通过科学的方法应对气候变化。

2020年，联合国发起“奔向零碳”全球活动（the Race to Zero）致力于加速减少碳排放，所有公司需要在2030年之前为全球碳排放减半做贡献，实现2050年全球范围净零排放。到2021年6月已有超过92个国家的4500多个非政府主体参与到了“奔向零碳”行动中，其中包括众多知名企业，纷纷通过“企业1.5℃雄心倡议”和“指数路线图倡议”等组织积极参与。

“指数路线图倡议”是联合国“奔向零碳”和“TED Countdown”的官方合作伙伴，旨在把创新、变革和颠覆性企业联结在一起，承诺通过指数级的气候行动和解决方案，以1.5℃温控为目标采取行动，它也是“1.5℃供应链领导者倡议”（1.5℃ Supply Chain Leaders）和“中小企业气候中心计划”（The SME Climate Hub）的发起者。

第四节　低碳转型

一、低碳转型及其关键的领域

（一）低碳转型

应对气候变化是一项艰巨而复杂的挑战，但也是人类用聪明才智解决这一紧急问题的机会。气候危机要求紧急行动，要求尽快实现碳中和，碳中和是一个转型的过程。实现碳中和过程被称为“低碳转型”，有时也被称为“零碳转型”，这是一项深刻的变革，也是一个长期、可持续发展的过程。

1. 战胜气候危机的条件

要战胜气候危机需要具备的条件：

——理解科学的结论，即人类活动是造成气候变化的根源。

——改变人类活动的方式，包括经济发展的思维方式、决策方式、管理方式和行为方式。

——敬畏道德原则，实践共同而有区别的责任，树立战胜危机的雄心和科学目标。

——明确战略行动领域，制定碳中和具体的措施和路线图。

——将碳中和议题融入组织治理、管理和价值链体系。

——加强可持续发展的责任和能力建设，构建确保转型长期成功的条件。

2. 聚焦于人类活动的排放源

正如低碳转型是由气候科学驱动一样，任何切实可行的减排计划也必然是由其他科学，如物理、化学、生物、工程、政治、经济和金融等及其创新所驱动的。没有在主要战略行动领域的创新，人类就无法实现零排放的目标。

（二）五大关键领域

在制订应对气候变化方案时，需要考虑人类造成温室气体排放的所有活动，以及这些活动的诸多方面。全球温室气体排放活动可按国家，也可按行业划分，但从减排的目标和措施考虑，温室气体排放活动的划分最好能明确排放源（比尔·盖茨，2021）。

按照比尔·盖茨的观点，为了切实有效地开展应对气候变化的行动，不能只关注能源，全球必须聚焦五大关键领域：

（1）电力生产与存储；

（2）生产和制造；

（3）农业、种植和养殖；

（4）交通运输；

（5）建筑、取暖和制冷。

以上五大领域是与温度上升密切相关的“五大根本挑战”。

源于人类活动的温室气体占比见表 7–1。

表 7–1　源于人类活动的温室气体占比

主要活动部门	主要产品和过程	温室气体排放（%）
制造和生产	水泥、钢、塑料	31
电力生产和存储	电力和基础设施	27
种植和养殖	植物、动物、食物	19
交通和运输	飞机、汽车、轮船	16
居住、取暖和制冷	建筑、取暖、制冷	7

资料来源：IPCC AR5（2014）、比尔·盖茨（2021）

这也是突破能源联盟（Breakthrough Energy Ventures）所采用的细分方法。该组织是盖茨与世界各国就气候变化合作的执行机构，于 2015 年创建，是一个关注气候变化影响的私人投资者联盟，目标是协助世界在 2050 年前实现净零排放。

这些活动被认为既是全球温室气体排放决定性的排放源，又是实现零碳排放目标的关键创新突破领域。实现零碳排放目标，就意味着所有这些类别都要归“零”。

对不同来源的排放量进行分类时，必须解决的问题之一是，对那些在制造和使用过程中都会产生温室气体排放的产品采取何种计算方法，因为它们可划归于不同的行业，所得到的行业间的比例也就随之不同。比如，炼制汽油时会产生温室气体排放，此后汽油在使用中燃烧也会产生温室气体。比如，石油、汽油生产的排放可能会归入能源行业，或者汽车消耗汽油产生的排放可能会归入交通。但从产品生命周期角度看，可把所有生产和制造部门所产生的排放都归于“生产和制造”这一类，在使用过程中产生的排放则被归入各自相应部门的类别。例如，炼制汽油被归入“生产和制造”，燃烧汽油则被归入“交通运输”。对于汽车、飞机和轮船，也是采用同样的方法分类，制造它们时的排放被归入“生产和制造”，它们在使用过程中的排放则被归入“交通运输”。

比尔·盖茨对排放源的界定非常明确，其优点在于有利于划分排放的责任范围及其排放量，更重要的是这种划分与各类创新建立起了联系。故本节和之后对低碳转型的论述主要借鉴盖茨的观点。

二、创新与公平转型

（一）创新突破与绿色溢价

全球减排目标的实现，在很大程度上取决于上述 5 个关键领域创新的突破和进展。其与突破能源联盟就是采用这种细分方法并将这些活动领域作为创新的突破点。

在实现减排目标的过程中，清洁电力是关键的一环。因为有了清洁电力，不仅减少了石化电力生产的排放，而且也为其他经济活动和能源密集型产业的电气化提供实现减排的电力，如炼钢、电动交通、供暖和制冷等。

要将传统的能源经济从造成污染、产生碳排放的技术转向“零碳”排放技术必然要投入成本。相比化石燃料解决方案，大多数“零碳”解决方案成本投入更大。这在某种程度上是因为化石燃料的价格没有反映出其所造成的环境损害，使之从表面上看比“零碳”解决方案更经济。这些高出的额外成本被称为“绿色溢价”。有多种绿色溢价，例如电力的溢价、钢铁的溢价等，其大小取决于你要替代什么和用什么去替代，例如生物燃料代替航空燃油的溢价、太阳能代替传统电力的溢价。

一方面，我们要部署清洁能源和可再生能源；另一方面也要在能源领域实现“零碳”突破，从而找到实现零排放的路径，其关键就是降低清洁能源的成本。

我们不仅需要知道绿色技术的价格，而且比具体价格更重要的是，要知道一项特定的绿色技术相比于基于化石燃料的同等技术的绿色溢价是否足够低，低到每个人都可在“去碳”领域有支付能力，否则就必须提供创新方法降低它们的价格。利用绿色溢价，有助于部署“零碳”解决方案，也能在政策领域发挥重要作用。

在部署"零碳"解决方案时，国家和企业应基于成本和减排措施仔细研究和权衡各种选项，避免盲目行动。

（二）公平转型

今天人们生活水平不断提高，对能源需求量也更大，同时增加的还有人均温室气体排放量。为增加生产我们所需的清洁能源，需要建造相应的基础设施，例如风力涡轮机，太阳能电池板、核电站、电力存储设施，在制造和建造过程中都会排出更多的温室气体。

但事情还远未到此为止。全球人口数量不断增加，到21世纪末世界人口将达到100亿人，其中的大多数增长来自高碳排放城市。城市化步伐加快，到2060年全球的建筑存量将翻一番。这一发展主要是与新兴发展中国家有关。温室气体排放的存量主要是由发达国家产生的，世界上最富裕的16%的人口产生了全球近40%的温室气体。如果全球按如此高的排放水平生活，到2050年全球能源需求减缓增加50%。即使发达国家实现零排放，也解决不了地球升温的问题，因为世界其他国家的排放还是会增加。发展中国家经济处于落后状态，其中许多还未摆脱贫困，它们需要发展，也需要现代化的装备和技术。使用当前的技术手段，也意味着要排放更多的温室气体。因此，发达国家需要创造条件，在避免气候恶化的条件下，支持发展中国家，不仅在技术上，而且在提供资金支持方面。世界需要更多的能源，但前提是不再增加排放，低碳转型必须实现公平。

三、绿色投资和社会参与

（一）绿色投资

要战胜气候危机，全球必须共同行动、通力合作。但全球在建立气候共识方面，面临巨大的挑战。关键在于，碳中和转型会产生新的成本，控制排放离不开资金投入。考虑到自身国家经济发展的利益，没有一个国家愿意单独为减排买单，除非其他国家都愿意为之付出努力。

《巴黎协定》的承诺没有完全兑现，发达国家为发展中国家提供支持资金的承诺也没有落实到位。在格拉斯哥世界气候大会上，全球再次商讨为实现巴黎气候目标而努力，虽然进一步达成了重要的共识，规划了未来的行动计划，但全球推进的过程与气候变化的紧迫性相比还有相当的距离，绿色投资、绿色融资始终是绕不开的关键问题。

（二）社会参与

不管怎么说，在21世纪的未来几十年特别是未来10年的窗口期，世界各国必须以前所未有的决心为到2050年实现净零排放、实现绿色可持续发展而大力投资，包括制定公共政策、绿色投融资标准、企业ESG转型等一系列措施。拯救地球、拯救人类、为子孙后代造福，实现低碳转型目标是全社会共同的使命，也是我们共同的道德责任（如图7–6所示）。

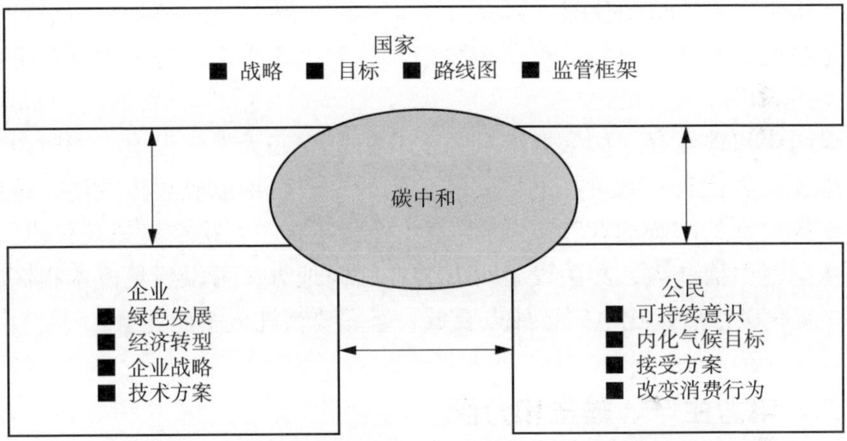

图7–6　实现低碳转型是国家、企业、全社会共同的使命

减缓和适应气候变化将促使能源和产业深入、持久的转型，这是21世纪的新型工业革命。经济方式、生产方式和消费方式的转变是一个艰巨的变革过程。但压力也是动力。转型和变革需要汇集政府政策、资本市场、科学技术和国民的环保意识。这是国与国之间、商业机构之间、科学机构之间的赛跑，也是国民意识之间的赛跑。只有树立雄心，立志最早达到零排放目标点，才能为拯救人类和地球，为构建子孙后代美好的未来做出最大的贡献。

第五节　低碳转型的关键领域：电力和能源

一、能源转型

电力同石油、煤炭、天然气一样，同属经济发展至关重要的能源，大部分电力生产是基于化石能源，化石燃料发电站占全球发电量的 2/3。其中大部分电力产自燃煤发电站（约占 40%）。化石电力生产也是一个主要的温室气体排放源，其碳排放在总排放量中占 27% 左右。

通过能源转型获得“零排放”电力十分重要，而且关键还在于，通过它能支持许多其他行业的碳中和活动，例如，交通运输、生产制造、信息系统，以至整个经济社会运行都会受到决定性的影响。

利用可再生能源（例如太阳能、风能），或其他零排放能源（例如核能），或燃煤电厂和燃气电厂装设碳捕获设施，都可成为零排放的选项。但是电力系统，从生产、传输和分配，到电力终端消费，是一个复杂的动态运行网络，要满足绿色、高效、可靠、可负担要求，达到供需平衡，是碳中和任务面临的巨大挑战。

碳捕获和碳封存。如果继续利用现有的燃煤和天然气发电，同时避免向大气排放二氧化碳，则可在电厂安装特别的装置，用以吸收排放物，这就是安装在排放点的“碳捕获和碳封存”。此外，还有“直接空气捕获技术”，即直接从空气中捕获碳，相关设备可安装在任何地方，可以想见成本很高，空气中二氧化碳浓度远比电厂排放点要低，且需要消耗太多的能量。

二、电力生产、输送和分配

（一）电力生产

1. 水电

水力发电属于清洁能源，有许多优势，价格相对便宜。水电站运行不排放温室气体，但修建大型水电站涉及对生态环境、社区和生物多样性的影响。修建水库如土壤中存在大量的碳，它会转化成甲烷，逃逸到大气中。需要考虑，一座大坝需要运行多长时间才能抵消修建过程中所排放的甲烷。水电的发电量受季节影响，选址也受到一定的限制。

2. 太阳能

太阳能无疑是清洁能源，需要大力发展。太阳能电池板的制造成本越来越低，为了从给定的太阳能获得更多的电力，需要提高电池板的光电转换效率，目前这个数字还不到 25%。随着转换率（未来可达 30% 以上）的提高，同等面积的土地上就可获得更多的电力，这将有助于广泛推广应用太阳能。太阳能与风能一样都受地理位置的限制，有效利用也取决于电网接入和智能分配技术。

3. 风电

在陆上、海岸或其他水域建立风力涡轮发电站是提供清洁、可再生能源的主要途径。相比之下，离岸风力比陆上风力更稳定，间歇性问题不那么突出。风能发电行业正在寻求制造更大尺寸风力涡轮机的方法，提高单机发电能力。在欧洲、美国和中国，风电行业都有广阔的发展前景，对“脱碳”可以发挥关键支持作用。风能的排放包括风力涡轮从生产到寿终拆除整个生命周期造成的排放。

4. 核电

核电站利用核裂变的能量发电，是唯一能够四季昼夜持续提供电力的无排放能源，而且可大规模应用。可以设想，如果不扩大使用核能的规模，可能将很难以可负担的方式推进零排放电网的进程，进而实现转型。从材料使用有效性看，单位电力所需的材料，核电站非常高效，因为生产这些材料的过程会排放温室气体，例如，水泥、钢材、玻璃等。也就是说，建设核电厂每一单位重量的材料都能获得更多的电能。

相比之下，太阳能和风能发电厂需要占更多的土地。核电站可在 90% 的时间发电，太阳能和风力发电厂可发电的时间只有 25%~40%。

核电站的问题是，建设成本很高、核废料颇有危险性而且难以处理，核电站事故一旦发生对人类和环境安全构成巨大威胁。核电是否属于清洁能源，存在某些争议，所有这些与环境和安全相关的方面都需要创新改进。

与核裂变分裂原子获取能量不同，也可利用核聚变发电，即通过原子聚合产生能量。这一技术尚处在早期研究阶段，最大的问题是在启动核聚变时需要太大的能量。

5. 地热

地热是利用距离地面几千米以下的热岩使所注入的高压水获得热能来驱动涡轮机发电。地热的能量密度较低，钻探打井的成功率不高。地热在全球电力消费中占比不高，但对减少碳排放而言依然值得利用。

（二）电力输送和分配

为了实现电能可持续转型，我们必须消除阻碍充分利用可再生能源的障碍。这就需要采取系统化的策略，在最佳地点建造可再生能源设施，强化输电电网和配电电网的建设，增强电网输电和对可再生能源的接纳能力。同时，通过智能电网技术充分发挥和优化电力网络在可持续性、经济性、安全性和可靠性方面的潜力，包括采用智能控制、调节、产销结合等。提高电网接入可再生能源的效率，降低电力传输的损耗，优化电力产销联动机制。所有这些措施都会对降低电网的碳排放做出贡献。图 7–7 揭示出能源转型面临的挑战及应对策略。

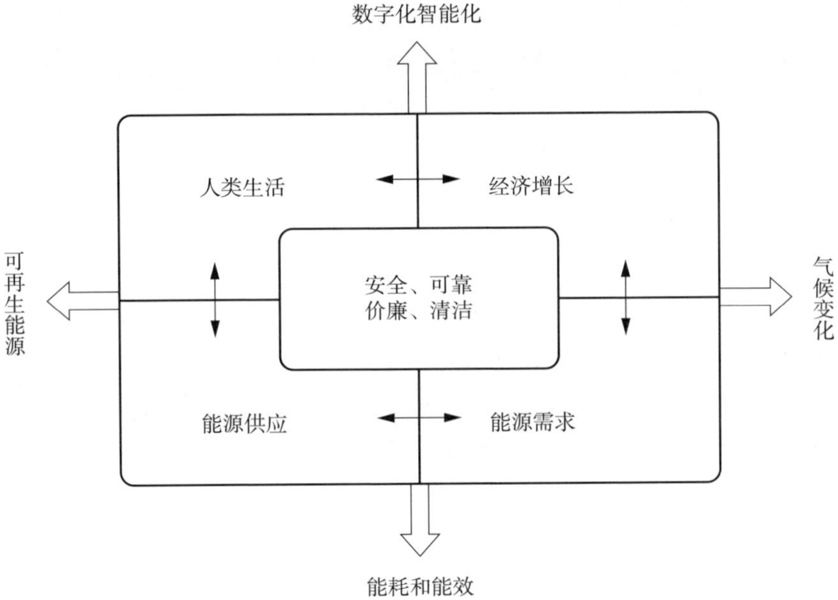

图 7–7　能源可持续转型的挑战

资料来源：孙继荣（2013）

三、电力存储与智能电网

（一）电力存储

1. 电池

这里的电力存储指的是能存储足够的电能为一个城市经济供电的电池，这就是电网级电池，不仅能克服可再生能源间歇性问题，而且也能长期存储电力，例如液态金属电池等，目前的关键问题是降低成本。

2. 抽水蓄能

抽水蓄能早先用于化石热电调峰，在可再生能源接入电网后，抽水蓄能是一种可满足城市用电需求的大规模储能方式。当风力强大时，加速的风能涡轮机把水抽到水库，而当电力需求增大时，把水库水放出，推动水力涡轮机，使之补充电力。抽水蓄能是最大的电网级电力储存形式，只是需要地点合适的具有庞大储水容量的水库。

3. 热能存储

热能存储的原理是，在应用可再生能源，白天供电供大于求的时候，用它加热某种材料，如融盐；夜间可再生能源不足，而又需要电力的时候，通过热机将它转化为电力。

4. 氢能存储

今天，可以用清洁电力，如太阳能或风能的电力，制造无碳燃料，例如氢气，这些燃料可以存储多年，在需要时将它重新转化为电力。氢气可以压缩气体的形式或其他形式存储，并置入燃料电池中，待有需求时用来发电。可再生能源转化为燃料后就可远距离运送。在零排放情况下制造氢气需要付出高昂的成本，因为“电力—氢气—电力”转化过程也意味着能量损失。此外，制造氢的电解过程需要的电解槽等各种材料的成本还很高。

（二）智能电网

无论是居民用户，还是工业用户，任何节电的措施都意味着减少电力的需求，都更有利于实现100%的清洁电力的目标。一个有效的方法是实行“负荷转移”，利用价格机制调节，在电价最低的时候多用电。例如，热水器、电动车充电，污水处理或氢气制造都可设置在电力最容易获得的时候运行。在电力最难获得时，优先满足最重要部门的需求（如医院），中断非必要获得的用电需求。要实现这些要求的条件是，电网、终端装置和设施都必须依靠智能化以适应供求关系的变化。

四、可再生能源

可再生能源为了除要解决创新技术、绿色溢价、满足生态环境等要求外，对电网的结构、运行、安全和可靠性也提出了新的要求。例如，风能、太阳能和水电因其固有的特征，相应地要求电网必须具有新的能力。

（一）可再生能源的特征

——间歇性：太阳能和风能都是间歇性能源，而电力的使用需求是非间断性的。当供给大于需求时，电能需要存储；当供给不足时，需要其他供给电源补充。在100%实现可再生能源供给时，这一供需之间的矛盾尤为突出。

虽然目前电池的成本和寿命决定的电价相当高，但这一问题仍可通过核电站或装有碳捕获设施的燃煤电站来增加电力供应。

——季节性：季节性变化是比昼夜之间间歇性更严重的问题。如果夏天存储电力供冬天使用，电池生命周期不是问题，但利用率太低，购买电池的融资成本和电费都将太高。

——储能电池产能：夏季的阳光充裕，安装足够的太阳能电池板就能保证对电力的需求，但到了冬季日光量远不如夏季，就出现太阳能电池板产能不足的情况。

相反，冬季阳光不足需要安装更多的太阳能电池板以满足电力的需要；但到了夏季阳光更充足，太阳能电池板的产能就会过剩。因此，资金和电价的成本都会升高。

——应对极端事件：更加困难的问题是，建立超大容量的电池储存能力，大规模存储电力十分困难，应对极端事件的资金成本极为高昂。

——天气条件影响水电：水电不仅受季节的影响，也要依赖天气条件，如果长时间干旱、缺乏降水，河流水位可能下降或河水干枯，水库蓄水不足等都会影响电力供应，如 2022 年夏天所发生的情况就是这样。

（二）智能电网

在未来，我们要依赖间歇性能源提供清洁的电力，必须面对这些挑战。到 2050 年，世界需要的电力将增加至现在的 3 倍，将来我们需要供给更多的清洁电力。

图 7–8 揭示了一个智能电网的构架。

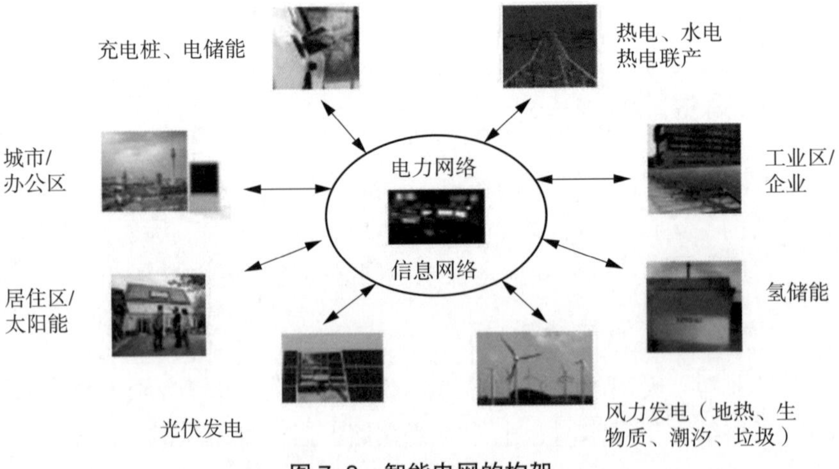

图 7–8　智能电网的构架

第六节　低碳转型的主要领域

一、生产和制造业

随着世界人口的增长和生活水平的提高，人类对材料的需求越来越多，材料的生产和制造也凸显对现代社会的重要性。例如，水泥、钢、塑料、玻璃等不仅是基础设施的关键材料，而且是许多工业行业生产的原料。但在生产和制造这些材料的过程中都会产生大量的温室气体。这些活动产生的温室气体占全球温室气体排放总量的 30% 左右。

（一）排放活动

1. 生产过程

产品生产制造过程中产生的碳排放主要是范围一和范围二排放，包括化石燃料燃烧、制热、制冷及外购电力产生的直接排放。例如：

——要生产水泥，就需要钙，而钙是通过石灰岩与其他原料一起在燃炉中燃烧获得的，所得的副产品就是二氧化碳。每生产 1 吨水泥就会产生 1 吨二氧化碳。

——铁矿石与焦炭一起燃烧，通过高温冶炼铁矿石释放出氧，焦炭释放出碳，碳与铁结合成为钢，而大部分碳与氧结合形成二氧化碳。每生产 1 吨钢，会产生 1.8 吨二氧化碳。

——塑料有 20 多个不同的类型，碳在塑料生产中发挥着重要作用，通常是碳跟氢和氧相结合。碳是通过对石油、煤炭、天然气的提取和精炼加工而成。在生产塑料时大约 50% 的碳存留在塑料之中。塑料需要上百年才能降解。塑料不会导致气候恶化，但这是一个重大的环境问题，例如，对海洋生物的毒害。

——肥料、玻璃、纸、铝及其他很多材料在生产过程中，也都有一个共同点，那就是数量庞大，在此过程中排放出大量二氧化碳。

2. 上游原料供应

各种材料的生产制造都需要原料，与原材料购买、运输、储存相关的排放为范围三（间接）排放。

3. 下游产品再加工或使用

所生产出的产品供给下游企业或客户，或者需再加工，或者直接使用，在下游同样都会产生范围三（间接）排放。

（二）减排措施

针对不同的排放源可采取相应的减排措施，重点在于生产制造和原料供应减排。

1. 生产制造过程

——购买绿色电力，或自建可再生能源系统，如太阳能光伏系统，减少对化石电力的依赖。

——采用技术革新，推广新技术、新工艺。采用技术和管理措施提升能源效率。在工业流程中用电力取代化石燃料。例如，"电解池"炼钢法、富氧炼钢法等。此外，还可采用碳捕获技术，捕获生产过程产生的二氧化碳，如水泥生产。

——采用消除碳而不是排放碳的新方法，例如，将塑料变成"碳汇"。

——产品生命周期的设计力求节约材料，在废旧处理阶段寻求回收利用的可能性。

2. 上游原料供应

上游供应商和物流伙伴也是主要的排放源。

——选择负责任的供应商，控制采购原料的质量，采用环境评估和认证，实行责任采购。

——选择负责任的合作伙伴，减少物流的碳足迹。

3. 下游产品再加工或使用

生产制造企业要按照产品生命周期可持续性，为下游客户和终端客户提供减少碳足迹的支持和服务。

二、农业和食品

农业包括食用动物饲养、农作物种植，从田间到餐桌整个价值链，是温室气体的一个主要排放源。温室气体主要是甲烷和一氧化氮，占整个农业、林业和土地的利用排放的 70%。加之，世界人口不断增加对粮食的需求，消费向肉类奶类倾斜，要求生产更多的粮食。因此，在这一领域的减排是一项巨大的挑战。

（一）排放活动

1. 农业养殖

农业企业的养殖需要饲料，生产饲料产生间接排放。牛羊消化系统排放和牛猪的粪便分解产生甲烷和一氧化氮。农作物种植需要化肥，生产化肥需要大量能源，施肥会产生温室气体，未被吸收的氮会进入大气和地下水，种植释放的温室气体无法捕捉。企业这些养殖、种植活动的排放通常被列入排放范围一。与此相应，能源消耗和物流、包装分别计入范围二和范围三。

2. 食品加工制造

食品加工企业的主要排放源是从供应商采购的原料或农场直接供给的原料，也包括包装和物流，这些属于范围三的排放，占食品加工企业排放的90%，范围一和范围二的排放主要是由制造中的能源消耗产生的。

（二）减排措施

1. 对养殖业

——健康控制和养殖方式：牛的“肠内发酵”产生甲烷，可以采用相关干预措施或补充营养物质、推广改良品种和先进的饲养方式等，减少甲烷排放量。

——动物粪便综合利用：回收粪便中的甲烷，将沼气作为燃烧原料，减少天然气的消耗。

——改进施肥方式：利用高科技技术改进施肥量和施肥方式、改进堆肥制造工艺和粪便无害化处理。

——防止森林砍伐，保护土壤：砍伐森林就破坏了土壤的生态环境，土壤中的碳就会以二氧化碳方式逃逸到大气中。全世界森林砍伐造成的碳排放在“农业、林业和土地使用”中占30%。

2. 对食品加工制造业

——提高食品加工和制造的能效，改进加工制造流程，提高热能效率，采购、采用清洁能源，如安装太阳能电源等，降低范围一和范围二的排放。

——改进食品生产模式，如植物人造肉。

——降低包装和物流碳排放，如通过新的包装设计、新材料和回收利用技术、减少物流流通系统的碳足迹等方式。

3. 对消费者

——厉行节约、避免和减少食物浪费，多吃素少吃肉，可能是减少食物生产过程碳排放的最后一种方法。

三、交通运输业

交通运输是支持现代经济社会运转的关键行业，但也是高排放行业，约占整个社会排放的 20%。拥有或经营客运、货运的汽车、火车、飞机和轮船等的交通运输企业需要大力减少温室气体排放，实现绿色转型。

（一）排放活动

1. 范围一

交通运输企业的直接排放源是运营车辆燃料的燃烧，约占总排放量的 40%~80%。

2. 范围二

交通运输企业外购电力、运输枢纽、储运中心和服务设施产生的排放，约占总排放量的 20%。

3. 范围三

交通运输企业非自有的、外包的车辆或飞机的排放，以及购买的商品和服务产生的排放（如包装材料），约占总排放量的 10%。

（二）减少温室气体排放的途径

1. 减少运输过程中的排放

——采用新能源和技术：用更环保的车辆取代传统的燃油车，采用新能源和技术，包括全电动、混合动力、乙醇、生物柴油、氢燃料和各种天然气等动力燃料。

——提升交通工具能效：可通过不同的方法减小车辆、火车、飞机等交通工具的能耗，并提升能效和优化系统运行效率，减少运输过程中的排放。

2. 减少运输枢纽、站点、服务设施的排放

交通运输企业需减少支持交通运行的运输枢纽、站点、服务设施的排放，包括采用清洁电力和提高运营效率。

——采用清洁电力：企业可通过购买绿色电力，或在站区投资自建可再生能源系统发电，例如，部署屋顶光伏阵列，降低化石电力的比例。

——提升运营效率：企业可通过节能增效提升楼宇、站点、站区和设施的运营能效，例如，改进照明系统、采用节能智能技术和能源管理系统，进一步减少温室气体排放。

3. 采用绿色包装

企业一方面可减少包装材料，如塑料、纸箱的使用量；另一方面增加环境友好可回收的材料的使用量，并可设法建立或与其他合作伙伴共同建立回收系统，提高包装材料利用率，减少材料生产的排放量。

从总体上看，交通运输业对化石能源的依存度很高，各个行业实现碳中和最大的潜力还在于电气化和数字化。

四、建筑业、制冷和供暖

（一）排放活动

建筑物可能是人们居住生活的，也可能是用于生产或服务的基础设施。建筑物是最大的温室气体排放源之一，它的整个生命周期，从设计、建造到使用和维护都与碳排放相关。而且，建造建筑物需要开采、加工制造和运输大量的原料和材料，这些过程都要排放大量二氧化碳。

1. 原材料供应

原材料供应产生的是范围三排放，如混凝土（水泥、沙、砾石、钢筋）、黑色有色金属、各种建筑构件等大量原材料，从开采、生产到成品整个过程都会对环境产生影响。

2. 建筑施工

建筑企业的排放主要来自建筑施工，所产生的碳排放是范围一和范围二排放。

3. 建筑物使用

建筑物是建筑企业的产品，它作为基础设施使用也是主要的排放源，产生范围三排放。

4. 建筑物用电

建筑物用电，包括空调、照明和计算机用电查收的温室气体占全球总排放的 14% 左右。空调有含氟制冷剂，氟化气体在一个世纪进程中产生的温室气体效用是二氧化碳的数千倍。

5. 建筑物内暖气和热水

使用暖气和热水产生的建筑物温室气体占其总排放量的 1/3。

（二）减排措施

1. 绿色建筑标准

采用先进能源和环境标准的设计，构建绿色节能建筑，采用新能源，先进节能、绝热材料，通过系统化智能化技术节能、采光、通风、保温，采用创新构建模式、项目管理等。

2. 建筑施工

建筑施工过程中采用可再生能源，或利用自建新能源，如光伏发电系统。加强工程流程及优化管理，包括车辆、发动机等工程机械，节能增效。

——供应商选择：选择具有可持续创新能力的供应商，例如，提供绿色建材、可循环再生利用、资源节约或有助于优化施工、建筑工期等。

——开发新的制冷技术，用危害性比氟化气体低的制冷剂。

——采用电力，特别是用清洁电力生产暖气和热水。

——采用电动热泵，用它冬天把热量从室外引入室内，夏天把室内热量排到室外。

建筑行业是一个重要的温室气体排放源，推动整个供应链绿色化转型、实现绿色制造和能源应用转型是关键。

五、信息和通信业

互联网和信息产业为经济社会提供重要的基础设施，在碳中和变革的过程中具有独特的地位。

（一）排放活动

互联网企业和信息科技企业本身的范围一排放并不高，但互联网企业（如百度）在范围二的排放、信息科技企业（如苹果、微软）在价值链上下游的排放量占很大分量。前者的排放主要来自数据中心，后者的排放主要来自提供原材料的上游供应商和销售到下游的产品的使用与处置所产生的排放。

（二）减排措施

1. 数据中心

数据中心提供算力，需要消耗大量电力。原则上可从两个方面降低排放：一是通过购买绿色电力或“绿证”，实现绿色电源供电；二是通过提高服务器技术、优化系统运行和结构等方式，降低数据中心的能耗。

2. 产品生命周期

在价值链前端产品设计中，融入资源和能源节约的产品设计方案，降低原材料消耗，使用可回收或低碳材料，采用先进的节能制造和工艺流程，应用数字智能节能控制等。

3. 价值链上游

数字信息企业可通过供应商行为准则要求上游企业遵守排放标准或制定排放目标，或要求提交排放范围三的报告。大型信息科技企业还可向上游伙伴合作提供必要的咨询、培训和支持。

此外，大型科技企业办公用电可能是显著的范围二排放源。企业可购买绿色电力、安装可再生能源发电系统提供所需的电力。对企业整个楼宇建筑系统采用能源优化管理，包括照明、供暖、供冷、热水等，提高绿色建筑的能源效率。

应当指出，信息和通信产业能为各行各业实现碳减排、碳中和赋能提供具有重要意义的解决方案。因此，信息和通信产业除了关注自身的低碳转型，还具有为其供应链和其他行业的碳中和做出贡献的巨大潜力。

六、金融服务业

金融服务业涵盖提供金融产品和服务的银行、证券和保险机构，它们不同于一般的产业，金融业绿色转型对所有产业的低碳转型有着关键的影响。

金融服务业的碳排放应当从金融机构自身运营及其对经济社会的影响这两个方面来考虑：

（一）金融机构自身运营

1. 排放源

金融机构自身运营的碳排放，包括与车辆、数据中心和办公系统、金融供应链和金融产品相关的排放，是主要排放源，涵盖范围一、范围二和范围三。

2. 减排措施

可通过使用和购买绿色可再生电力，降低数据中心和办公系统的能源消耗，减少运营产生的碳排放。而要减少供应链和金融产品的碳足迹，则必须从决策管理流程到产品设计应用系统化的间接影响方式。

（二）金融绿色转型的影响力

1. 绿色投资

金融机构可应用 ESG 标准，对被投资的企业、项目进行风险评估，识别风险；将评估结果纳入投资流程和决策，引导绿色投资方向，对投资的产业和企业碳排放产生积极影响。

2. 绿色融资

倡导可持续融资理念，支持能源和产业转型，支持 2030 年碳达峰、2060 年碳中和目标；为符合可持续发展目标的项目、减缓和应对气候变化的项目提供融资，加速绿色发展进程。

3. 绿色产品

为企业、地区和城市提供金融咨询，优化投资组合，开发可持续金融产品，包括发行绿色债券，提供绿色信贷、保险、衍生产品等，满足市场和消费的低碳需求。

4. 企业 ESG 治理

投资机构在持有股份的企业的 ESG 治理中可发挥积极股东的作用，支持企业可持续转型，推动低碳绿色发展。

第七节　企业低碳转型的战略与路径

一、低碳转型的战略决策

减缓和适应是应对气候变化的两大策略，二者相辅相成、缺一不可。

减缓是指通过能源、工业等经济系统和自然生态系统较长时间的调整，减少温室气体排放，增加碳汇，以稳定和降低大气温室气体浓度，减缓气候变化速率。在此过程中，已经发生的气候风险不会消除，潜在的气候风险仍在不断累积，该行为甚至在全球实现碳达峰与碳中和后一定时期内仍将持续。

适应是指通过加强自然生态系统和经济社会系统的风险识别与管理，采取调整措施，充分利用有利因素、防范不利因素，以减轻气候变化产生的不利影响和潜在风险。气候变化影响和风险具有显著的区域性，切实有效的适应行动能够降低国家和地区面临的气候变化不利影响和风险，对于保障经济社会发展和生态环境安全更加具有现实迫切性。

企业可在国家的政策和法律框架下，制定应对气候变化的战略目标，并将其融入组织和战略。对全球化的企业要考虑到，企业的运营范围超出了本国的边界，温室气体的排放就不只属于一个国家的问题。

因此，企业应超出本国法律规定的范围，与国际标准对标，特别是遵循 2030 年目标和《巴黎协定》力求达到的目标，建立应对气候变化的战略优势，这是企业建立全球竞争力的关键方面。

按照国际标准的要求进行布局，对每个企业都是一个战略决策的问题。实现碳中和可作为长期风险管理的一个重要的组成部分。

此外，对温室气体排放的管理，国际上已有公认的核算和报告标准，如温室气体核算体系；数据收集和报告标准，如碳披露项目、气候相关财务信息披露项目和全球报告倡议等标准，都是有用的管理工具。

企业需要从温室气体排放的减排、避免和消除等方面考虑。不同行业的企业有不同的属性，其温室气体排放范围的分布有很大的不同。另外，每个企业的现实状况和起点也不一样，故所采取的减排机制、措施及其重点也不相同。

企业减少温室气体排放存在不同的选项（如图 7–9 所示），例如：

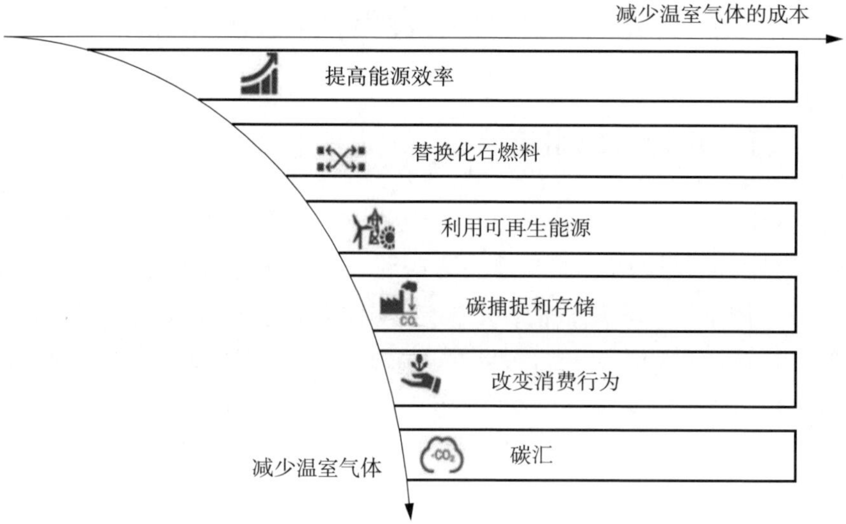

图 7–9　企业减少温室气体排放的选项

资料来源：Energie für Deutschland 2020，Weltenergierat–Deutschland e.V（Siemens），2020

——提高能源效率；
——替换化石燃料；
——利用可再生能源；
——碳捕捉和存储；
——改变消费行为；
——碳汇；等等。

除了利用外在条件之外，企业必须加强内部的转型和减少温室气体排放，其主要关键措施包括：

——生产过程电气化；
——在价值链范围内减排；
——改变商业模式等。

企业需要找到符合自身情况，且与科学碳中和目标相适应的切实可行的路径。

实现碳中和甚至负排放是全社会所有各方要应对的挑战，也是一项长期的任务。为了能尽快应用新的方法和技术，国家需要制定几十年的、具有足够灵活性的战略。企业要使温室气体排放尽可能减少，并努力寻求实现负排放的路径，企业必须进行产品和生产过程的转型和投资。当然，供给和需求是相伴而生且共同存在的。广大消费者也必须参与能源、交通和经济社会的可持续价值创造过程。这意味着，碳中和目标决不会在不付出应有代价的情况下自然而然地成为现实。

二、低碳转型的战略构建

今天，占据碳中和领导地位的企业和组织，在未来将会成为可持续价值链的奠基者。在塑造其成为地球保护者的过程中，它们将开发新的业务并赢得竞争优势。

企业为成功应对气候危机，建立碳中和领导力，需要从 4 个方面构建低碳转型的战略，即建立碳中和的四大支柱：

（1）遵循《巴黎协定》路径和国家目标聚焦降低企业自身的碳排放活动。

（2）遵循同样的目标聚焦于降低企业价值链的碳排放活动。

（3）使企业的愿景、战略、价值主张、产品和服务与上述目标保持一致。

这意味着，要确定产品和服务的优先重点，使之能减少和去除客户的和社会的排放，能促成资源节约的生活方式和消费模式，削弱负面方案的影响。

（4）描述如何在超出自身业务之外，为上述气候目标做出贡献措施，例如执行气候目标政策和支持产业倡议等，使企业所属的组织往同一个方向发力。这也包括帮助管理层和员工贯彻可持续实践和资助企业价值链外有助于移除或避免排放的项目。

以上 4 个方面应融入企业迭代的计划循环之中，从评估和分析当前的情况入手，然后确定目标和优先事项，再转入实施。通过测量结果，采取正确的行动并重新评估上述战略，就完成了第一个闭环。

虽然这 4 个方面就时间表和实施过程而言并没有严格的顺序，因它们与业务的类型有很大的关系，但仍具有一个有序的逻辑。

第一和第二支柱是所有企业应当全力满足的减少其碳足迹的要求。第三支柱代表企业遵循其愿景、战略和气候目标组合，为社会整体减排赋能的机会。第四支柱是基于企业的社会角色，作为对第一、第二和第三支柱的加强举措。

企业和组织需要形成各自独立的业务和气候计划，按个性化的方式建立 4 个方面的优势，以获得最佳的绩效：

——对一个已经建立的高排放且具有传统的商业模式的企业，可能从第一和第二支柱开始，逐步向第三和第四支柱扩展。

——对一个已经建立且正在实施战略转型的企业，在并行处理第一、第二和第四支柱的同时，可能从第三支柱开始，重新考虑其业务与《巴黎协定》和国家目标保持一致。

——对一个把气候作为业务驱动、具有颠覆性、快速成长的初创企业，在正常保持第一、第二和第四支柱的同时，可能从第三支柱开始开发和加速其业务。

在创新方案和创新能力的基础上，企业构建的四大战略支柱（如图 7-10 所示），必将有力支撑碳中和的承诺和行动，有助于企业建立应对气候变化的领导力和战略竞争优势。

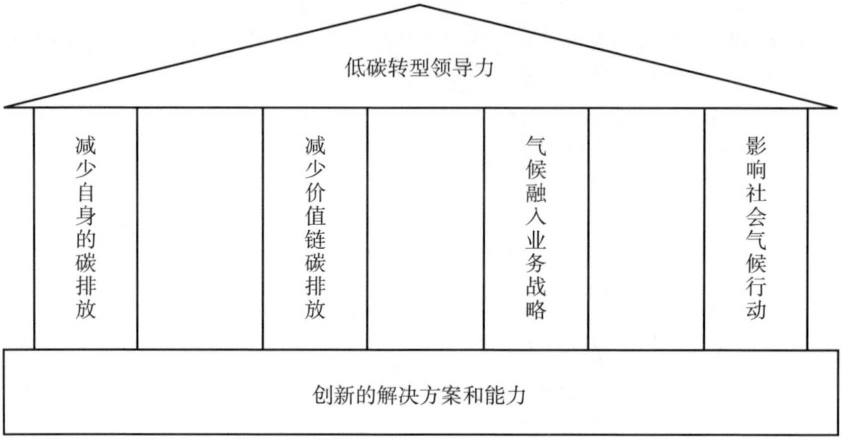

图 7-10　企业低碳转型战略的四大支柱

三、MRV 管理机制

为实现碳中和的目标，一个核心的问题是对温室气体排放的量化和数据质量的管理。企业在提升自身碳中和管理能力的过程中，需要建立科学的温室气体量化标准，这就离不开 MRV 管理机制（郑爽等，2016）。MRV 即监测（Monitoring）、报告（Reporting）及核查（Veriflcation），是一套在全球范围内广泛应用，尤其在欧盟等得到高度发展的温室气体管理机制，是实现碳中和目标关键的基础建设。

MRV 机制是企业进行碳排放、碳数据管理，实现低碳转型的有效手段，是政府和地区制定碳排放目标和决策的重要依据，也是监管部门和机构对温室气体排放核查的基本方法。

MRV 管理机制的主要功能包括：

——支持碳交易相关政策与法规的制定。政策制定者需要依据温室气体排放数据做分析和决断，例如，要确定哪些行业应纳入碳排放交易机制、如何确定排放的门槛、配额分配等，都需要以可靠的温室气体排放数据为基础。

——提高温室气体排放数据质量。开发科学有效的核算方法与核查标准可以有效提升温室气体排放报告的可信度，也是通过碳交易机制成功实现减排效果的必要前提。

——支持企业碳资产管理。企业准确地核算温室气体排放，为温室气体减排和碳资产管理奠定坚实的基础。通过碳配额交易，可以实现较低成本减排或通过出售配额得到收益。

通过 MRV 对温室气体排放或减排进行科学监测、报告与核查，有利于提升供应链的竞争力，增强绿色投资或融资的可能性，并有利于防止“洗绿”。

关键的问题是，引入 MRV 机制可提高保证温室气体排放信息披露的可信度，为整个碳交易能够获得计量和质量的保证。随着碳定价机制尤其碳边境调节机制（Carbon Border Adjustment Mechanism，CBAM）的引入，减少温室气体排放将会成为未来企业在国内和国际市场上合规的义务和标准。

四、如何适应变暖的世界

前面我们提出了应对气候变化的战略与路径，主要是关于如何减缓气候变化的问题。但是实现碳中和目标需要创新和投资，绿色产品也需要几十年的时间才能达到一定的规模并产生影响，实现这些目标是一个长期的过程，而非一蹴而就就能完成的事。

而在此期间，全世界每个不同地方，每个人都已受到气候变化不同程度的影响。我们需要考虑，如何适应一个不断变暖的世界、需要采取哪些保护措施、需要采取什么防范设施、如何对突发气候事件提前预警，如此等等。

（一）适应气候变化的 3 个阶段

1. 采取措施降低气候变化产生的风险

措施包括建设适应气候变化的建筑和其他基础设施，保护湿地并将其作为防护屏障，在必要时鼓励人们迁出不适宜居住的地区。

2. 做好应对突发气候事件的准备

这需要不断改进天气预报和预警系统，以便更好地掌握关于风暴的信息。当灾难突发时，需要装备精良、训练有素的应急救援队伍，以及处理紧急疏散的应急体系。

3. 灾难发生后的恢复和重建

需要为受灾群众制订服务计划，如医疗、卫生、教育，为各种收入人群提供资助，确保灾后建立的设施比之前更能抵御气候变化冲击。

（二）适应气候变化的四大重点

1. 改变城市的发展方式

全球超过一半的人口居住在城市，城市对经济的贡献超过 3/4。城市的扩张影响了环境功能。所有城市都会受到气候影响，海滨城市尤为严重。随着海平面上升和风暴加剧，数亿人可能不得不离开家园，会产生重大经济损失和社会问题。城市规划者需要掌握最新的气候数据和计算机模拟的气候计算数据，以便做出更好的决策和采取必要的措施，特别是基础设施。

2. 加强自然防御体系

应当保护森林、保护湿地，因为它们具有蓄水和调节功能，以及防止洪水，又能为城市和乡村提供水资源。珊瑚礁是鱼类生存的栖息地。红树林能减缓风暴浪的冲击，阻止沿海洪灾，保护鱼类的生存。保护生态系统，我们就会从应对气候变化中受益。

3. 保护饮用水供应安全

随着江湖和地下水的污染和蓄水层不断缩小，获得饮用水将会越来越困难。全球大多数特大城市都会面临水资源短缺问题。

4. 为适应气候变化而投资

适应气候变化的投资可能在随后不能很快获得经济回报，因此需要克服相应的障碍。应当把适应气候变化纳入风险考虑的范围，并对风险进行相应的定价。为开展适应气候变化的项目，公共部门必须设定投资目标、制定政策，投入更多资源，提供融资的可能性，并充分发挥私有资金和市场的作用。

（三）积极应对与及早行动

目前，全球温室气体排放仍在持续增加，地球的温度也在上升。从经济方面考虑，人类早行动的投入与晚行动的损失相比，前者要比后者小得多。早行动有利于减小日益频发的旱灾、洪灾、飓风等造成的破坏，而晚行动则不利于人类自身，例如保证粮食安全、摆脱贫困、保证安全和稳定的发展环境等。

在适应气候变化方面，还有一个值得关注的问题，这就是必须为应对最坏的情况做好准备。气候科学家已经确定了许多可显著加快气候变化速度的引爆点。例如，海底含有大量甲烷的冰状体结构不稳定并最终喷发，在短时间会造成全球灾难。科学家正在研究“地球工程学”，尽管方法没有得到证实和确认，以对地球上的海洋和大气层采取干预措施，对其进行临时改变，从而达到降低全球温度的目的，但这些改变不是为了免除我们减少温室气体排放的责任，而是为了采取共同行动以赢得时间。

在应对气候变化方面，全球要达成共识并设定共同的目标是一个艰难的过程，但今天的人类除了共同承担责任之外别无选择，而且必须立即开始，投入减缓和适应气候变化的行动。

2022 年 6 月，中国发布《国家适应气候变化战略 2035》，进一步强化了国家、地区和企业适应气候变化的行动举措。

第八章

经济社会可持续发展——数字化赋能

第一节　数字化基础设施

一、数字化转型的加速器

“新基建”成为2020年经济的热搜词，备受各行各业普遍关注。那么，什么是“新基建”，它新在何处，与哪些产业有关，它的影响范围如何，蕴含什么样的发展机遇、投资机遇，又该如何采取行动，等等，这些都是企业、产业和投资者关注的焦点。2020年，人类面临一个持续变化的世界，新冠疫情蔓延至全球多个领域，引起世界非正常震荡，经济社会受到前所未有的冲击。有的被重重围困，有的在加速突围，但无论是选择被动卷入还是主动出击，数字化新业态与新技术始终是每个企业、每个产业赢得抗击疫情、复苏经济的有力支撑。“新基建”，即新型数字基础设施建设，不仅具有可持续发展的长远意义，而且将助力经济转型、产业升级，开启数字化发展新时代。

“新基建”，如同其他能推动工业、农业等发展的必备基础设施一样，是基于信息、网络、数字化推动经济社会数字化发展的基础，也是驱动经济社会生活，包括企业和产业数字化转型的力量。

（一）疫情加速数字化

在新冠疫情中，基于互联网的新业态、新模式、新产品、新服务展现了数字经济的巨大潜力。

大数据、人工智能技术在疫情防控、复工复产、保就业和消费，在社会管理和民生服务等方面发挥了重要作用。数字移动办公平台使上千万家企业、上亿名上班族在线开工复工成为可能。数字化提高了供应链运营的连续性。云课堂使上千万名学生能在线学习。全天候医疗接诊平台访问人数多达数亿。互联网直播也呈现出方兴未艾的态势，不再局限于带货，在教育、新闻、娱乐等行业也都在为大众提供服务。如今，国际多边交流、沟通和协作的数字化也成为常态。

当前，数字化的方式还在继续。数字化将会催生出很多新企业、新业态、新产品、新服务，还能够开发出很多新的应用场景。不容忽视的是，无论是传统制造业，还是新经济企业，数字化适应或数字化转型将成为企业未来发展和生存的关键。企业和产业获得了新一轮发展机遇，开启数字经济不是权宜之计，也不是一阵风，而是实实在在的风口。

当前中国的网民规模已经突破了 9 亿，互联网普及率也达到了 64.5%，其中使用手机上网的比例高达 99.3%。数量巨大的网民，也为中国数字经济的发展打下了坚实的用户基础。

新冠疫情加速了经济数字化转型升级，也推动了各行各业思维和经营模式的加速转变，在当前和长远经济社会发展的多重任务的实现中都将会发挥重要作用。

（二）“新基建”驱动数字化转型

“新基建”是构建数字化、可持续经济社会发展的必然条件，对支持经济社会创新、企业和产业可持续转型、消费升级具有重要意义。它既代表了未来新兴产业、新业态及高质量发展的方向，也体现了传统产业进行数字化转型和升级的必然趋势。

就目前情况看，“新基建”有望成为中国产业结构转型和升级的“加速器”，从而提升产业和企业的“智能化”与“可持续”竞争的水平。一方面，通过数字化智能化可提升效益效率，以及环境保护、社会服务水平；另一方面，通过运用 5G、人工智能等方式，可更有效地识别风险，提升产业和企业发展的可持续性和安全性。

技术的进步无疑是人类文明发展的主要推动力。第一次工业革命的标志是广泛应用蒸汽机，机器解放了人类的生产力。第二次工业革命使人类从蒸汽机时代进入电气化时代。第三次工业革命使计算机获得广泛应用，人类进入互联网信息化时代。全球正在兴起的新一轮工业革命，即第四次工业革命将把人类带入数字化时代。

经济社会生活数字化，人与人、人与机器以及机器之间的万物互联，是面向未来发展的一个必然趋势。传感器大量运用，人类社会生活大量搬到网上，有很多“新基建”的需求。AI 加 5G 是未来企业的 DNA。中国在 5G 领域的突出优势、相对完备的产业链和制造能力，以及庞大的消费市场构成了发展工业互联网、物联网等数字经济基础设施最重要的条件。

二、内涵及产业链相关性

数字经济转型是新一轮工业革命的中心任务。“新基建”是数字经济社会生活建设的基础设施。

“新基建”可以理解为集约高效、环保绿色、安全可靠的经济社会基础设施，在实质上也是供给侧结构性改革措施的延续。它具有补短板、稳投资、抗冲击、保民生等多重功能。发力“新基建”既是立足当前应对疫情冲击，也是面向未来经济社会发展的有效手段。因此，不应将它看成应对新冠疫情的临时性措施，或追求高速增长的举措，也不应急功近利或盲目行动。从这个意义上讲，有必要对“新基建”的内涵、关键项目和产业链有一个基本的理解。

（一）“新基建”的内涵

实际上，“新基建”概念的明确和具体化有一个连续的过程。现在已经明确其包括三大领域的建设：

（1）信息基础设施，指基于新一代通信信息技术生成的支撑性基础设施，如 5G、物联网、车联网、区块链。

（2）融合基础设施，指基于互联网、大数据、云计算、人工智能等技术的应用性基础设施，如智能交通、智慧能源、智慧城市。

（3）创新基础设施，指促进科技、科教、产业技术融合创新的公共性基础设施。

从这些不同领域之间的关系可以看出，所有上述三方面基础设施的建设都离不开政府、企业、产业和科研的全面参与和融合。同时也意味着，传统的制造业、物流业、服务业将在很大程度上实现数字化转型是不言而喻的。换句话说，“新基建”将带动各行各业的数字化，使其必然成为“新基建”的有机组成部分。

（二）“新基建”的典型项目

“新基建”的典型项目包括：5G 基站、特高压、城际高铁和城市轨道交通、新能源汽车充电桩、大数据中心、人工智能以及工业互联网。看上去，特高压、城际高铁和城市轨道以及新能源汽车充电桩等项目并不属于信息基础设施的范畴，而更应属于如铁路、公路、机场、港口、水利设施等传统基建项目，即传统的“铁公机”。然而，从数字经济转型、可持续发展的要求看，即使是传统的基建项目在数字经济转型中也赋予了新的意义，其实现的方式已不应是传统的模式，何况这些项目在很大程度上都与绿色能源、智能电网的建设有关。

“新基建”涵盖了多个集成创新领域，蕴含了企业和产业巨大的发展潜能和机会。“新基建”围绕新型产业发展和新业务场景的需求，加速数字化及其商用进程，促进交互式迭代创新，通过新业态、新模式、新业务将为市场开辟崭新的前景。

应当注意到，就推动经济社会可持续发展来讲，投资者、企业和产业的发力点可能远不局限于以上一些项目。“新基建”代表战略性新兴产业、未来服务业数字化的发展方向，能推动传统制造业转型、服务业转型、传统基建领域的提质增效等，是实现企业、产业长期高质量、可持续发展的起点。每个企业、产业需要根据自己所在的行业、业务领域的特点和现状，全面审视“新基建”的契机、评估参与数字化行动的可能性和可行性。

（三）5G 产业链

在“新基建”中，5G 是举足轻重的核心组成部分。5G 网络在构建数字化经济和社会中也具有核心的功能。

新冠疫情加速了传统经济转型和产业升级的趋势，也加速了 5G 商用的进程。5G 的应用已经不是遥远的事情。在未来，5G 将是无处不在的载体，没有任何个人、企业、产业会置身于这个网络世界之外。考虑以 5G 为核心的直接产业链和间接产业链，有助于企业、产业在参与数字经济转型的过程中找到自己的参照系。

5G 网络本身主要由 3 个层级的产业组成，包括 5G 基站（天线阵列、射频器件等）、光纤通信网络及设备，以及网络服务器、数据交换机和软件等。5G 网络与 5G 个人终端（如 5G 手机或穿戴设备）相连，形成人与人通信的通信产业链。5G 网络与产业终端（如智慧工厂、物联网、车联网设备等）相连形成人与人、人与物和物与物通信、共享大数据和云计算的应用产业链。5G 网络可作为共用基础技术设施，为工业、农业、物流、交通等多个产业提供服务，使之成为万物互联的载体。5G 网络也可作为专用基础设施，单独为铁路、电力、公安、码头等行业提供服务，使之成为“专网”的载体。

5G通信技术是实现数字经济最重要的基础，其关键在于产品和技术创新，如硬件、软件、系统、协议和标准等。在5G网络的基础上开发个人、企业、产业和行业的解决方案，建立生态系统，面向终端用户提供新一代通信的服务，拥有广阔的市场和应用前景。

三、对经济社会的影响

“新基建”是经济社会生活基础设施，其本质上是基于数字化、智慧化的基础设施建设，它不同于传统意义上的基础设施，对经济社会不同层面，对城市社区，对企业、产业都会产生影响。为适应新的基础结构性变化，企业、产业不可避免地需要变革组织和管理方式、提升变革转型的能力。

（一）宏观层面

从宏观上看，传统基建主要集中在以铁路、公路、机场为代表的“铁公机”等传统基建领域，属劳动力密集型产业。传统基建有利于平衡区域发展和劳动力就业，对保就业和短期稳增长具有基础性作用。“新基建”则代表未来长期经济发展的新动能，对实现长期结构转型升级的目标，对创造新的就业岗位，对缓解因疫情冲击而加剧的“就业难”可发挥独特作用。在数字经济和可持续发展的背景下，传统基建也随之被带入转型升级的阶段。在当前经济面临外部不确定性，在实现“六稳”“六保”目标的大局下，传统基建的升级并与“新基建”相结合更具意义。

（二）微观层面

从微观上看，传统基础设施包含企业拥有的设备、厂房、交通条件等。在经济发展初期阶段，传统基础设施的投入有利于取得显著的经济溢出效应。在现阶段，传统基建已不是制约企业生产的主要因素，在这方面加大投入所带来的边际收益将会下降。因此，在经济转型、产业升级的环境要求下，企业、产业需要新型基础设施，以解决供给侧的问题，挖掘整个行业的潜力，为企业赋予新的发展动能。顺应可持续转型的大趋势，围绕市场和社会的具体需求，寻求数字化解决方案，为提升产业、企业创新活力和竞争力提供了具有前瞻性的机会。而且，无论是建立平台企业生态，还是建立地区集群产业生态，都离不开数字化和智能化这个支撑条件。但这不总是意味着，重资产投资是唯一的方式。

（三）投资与增长

受新冠疫情冲击，拉动经济的“三驾马车”（投资、消费和出口）全面受挫，需要重新权衡投资与增长的关系。当下的中国，产业主导结构已转变为服务型，传统基建投资的边际效用下降，消费已成为拉动经济的主要动力，尤其是服务业。这意味着，传统的投资不足以有效对冲疫情对消费和出口产生的巨大影响。因此，将新型基础设施作为发力点，不仅会有助于救助服务业，而且可推动服务业和消费的升级，为服务业可持续发展注入新的动能。“新基建”为企业建立智能生产、运营和决策体系，优化供需两端要素，实现企业产品、业务和服务创新创造了条件。中国目前 80% 以上的服务业尚未数字化，“新基建”将为构建平台、建立开放合作的生态系统、升级服务业、推动面向未来的数字化增长做出贡献。

（四）对环境的影响

全球气候变化、改善生态环境、保护生物多样性等是人类面临的最紧迫的问题。由于新冠疫情的冲击，目前它们已退居后位。但这将不会改变它对全球、全人类的危机性意义。“新基建”项目与改善生态环境和排放密切相关，有利于减少排放，减低能源消耗，带动低碳转型，推动绿色产业发展。

特别是，在新型城镇化、智慧城市发展过程中，在未来的建筑数字化和智能化过程中，能耗是一个关键问题。大数据中心目前已经越来越成为耗能大户。利用大数据、人工智能和物联网等基础设施，能有效地搜集、处理和发布有关环境和能耗信息，提高对环境和能源等监控、管理的效率。所以，“新基建”作为绿色基础设施具有重要的意义。

（五）新型城镇化

从宏观角度看，新型基础设施建设有助于推动新型城镇化发展的进程。例如，在优化区域经济结构、城市群一体化协同和城市社区发展（TOD）等方面。从这种意义上说，新型基础设施建设也是社会性基础建设和软环境基础建设。满足人民对经济社会高质量生活的需要，必须重视医疗、教育、健康、人居环境、文化、体育等社会“软基础建设”。5G 技术、大数据、云计算、人工智能、区块链、科技金融都会促进新的经济模式、社会模式和生活方式的适应性改变，并为此提供强有力的技术支撑。

（六）智慧城市

在智慧城市的基础设施中应包含大量智能感知终端、大容量传输网络

（包括基站）、数据计算处理中心等。数据中心作为智慧城市建设的核心要素，通过5G网络，为物联网、人工智能、VR/AR等提供支撑。城市的数据中心为政府、企业、事业单位和个人提供多元化云服务，包括优化营商环境、城市治理、产业发展、生活服务等各类的平台应用，以及面向城市安防、智能监测、无人驾驶、城市运行感知等基础设施。

在智慧城市的新模式下，城市的交通安全、交通拥堵、环境污染都可得到有效的改善，为社区和居民带来健康的生活并提供便利的服务，也可对城市的空间需求产生积极影响，例如，催生城市地下物流系统、运输货物智能化、无中断物流等新业态等，形成持续改善的正循环。

（七）企业、产业的组织和管理变革

新型基础设施为加速经济社会可持续、数字化转型提供了有效的路径和手段。随着“新基建”的落地，它将产生新的业态、新的模式，也将产生新的职业岗位和机会。在此过程中，必然要求企业、产业构建新的生产、管理方式，要求具备新的能力，以适应新型基础设施带来的结构性变化。企业、产业必须考虑建立新的组织形式、具备新的能力、具备新的人才。新型基础设施的建设将催生新的职业，产生新的就业机会，尤其是创新型、复合型的人才。“新基建”有利于促进数字化普惠性，有利于知识更新，必将创造新的职业和工作岗位。具体体现在以下方面：

（1）以5G为核心的物联网、车联网的核心应用；

（2）区块链架构设计、底层技术及系统应用；

（3）政务、金融、医疗、教育、养老、农业等数字化应用；

（4）增材制造（3D打印）的生产及运行、维护；

（5）人工智能（AI）、虚拟现实（VR）及增强现实；

（6）数字化工具运用、工业设计、平台交互；

（7）数字化营销、个性化服务；

（8）数字安全、数字伦理。

经济社会生活及企业产业数字化转型是必然趋势，实现这一过程必须具备的首要条件是教育基础社会的建设，是适应变革的新组织、新管理方式和新型人才的建设。

四、投资和融资的可持续性

“新基建”的投资既是立足当前，也是面向未来的投资。后疫情时代，将

伴随债务增多、全球化程度降低、供应链调整、数字化程度提高的宏观形势。因此，所有这些因素也将构成投资的背景。企业和产业应当把握机遇窗口，同时把投融资可持续性和风险作为综合考虑投资的关键因素。

（一）投资领域和机会

"新基建"提供了新的投资的机会和选择，把短期的需求和长期的潜在增长机遇相结合，在许多行业、许多领域都会发现空前的机会。例如，在智慧城市、智能交通、智能物流、过程工业（农业）、医疗卫生、科技金融、智能电网、分布式供能系统等行业，针对如下 4 个领域投资：

（1）公共产品和服务投入；

（2）产品、模式和服务创新；

（3）传统产业转型升级；

（4）民生普惠服务补短板，如公共健康和教育。

具体讲，"新基建"涵盖的新技术、新领域都会带来巨大的投资机会，例如：

（1）5G 产业核心产品及应用技术，包括人工智能、大数据、云计算、区块链等；

（2）智慧工厂、工业物联网；

（3）新能源汽车产业链及相关基础设施，包括充电桩、电池等；

（4）新能源，包括太阳能及其他再生能源；

（5）智慧医疗、健康服务、公共卫生；

（6）智慧城市、智能交通及政企数据信息化。

在"新基建"建设阶段，5G 主设备供应商、射频模块和器件类供应商，将成为发展重点。5G 制造业对加快构建产业互联网、物联网的运行框架，进而为传统行业和产业赋能，推动其数字化转型和智能化升级具有重要基础性支撑作用。以 5G 产业链为代表的更多投资机遇正不断涌现。

（二）投资融资及模式创新

新型基础设施建设不仅能为关键行业带来投资机遇，而且能够带动企业、产业链上下游的投资。在此，监管机构应拓宽企业融资渠道，金融机构应加大对企业和项目的金融支持，开展项目合作与融资模式创新。

为充分发挥市场潜力，可引入 PPP 等模式，促进在"新基建"中政府与市场资金的结合，充分发挥政府和市场协同效率与治理效应。考虑到疫情下的经济环境，"新基建"要求将更偏重"稳"，更加强调质量，而不是简单的粗放式大干快上。注重政策框架、项目规范和管理、防范风险是关键。

不仅应强调严格的资金成本和效率管理，而且要实现能源节约、资源有效、环境友好、社会普惠，也就是要坚持可持续发展的大方向。换言之，投资和融资的主体应在环境、社会和治理（ESG）的框架下，设定各自的发展目标和时间表，以确保新型基础设施建设项目的可持续性。

不久前国家发布政策，首次将数据与土地、劳动力、资本、技术并列为五大要素。数据作为生产要素标志着中国数字经济发展进入快车道。新型基础设施建设将促进各类大数据应用，以信息流带动产业链中的人流、物流、资金流和技术流高效流通，也有利于大幅提升公共服务和公共管理的水平。

在新冠疫情依然严峻的形势下，任何经济活动也必须先考虑到，它是在满足社会要求的条件下进行的，新型基础设施的建设也不例外。保持经济和社会之间的平衡，兼顾环境的要求，是抗击疫情中必须坚持的原则，必须应对的一个现实的挑战。因此，在此背景下，在宏观、微观层面参与“新基建”的主体各方都需要考虑多重因素的影响，综合权衡、平衡投资的决策，也即：

（1）“新基建”投资与经济救助；

（2）传统产业与新兴产业投资；

（3）传统基建和“新基建”投资；

（4）公共财政和社会资本参与；

（5）环境、社会和治理（ESG）原则。

以期达到企业、产业和经济社会生活稳步进入可持续的数字化转型。“新基建”表明要为经济社会数字化长远发展开启快车道，这绝不是一件一蹴而就，或一哄而上就能如愿的事。盲目投资、追求速度、过度投入、重复建设，都可能是无效投入或产能过剩的根源。企业和投资参与方要有所准备，都不能盲目行动而忽略自身发展和宏观中长期高质量发展目标。在总体上，要把握好经济结构性变革、产业转型、消费升级、可持续发展诸多方面的意义和要求。

五、系统化的工程

“新基建”涉及很多新产业新业态，物质资本的投入是其中的一个方面，另外还必须注重创新实力建设，加强对所需人才及软实力的培养。国家近期出台的一些措施进一步提升了资本市场监管和规范力度，有利于改善营商环境。企业和各利益方对采用环境、社会和治理（ESG）框架意义的认知和需求也在增加。应当考虑到，作为基础设施准公共产品，要避免和防止盲目投资、避免重复建设，尤其应注意防范风险。这需要通盘考虑、协调平衡，既符合区域发展战略在时间和空间上的布局，又符合企业、产业的基础，经济实力，资源环境承载力以及市场容量等现实条件。

“新基建”也是一个系统化的工程，应当根据其内容、范围重点，统筹协调政府、产业、企业各参与方的工作，兼顾运营商、制造商和产业企业的利益，将新型基础设施建设与经济社会的应用需求相结合，有重点、有计划、有步骤、可持续地推进。

为此，“新基建”也需遵循长期、高质量、可持续发展的原则，全面夯实必要的技术基础，其中包括：

（1）核心技术产品，如芯片、基础软件、工控系统；

（2）与企业、产业转型升级相适应的产品和解决方案；

（3）与地区、行业以及大、中、小企业相适应的基础条件；

（4）产学研、跨行业、跨地域合作的生态系统；

（5）工业、农业与 ICT 相融通的新型复合型人才；

（6）信息网络系统的安全和风险防范；

（7）信息网络系统的标准及其应用。

第二节　数字化赋能技术

一、5G

对信息的强烈的渴求，使人们对信息网络传输速度的要求越来越高，这不断推动了通信技术发展。

（一）5G——新一代移动通信网络

5G 指第五代移动通信网络。5G 移动通信技术与以往的 1G、2G、3G、4G 都有所不同，它是移动通信技术的革命性发展。以往的移动通信技术实际上都是面向人的通信实现网络连接，但还没有解决人与物、物与物的连接，无法满足具有更大连接的数量的万物互联的需求。5G 作为新型数字基础设施，是移动信息传输的“超级高速公路”，对促进经济社会数字化转型和发展具有巨大的赋能作用，也将影响我们日常生活的方方面面。

——1G 提供语音传输的模拟通信，即语音信号不间断连续传输，终端耗电大，充电时间长，体积大。

——2G 开启了语音加文字传输的数字通信，即通过在发送端压缩、在接收端解压还原的间断传输信号，不仅提高了传输的速度和容量，而且减少了终端耗电量，缩短充电时间，体积减小。

——3G 则具有更宽的带宽，可用数字通信传输语音、文字、图片、视频、上网浏览和电子商务，不仅比 2G 速度提高了 10 倍，而且实现了全球漫游。

——4G 使移动通信开启数字化时代，可满足多媒体海量传输需求，不仅具有更宽的带宽、更快的传输速度，比 3G 提高了 10 倍，提高了兼容性和传输质量，而且智能手机得到了应用。

——5G 不是 1G 至 4G 简单的延伸，而是技术和应用上一次革命性的改变。5G 拥有巨大的带宽，在网络构架、安全构架和应用场景方面超越 4G，网络能力飞跃提升，实现超可靠、超高速、低时延。

5G 不再局限于信息的传送，而成为整个智能世界的无处不在的纽带，能把人和人、人和物、物和物有机地连接起来。5G 使移动网络从消费侧向工业生产端渗透，使海量连接、万物互联和平台生态系统的构建成为现实。人和物都是这张网上可以任意移动的节点，每个节点都可以分享网络上的信息资源和计算资源。这就是我们常说的大数据和云计算。

（二）5G 的应用场景

按照国际电信联盟（ITU）的定义，根据对 5G 在速率、连接数量、时延等指标上的要求，可确定 5G 的三大应用场景（如图 8–1 所示）。

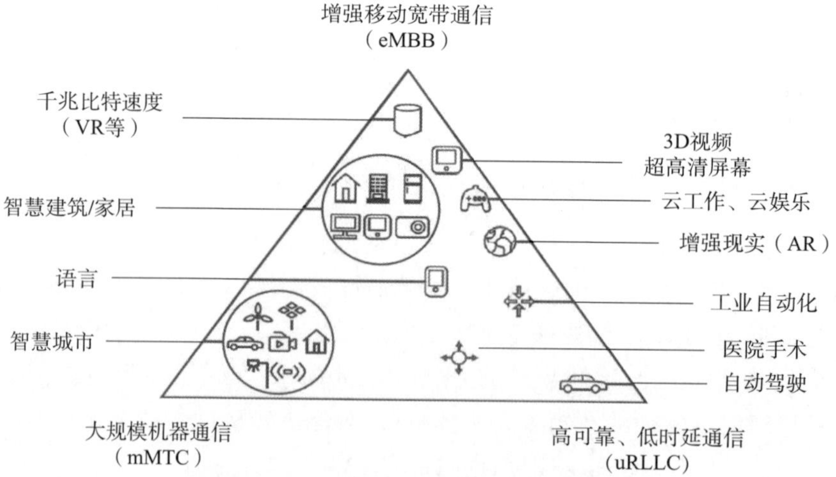

图 8–1　5G 的三大支柱及其应用示例

（1）增强移动宽带通信（Enhance Mobile Broadband，eMBB），满足影音娱乐、超高清视频、边缘计算等极致体验、高速率通信（如高铁）的要求。

（2）大规模机器类通信（massive Machine Type of Communication，mMTC），用于广覆盖、低功耗海量物联网、智能终端，人与人、人与物之间的通信，如智能家居、环境监测、智慧物流、智慧城市等。

（3）高可靠、低时延通信（uRLLC），用于工业自动化、无人驾驶、远程手术等高速通信领域。

增强移动宽带通信、大规模机器类通信和高可靠、低时延通信是5G应用的三大支柱。

5G的核心应用，例如智慧生活、智慧工厂、智能驾驶、智慧城市已愈来愈成为现实。数字经济的发展为产业换代升级提供了新动能，实体经济运作模式正在向数字化转变，5G推动人类进入第四次工业革命已是不争的事实。

（三）5G应用的领域

5G作为赋能技术，与其他基础技术，如大数据、人工智能、云计算、边缘计算、传感技术等相结合，是构成物联网的基础，也是构成新商业模式的基础，拥有巨大的应用潜力和经济价值，也会给经济社会发展带来巨大的，甚至颠覆性的影响。

通过5G可实现万物互联，实现现实世界和虚拟世界的无缝连接。企业在研发、生产、销售等各个环节都将经历数字化变革。未来一段时间，人工智能、大数据等新的技术有望在5G技术的赋能之下加速发展的进程，从线上到线下，从消费到生产，从平台到生态，必将进入更大规模的市场应用。

产业赋能及商业模式改变将发生在各个不同的领域，例如：

——工业（如工业互联网、智能制造、远程运维）；

——城市管理（如安防、应急、市政服务）；

——交通（如车联网、自动驾驶）；

——农业（监控生产过程、养殖过程）；

——金融（科技金融、供应链金融）；

——医疗（远程诊断、手术）；

——教育（远程教学、移动学习）；

——超高清视频（直播、VR、AR）；

——智能家居、智能出行、智能穿戴，如此等等。

5G带来技术和商业上的新机遇，使通信运营商、设备供应商与相关行业方有机会各自发挥优势，携手合作参与，开展空前大规模的创新。

伴随着新的网络架构、全新的网络技术出现，多样性的业务应用，全民化的设备部署等，大量传统行业都需要进行网络化、智能化升级，将会产生大量的人才需求。在5G制度环境下的管理能力、操作技能、思维方式也需要更新换代。信息的服务和社会服务的制造，将是数字化人才转型的主要方向。

（四）5G应用面临的挑战

5G的全面应用还面临如下挑战：

一是与毫米波等带宽应用相关的半导体技术、电路和天线的设计和加工工艺。

二是降低传输能耗，减小发射机功率和提高电池单位体积密度。

三是通信协议的创新以及软硬件顶层设计，大规模多天线输入输出构架大幅度提高空间数据吞吐量和传输距离。

四是技术先进的标准制定，综合考虑国家安全利益、用户利益、设备商利益、运营商利益等诸多方面的因素。

其中安全挑战主要表现在3个方面：

一是网络漏洞，会受到黑客攻击。

二是海量设备运行之下，攻击链可能会无限地扩大。

三是虚实空间打通之后网络攻击可能会导致物理伤害。因此，网络安全已经是国家、社会、企业乃至个人不可忽视的重要方面。

二、人工智能

经济学家将人工智能称为一种通用技术（General-purpose Technology），通用技术的影响通常巨大而深远，它的影响不仅体现为对经济社会的直接贡献，还会通过溢出效应激发广泛的互补式创新。

（一）人工智能的本质

“人工智能”并没有统一的定义。因为从本质来看，人工智能并不特指某项技术，而是涵盖一系列不同的技术，通过有效的组合使机器能以类似于人类的智能水平做出决策和行动。人工智能通过以与人类相似的思考方式，进行与人类认知活动相似的活动，从而执行任务，是一个感知信息、提取数据、获得知识并应用的过程。这些不同技术的组合形成的智能，是一套能力构架，以支持机器实现其核心的功能，其中包括：

（1）感知：使机器可以感知外界的信息，提取其中包含的数据。

（2）理解：使机器可以识别数据间的关系来理解所收集到的信息。

（3）行动：使机器可以基于上述理解，在实体或数字世界中采取行动。

（4）学习：使机器可以从成功或失败的行动中吸取经验教训，不断优化自身的性能。

人工智能系统通过分析数据、识别数据模式（相关性）来决定完成任务所需的行动，而非按照明确的指令、以预先定义的方法工作，这是人工智能与其他形式的自动化相区别的关键。

（二）人工智能的发展过程

“人工智能”这一术语早在1956年就已问世，大致经历了3个发展阶段，反映了算法和研究方法更迭的过程：

——20世纪60—70年代：以逻辑学为主导的研究方法成为主流，拟通过计算机来实现机器化的逻辑推理证明，但最终难以实现。

——20世纪70—90年代：专家系统研究方法成为研究热门，但数据较少，且受限于经验知识和规则，难以构筑有效的系统。

——20世纪90年代至2011年：统计计算推动的“机器学习”的进步，特别是神经网络主导的“深度学习”研究获得极大的突破，人工智能终于迎来爆发的“奇点”。

（三）人工智能取得突破的条件

人工智能取得突破，主要以3个重要的因素为条件：

1. 计算能力

计算能力与芯片的集成度及其速度有关，其发展遵循摩尔定律，即计算运算速度每18个月提升一倍，价格每18个月下降一半。芯片集成度的提高大幅度地提升了计算速度。计算机计算速度可达每秒几亿次，几千个计算机组合的超级计算机系统的速度达到并超过了人脑每秒10亿亿次的计算速度。

2. 数据

数据是人工智能底层逻辑中不可缺少的支撑要素，拥有足够的数据才能进行学习。由于各类传感器的广泛应用，例如，测量各种环境的温度、位置、压力等变量，采集环境中大量的摄像信息，当今的数据量达到前所未有的规模。据估计，2020 年全球数据量高达 35ZB（1ZB 等于 1 万亿 GB），目前仍以每两年增长一倍的速度增长。

3. 算法

算法是人工智能的底层逻辑中直接产生人工智能的工具。基于多层神经网络的深度学习能力和实用性，推动了算法的突破，开启了人工智能应用的新前景。

正是算力、数据、算法 3 个要素同步成熟，形成了合力，特别是算力和算法的相互促进，带来了今天人工智能的突破性进展。与人工智能系统相关的领域如图 8–2 所示。

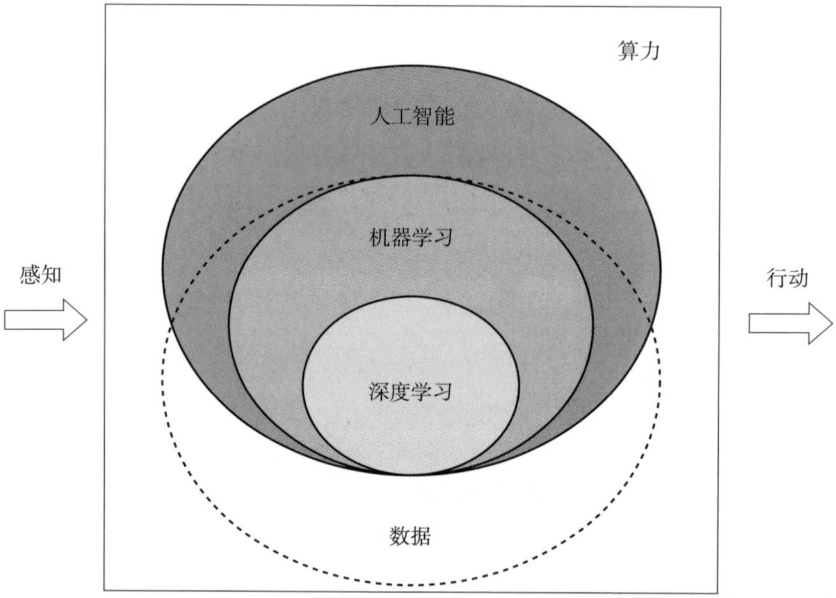

图 8–2 人工智能系统的相关领域

（四）机器学习

机器学习是人工智能系统的核心。机器可以使用不同的算法或方式进行学习。例如，通过识别不同的事物、通过对不同的事物做出分类和通过反复试错来创建出一套行之有效的方案。实际上，机器善于识别大量数据中所存在的模式（相关性）。无论是进行前瞻判断的预测系统，近乎实时解读语音和文本的自然语言处理系统，以非凡准确度识别视觉内容的机器视觉技术，还是优化搜索和信息检索，都要依托机器学习。

如今，许多人工智能系统经过训练后，可以进行“宏观思考”，采取全局性的决策方法，会“想象”每个选项的结果，最终做出最可能实现长远目标的选择。

（五）深度学习

深度学习是机器学习的一个子类，是在动物大脑机能的启发下，通过先进而精巧的计算系统实际运作的，该系统被称为神经网络（Neural Networks）（王维嘉，2019）。

神经网络由一系列相互联系的节点组成，模仿了生物大脑中的神经元网络。每个节点在接收输入信息后，内部状态会发生改变，并相应地产生输出。接下来，该输出又形成其他节点的输入，依次传导。这种复杂运作能够支持一种非常强大的计算形式，即深度学习（Deep Learning）。

人工神经网络的功能在于可识别大量数据模式，并推断它们之间的相对关系。深度学习通过多层处理了解数据，并汇集数据的重要特征，例如，用于图像和语音识别。使用多层神经网络，每个层级的输出为下一个层级提供了输入，其中每个层级提取相应的识别特征。例如，人的面部识别需要多级的神经网络。深度学习系统比其他方法能处理更庞大的数据集。

（六）人工智能分析技术

将机器学习和其他统计分析嵌入业务流程之中，通过分析数据来改进决策，这就是人工智能分析技术。基于所需洞察的深度和复杂的程度，人工智能分析技术连同支持它的各种机器学习算法可划分为 3 种不同的层级：

（1）“描述性分析”（Descriptive Analytics）是较简单的一个层级，它分析历史数据，以了解发生了什么，以及发生的原因何在。

（2）“预测性分析”（Predictive Analytics），相比之下更为复杂，它是利用数据来预判将会发生什么。

（3）“规范性分析”（Prescriptive Analytics）复杂度最高，它不仅可做出预测，而且还能提供应对之策。

（七）机器人流程自动化

在商业环境中，它既可以指利用机器人来实现制造流程的自动化，如汽车装配线，又可以指利用机器人技术来实现管理流程的自动化。

机器人流程自动化取代的是任务而非员工。流程自动化不仅可以降低成本，还能增进流程的一致性，提高处理速度，并提供全天候运行，按需求调整流程的扩大或收缩能力。

机器人流程自动化改变了企业组织和分配工作的方式，通过日常任务的自动化，让富有经验能力的员工专注于更有意思、更具挑战性的工作，这既有助于提升员工满意度，又有利于改善客户体验。

（八）人工智能的机遇

颠覆式创新技术能激发连锁反应，带来贯穿整体经济的溢出效应。人工智能及其创新成果的影响不仅会在企业中不断延伸，而且会扩散至整个经济体系，创建出全新的、超越想象的商业模式和机遇。在许多领域，人工智能将成为提升企业效率和价值的全新驱动力：

——自动驾驶：这是人工智能最典型的一个应用领域，它会对汽车制造、产业链、出行方式、运输和物流的业态和模式带来颠覆性的影响，而且会颠覆我们对交通的思考，包括交通系统和基础设施。

——医疗健康：这是人工智能最热门的一个应用领域，它会在医学影像诊断，基于深度学习制药，大数据诊断、预测和监测，医疗语音助理等方面，大大提高医疗健康水平。

——金融行业：人工智能应用于金融行业对运作模式会带来彻底颠覆，包括银行、保险、证券、理财等都将无一例外。

——媒体产业：人工智能正在重塑媒体产业，包括自动化写作、传感器新闻、个性化新闻。

——智慧城市：这是人工智能最主要的一个应用领域，包括智能交通、公共安全、公共资源保障、事件预测与响应等，可极大提升城市管理水平。

——任何一个行业，只要在运行过程中产生大量数据，就有可能被人工智能优化、部分或全部自动化，各个产业将不可避免受到冲击，这种影响目前还只是开端。

——在实现全球可持续发展目标方面，例如：为应对气候变化，保证粮食、能源、资源的安全，人工智能可提供包容性、时效性的方案，从而发挥关键作用。

（九）人工智能的风险

人工智能在带来巨大机遇和效益的同时，也引发了相应的风险。在考虑如何利用人工智能来加快自动化，如何增强工作效力和执行方式，以及如何在企业内外扩展人工智能创新时，企业和社会对所采取的路线要有全新的认知。

企业在踏上人工智能征程之前，先要对所有可能面临的风险进行评估，特别是系统的责任风险、恶意操控和黑客入侵的风险等。为降低人工智能的使用风险，需要依托一整套方法实现，包括治理、责任安全监测、编码技术标准、技术向善教育等。

企业应不失时机，制定人工智能的战略和路线图，并应优先考虑对企业具有高度影响的人工智能计划。

三、大数据

（一）什么是大数据

大数据（Big Data）是在人类经济社会活动和企业运行中大量涌现、高速变化和类型多样的海量数据。大数据是指无法在一定时间范围内用常规软件工具进行捕捉、管理和处理的数据集合。通过成本有效和全新的信息处理方式，从大数据中可提取对经济和企业决策具有重要意义的知识，使之赋能于先进的洞见、决策和流程优化能力。因此，大数据是企业的信息资产。

无论是运用通信网、互联网和社会网络，还是各个产业的价值链的装置和系统，无不是产生各种各样的数据的数据源。应用大数据可做出科学决策、发挥经济潜力、创新商业模式。

大数据是用于数字技术的综合概念，从技术观点看，它是数字通信和处理的一个新时代；从社会观点看，它是社会变革一个巨大的力量。如今，大数据已成为一种资本，通过数据“加工”而实现“增值”。全球各大型技术公司无不基于大数据工作原理，通过持续分析数据提高运营效率，促进新产品研发，它所创造的大部分价值很大程度上取决于所掌握的数据。因此，大数据也被称为第四生产要素。

（二）数据驱动的商业模式

高德纳（Gartner）把价值创造从传统商业模式转型为数据驱动商业模式描述为“分析—预测—行动”。数据不仅用于评价企业过去的过程，而且也用于面向未来的主动控制。为此，必须利用分析技术和数据挖掘对可用数据进行有目的的处理，与业务过程相结合，并充分利用信息—物理系统和物联网。

今天，无论什么行业、哪种规模的企业，想要取得成功，都必须能不断从数据中挖掘业务的价值。在不同的应用场景下，大数据赋予的意义却有所不同。对于某些行业，例如零售、广告、金融服务等，是否具备这一能力甚至可能关系企业的生死存亡。

（三）大数据的“5V”特征

国际数据公司（International Data Corporation，IDC）曾利用大数据3个重要的特性来定义大数据技术：“大数据技术是新一代的技术与架构，它被设计为在成本可承受的条件下，通过快速的（Velocity）采集、发现和分析，从大量的（Volumes）和多样的（Variety）的数据中提取价值。”除了这里的3个重要特性之外，从管理和处理技术的观点出发，大数据可用如下的5个特征来描述：

1. 大量（Volume）

这一特征首先所指的是大数据应用中必须处理和提取的超大数据量。巨量数据来自互联网、移动终端和生活及社会所有领域大量的传感器。特别是社交网络和电商，每天产生若干太字节（Trillionbyte，TB）的数据（1 TB=1024 GB）。今天，移动终端使人们有可能随时享受互联网服务，产生使用者基本信息和运动轨迹可用于开发新商业模式。日常生活品中传感器也随处可见，例如衣服、鞋、手表和家用器件等。同样，在工业领域也越来越多地应用传感器，例如无线定位（RFID），机器、过程和物流的数据采集等。物联网的发展使智能产品系统网络化，不间断地产生大量传感数据。所有这些因素会一起推动社会和生产领域的数据量呈指数级增加。预计到2030年全球数据存储量将达2500泽字节（Zettabyte，ZB，1 ZB=1024^4 GB）。

2. 高速（Velocity）

除数据量大之外，对大数据的采集、处理和整理的速度必须非常快，这是大数据的又一个特征。在实际应用中，大型互联网公司，必须满足其用户对实时数据（例如视频、微博）的要求。在物联网中，智能产品需要实时或近乎实时地运行，要基于数据实时评价和操作，大数据只有具备“高速”特性才能满足这些要求。从数据生成到向用户提供可付诸行动的见解，企业对速度的要求越来越高。因此，要以相对较短的时间，实时完成数据的收集、存储、处理和分析。随着数字化的推进和移动终端的应用，可应用数据越来越多，数据处理的时间越来越短，程序的控制更精确，所以实现新的商业模式成为可能。

3. 多样性（Variety）

多样性是指潜在的数据源和数据类型都是多种多样的。传统数据属于结构化数据，一般为具有表格式结构的数据，能够整齐地存储在关系数据库中，例如 ERP 系统中的数据、银行系统的数据。但在大数据中，有大量的新的半结构化数据和非结构化数据，例如用户数据、状态数据、电子邮件、文件、图片、视频及各种传感数据。就多样性和构成而言，这些数据与结构化数据有着显著的不同，这就要求应用新的数据处理和评价方式，特别是在结构化数据和非结构化数据二者相结合的情况下。

4. 真实性（Veracity）

随着数据量和多样性的增加，只有应用特别的方法才能控制或保证数据的质量和准确性。通过数据分析和数据挖掘从大数据中获得并用于业务运营过程控制的知识，必须进行可靠性评价。因此，为保证来自大数据的知识的可靠性，必须更严格地构建数据采集和数据准备的过程。此外，在此基础上建立的方法和过程（数据分析和数据挖掘）必须能够识别数据中的错误或非精确性、进行修正性的干预，并能估计其影响的程度和范围。只有这样，通过采用相应的技术和措施，才能保证所获得的数据和由此构成的知识是“真实”可靠的。

5. 价值性（Value）

大数据是数据资产，在经济上产生的附加值主要取决于对其所包含的信息的利用。拥有大数据或采集和收集大数据本身并不等于产生经济上的附加值。只有通过适当方法将其价值挖掘出来，并结合具体的应用，通过成本效益分析，才能实现有目的地、合理地应用大数据创造价值的目标。

（四）数据源的分类

在人们的社会生活和工作中，在企业和经济活动中都产生各种不同的数据，其中包括：

（1）电子通信，包括元数据。

（2）网络数据：人们在网络上生产内容，包括文字、图片、视频及地理位置。

（3）电商数据：在电子商务中，线上买卖双方每一次交易所产生的数据以及与商品相关的数据。

（4）社交数据：人与人之间社交所产生的数据，包括人的偏好、生活轨迹、消费能力、价值取向等用户画像数据。

（5）工厂的机器、供应链及商品管理系统的数据。

（6）物联网数据：物联网在各行各业应用产生的巨量数据。

（7）健康、运动等领域可穿戴设备数据。

（五）结构化数据与非结构化数据

1. 结构化数据

结构化数据，顾名思义是在结构上格式化的数据。它是可以放入表格中的数据类型。结构化数据也被称为定量数据，是能够用数据，或统一的结构表示的信息，如数字、符号。保存和管理这些数据一般采用关系数据库。使用结构化查询语言或 SQL，计算机程序很容易搜索。例如，信用卡号码、日期、财务金额、电话号码、地址、产品名称等，都是典型的结构化数据。结构化数据具有明确的关系，结构化数据源是商业智能（BI）工具最容易使用和分析的资源。

2. 非结构化数据

——除结构化数据之外，其他所有数据均属非结构化数据。它不符合任何预定义的格式或模型，需要专门用于非结构化数据存储的数据库，即非关系数据库，并使用 NoSQL 进行查询。非结构化数据可能是文本的或非文本的，也可能是人为的或机器生成的。

——人为生成非结构化数据，包括：社交媒体和网站上的数据；移动数据包括短信和位置；社交通信，如聊天、即时消息、电话录音、协作软件；社交媒介，包括 MP3、数码照片、音频文件、视频文件；业务应用程序，如 Word、PDF 文档、日志等都是人为生成非结构化数据。XML 数据、电子邮件是半结构化数据，因其一部分是结构化的，其余的部分是非结构化的。

——机器生成的非结构化数据，包括：卫星图像，如天气数据、地形、军事活动；科学数据，如石油和天然气勘探、空间勘探、地震图像、大气数据；数字监控，如监控照片和视频；传感器数据，如交通、天气、海洋传感器。

物联网既产生结构性数据，如温度，也产生非结构性数据，如图像。

（六）结构化数据与非结构化数据的差异

结构化数据存储于关系数据库，非结构化数据存储于非关系数据库，二者最大的区别在于对其分析和处理的工具不同。对结构化数据存在成熟的分析工具，而对非结构化数据的价值挖掘必须应用新的数据分析工具。

在企业中，一般非结构化数据要比结构化数据多得多，非结构化数据占企业数据的 80% 以上，并且以每年约 60% 的速度增长。如果没有工具来分析这些海量数据，企业将无法发挥大数据的巨大潜力。

（七）大数据工作原理

大数据要转化为有价值的信息和知识，需要利用计算机技术进行统计、对比、解析，消除无用的、随机的和不确定的信息，才能提炼出有用的信息，并进行归纳总结得出规律，使之成为有用的知识。

大数据的应用包括 3 个过程，即从数据到信息、信息到知识、知识到智慧（规律）的转化过程。所以，经过采集、存储、处理数据集，通过分析从大数据中获得的知识，发掘有价值的新见解，以可视化的方式有效地帮助人类在复杂的环境和信息中做出决策。

（1）采集：收集原始数据（事务、日志、移动设备等）是众多组织在应对大数据时所面临的第一个难题。优秀的大数据平台能够以任意速度（从实时处理到批处理）摄取多种数据（从结构化数据到非结构化数据）。

（2）存储：任何大数据平台都需要一个安全、可控制且持久耐用的存储库，用于在处理任务之前（甚至之后）存储数据。

（3）处理：首先，通过排序、聚合、合并，甚至是执行更高级的函数和算法，将数据从其原始状态转换为可使用的格式。其次，将存储转换后产生的数据集进一步处理，或者通过商业智能和数据可视化工具将数据集提供给用户。

（4）可视化：大数据的意义在于从数据集中获取价值高并可付诸行动的见解。用户可利用商业智能工具和灵活的数据可视化工具浏览这些数据集。根据分析的类型，最终用户还可能以统计“预测”（预测分析）或建议行动（规范分析）的形式使用分析的结果。

大数据的分析预测主要是根据数据间的“相关关系”，即相对的逻辑关系，而非“因果关系”。用大数据了解相关关系基于很高的价值，例如，Google 流感暴发的预测，便是根据客户关键词搜索的大数据开展相关关系的分析预测。

企业必须掌握大量的不断增长的非结构性数据。外部和内部的数据源都会产生大量的数据。图 8–3 列示了数据源、生数据、数据分析之间的相互关系。数据源产生的数据包括结构化和非结构化数据，把它们集中到一个数据池，都是生数据。对它们必须进行分析，并从中获得应用的知识。通过对大量的数据进行分析和评价，可更好地了解过去和预测未来。

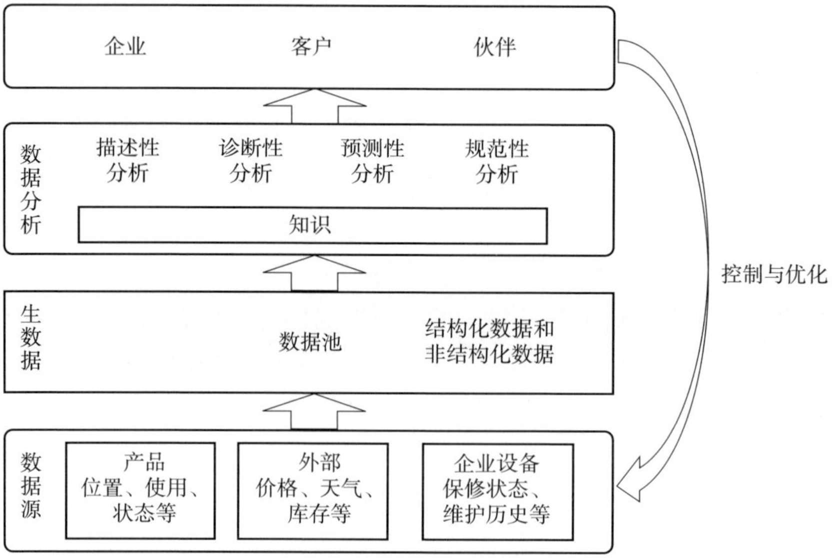

图 8-3 大数据应用原理

（八）大数据技术

大数据时代的 IT 技术包括信息和技术两个方面。信息是基础，技术是关键。只有通过技术处理和分析，大数据中所隐含的知识及其潜在价值才会被发现。

数据分析和数据挖掘有着紧密的关系。数据分析技术的目标和任务是从中获得有价值的知识，例如为了理解或改善业务过程。数据挖掘可理解为从巨量数据中产生新知识的过程。所用的方法来自数学、统计学，或者人工智能。数据挖掘可从大量数据中提取模式、关系或者趋势。因此，数据挖掘是达到这一目的的重要赋能者。

1. 数据分析

按照数据分析的成熟度、复杂性和业务潜力递增的特点，可对应用目标和任务进行结构化分类，这体现了数据分析应用从被动考虑过去到主动构建未来的发展过程。

——描述性分析：描述性分析是最基本的分析技术。它应回答“发生了什么？”或“正在发生什么？”对此，需要以报告或智能仪表盘的形式即时呈现当前业务过程或业务特征指标和提供决策支持，其功能在很大程度上与商业智能相同。

——诊断性分析：诊断性分析要回答“它为什么发生？”要分析影响业

务数据的因素和发生事件的相互关系，以确定其对业务过程和业务指标的影响。对此，要采用数据挖掘分析技术。例如，获得的知识可用于及早知道故障的原因并避免其出现。

——预测性分析：预测性分析所指的是对未来的事件、系统状态或指标的预报（例如客户需求、业务中断或干扰）。它应回答“什么将会发生？”对此，要将数据挖掘分析技术用于历史数据并导出预测模型，这样就可为运营业务过程提供决策支持。

——规范性分析：分析技术最高的一个级别是针对业务过程的优化、构建和控制。它应回答“必须要做什么？”对此，要应用要求极高的模型（例如模拟、优化），能在当前数据的基础上产生行为选项并做出评价。这些模型可用于运营业务过程的计划和控制。

2. 数据挖掘

数据挖掘是从巨大数据量中提取知识。在科学和实践中，数据挖掘被普遍接受为与“知识发现”或“知识挖掘”，或“从数据库中挖掘知识”相类似的概念（KDD）。自 20 世纪 80 年代后期，随着信息处理技术在企业的应用（例如关系数据库、数据仓库、在线分析处理），数据挖掘技术不断得到发展。

进入 21 世纪，数据挖掘被认为是重要的战略工具，在数据挖掘新技术的基础上企业能更好地理解客户和业务过程或提供新的服务。在互联网时代，在数据量、移动终端和传感器数量不断增加的背景下，数据挖掘对企业变得越来越重要。

数据挖掘可作为过程来理解，其目标是从巨大数据量中提取和识别出信息、模式和知识。所采用的技术包括算法和专门学科知识，如数学、统计学和人工智能等。模式存在的形式可能是规则、关系、趋势或预报。

3. 机器学习

机器学习也是大数据分析方法之一。我们需要先在计算机中存储历史的数据，接着将这些数据通过机器学习算法进行处理，这个过程在机器学习中叫作“训练”。学习算法处理的结果一般称为“模型”。在机器学习中，对新数据预测的过程被称为“预测”。“训练”与“预测”是机器学习的两个过程，“模型”则是在过程的中间输出结果。“训练”产生“模型”，“模型”指导“预测”。由于机器学习不是基于编程形成的结果，因此它的处理过程不是因果的逻辑，而是通过归纳思想得出的相关性结论。数据挖掘 = 机器学习 + 数据库。

基于机器学习技术的发展，利用大数据能够“预测”，所以机器学习与大数据的结合产生了巨大的价值。

（九）大数据应用的目标

大数据分析可满足不同的目的和需求。如今，有多种分析类型可满足企业各种层次的需求。

大数据应用可分为 4 个不同的目标或层次，即描述、诊断、预测和规范性分析（如图 8–4 所示）。描述和诊断是对状态及其判断可获得的结果，而预测和规范则是对未来可得到的、可衡量的价值。

（1）描述性分析：可帮助用户回答“发生了什么？”了解事态和状态，例如，通过传统的仪表盘查询和有关环境的报告。

（2）诊断性分析：可帮助用户了解“为什么发生？”了解事件发生的原因，各因素的相互关系及其影响。例如，获得的知识可用于及早知道故障的原因并避免出现。

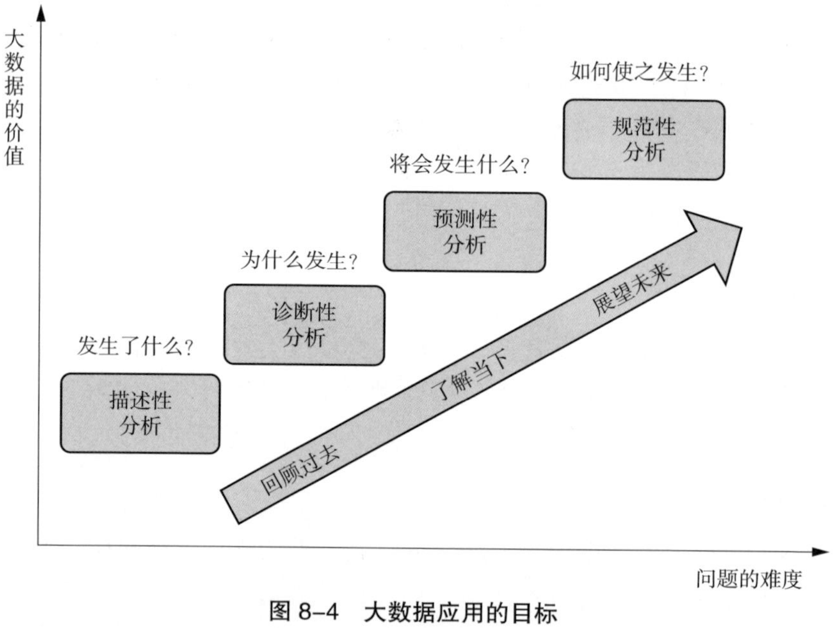

图 8–4　大数据应用的目标

（3）预测性分析：可帮助用户回答“将会发生什么？”预估某个给定事件在未来发生的概率。例如，通过早期的警报系统、欺诈检测、预防性维护应用程序和预测。

（4）规范性分析：可帮助用户采取行动“如果发生‘x’，我该怎么做？”为用户提供“如何使之发生？”的具体（规范）建议。例如，模拟、优化业务过程控制。

通过大数据的处理，可从中产生新的知识并改善价值创造过程，可能的应用场景如下：

——监视整个价值创造网络中当前的进程或事件，例如，对一个价值链的产品进行追踪（即描述性分析）。

——预测生产中的事件或状态，例如，对预防性维护措施做出计划（即预测性分析）。

——判断计划和控制中的行动选项（即规范性分析）。

目前应用的大部分大数据分析的形式属于描述性分析，出于监视目的，其约占 70%。预测分析给出的结果是“将发生什么”，预判分析给出的结果是“什么如何被影响”，使之出现一个希望的状态。后两种分析的要求更高，但有着特别重要的意义。

大数据的应用领域是多种多样的。举例来说，电商在客户订货之前，预先就知道客户的期望。在证券分析中，预先就知道可能会发生的计算模块故障。在工业领域，基于大数据物联网得到广泛的应用，不仅提高了效率，优化了流程，还创新了商业模式，例如：

——基于传感数据追踪高速列车的能耗，根据运行坡度，提供最佳速度实时建议；

——利用传感数据监视电厂关键流程，控制燃烧效率，使电厂运行优化，碳排放最低；

——基于发动机实时数据，提供最节能最省时的飞行路线建议，提供运维计划建议；

——基于风力发电场风机传感数据，远程监控风机的运行，与电网运行保持实时稳定运行。

以上这些只不过是大数据应用的一些典型的例子，大数据应用情景十分广泛，此处不一一列举。

四、云计算

（一）何谓云计算

云计算（Cloud Computing）是基于互联网的分布式计算方式（Distributed Computing）。通过远端化、网络化、虚拟化的方式，为用户以按需和共享方式提供计算能力、存储能力和其他服务的能力。当软件和数据存储在云端，就意味着它被存储在互联网服务器上，而不是本地计算机的硬盘上。云端所有内容都可以通过浏览器远程访问。“云”一词源于通常用来代表网络的云符号，“云计算”作为企业计算技术早在2006年就已提出，但至今尚无普遍一致的定义。

简单地说，计算能力也可作为一种商品通过互联网进行流通。云计算是利用互联网上的服务器集群的“云”资源，包括硬件资源（服务器、存储器、CPU等）和软件资源（开发环境、应用软件等），由云服务提供商为云用户按需提供所需要的“计算”能力。云服务用户通常只需按量付费，并能根据业务需求的变化灵活调整，从而降低投资和运维成本，使基础设施运行更有效率。

云计算服务提供商向企业提供云计算服务，需要有基础设施支撑，后者被称为云计算数据中心。云计算服务提供商一般需选择适当的位置，按“两地三中心”等备用方式来架设机房。

云计算的目标是，将集中的计算资源当作规模经济和公共服务提供给企业使用，按量付费，而不必一定要建立、运行自己的IT基础设施和系统，如同用户使用水和电，他们并不需要单独建立和运维自己的水厂和电厂一样。

（二）云计算部署的方式

云计算部署方式是指客户根据各自不同的需要，选择合适的云解决方案、云计算基础结构的类型，因为没有一种云计算方案适合所有人。

企业需要首先确定云计算部署的方式，然后才能在此基础上具体实现云服务。云计算部署有3种不同的方式：公有云、私有云和混合云。

1. 公有云

公有云是指第三方云服务提供商通过互联网面向所有希望使用或购买的人，提供计算资源（服务），如服务器和存储空间。在公有云中，所有硬件、软件和其他支持性基础结构均为云提供商所拥有和管理。客户使用网络浏览器访问这些服务和管理其账户，客户可根据CPU周期、存储或带宽使用量支付费用。

公有云可为企业节省购买、管理和维护本地硬件及应用程序基础结构的昂贵成本，还可更快部署且有一个几乎可无限缩放的平台，可在任何有互联网的地方，通过自选设备使用相同的应用程序。

2. 私有云

私有云是指通过互联网或专用内部网络、仅向特定企业或组织（而非一般公众)，提供计算资源(服务)。私有云也称作内部云或公司云，它可以实际位于公司的现场数据中心之上，也可向第三方云服务提供商付费托管。

私有云计算既为企业提供了许多公有云的优势(包括自助服务、可伸缩性和弹性)，也通过专用资源提供额外控制和定制能力。此外，私有云通过公司防火墙和内部托管提供更高级别的安全和隐私。其缺点是，公司要承担私有云的管理成本和管理责任。

3. 混合云

混合云是公有云和私有云的组合，它通过网络链接实现一个或多个公有云和私有云环境的组合，允许在不同的云环境之间共享数据和应用程序，企业能够更灵活地处理业务并提供更多部署选项，有助于优化现有基础结构、安全性和满足现实的需求。

(三)云计算服务的类型(云计算模型)

不同的云计算服务提供商开发和提供不同的云计算服务。大多数云计算服务都可归为三大类：基础设施即服务(IaaS)、平台即服务(PaaS)和软件即服务(SaaS)。它们有时候被称为云计算“堆栈”，因为它们互为构建的基础。为了实现企业及其业务的目标，必须了解这些服务以及它们之间的差异(如图 8–5 所示)。

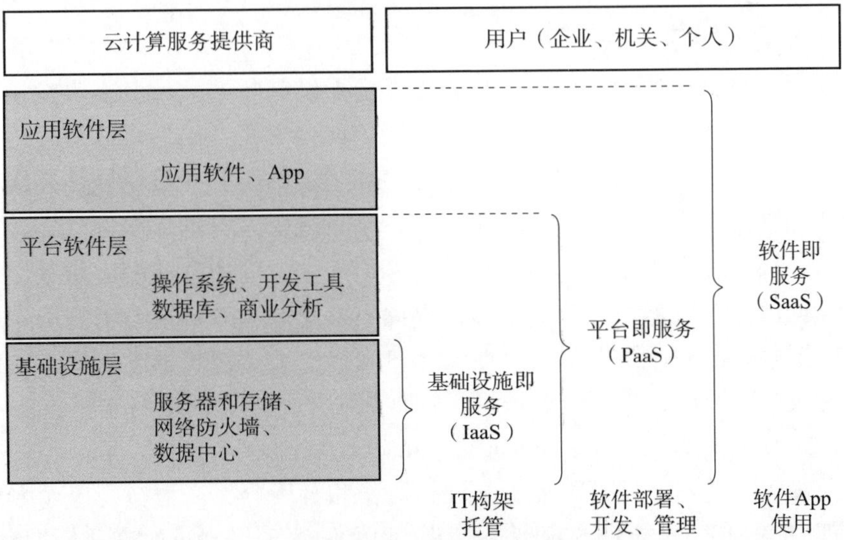

图 8–5　云计算服务的类型

1. 基础设施即服务（IaaS）

基础设施即服务（IaaS）是云计算服务中最基本的、托管型的服务类别。多台服务器组成的“云端”基础设施作为计量服务提供给客户。客户以即用即付的方式租用云服务提供商的IT基础结构，如服务器和虚拟机、存储空间、网络和操作系统。客户只需根据需要，按单独服务组件租用特定资源，按实际使用量付费。服务可根据需求快速纵向扩缩，服务器和其他的数据中心基础结构的管理由云服务提供商提供，客户只需购买、安装、配置和管理自己的软件（操作系统、中间件和应用程序）。IaaS 的例子，例如亚马逊 AW、微软 Azure、阿里云等。

2. 平台即服务（PaaS）

平台即服务（PaaS）是指云服务提供商按需提供软件应用程序开发、交付和管理需要的环境，包括服务器、存储空间和网络等基础结构，以及中间件、开发工具、商业智能服务和数据库管理系统等，为开发者快速创建应用，提供应用程序整个生命周期的支持（生成、测试、部署、管理和更新）。以即用即付的方式，用户从云服务提供商处购买，并通过安全的互联网链接访问，用户只需管理自己开发的应用程序和服务，对程序开发所需的服务器、存储空间、网络和数据库基础结构的管理由云服务提供商托管。PaaS 的例子，如 Google App Engine、西门子 MindSphere、GE Predix 等。

3. 软件即服务（SaaS）

软件即服务（SaaS）是指云服务提供商提供完整的软件解决方案，将应用软件统一部署在自己的服务器上，以即用即付方式，用户可以从云服务商处购买。云服务提供商管理软件应用程序和基础结构，并负责软件升级和安全修补等维护工作。用户通常使用电话、平板或个人电脑上的浏览器，通过互联网链接到应用程序。所有基础结构、中间件、应用软件和应用数据都位于服务提供商的数据中心内。服务提供商负责管理，并根据适当的服务协议确保应用和数据的可用性和安全性。SaaS 可让企业通过最低前期成本的应用快速建成投产。对于小型企业来说，它是采用先进技术的最好途径。SaaS 的例子，如 Google Doc、Google Apps、Amazon Web Services 等。

企业根据需要，可租用电子邮件、协作和日历等生产力应用，而客户关系管理（CRM）、企业资源规划（ERP）和文件管理等先进的商业应用程序，则可按订阅或根据使用水平为使用这些应用付费。

用户应用 SaaS，无须购买、安装、更新或维护任何硬件、中间件或软件。

用户可用网络浏览器直接运行应用程序，根据使用水平自动扩展和收缩。用户可以从任何位置、从任何连接到互联网的计算机或移动设备访问应用和数据，而且确保安全可靠。

据统计，2019 年中国应用云计算的企业占比达到 66%，采用公有云、私有云和混合云的比例分别为 41.6%、14.7% 和 9.8%。

（四）云计算服务的优势

尽管云计算服务首创不到 10 年，但全球企业、政府机构、非营利组织都积极采用了这项技术。今天，许多在线的服务，如发送邮件、编辑文档、看电影或电视、听音乐、玩游戏或存储图片和其他文件，正是云计算使得这一切成为可能。

云计算是企业摒弃传统的 IT 思路而进行的一个重大转型。企业转向云计算服务主要考虑如下的优势：

——费用：云计算无须投资购买硬件和软件以及设置和运行现场数据中心（包括服务器机架、用于供电和冷却的不间断电力、基础结构的 IT 管理专家）。

——速度：大多数云计算服务作为按需自助服务提供，通常只需点击鼠标，即可快速调配海量计算资源，赋予极大的灵活性。

——弹性扩展：云计算服务的优点包括弹性扩展能力，能在需要时从适当位置提供适量的 IT 资源，例如计算能力、存储空间、带宽。

——工作效率：现场数据中心通常需要大量“机架和堆栈”、硬件设置和软件补丁及其他费时的 IT 管理。云计算让企业把时间用来实现核心业务目标。

——性能：云计算服务在安全数据中心网络上运行，会定期升级到最新的快速而高效的计算硬件。与单个企业数据中心相比，它能降低应用程序的网络延迟和提高缩放经济性。

——可靠性：云计算能以较低费用简化数据备份、灾难恢复流程和实现业务连续性，因为可在云提供商网络中的多个冗余站点上对数据进行镜像处理。

——安全性：许多云提供商都提供了广泛地用于提高整体安全情况的策略、技术和控件，这有助于保护数据、应用和基础结构免受潜在威胁。

（五）云服务提供商的选择

云服务提供商来自不同的领域，具有不同的优势。信息技术企业具有算力和算法的优势，而工业自控和软件企业熟悉工业流程，装备制造企业熟悉装备和生产过程，生产制造企业掌握产品制造和使用知识，初创企业具有前瞻颠覆性。

当企业决定采用云计算，在选择云服务提供商时，应对其可靠性和能力进行评估。简单说来，主要包括如下方面：

——云服务提供商的业务运行状况和流程；

——云服务提供商提供的管理支持；

——云服务提供商的技术能力和流程；

——云服务提供商的安全性准则等。

（六）云计算应用面临的问题

尽管云计算具有许多优点，但其应用也存在一些要克服的问题，例如：

——数据隐私：如何保证存放在云服务提供商的数据不被非法利用，在技术和法律方面都需完善。

——数据安全性：数据关系企业的商业机密和企业的生存与发展竞争力。云计算数据的安全性对其在企业中的应用有重要影响。

——网络传输：云计算服务的性能与网络传输速度密切相关，有效传输是云计算方案的一个重要组成部分。

——传统 IT 思维：数字化发展对企业有着颠覆性的影响，摒弃传统的 IT 观念是数字转型过程中一项重大的挑战。

五、边缘计算

边缘计算是相对于云计算而言的一种分布式计算。它指的是在接近数据源头，有针对性地采集、存储、处理、分析和传输数据，计算能力（程序、数据和服务）不是全集中在云端，而是部分分布到智能终端的“边缘”设备（也称为“边缘”节点）。

数据处理从“数据中心”节点分散到网络逻辑上的“边缘”节点，其结果传感器与云端相接数量和数据传输量减少。通过就地处理方式，可以减少与数据中心的传输量，减少与数据中心物理距离产生的网络延迟，提高处理效率、实时响应能力，有利于应用程序更高效顺畅地运行，同时改善云迁移带来的对数据安全的担忧。因此，边缘计算与云计算可视为是相互补充、协调优化的计算处理方式。

在云计算中，边缘的终端设备通常充当数据消费者。计算任务放在云上已经被证明是一种有效的数据处理方法，因云上的计算能力远远超过位于边缘的物的能力。带宽和云资源不仅是有限的，而且需要花费成本。随着边缘数据的增长，数据传输的速度受带宽的限制，成为云计算的瓶颈。如果需要将所有数据发送到云进行处理，则响应时间过长。在此情况下，需要在边缘处处理数据，以缩短响应时间，更有效地处理和减缓网络压力，最大限度地减少带宽使用量和服务器资源消耗。

在物联网中，大量的物体被连接到网络，无时无刻不在产生大量的数据，将其全部传输，并通过云计算来处理，无论是提高传输和计算的效率，还是降低能耗都需要考虑。另外，由于在网络边缘收集的物理数据通常是私有的，所以在边缘处处理数据可以比将原始数据上传到云端能更好地保护用户隐私。物联网产生的许多数据将直接在边缘处理，而不会被传输到云端。边缘应用程序服务显著减少了必须移动的数据量、流量并缩短了距离，从而降低了传输成本、缩短了延迟、提高了服务质量并进行了资源共享。

边缘计算在物联网架构中的位置取决于接入方式，例如，传感器/设备直接接入、采集终端采集设备数据直接接入，或采集终端先采集设备数据，再通过基站接入。边缘计算在政府监管、环境监测、安防、消防、自动驾驶、建筑节能、智能家居等各种应用场景中，其要求是完全不一样的。例如，在航空领域边缘计算事关生死，在自动驾驶领域边缘计算是决策的基石。IBM 预测，目前有 10% 的数据在边缘处理，预计到 2025 年这一数字将增长到 75%。到 2023 年，半数新部署的本地基础架构将位于关键的边缘位置，而不是企业数据中心，而目前还不到 10%。因此，边缘计算、云计算或雾计算相互协同具有巨大的发展潜力。

六、区块链

（一）什么是区块链

区块链，即“区块 + 链”。它是点对点计算机网络中的一个数字化的分布式数据库，常被称为分布式账本。它能对两个经济活动者之间，例如，无论是企业、客户，还是供应商之间，所进行的交易进行数字描述、安全验证、按年月时间线性扩展记录、确保其不可被篡改或造假。

区块链系统不同于传统的集中式的系统，它是分布式的、去中心化的。

在数字社会，如果信息是相互可验证的，这意味着信息的管理中心及其真实性担保就不需要了。由于去中心化，区块链可以降低交易成本，同时可提高交易的效率和安全性。图 8-6 是集中式与分布式网络比较。

图 8-6　集中式与分布式网络

（二）区块链的分类

区块链分为公有链、私有链和联盟链。公有链的特点是，所有数据公开，任何人都可访问、写入和读取整个分布式账本的所有信息，用户安全不受区块链开发者的影响。私有链的特点是，写入权限受一个组织控制，数据不公开对外开放，访问、读取权限需要授权。相比公有链，私有链在交易速度、隐私性和交易成本方面更具优势。联盟链的特点是部分去中心化，联盟由多个机构共同构成，每个机构只管理一个或多个节点，其数据可允许每个机构访问，或授权写入、读取。

（三）区块链的交易过程

为简单起见，我们以 A 方向 B 方转账为例说明区块链实现的交易过程。在传统的系统中，交易必须通过银行这个中介，交易不仅耗时，而且需支付费用。

在区块链系统中，当节点 A 想要向节点 B 转账时，则 A 要发起并产生一个交易过程：

（1）A 生成一个数字区块信息（它既包括转账的数量信息，也包括其签名和加密信息）；

（2）此区块同时发送到网络中所有的节点；

（3）所有节点都对此区块解密并进行真实性验证；

（4）某个节点最先确认真实性得到验证；

（5）网络其他节点对确认验证达成共识；

（6）此区块打上时间戳、添加到分布式数据库；

（7）每个节点保存有一个拷贝；

（8）B 收到资金，交易过程结束。

由以上过程可看出，分布式数据库中的记账不是由个人或一个中心化主体来控制的，而是由所有节点共同参与记录的，是一个节点无法篡改的。经过无数次记账，区块链就成为一个可信赖的超容量公共账本。

要实现上述交易，除采用分布、共同记录技术外，还采用加密技术、共识机制技术、智能合约等技术，以保证传输接收可靠、唯一性真实性得以验证、定义的规则能自动地得到执行。由于节点之间数据区块交换是基于预定的地址、规则和算法安全地进行的，可保证节点的匿名性，无须实名身份认证，只需对区块的真实性进行验证和确认，可信任的交易即可实现。

（四）区块链的意义

区块链构成了一个新的信任体系，其主要特点包括：

（1）去中心（中介）化：网络中所有节点间的信任取代了传统的对中心的信任，具有平等的权利和义务。

（2）集体验证：提供高度的实证性、可靠性和时效性。

（3）不可篡改性：共同记账、共享、同步形成的数据库，任何单个节点无法篡改。

（4）可追溯性：网络中每个节点交易的数据或行为都被所有其他节点记录下来，可以追踪和溯源。

（5）交易关系正式化、规范化：区块链是各种交易都可通用的一种账本。

按照其内部的逻辑，区块链技术一方面具有将所有经济关系正式化的能力，另一方面它把所有的经济交换简化为底层记账语言使之服从账本规则。这意味着，区块链是一项无处不在、绝对透明、严守规则程序的技术。

（五）区块链的应用

尽管区块链最初专为比特币而创建，但其技术潜力大大超出了加密货币的范畴。区块链分布式账本具有通用性，它可用于几乎所有有价值的事物，提供唯一性、真实性的记录。区块链在各行各业有着广泛的应用，例如：

（1）在金融及保险行业，包括国际支付、证券交易、股权登记、信用证明、监管信息、保险理赔等，通过去中介化，区块链可降低交易成本，提高交易速度。

（2）在供应链领域，区块链用于合同签订、产品验证，上下游之间直接交易，可加大透明度、提高信任和效率，其中包括供应链金融。

（3）在物流领域，区块链可监控和追随产品从生产、仓储、运送、到达等全过程，提高物流管理效率。

（4）在物联网领域，区块链的智能合约对自主性行为控制、责任、安全可以发挥关键作用。

（5）在健康、医疗、公益慈善等领域，区块链能提高透明度、降低管理成本。

（6）在产权、版权、个人身份、学业证明、传记等领域，区块链可提供唯一性、真实性的管理。如此等等，其应用不一一列举。

（六）区块链——“价值互联网”

从本质上看，在数字经济中，数字商品生产的边际成本趋近于零，数字产品的拷贝与原件没有任何区别。互联网提供了一个信息存储和传播的通用空间，复制是一大优势，但对原件是一种“贬值”。

而区块链技术把稀缺性原理引入数字领域，它提供一个结构化的价值记录（包括行为）和价值互动的通用空间，以一个账本把世界所有的文件夹统管起来。复制（包括篡改）是不可能的，保证了价值信息的唯一性、真实性。所以，区块链是从信息互联网到价值互联网的发展，是数字经济中具有革命性的“量子跃迁”。

七、数字化入口

（一）入口创造价值

互联网构成了一个扁平的网络，网络参与者之间的联系和互动突破了时间和空间上的限制。在一般情况下，数字用户入口可理解为市场的需求方（消费者）和供应方（生产者）之间数字化相连接的方式。在此情况下，数字用户入口具有双向作用，通过它在各个参与者之间形成透明、快速和有效的互动。

数字用户接口是产品及服务的生态系统中数字化发展的关键。消费者和客户对质量、便捷和个性化有不断增长的需求。不同的生产者合作，更容易、更快速地产生创新的价值供给，也成为必然的要求。不同性质的参与者，包括人和组织，在一个产品及服务的生态系统中联合起来，通过共同提供需要的服务、共同产生价值，从而共同从中获得收益。

用户本身要求的不断提高，也提高了技术的复杂性，新的颠覆性的商业模式的价值创造不再是一个线性的过程。更确切地说，随着参与者数量的增加，价值创造是一个具有网络效应的交互过程。除生产者外，终端用户也融入价值创造网络中，传统价值链中参与者具有明确定义的角色被淡化，这使得他们在价值链中的地位重新被分配。

将市场参与者聚集到一个互动平台，不仅可创造交互的价值，而且还可基于数据实现过程改善和优化，提高客户体验，创新商业模式。

（二）数字入口技术

对用户来说，数字入口是寻找信息、寻求解决问题的技术接口和工具。而对企业则意味着，谁掌握了用户数字入口，谁就获得交流和互动的渠道，谁就获得收集和利用用户数据的可能性。因此，有针对性地采用数字技术对实现成功的信息交换，正确地提供服务，建立生态系统和满意的用户体验有着决定性的作用。

从广义上看，数字平台可看作特别适用于支持产品及服务生态系统互动、创新和共创的用户数字接口。数字平台作为企业和用户、合作伙伴及员工之间的（虚拟）接口，将越来越多地承担经济和日常生活的任务。数字平台的重要特征是它的网络结构，其中的参与者相互连接、交换信息，参与者数量越多，平台的价值就越高，吸引力就越大。共享汽车（如滴滴、优步），社交网络（如微信、脸书），电子商务（如亚马逊、淘宝）资讯、娱乐（如今日头条、抖音）等也都是具有用户数字接口的数字平台。

从技术层面理解，在桌面互联网时代，谷歌的搜索引擎是消费者进入互联网第一入口，浏览器是连接互联网应用的重要接口。在移动互联网时代，苹果 iOS 和谷歌 Android 操作系统定义了底层结构，建立了 App 的应用商店，提供了移动互联网的第一层入口。移动互联网以 App 为核心成为最主要的信息组织方式，用户与应用提供商之间的交互通过一个个独立的应用程序完成，提供方便快捷的信息交换和互动，使 App 以及移动浏览器成为移动互联网的主要入口。

目前，少数大型科技企业，如谷歌，亚马逊、脸书、苹果（GAFA）和百度、阿里、腾讯（BAT），在很大程度上占据了入口，形成了对用户数字入口的垄断，占有数字定价权，客户入口是这些企业的资产。获得客户数字入口的竞争不仅发生在单一市场，也发生在国际范围内。

数字入口对企业意味着什么呢？实际上，没有数字入口就没有数据，也必须为数据买单，可能付出很高的代价。没有数字入口就不可能与用户开展有效的对话，就有可能失去市场或失去与客户的联系。没有数字入口也就不可能创造数字附加值，在市场中就会失去竞争力。因此，企业需要有相应的能力，要合理利用平台，或减少对这些大型科技企业的依赖。

（三）数字入口的融合

对企业来说，获得客户数字入口，可凝聚客户。要把模拟客户变成数字客户，建立自己的生态系统，利用多种实现的可能性，并与 IT 系统实现无缝连接。

过去商品和服务供应可能都在线下，例如实体商店、服务点、自动机、市场和服务、专业展会等。今天，由于移动互联网和智能手机的应用，商品和服务的供应都迁移到线上。线下与线上相结合，数字用户接口与物理用户接口（如实体商店）相互补充，提供了不依赖地点和时间及不间断的可用性。企业如不想依赖其他平台，就必须开发自己的智能的方案和服务，才能与客户建立紧密的关系。

对消费者来说，线上线下全渠道的融合具有重要的意义。客户可跨渠道浏览、比较，获得跨渠道无缝信息连接和体验服务，从而能在此基础上更好地做出购买决策。无论是 B2B 还是 B2C 抑或是 P2P，其购买行为都是一样的，都希望有数字工具、渠道和服务。因此，不仅要应用 App 这样的入口，也要在整个客户旅程中，提供适用的数字入口。同时，要适应数字移民、数字原住民的消费行为，通过快速便捷的数字点击和令人感动的数字界面实现价值互动。

（四）驱动数字入口发展的因素

数字入口的发展受到各种因素的驱动：

（1）客户期望：互联网时代所有企业对客户的认知和理解都发生了变化。这种变化不只是反映在对产品和服务的需求的认知上，更重要的是对客户数字变革期望的理解，以及在产品与服务的信息获得、与企业的沟通、对供应产品公开表达满意或失望的方面具有多种可能性的认同。

（2）数字沟通：企业必须能在技术上实现全渠道沟通，而且做到能简单、快速特别是全天候提供必要的信息。客户的体验必须是所有关注的核心。现在用户越来越成为市场的主导者。例如，电子商务平台中用户的评价比单向的广告信息更能提高用户的可信度，这将更有助于激励企业分享数据，使企业推出个性化的措施和提高客户洞察力。

（3）个性化需求：除客户沟通外，个性化生产将取代批量生产成为主流趋势，要求产品具有模块化的结构，用户通常借助于一个数字配置器来组装自己想要的产品，就像在汽车、家电和计算机行业已经发生，而且扩展到服装、家居和生活品等其他行业的情况那样。

（4）数字资产：对企业来说，实现了高度自动化而又灵活生产和物流的转变，不仅满足了客户需求、提高了效率，而且也获得了数字资产——用户数据。从这种意义上讲，产品将成为市场研究的工具，并能自动地与用户需求相匹配。

（5）竞争力：未来的竞争优势将属于那些能更好地理解用户的需求，能把用户作为伙伴和协同创新者，能明确地把用户目的融入产品开发和生产的企业。通过展示对产品、生产条件、所使用的材料和供货要求的透明度，企业必将获得用户的信任。

建立和优化数字入口是数字转型中必不可少的步骤。这与每个企业的数字化成熟度和实际情况有关，每个企业应根据自身的情况有独立的思路和发展的路径。

第三节　价值创造的新范式

一、第四次工业革命

18 世纪末，第一次工业革命（工业 1.0）以水和蒸汽为动力，开启了机械化生产。20 世纪初，第二次工业革命（工业 2.0）以电气化推动多个行业进入大规模生产阶段。20 世纪 70 年代至 21 世纪，第三次工业革命（工业 3.0）广泛运用电子和信息技术，实现了自动化生产。进入 21 世纪后，第四次工业革命（工业 4.0）广泛运用信息—物理系统（CPS），以实现智能自动化生产，制造业进入 4.0 时代。

由于这次工业革命产生了一种“嵌入式生产技术和智能生产流程”相互连接的方法，它不但将制造系统及其所创造的物品连接起来，而且将物理信息引入数字领域，实现信息沟通和分析，并运用这些信息为物理世界创造更多的智能行为，从而实现一种从物理到数字再从数字到物理的转变。

由于数字化和无处不在的连接，互联智能技术广泛用于生产，带来了系统性的创新。植根于这一理念，德国最早提出“工业 4.0”概念，它预示着新一轮工业革命的到来，同时也导致制造业史上的第四次转型。

（一）工业 4.0 的集成性

工业价值创造范式的革命性转变的特点是，价值创造的参与者从横向和纵向两个维度走向数字化集成（如图 8–7 所示）。而推动这一发展的主要技术是信息—物理系统和物联网，二者是构成工业物联网（即制造物联网）的核心。所以，工业物联网（Industrial Internet of Things）有时甚至被用作工业 4.0 的代名词。

工业价值创造中采用智能的、数字化互联的系统，将产品、人、机器和设施相互联通，实现实时沟通与协作，是未来发展的必然趋势。价值创造的广泛深入发展，也为企业创造新的商业模式创造了条件。

工业 4.0 代表整个产品生命周期及价值链的组织和控制的崭新的发展水平。实现横向和纵向价值创造集成、数字化和相互连接的目标，不仅涵盖单个企业的职能，而且也包括多个企业以及它们内部的价值创造过程，如同全球性价值链一样。

物联网增强了互联性，并进一步增强了数据收集与分析能力。借助于物联网，数据已成为除物品外另一个价值的来源，并可通过互联打造更加智能化的供应链、制造工艺，甚至端到端的生态圈，从而促进了数字经济的转变。

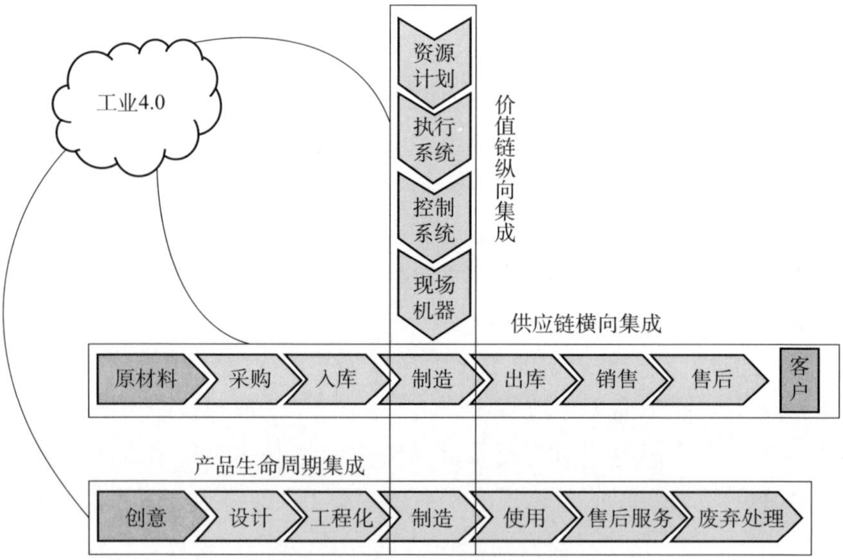

图 8–7 工业 4.0 的整体集成性

（二）制造过程的范式转变

德国联邦外贸与投资署将工业 4.0 定义为：

工业 4.0 是“一种因技术进步颠覆传统制造和生产过程逻辑而促成的范式转变。简而言之，工业 4.0 意味着不再只是由生产机器来（加工）产品，而是由产品与机器沟通并告诉机器如何操作”。“工业 4.0 把嵌入式的系统生产技术与智能生产过程连接起来，从而开启了一个全新的技术时代，并将给行业、生产价值链以及商业模式带来重大转变。”

为了充分把握数字与物理两个层面的机会，运用不同来源、不同地点的数字化信息推动实体制造，并将两者进行整合十分关键。换言之，通过整合信息技术与操作技术，形成强大的制造企业，这就是工业 4.0 的主要目标。

工业 4.0 又称智能制造，或制造 4.0，其标志是通过连接方式实现从物理到数字，再从数字到物理的转变，通常所指的是智能化互联的制造业。针对这一现象还有其他一些常见术语，其所用的名称不同，但其所指的对象并无多大差异。例如：

——工业互联网；

——智能工厂；

——数字工厂；

——工业物联网；

——工业制造物联网。

（三）信息—物理系统的概念

为了阐明“工业 4.0”概念，德国援引了“信息—物理系统”（Cyber Physical System，CPS）的概念——即连接数字世界和物理世界的技术，尤其是通过附在实体设备上的传感器接收结果数据的网络技术。实际上，“信息—物理系统”的概念与我们通常提及的“物联网”概念非常相似。

这样一个定义能够提升“工业 4.0”概念的价值，也明确强调了发展实体控制技术的作用。制造业领导者必须明白，工厂的控制系统与制造执行系统（即操作技术）和与各职能体系同步的一般企业职能和能力（即信息技术）在创造巨大机遇和改变业务的过程中是如何共同发展的。理解各类信息技术如何与物理世界相互影响，是推动创新的一个良好的开端。

二、信息世界与物理世界的融合

在探索信息如何创造价值时，从实体角度理解制造业中的价值创造非常重要。以产品和服务的形式创造价值的过程形成了制造业价值链：企业通过一系列活动将输入转化为输出，最终销售、交付并持续通过支持为客户提供输出。我们通常认为制造业的价值链是线性的。通过工业 4.0 技术强化价值链，各节点可动态获取各阶段生成的信息，可使这个线性结构形成一个信息循环反馈。

在整个制造业价值链中，从设计、开发到制造、销售和服务，可实现信息技术和操作技术的融合。从广义上来说，工业 4.0 技术能更加容易地达到核心的业务目标，即生产力、风险控制、提高收入和新增收入，这些目标明确了管理人员实现价值的战略方法。

例如，制造业价值链第一阶段的重点是研发和设计，在这方面，工业 4.0 技术可以加快和完善设计流程，缩短产品进入市场的时间并推出更加智能的产品。在这一阶段，受工业 4.0 影响最大的利益相关者将是设计工程师。在价值链的另一端，工业 4.0 的应用，将产生全新、完善的产品和服务，从而产生新增或增量收入，实现业务发展。价值链的中间阶段——规划、生产、支持——工业 4.0 技术则可以不同方式实现经营转型。

三、信息—物理系统的价值循环

制造业所固有的流程包括数据创建、沟通和行动。尽管其产出的是物品，但制造业却是始于信息的：一项设计需要经历绘制图纸、设计软件或扫描物品，这就是创建数据的过程。之后这些数据将被传达给实现设计的机器，从而将数字形式的设计带到物理世界。从理论上讲，从数据创建过程，以及之后的使用环节，可继续获取数据，激发数字世界和物理世界的持续循环。这样，“工业 4.0”的概念与物联网有了重叠也就显而易见。

物联网是工业 4.0 的关键，或者是最为关键的要素。互联在创建产品和服务以及提升客户满意度方面具有重要的作用。目前，大量联网技术正在快速发展，这些技术将为制造业带来深刻变化。

工业 4.0 代表了物联网和相关物理技术的融合，包括数据分析、增材制造、机器人技术、高性能计算、人工智能、认知技术、先进材料和增强现实，完成了物理到数字再到物理的循环。正是从数字回到物理，即从互联的数字技术到物品的创造，这个飞跃构成了“工业 4.0”方案的本质。

根据其在制造业价值链的不同节点选择应用的技术，制造行业的领导者有机会制定出有效的经营战略，以实现重要的商业目标。

工业 4.0 中用于从物理到数字再到物理价值循环的一些技术可粗略概括如下：

（1）从物理到数字：

——传感器与控制措施；

——可穿戴设备；

——增强现实。

（2）数字（载体）：

——信号聚合；

——优化及预测；

——可视化及终端交付；

——认知及高性能计算。

（3）从数字到物理：

——增材制造；

——先进材料；

——自控机器人技术；

——数字设计和仿真。

四、数字化平台商业模式

信息和通信技术作为通用技术会以多种形式使企业的组织、生产和服务方式发生革命性的变化。这一观点是我们讨论工业 4.0 的核心。

为做好应对工业 4.0 的挑战的准备，无论是企业，还是政策制定者都应解密这一革命性变化的逻辑。对企业来说，这决定它们是否能在市场中取得成功，甚至决定它们最终是否能存在下去。对政策制定者来说，关键是如何为变革制定正确的指导方针。也许在有些情况下，昨天的一个好政策，但明天却不再适用。

工业 4.0 包括数字化但不是简单的、一般的数字化过程，它是一个涉及所有经济领域的数字转型。换句话说，这个概念反映了一个特别复杂的转型过程。为了能够在经济和政策上做出正确的决策，我们必须分别根据不同的情况，对数字转型有清楚的认识。我们需要回答数字转型在哪些方面与社会相关和如何制定相应政策的问题。

（一）企业与市场结构的变化

工业 4.0 可以描述为一个由于数字技术引发的经济平台化的过程。迄今，对工业 4.0 的讨论主要集中在工厂内部的变化（关键词是智能工厂），而现在我们应转为先关注企业之外的结构变化，即市场结构的变化。实际上，工厂中的变化常常是渐进式的，而市场结构的变化却要快得多。

（二）平台化的挑战

数字平台从根本上改变了经济的结构。数字转型不仅使产品更智能，而且从结构上使市场发生改变。新的市场结构在很大程度上取决于数字平台。平台是一个基于数据提供服务和重新分配价值创造的地方。这意味着，企业可自己或合伙建立和运营平台，或者支持第三方平台，只要它是开放的和特别有利于自己的商业模式。

（三）平台化需要领导力

成功的平台不是偶然产生而是通过战略管理建立的。平台战略对现有的商业模式提出了质疑，对企业自己也不例外。平台化也可能使企业陷入“创新者困境”，这是一个真正的管理挑战。为尽可能快速地从现有的商业模式转向新的商业模式，需要回答如下 3 个问题：

（1）平台化会给我的市场带来什么变化？

（2）我是否要自己建立平台？如要建立，我需要哪些伙伴？怎样建立一个平台“生态系统”？

（3）如果不建立，怎样设法让市场现有的平台能为我的业务服务？

平台化对不同的行业不是一个统一的过程，在不同的行业有迥然不同的情况。通常的一大误解是把平台化理解为统一化。虽然在经济领域的许多行业平台化是一个大趋势，但这一过程在不同行业的进程非常不一致，因而建立的平台的模式也不相同。

五、数字化平台的特征

（一）平台的类型

数字化平台可根据不同的特征分为不同的类型：

（1）开放平台 vs. 封闭平台：平台内核和外围之间不同的权力分配方式。

（2）平台单个企业 vs. 平台合伙企业：有些市场是通过单个企业建立平台，而另外一些市场则是通过合伙企业建立平台。

（3）演化性平台 vs. 变革性平台：有些数字平台从现有的供应链平台演化

而来，而另外一些则是新建立起来的。

如果一个市场越靠近消费者、硬件越不占统治地位，则平台化的过程就越剧烈。人们常用“颠覆”这个词，但并不是所有的数字化和平台化过程都是颠覆性的。在很多情况下，平台化更应理解为一个重组的过程。价值的创造将通过新的商业模式重新被分配，其中的有些模式是戏剧性的。

（二）平台模式的颠覆性

平台模式颠覆的潜力与两个因素有关：

（1）平台化的速度。至少可以根据“软件正在吃掉世界”观点来判断，平台虽然都是贪吃的，但有些市场的消化力明显比其他市场要快，特别是在终端客户市场。今天的“消费互联网”就已广泛地平台化了。很显然，B2B市场需要更长的时间，工业互联网的发展至今已有10多年，但平台化的过程还在继续。

（2）市场外与市场内的准入壁垒。在这里硬件是关键。虽然它对平台化的速度的作用不那么明显，但对新进入市场的平台企业家的平台化概率有更大的影响，这凸显“硬资产”的意义。硬件在许多市场依然有着空前重要的作用，就像农业机械、涡轮机、飞机、汽车等领域。由于硬件产品的复杂性，这些市场的准入壁垒较高。平台市场也不可能避开这一事实。

六、信息世界与物理世界融合的挑战

毫无疑问，“工业4.0”的概念将不断渗透进入企业生产流程和供应链。通过信息流、先进技术以及新材料，即通过工业4.0的信息技术和操作技术，采用全新的方式、制造全新的产品将成为可能。这就使得不仅在生产方式，而且在经营模式和供应链管理方面都将发生深刻的变革。

应当知道，信息技术和制造操作技术两者之间的相互作用极为重要。企业领导人不应只考虑应用其中一方面，而忽视另一方面，必须将两者真正融合。只有相辅相成，才能充分释放工业4.0的潜能。

随着信息技术和制造操作技术不断整合，制造商需要评估其自身现状和发展方向。这将决定它们围绕制造业价值链需要收集、分析和采取行动的最为重要的信息类型。有效地使用信息，清楚理解物理与数字世界间的相互转换，不仅对企业经营和实现增长，而且对整个价值链及其不同利益相关者实现转型都具有重要的意义。

企业在实行，或计划实行工业 4.0 的过程中，将面临信息技术和制造操作技术的管理与整合的多种挑战。其中一部分挑战的影响表现在组织的层面，而其他的挑战则存在于广泛的生态圈的层面。随着互联技术加速发展，这些挑战变得愈加严峻。

（一）人才与劳动力

企业实践工业 4.0 在组织层面试图整合信息技术和制造操作技术时，常遭遇缺乏新系统规划、执行和维护等方面的人才的困境。由于互联系统产生的数据类型和规模，至关重要的是需要大量在非结构化数据处理及大数据工具使用方面受过培训的工程师，但其实际数量可能远低于预期的需求。这种困难还进一步延伸到工厂生产车间。许多企业领导人在传统生产方式上具有丰富的经验，而对先进的制造方式却不能得心应手，因为他们缺乏对材料的特质和性能以及材料使用技术和方法方面的体验。这可能会导致他们在采用新技术时出现迟疑或推诿行为。企业领导人在考虑工业 4.0 应用时对劳动力的发展应采取积极的态度，可通过与外部组织、大学、技术学校合作，发展并不断引进热爱并精通先进数字化和实体生产技术的员工。

（二）标准与互通性

从更广泛的生态圈角度来看，许多支撑工业 4.0 应用的系统均是专有的系统，将它们进行整合将会面临许多困难。因为缺乏互通性，工业 4.0 技术的全面应用会是巨大的挑战。企业可组建联盟，与行业协会以及政府机构共同建立相关标准体系。管理人员以及合作伙伴，也应跟踪和关注相关标准的最新发展，以期投资创造的价值能实现最大化。

（三）数据所有权及控制

随着整个价值链中越来越多的利益相关者相互关联，生态圈内就会提出谁拥有所产生的数据，以及如何保障适当的隐私和控制及安全等问题。当供应商和制造商之间的联系日益紧密时，这些问题也将愈加棘手。而供应商和销售商在供应链中直通终端零售商和客户，他们对其特定领域之内甚至之外所产生的数据可能都主张相关的所有权。这些信息可用于提升产品性能、改进部件的使用以及提高效率，具有非凡的价值。因此，管理人员应特别注意其签订相关数据所有权及使用权的协议。发现并控制数据流的瓶颈，很可能是创造和获取价值的重要机遇。

（四）安全性

在实行工业 4.0 过程中，除数据的所有权外，安全性也是一个备受关注的问题。采用复杂的加密算法虽能提升设备的安全性，但要付出能耗增加的代价。安全和能耗之间的取舍在大规模部署中变得尤为重要。另外，对旧系统进行工业 4.0 应用改造也可能会增加安全风险，因为旧系统并不适用于此种方式的连接。要控制好安全风险，企业需要做好系统防护，保持警惕，以规避新的风险，提高韧性，以便降低损害并尽快恢复运营。因此，管理人员应积极主动应对网络安全问题。在工业 4.0 的规划过程中，解决安全问题不是后续的任务，而是第一要务。

七、政府在平台革命中的作用

一般来说，政府不是平台活动者。政府应当在构建框架条件和提供智能基础设施上发挥优势。实现平台化并不要求制定全新的工业政策，而要求必须调整活动的秩序规则。

数字平台化是引起市场巨大变革的大趋势，但是它并不能说明应当改变成功的经济政策的模式。

建立平台是一项高度复杂的管理任务，它要求对市场有深刻的理解。行政部门一般不具备行业领域具体的专长，应当力求保持企业经济逻辑和产业政策一致。

在整个工业革命的背景下，在数字转型中，政府应与企业共同构建和促进平台发展：

——促进数字转型基础设施建设，调整基础设施的市场监管，包括能源、健康、交通、电子政务、教育，为数字创新创造条件。

——强化平台经营者的责任。平台越是被纳入监管，对初创者建立平台也就越困难。在这里，监管的要求事实上就是市场准入的门槛。

——网络中性：不能让已经建立的平台独占优势，而阻碍新的数字平台的建立。网络中性有助于营造公平的竞争环境，是一项有效的竞争政策。

——为了能有意义地构建平台，必须调整保护竞争和保护消费者权利的法律，但把平台化和垄断等同起来的观点是不正确的，因为这会导致错误的政策后果。

——在过去，保护竞争和保护消费者权利的法律是针对“管道”制定的，而不是针对平台建立的，因此需要做相应的调整。

——平台既可形成市场权力集中，即形成平台核心，也可形成平台炒作，即形成外围竞争，我们必须善于处理这样的悖论。

在现代经济发展历史上，管理者首次遇到了巨大的挑战，就是要在不断变化的价值创造结构中为企业定位。企业必须超越自己的边界来思考问题。如果对平台的过程没有深刻的认识，在未来要获得成功则是困难的。工业 4.0 时代的成功取决于是否能够快速适应新的变化。

第四节　工业革命的关键要素和关键技术

一、关键要素

如前所述，通常把新一轮工业革命称为工业 4.0，或称制造 4.0。它不仅能推动制造业实现业务增长，而且能提高生产率，控制风险并提高运营效率。

无论是在制造业价值链的哪一环节，工业 4.0 技术都能推动业务增长，尤其是在研发与设计、销售与交付以及售后支持的环节。从物理到数字、纯数字化以及从数字到物理等多种形式的互联能够推动产品优化、客户互动和工程设计的价值创造。

工业 4.0 转型的实现取决于六大关键要素，它们分别涉及企业内外的利益相关方及其相应的流程。

（一）产品优化

使用信息技术（例如传感器和可穿戴设备）和制造操作技术（例如增材制造、计算机数控和机器人技术等先进制造技术）可从各个方面促进产品优化，增加或创造智能产品和服务。例如：

——安装传感器、增强互联性，改进旧产品，使现有产品变得更智能。

——建立互联产品或企业所产生的数据平台，提供智能产品或服务。

——利用先进的制造技术，开发全新的产品和服务。

对企业间的交易活动，可通过数字化设计、数字化制造，改变工业产品的价值定位。例如，设备供应商针对发电厂内运行的实体设备建立实时数字化仿真模型。基于云端“数字化发电厂”模型，可以掌握发电厂设备情况、优化电力生产、适时开展机械维修、模拟各类情况以了解其对发电厂可能造成的影响。

（二）客户互动

基于智能产品和服务收集的数据和信息，整合客户信息、建立与客户联系的新方式，制造商可以更好地了解其客户。在工业4.0时代，客户体验的提升不仅受实体商品影响，还涉及数据和信息（以及对数据和信息的分析），客户与产品的互动也会变得更加透明。

运用客户信息有助于产品与服务更智能的定价和销售。信息技术和制造操作技术还可提升产品和服务，使设备利用也更加智能。此外，数据的发送是双向的：信息既可以发送给制造商及其合作方，也可通过智能应用程序返回给客户，提升用户体验。

（三）工程设计

制造业的价值链是以产品开发与设计为起点的。各种工业4.0技术，尤其是增材制造等操作技术、计算机辅助设计和模拟等信息技术，以及数字工具能够在关键方面发挥作用并影响流程，加快创新与设计流程。例如，利用快速成型及生产的能力，使用云开发工具设计新产品、配置全新软件解决方案，运用数据评估设计缺陷并加以修正，以及开源分享知识产权等技术手段。利用数字设计与模拟仿真，通过虚拟产品开发与测试的形式能大大提高工程效率。

工业4.0技术能提高生产力，降低风险并改善运营效率。在价值链的“计划”“采购”“制造”环节，从物理到数字和从数字到物理的各种结合可以影响生产计划、工厂运营和售后支持的价值创造。

（四）生产计划

制造商在制订生产计划时，在制造业价值链中经常会遇到许多不确定因素。信息技术和制造操作技术能够预测市场变化并及时采取应对措施。

制造商利用信息技术，例如传感器、信号整合、优化和预测，追踪整个供应链中商品的动向，收集整个价值链中的数据，进行需求感知和规划。分析这些数据可以识别状态，追踪动向，并最终了解顾客需求和市场，因此制造商能更好地计划在恰当时间和地点提供服务。基于产品数据，还可提供预测性故障分析。

（五）工厂运营

采用工业4.0技术的工厂利用增强现实、传感器和控制器、可穿戴设备和物联网等从物理到数字的技术追踪产品，监测质量控制，并且管理产品生命周期等。据此，创建制造操作技术与信息技术之间的数字连接，能提高产能效率，使生产设备更加智能化并加强与作业流程同步的活动。

工业 4.0 技术为员工提供更加安全的工作条件，同时提高劳动生产率和效率，例如为远程控制的设备加装传感器，使用定位系统精确定位工人安全位置。除了劳动生产率和安全性外，信息技术与制造操作技术还能使生产设备智能化。例如，利用智能系统检测生产过程中的缺陷，监控设备性能，并自动采取措施，避免故障的发生。

（六）售后支持

当某个部件或产品一旦完成开发、制造、运输和销售等环节，工业 4.0 技术可提供故障分析、预测性维护和远程服务。

分析故障背后的原因，有助于制造商更加有效地解决问题，从根源上而非只从问题表面解决问题。

利用预测性维护可预测故障，且能主动进行修复，不仅能节省巨额的维护费用，同时还能大大减少设备故障引起的停机时间。

在对现场故障做出响应时，可穿戴设备及增强现实技术能够使技术人员远程指导用户完成维护程序等工作。例如，利用可穿戴式智能眼镜技术，远程专家可同步观察客户设备操作人员的操作，并提供循序渐进的指导和培训。与此同时，由于质量管理的提高，整体生产过程中的风险也就降低了。

二、关键技术

工业 4.0 将彻底改变设计、制造、运营以及产品、服务和生产系统。零部件、机器和人之间实现互联、互动，有可能使制造速度提高 30%，制造效率提高 25%。此外，大规模的定制水平也将提升到一个新的高度。孤立的自动化单元将转化为整合的自动化设施，并能够相互连通，从而大大提升制造系统的灵活性、速度、生产力和生产质量。

自工业革命以来，科技进步大幅推动了生产力的发展。蒸汽机的出现在 19 世纪提供了人力无法达到的物理动能。20 世纪初，电力的应用使大规模制造成为可能。20 世纪 70 年代，计算机、信息和自动化技术让工业生产力大幅提升。

如今，我们正在经历第四次工业革命（工业 4.0）的创新浪潮。在这次工业转型中，传感器、机器和 IT 系统将跨越单一企业在整条价值链上融合到一起。这种相互连接的系统通过标准的互联网协议进行互联，收集分析相关数据，预判错误，不断进行自我调整，从而适应不断变化的环境。

工业 4.0 可以在不同的机器之间收集和分析数据，可以让生产的速度更快、灵活性更强，且效率更高，从而提升产品质量并降低生产成本。它将大大提升制造业生产力，进而推动经济转型和产业发展，并改进劳动力就业结构，最终改变公司乃至国家之间的竞争格局。

所有这一切在很大程度上是基于多项关键（支柱）数字技术的工业革命和转型而实现的。

这些技术中很多已经应用在制造业中，但工业 4.0 将这些技术整合到一起，成为完整的生产流程，不仅提升效率，而且进而改变供应商、制造商和消费者之间的关系，也改变人与机器之间的关系。这些关键技术（BCG，2016）如下：

（一）大数据分析

在制造业领域，海量数据的分析已经能帮助企业优化生产质量、节省能源并改进设备服务。在工业 4.0 的环境下，对不同数据源包括生产设备、系统以及企业和客户管理系统等进行数据收集和分析将会成为未来企业进行实时决策的标准配置。

（二）自动机器人

很多行业制造企业都已广泛采用机器人完成复杂的生产任务，但机器人技术将变得更加强大、更加灵活且智能。最终，这些机器人之间不仅可以互通互联，还可以更安全地与人类一起工作，甚至从人类身上学习新的技能。这些新机器人不但在性能上远超今天的工业机器人，而且其成本会大大降低。

（三）模拟仿真技术

在工程设计领域，不少企业都采用了 3D 模拟仿真技术来设计产品的结构和材料。未来，模拟仿真技术将在工厂运营中扩展到更广的范围。人们可以用实时数据来模仿包括机器、产品和人在内的物理世界，将新产品放入虚拟的生产环境中。在进行实际生产前，企业可对这些新产品先进行测试和优化，从而减少设备装配调试的时间并提高产品质量。

（四）水平和垂直系统整合

今天，大部分企业的 IT 系统并未完全整合。企业、供应商和客户常常是各自独立的。在企业内部，工程设计、生产和职能部门也往往相互割裂。即便是工程设计这一环节，也没有多少企业能做到设计、制造和自动化实现三位一体。但随着工业 4.0 的发展，企业、部门及其职能将会成为更加紧密的整体，一条贯穿企业的数据网络将实现价值链自动化。

（五）工业物联网

目前，少数制造企业实现了传感器和设备的互联并应用了嵌入式计算技术。但产品的组织方式依旧是垂直的金字塔结构，系统中的传感器和分布装置的智能化程度有限，控制者需要通过中心制造流程对系统进行控制。然而随着物联网时代的到来，越来越多的设备，甚至包括一些半成品，都将装备嵌入式计算技术，并通过标准技术实现互联。这时，身处不同地理位置的产品设备将能进行互动和沟通，并由中央处理器集中控制。物联网将实现决策的去中心化任务，互联设备能进行自动分析和决策，对环境变化进行实时反应。

（六）网络安全

企业的管理和制造系统不再是独立或封闭的。随着工业 4.0 的到来，原先相互隔绝的设备将以统一协议相互连接，工业系统和生产线将连为一体。这时，保护关键工业系统和生产线免受网络安全威胁的需求将大幅增加。安全可靠的网络通信、身份识别和管理系统入口将变得至关重要。

（七）云计算

很多企业已经开始在企业和数据分析应用中使用基于云的软件。随着工业 4.0 的到来，越来越多的与生产相关的任务需要跨地域和跨企业的数据分享。与此同时，云计算技术的性能也会不断增强，使反应速度达到毫秒级。机器数据和功能将逐渐迁移到云端，越来越多的生产系统的数据服务也会应运而生。未来，检测和控制生产流程的系统也会搬到云端。一些制造执行系统供应商已经开始提供云端服务的解决方案。

（八）增材制造（3D 打印）

增材制造（3D 打印）已经得到应用，但大多数仍然处于初期阶段，或用于制造独立部件。在工业 4.0 时代，这一技术将会广泛地应用到小批量生产定制产品上，在复杂或超轻量的结构设计等方面也会带来显著优势，同时高性能、去中心化的增材制造系统将大大降低产品的物流成本和库存。

（九）增强现实技术

增强现实技术可以在很多方面协助生产和服务，例如通过手持设备挑选仓库中的配件或发送维修指令。这一技术一旦成熟，在未来将为工人提供实时信息，帮助其进行实时决策，改善生产流程。

三、关键系统性集成技术

下面分别介绍数字双胞胎和信息—物理系统的基本原理，它们属于关键系统性集成技术。前者与模拟仿真密切相关，而后者则是工业物联网的核心。

（一）数字双胞胎

1. 什么是数字双胞胎

"数字双胞胎"（Digital Twin）是现实中的物理对象在数字虚拟空间的映射或模拟模型，是与模拟仿真技术密切相关的数字技术，又被称为"数字双胞胎"技术。物理的对象可以是产品、装置、系统、生产过程，甚至整个工厂。将它用于产品和系统开发、投产、运行和服务，用它进行模拟得到的结果与在现实的系统中所产生的完全一样，这样就可大大节约时间和成本，提高制造企业研发和制造的效率。采用这种技术后，程序的错误在设计和开发的阶段就会被发现。尽早消除和避免错误，会大大有助于后期顺利投入运行。数字双胞胎也被用于系统优化和培训，而这些都不必在停工的条件下进行。

从前，在创造一个部件、产品或一套生产流程时，有了创意后必须经过多次的迭代设计，有时为了验证产品的尺寸，或部件之间的配合关系，或满足流程的要求，不得不制造中间产品，或多次修改设计流程，这既耗时又费事。采用数字模型的设计技术可在虚拟的数字空间创造出部件、产品或工艺流程。在虚拟空间里，大大简化了修改部件、产品的尺寸和装配流程，验证产品的几何结构、装配及流程的可行性等工作，使制造物理样机的次数、时间和费用大为降低。因此，在最终的产品制造出来之前，模拟产品在虚拟空间的迭代过程就已映射了物理实体产品的迭代，而且在必要时，模拟产品还可用于后续产品系列的开发。

现在，模拟仿真技术不仅用于产品设计阶段，而且已经扩展到产品和系统的全生命周期，构成与物理实体形影不离、相互关联的数字双胞胎体，它将会成为智能制造的核心功能之一。未来智能工厂将是基于数字—物理模型的系统工程或基于数字—物理模型的制造，通过软件定义产品，数字仿真技术将成为智能制造的关键组成部分。国际权威咨询机构 Gartner 预测，2021 年全球 50%的大型工业企业将使用“数字双胞胎”，从而使这些组织的效率提高 10%，尤其是制造业和工程行业的企业。

利用先进建模和仿真工具构建的数字双胞胎技术，可覆盖产品全生命周期、横向和纵向价值链，从基础材料、设计、工艺、制造以及使用、维护的全部环节，形成产品设计、制造和维护以统一的模型为核心的数字化数据流，使之贯通产品生命周期和价值链，实现全面可追溯、双向信息共享和价值链的协同。

2. 数字双胞胎全生命周期

（1）产品设计阶段。在产品设计阶段构建一个三维标注的产品模型，包括 3D 设计模型、产品生产信息（Product Manufacturing Information，PMI）和关联属性等。

（2）工艺设计阶段。在工艺设计阶段，基于 3D 设计模型、PMI、关联属性，构建三维产品模型的工艺设计，最终形成基于模型的工艺规程（Model Based Instructions，MBI），包括工艺物料清单（Bill of Material，BoM）、3D 工艺仿真动画、与工艺关联的文字信息和文档。

（3）产品生产制造阶段。在产品生产制造阶段，实现产品档案（Product Memory）或产品数据包（Product Data Package），即制造信息的采集和全要素重建，包含制造物料清单（Manufacture BOM，MBOM）、质量数据、技术状态数据、物流数据、产品检测数据、生产进度数据、逆向过程数据等的采集和重建。

（4）产品服务阶段。在产品服务阶段，实现产品的使用和维护（Operations and Sustainment，O&S），包括操作、维修、保养，也包括升级和改造。

（5）产品报废 / 回收阶段。在产品报废 / 回收阶段，记录产品的报废 / 回收数据，包括产品报废 / 回收的原因、时间，产品实际寿命等。为下一代产品的设计改进和创新、为同类型产品的质量分析和预测及产品仿真模型和分析模型的优化等提供数据支持。

西门子最早将“数字双胞胎”模型概念推向市场，基于虚拟企业模型和自动化信息技术，构建了企业“数字双胞胎”，包括“产品数字双胞胎”“生产工艺流程数字双胞胎”“设备数字双胞胎”，并通过数字化将 3 个层面集成为一个统一的数据模型，实现企业横向价值链和纵向价值链整合，进而构建了工业 4.0 企业数字化生态系统，即工业数字化云平台。

GE 为每个引擎、每个涡轮、每台核磁共振，创造一个数字双胞胎，通过虚拟数字化模型，在虚拟空间进行调试、试验，即可知道如何使机器达到最高效率，从而成功应用于实体模型。

通过数字双胞胎，企业可以合理规划产品，避免浪费大量的物理实体验证、试验时间及成本。

（二）信息—物理系统

在工业 4.0 方案中，信息—物理系统起着核心的作用。一个信息—物理系统的实质性特征，就像字面上可以理解的，是（物理现实）模拟世界和（信息技术）数字世界的融合。因此，如一个机器具有 CPS 功能，则意味着除了具有物理的存在之外，它还有一个用数据和模型描述其标志、特征和能力的数字的 / 虚拟的存在。

因此，CPS 可以被理解为一个具有扩展能力的广义上的嵌入式系统。特别是，具有自主性地与其他 CPS 形成网络的能力。通过这一途径，CPS 可实现系统间相互通信和数据交换。CPS 能通过传感器感知它的环境，处理数据，借助于执行器去影响其环境，并且具有与环境通信的接口。

这些能力开启了它在不同领域应用的新的可能性，无论是交通出行、医疗技术，还是生产制造领域等。

不过，这两个世界纯粹的融合只是释放出了它的部分潜力。一旦通过本地的或全球网络及平台与其他 CPS 形成网络，创造的可能性就会达到新的维度。例如，一个 CPS 可采集它当前的位置或它的状态，并传递给其他参与的系统，或者以此进入协商状态，以便系统做出相应的决策。

在生产背景下的信息—物理系统，通常被称为信息—物理生产系统（Cyber Pysical Production System，CPPS）。这是新一代生产系统，其突出的特点是适应性、灵活性和高效率。适应性指的是“即插即用”，是基于对运行时间的配置和自组织来实现的。通过更换各个元件或装置部件，一个生产系统可灵活地对市场条件或生产变量做出反应。同时，在运行中自动进行运行参数和资源利用的优化。对此，CPPS 具有自诊断的能力，并能超前行动和做出自己的决策。

数据、服务和职能映射到 CPPS，这意味着传统的生产计划和控制系统的责任和服务向分布式的行动单元转移。其结果，使自动化金字塔逐步趋于瓦解。随着现有的层级被打破，一个信息—物理生产系统的网络就有可能形成。

在现实中，不可能所有的生产资源都具备一个完整的 CPPS。在这种情况下，CPPS 的各个功能可由上一级的 IT 系统按照代理原则来提供。当生产系统在信息系统中被当作实体管理并具有有效的通信单元时，它就可被认为是一个完整的 CPPS。此外，为实现无处不在的通信，CPPS 还必须具有能够支持相应的标准和语义的功能。

（三）数字双胞胎 vs. 信息—物理系统

由于数据采集系统、信息技术和网络技术的发展，制造业已进入一个全新的时代。

随着人工智能的发展，智能技术，包括物联网、云计算、大数据、信息—物理系统和数字双胞胎等，已在新一代智能制造中处于中心的位置。制造业正在从基于知识的智能制造向基于数据驱动和赋能的智能制造转变。其中“智能”指的是数据的产生和使用。智能制造代表在未来的制造业中，来自产品生命周期的数据实时传输和分析，同基于模型的模拟和优化相结合，能产生影响制造业所有方面的智能。信息—物理集成是智能制造的一个重要的前提条件，也是它的核心。智能制造可被认为是人们熟知的信息—物理系统和数字双胞胎在制造业具体的专门化的应用。

信息—物理系统是集成数字世界和动态物理世界的多维的和复杂的系统。通过计算、通信和控制的集成和协作，信息—物理系统可提供实时的感知、信息反馈、动态控制和其他服务。借助于有效的连接和反馈回路，物理和计算过程高度相互依存。按这种方式，实现信息—物理集成和实时互动，以实现对物理实体进行可靠、安全、协调、稳定和有效的监视与控制。

与信息—物理集成相联系的另一个方案就是数字双胞胎。它是在虚拟空间创造物理对象高保真的虚拟模型，为的是模拟它们在实体空间的行为并提供反馈。一个数字双胞胎反映的是一个双向动态的映射过程。它破除了产品生命周期的壁垒，并提供了一个产品的完整的数字足迹。这样，通过数字双胞胎就能使企业更早、更准确预见和检测物理问题，能优化生产过程和制造更好的产品。

虽然二者都用于描述信息—物理的集成，但它们是两个不同的概念，各自具有不同的核心元素。

1. 起源

CPS 是从嵌入式系统广泛应用而引申出来的，专家早在 2006 年就已提出，当前的研究主要集中在方案、结构、技术等方面，在工程领域的研究还处在早期阶段。与嵌入式系统、物联网、传感器和其他应用技术相比，CPS 是更为基础性的技术。

"数字双胞胎"一词最早出现是在 2003 年，它是从产品生命周期管理（PLM）过程中产生的，为的是解决日益复杂的工程系统问题。目前它应用于各种工业领域，包括产品设计和生产线设计。西门子、GE、达索（Dassaut）、特斯拉都应用数字双胞胎以提高产品的性能、制造的灵活性和竞争力。从应用看，数字双胞胎更类似于一种工程性的应用。

2. 信息—物理映射

从信息—物理映射来看，CPS 的实质是利用计算和通信与物理过程进行密切的互动，增强物理系统的能力。它能提高物理世界的精确性和效率。CPS 关注的重点是控制而不是镜像模型。CPS 的信息—物理映射不是 1 对 1 的关系，而是 1 对 N 的对应关系。

数字双胞胎提供一个元件、产品或系统在物理和功能方面完整的描述，使虚拟模型与物理实体在几何尺寸、结构、物理性能、行为和规则方面，如同实体的镜像一样，虚拟模型与物理实体高度相似。物理和数字世界的映射关系是 1 对 1 的对应关系。

3. 信息—物理层级

智能制造是一个从设计到生产，再到物流和服务的，有多个装置对象参与的价值创造过程。信息—物理系统和数字双胞胎都分为 3 个不同的层级：单元、系统和系统之系统。

（1）单元。在单元层的信息—物理系统和数字双胞胎共享相同的物理对象，这包括装置、材料和元件，例如机器工具、装有传感器和执行器的机器人，以及嵌入式系统。通过数据交换和处理，在单元层的信息物理系统赋予机器更高的效率和韧性。单元层的数字双胞胎的形成必须通过对几何形状、标识和功能的描述和模型化来实现，也必须是以该层级物理对象的运行状态为基础的。

（2）系统。一个生产系统可以是一个生产线、一个车间，甚至是一个工厂。在系统层，信息—物理系统和数字双胞胎同属相同的物理生产系统。只是，在信息—物理系统中的系统层与单元层相比，信息部分没有多大的差别；而在数字双胞胎中的系统层虚拟模型必须通过多重单元模型的集成和协同来构成。一个复杂的产品，必须是一个系统层的数字双胞胎。例如，一架飞机是一个复杂的产品，飞机的数字双胞胎则是由引擎的数字双胞胎单元和机翼的数字双胞胎单元共同组合而构成的。

（3）系统之系统。在这一层，需要构建一个智能服务平台，实现该层信息—物理系统和数字双胞胎之间跨系统的互联、互操作和协同优化。基于服务平台，信息—物理系统或数字双胞胎的多个系统构成更高一层系统之系统（System of System，SoS）。其中，SoS 层的数字双胞胎是产品生命周期不同阶段的集成，因而也是产品创新和质量追踪的基础。

4. 功能实现

基于层级结构，信息—物理系统和数字双胞胎功能的实现可分为三步进行。第一步是建立单元层的信息—物理系统或数字双胞胎。基于单元层的数字双胞胎可实现设备的智能监视、智能控制和维护管理。第二步是建立系统层的信息—物理系统或数字双胞胎。若干单元层可构成一个有智能生产能力的系统层。第三步是在单元层和系统层的基础上实现系统之系统（SoS）。

信息—物理系统和数字双胞胎的目的都是实现有利于智能制造的信息—物理集成，但在实施时其重点各不相同。CPS 把传感器和执行器作为主要模块；而数字双胞胎遵循基于模型的系统工程法，它的重点在数据和模型。但信息—物理系统和数字双胞胎二者都离不开新型 IT 所提供的技术基础。

第五节　物联网的构成与技术特征

一、网络与平台

物联网（Internet of Things，IoT）指的是通信网和互联网组成的联动网络，是网络的延伸和拓展应用。其中，通信网既包括手机无线通信网，也包括 Wi-Fi 等短距离的通信网络，还有互联网。任何物体都可借助传感器连接到通信网和互联网上。通过感知技术和智能装置实现对物理世界的感知识别，通过网络传输及计算处理和知识挖掘，最终使人与物、物与物之间实现信息交互，从而达到对物理世界及时地控制、精准地管理和做出科学决策的目的。

（一）物联网的构成

物联网包括 4 个层级（如图 8-8 所示）。

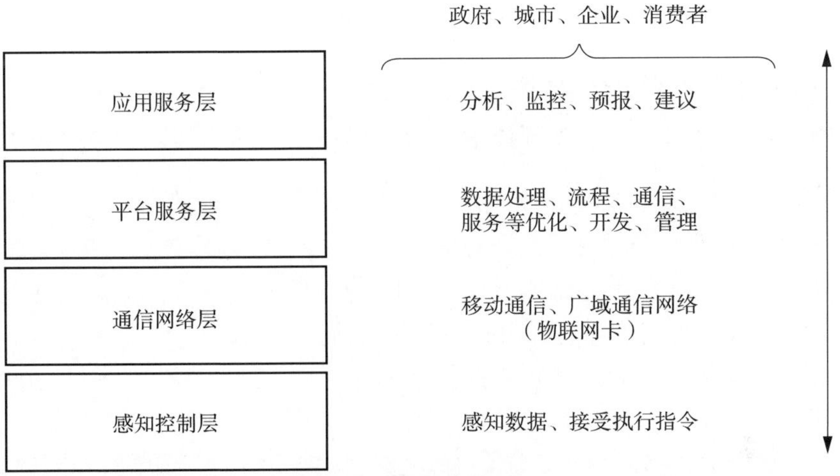

图 8–8　物联网的构成

1. 感知控制层

感知控制层的作用是通过传感器获取物体的信息，把物体的状态信息从物理信号转化成电信号，使物体接入网络，同时通过传感器物体也接收到控制的指令信息。

2. 通信网络层

通信网络层包括公网或专网，无线或有线的通信，不仅提供在感知控制层与平台及应用层之间传递信息与指令的通道，而且提供万物连接的可能性。

3. 平台服务层

平台服务层向下连接感知控制层，向上提供应用服务商所需的应用开发能力和统一接口，并为各行各业提供通用的服务能力。

4. 应用服务层

应用服务层的功能是在平台服务层之上建立相关的物联网应用，实现信息在各行业所需的相关应用，满足主要包括政府、企业、消费者三类群体在内的应用需求。

物联网实现应用价值的关键是获得数据并从中发现规律和知识，这就是数据的显性化和知识的显性化。物联网的核心是数据，传感器和网络都是获得数据的手段。传感器获得数据，通过网络传输，就是数据的显性化的过程。知识的显性化所指的是数据里蕴含着外界客观世界的规律，要通过人工智能技术，通过大数据技术，进行分析处理，把数据里所蕴含的规律和知识挖掘出来。在这里，高端传感器的制造和数据处理技术是关键。

（二）物联网技术及特征

物联网构建基于3项关键技术，即传感技术、网络技术和平台技术，其特征分述如下。

1. 传感技术

传感器无处不在。传感器就像人的眼睛、鼻子、耳朵，它提供视觉、嗅觉、听觉服务，所以传感器是构成物联网的前提条件。

据联合国统计，2020年底会有大概50亿的互联网网民，大概有300亿台物联网的设备会连接到网络上。传感器尺寸必须小、耗电少、成本低，才能支撑上百亿台的设备将城市、工厂和家庭连接到网络上。传感器越来越智能，早先传感器只是把物理世界的一个物理信号转化成一串数字，而现在传感器里还内置了算法和软件，除了转换数据，还可处理数据。

例如，在跑鞋上传感器收集了数据之后，它马上能计算出跑步的姿态是否正确、时间多长、脚踝或膝盖有无损伤，并及时提出警告。

2. 网络技术

网络具有超强的链接能力。5G是物联网重要的基础设施，它与4G不同之处在于，4G网络为个人提供服务，而5G不仅为个人提供服务，而且为生产和社会管理提供服务。

5G提供了三大网络能力，这就是：

（1）速度快：5G的速度是4G的10倍，峰值能够达到每秒1G比特。例如，在手机上下载一部电影可在瞬间完成。

（2）时延低：5G的时延比人类大脑的反应时间还低。例如，在人工驾车中，人踩刹车的反应时间为10毫秒以上。而在基于5G网络的自动驾驶中，5G反应时间能达到1毫秒。

（3）海量连接：5G能在一平方千米内提供100万个连接。这种大量的接入能力，能保证未来数以亿计的设备连到网络，通过万物互联、人机交互来提供服务。

3. 平台技术

平台的应用功能潜力巨大。物联网平台，包括物联网的应用层。它是处理物联网信息的软件系统，其功能是按照软件的逻辑，把物联网数据的信息分类整理，逐一检查，发现关键节点，进行信息处理，将物理世界发生的情况通过数字双胞胎进行数字世界的重构，将信息呈现出来构成向使用者提供的应用。

除以上应用的功能之外，物联网平台还包括服务的功能层。物联网平台可以基于物联网数据，构建物联网数据的应用商店。就像手机应用商店一样，用物联网的数据可以开发 App。国际最好的物联网平台上的开发者已达 5 万人之多，开发出上万个物联网的 App。

二、消费物联网与工业物联网

物联网视其应用场景和目的之不同，可分为工业物联网（Industrial Internet of Things，IIoT）和消费物联网（Consumer Internet of Things，CIoT）两大类，它们分别与生产和消费两端相对应。工业物联网指用于工业制造领域的物联网，而消费物联网常指用于消费领域的物联网（如图 8-9 所示）。

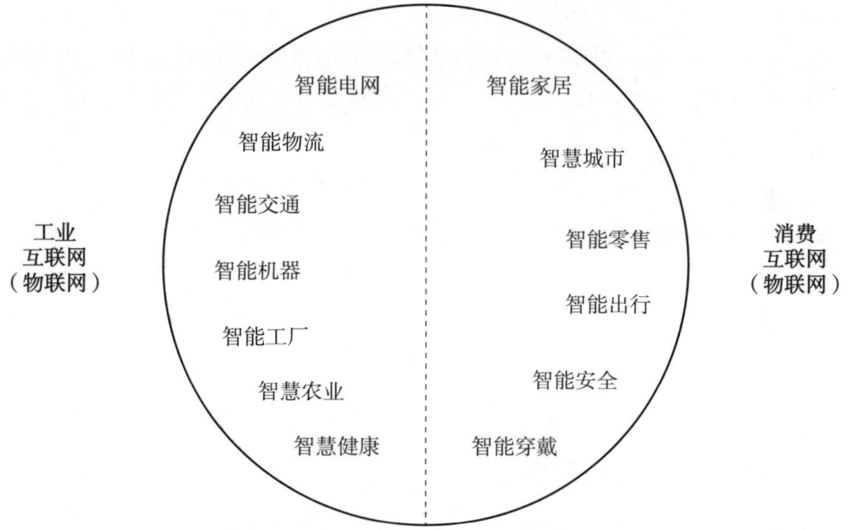

图 8-9　工业物联网与消费联网

从原理上讲，工业物联网和消费物联网的应用都是建立在相同的方案和技术之上的，故在某些方面有重合的地方。二者的共同点是，它们都必须实现机器或装置的智能化和网络化。

由于它们的应用场景不同、目的不同，要完成的任务和要求也不一样。数据量、互动性、复杂性是区别消费物联网和工业物联网的最重要的特征。

通常人们所说的物联网大多指消费物联网，也被称为消费互联网。消费物联网是一个面向消费者应用场景的方案，其目的是把消费市场的产品和服务连接在一起，形成与人的互动。例如，智能家居、智能音箱、智能手表、智能穿戴、智能车联网等，都是典型的消费物联网的应用。消费物联网关注的重心是为消费者或使用者提供便捷的服务，包括娱乐、购物、定位、监视、告警等。一般来说，消费物联网在信息量、信息传输速度、监控功能等方面的要求相对不高。例如，在智能家居的互动中照明灯的开或关只需很少的信息，但消费物联网中也有例外的情况，如智能车联网的要求就非常高。到目前为止，物联网在消费领域已经取得了较大的进展，在许多应用场景下通过智能手机 App 实现了人与物体对象之间的互动。

消费物联网的基础是通过传感器和接口实现机器、系统及其他物体之间的网络化通信。人与装置对象之间的互动特别重要。由于装置能够与它的使用者相互作用，所以它能对某些事件发出指示，或者在遇到问题时发出警告。今天，消费物联网平台大多提供装置可视化服务，使用者可远距离控制或监视装置对象，而较少提供网络化服务。

对于消费物联网，提高使用者的便捷性是首要关注的问题，例如物流、智能家居系统等。在消费物联网中，由于技术要求不高，需要的功能范围较窄，所以生产装置的成本也就更低。

三、工业物联网

除消费侧之外，物联网在供给侧也在不断与行业用户深度融合，被广泛用于许多工业生产领域。工业物联网是智能制造的网络化技术载体。用于工业环境中的工业物联网，也被称为工业互联网。

（一）工业物联网的特点

工业物联网面向制造和工业环境，关注的是工业过程和工序。其目标是改善运行效率、降低生产成本、加快生产过程和实现新的商业模式，加快企业成长并提高其竞争力和未来的能力。

工业物联网要满足比消费物联网更高的、适应工业环境的要求。例如，智能工厂与智能家居相比，其物联网在质量方面的要求要高得多。

智能工厂需要监视机器的很多参数值，有时需要以更高的频率提供数据，例如，实现预测性维修要求的就是这样的场景。

工业物联网背后的基本思想是，智能机器能比人更快、更精确和更有效地工作，且成本更低。因为工业互联网要积累大量数据，要以更快的速度处理，大数据技术有着重要的作用。

在工业物联网中机器数据可供使用，可使工业过程各个环节实现自动化，或可进一步产生知识时，远距离监视和控制不仅是可能的，而且还有更多的可能性。

工业物联网关注的是对生产过程的控制和监视，而不是人与机器的互动。这对工业物联网的装置的质量要求更高。工业物联网的装置也要求配备更高质量、更敏感、更精确的传感器。此外，传感器必须是为工业环境而设计的，且能自动适应恶劣的环境，例如，在冷、热、灰尘或水等因素的影响下，能可靠地工作。

（二）工业物联网的优势

工业物联网的优势在于，物质产品的生产和运输具有更高的效率。除了开拓新的业务领域外，生产过程在数据采集和处理的基础上实现自动化，在运营中灵活地、基本上实时地适应不断变化的要求。所用的机器能自动独立地发现在什么时候有维护的需求。在有些情况下，甚至机器可自己进行维护。在故障和生产中断次数减少的同时，也就增加了产量和产能。

应用现代技术的工业物联网可以使工业生产智能化和网络化，构成智能工厂。智能工厂相比传统工厂能大大提高速度、精确度和自主性，从而也能提高运营效率和降低成本。

工业物联网在若干领域可模糊物理世界和数字世界之间的边界。物理产品和物件可在纯数字要求的基础上进行开发、设计和生产出来。单个产品或小批量生产成本都可达到传统工业大批量生产的成本水平。它使人和机器在工业环境中的安全性获得改善。

此外，工业物联网还会产生不同的商业价值。作为现代化的基础设施，对运营流程具有更高的收缩性、可见性，也更便于管理。这样一来，在生产方式、商业模式和未来安全方面都提供了十分重要的新的可能性。

（三）工业物联网的劣势

工业物联网的劣势是，要管理和运行大量不同的联网装置，在某些情况下这是非常费事和费时的。软件和装置的固件必须保持在最新的状态，安全漏洞必须及时堵住。在许多情况下，软件打补丁已不足以奏效，这将会产生附加成本。

由于缺乏标准，生产商特定的协议带来的后果是，各个不同生产商的装置互不兼容。这就会对厂商产生某种依赖。为了积累数据量，需提供大数据的应用和数据库。这增加了数据的处理、安全和存储的成本，同时可能出现产生安全漏洞和泄露数据的新的可能性。

工业物联网在制造业、物流业、农业、能源、交通、建筑、城市或医疗等各种环境中得到广泛的应用。在不同行业应用的工业物联网常常也被统称为产业物联网。

四、信息技术与运营技术

（一）信息技术（IT）和运营技术（OT）的融合

如前所述，工业物联网是工业领域的物联网。它所强调的特征是工业，即工业过程和流程，有时也被称为工业互联网。工业互联网要实现的重要目标是把信息技术（Information Technology，IT）与运营技术（Operation Technology，OT）相结合，这也是企业在工业环境中实施数字转型的必要条件。

在工业物联网中，信息技术（IT）和运营技术（OT）的共同作用十分重要。由于工业通信网络与传统企业管理领域的网络有着根本区别，工业网络的现代化项目有可能因其复杂性而很快失败。企业管理网络一般是逐步发展起来的，信息技术和运营技术常常看作是分开的。在 IT 环境下办公系统使用个人电脑和打印机，而在运营应用领域所用的是具有高度要求的其他技术系统。在后一系统中技术不断更新，系统随之持续扩展，但一般未从根本上系统考虑对整个网络沟通的要求。这样扭曲地处理网络问题显然不能适应网络时代的要求。

为了使工业环境下的数字转型获得成功，企业必须解决信息技术与运营技术融为一体的问题。因为只有这样，工业网络面临的沟通问题才能得到解决。

（二）网络安全问题

在处理工业网络时，特别重要的问题是安全。要处理的数据量的增加和高度的网络化，可能会受到来自不同方向的网络攻击。同时，对于业务安全来说，在工业网络中考虑数据和数据流高度可用性的问题要比在企业中考虑的问题更为关键。很短的故障时间，比如在最坏的情况下发生停产，可能就会造成巨大的损失，也会严重损害企业的信誉。尽管情况如此，但对工业环境中的安全性问题常常未能得到足够的重视。

但应当注意，信息技术和运营技术二者在安全方面的要求是不一样的。在信息技术领域，优先关注的是系统的安全、基础设施的收缩性、部件的可见度和管理简单化。运营技术首要的要求是人员和过程的安全，运营保障、部件可靠性和操作简单化。实际上，二者之间存在显著的差异。只有满足信息技术和运营技术这两个方面的要求，安全性的方案才会有效。也只有在这时，才能保证安全方案的全面运行。因此，必须将网络知识、安全方针、故障排除等网络安全的关键知识和运营知识、紧急应对、生产操作等工业运营的关键知识结合起来，从两个方面进行通盘考虑。

（三）机器与机器（M2M）通信

在考虑工业物联网时，我们应当注意机器与机器（Machine to Machine，M2M）通信与工业物联网之间的区别。M2M 通常指若干机器或装置相连接，自动进行数据交换。在不同的应用情况下，数据传输可通过移动无线网、蓝牙，或无线局域网来完成。M2M 是集中于同一网络实现装置之间直接通信的。工业物联网也将机器或装置相连接，自动进行数据交换，但不同的是它必须将装置接入互联网，数据通信超出了系统的边界。

当今在许多应用场景下，不仅要实现机器网络化，而且网络化必须是跨企业的。也就是说，企业单靠本地机器网络化是不够的。例如，当企业的机器应由它外部的一个企业来维护时，通过完全的网络化，其机器自己可以向服务伙伴分配任务和排除故障。在理想情况下，机器能自动感知故障诊断必需的相关信息，同时能向生产线所有其他机器发出信号，并使之在必要时做出相应的反应。

五、物联网的关键技术问题

建立物联网，特别是工业物联网，要解决若干关键技术问题，其中包括：

（一）标准化

各个不同供应商产品不兼容，通信规约不同，难以集成，互换性差。由于竞争和市场环境不同，这在短期内不能统一。

（二）网络化和通信

要解决它们作为基础设施的有效性、可靠性和稳定性，要解决防范外部攻击的问题，以及传感器广泛接入时，宽带和无线的可用性问题。

（三）构架

主要是防止黑客攻击，例如，当要打开洗衣机时，黑客要求先付钱。在系统结构中，通信相互认证和加密是必需的组成部分。而可靠编码、实时运行需要更多计算容量，相应地也需要更高性能的装置和消耗更多的能源。

（四）方案和应用的多样性

诸如智能家居、智能电网、智慧城市、智慧农业、智能工厂、智能计算、智能车联网、智能穿戴、数字助手等各种应用。

第六节　物联网的应用场景

物联网可用于许多领域，它具有开发各种应用的许多可能性。 由于技术的快速发展和用户的不同需求，物联网得到快速的发展。我们无法描述物联网所有的潜在应用，但可简要地概括物联网最为典型、最具经济潜力的几个应用领域的发展，这就是：

——智能工业；

——智能城市；

——智能建筑和智能家居；

——智能健康。

在未来，越来越多的物联网技术将进入企业、城市、家庭和医院。

一、智能工业

智能工业物联网在工业领域中发挥着重要作用。技术发展使信息技术能够渗透到工厂、车间，直至最小的制造单元，并为许多新应用铺平道路。

通过物联网，工厂连接到智能电网，形成高度灵活的生产系统，以确保智能和高效的生产（智能制造）。在工厂中，生产设施和物流系统将在很大程度上自行组织起来，而形成无须人工干预的智能工厂。这时，实现网络化通信是以信息物理系统为基础建立起来的。由于产品本身以机器可读的形式携带其生产信息，产品与其生产的工厂之间能相互沟通，例如，利用 RFID 芯片，携带的数据可自动控制产品通过生产设施和各个生产步骤的路径。

同样，为监控和协调供应链中产品的移动，RFID 技术也用于物流（智能物流）。通常，RFID 的应答器直接固定在物品上，而阅读器则放置在整个物流设施中以实现监控。在物流整个过程中，除了高度的灵活性之外，还确保在产品生命周期的各个阶段中，与产品接触的不同参与者之间具有高度的互操作性。

在零售应用中，物联网技术可用于实时检查产品可用性并监控仓库中的库存水平。通过 RFID 识别技术也可以帮助用户自动检索所购买产品的相关数据，还可通过唯一的识别号证实关于商品完整和可靠的描述以防止盗窃或伪造。

此外，通过传感器，尤其是生物传感器技术与 RFID 技术相结合，可控制生产过程中的质量和最终产品的质量，不能监控商品的保质期，如在食品行业。

二、智能城市

智能城市有时也称为智慧城市。在智能城市中应用物联网监视城市的基础设施，如街道、桥梁、隧道、机场及电线、水管并优化资源的利用。通过监视系统及其安装的智能传感器可收集数据并实时处理，从而改善市政决策的效率。目的是能更好地使用现有的城市基础设施（如街道），提高为市民服务的质量，并降低公共管理的运营成本，以最终提高市民的生活质量。要实现的目标是通过建立城市通信基础设施，统一提供多样的、简单的和低成本的公共服务。智慧城市的功能特征表现在不同的方面（如图 8–10 所示）。

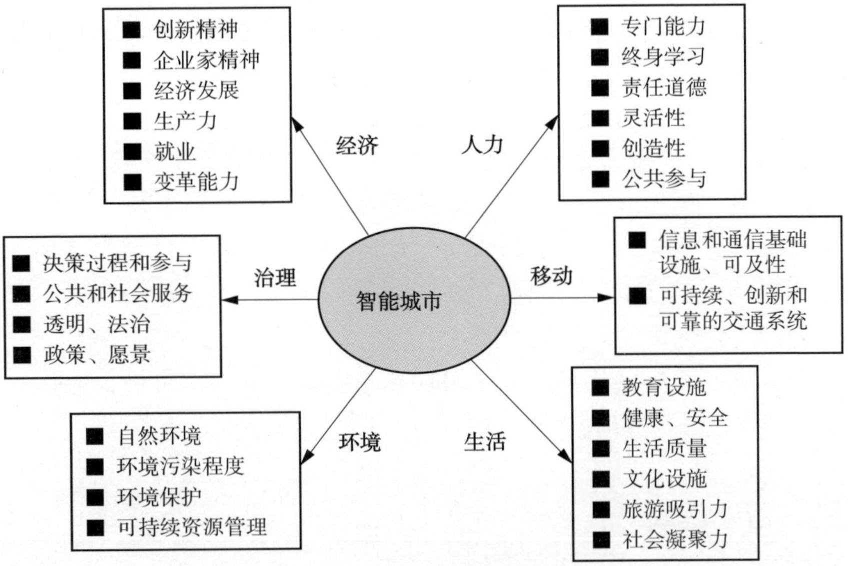

图 8–10　智能城市功能的要素

（1）智能经济方面：描述企业的竞争力。比如，创新精神、企业家精神、市场、生产力、劳动就业以及国内国际市场协同等因素。

（2）智能人力方面：描述的不仅是公民的专门能力和培训，还包括参与社会公共生活和社会互动的质量。

（3）智能治理方面：包括政治参与、惠及公民的服务以及公共管理的功能作用。

（4）智能移动方面：主要指信息和通信技术的可及性和可用性，以及现代化、可持续的交通系统。

（5）智能环境方面：包括如气候、绿化、环境污染、资源管理和环境保护举措等要素。

（6）智能生活方面：包括生活质量，如文化、健康、安全、居住和旅游等。

三、智能建筑和智能家居

如果建筑配置了物联网，则公共建筑就被称为智能建筑，私人住宅就被称为智能家居。就其影响的结果来说，无论从经济观点看，还是从社会和环境的观点看，通过物联网减少公共建筑资源消费、降低运行成本，减少碳排放，或者增强人居的满意度，都是有利的。智能建筑和智能家居都可定义为配备信息技术以满足内部住户需求并随其反应而调整的智能化的建筑。

一个智能化的建筑控制系统，包括自动控制系统的所有单元和装置，形成一个网络化控制的建筑。智能家居和智能建筑作为一个统一的方案，其中不仅包括能源供应（智能电网）、用电控制（智能电表）、所有家用电器和照明（智能居住），而且娱乐电子装置、计算机（智能多媒体），以及安全、监视系统、门锁、暖气、空调和所有通信系统都是连为一体的。

传感器在这一应用中具有特别关键的作用，因为它要监视资源的消耗并识别使用者的需求。例如，温度和空气湿度传感器产生必要的数据，以期自动调整温度、优化暖气或空调的能效。除此之外，传感器还可提供安全功能，通过监视人和环境中的活动，系统可输出重要提示或做出反应，例如在发生盗窃、火灾等意外情况时。

四、智能健康

在健康领域也有一系列物联网的应用。智能健康的主要目标是，为在正确的时间正确地提供医疗支持，为改善人的生活质量，提供必要的经常性支持或监测，科学监测重要健康参数，以避免不必要的成本和服务。

物联网技术可用于医院持续监视病员的生理状态。这就要求使用传感器和云，对大量的医疗信息（如体温、血压或呼吸活动）进行收集、分析、存储，并通过无线方式传输给医务人员做必要的分析和进一步的评价。由于传感器持续不停地关注，医院照护质量得到改善，也可降低护理的成本，因为护理人员不必自己采集数据和分析数据。

此外，物联网技术也可用于远程监视居家患者的情况。患者可佩戴医疗传感器，能监视医疗参数。应用其他传感器，如加速度传感器，来收集患者在其环境中的数据。先将本地收集的数据集中，然后传送到医疗中心。在医院再利用复杂的算法，通过医学专业人员进行分析。在紧急情况下，例如，加速传感器报告一个病员摔倒，系统可立即紧急呼救。用这种方法提供健康参数的全貌，可进行必要的健康干预。当健康状况恶化时，也可提供健康推荐建议。

其他方面的应用是，传感器用于可穿戴设备，记录日常的活动，如走路的步数、卡路里消耗、脉搏等，有助于人们改变生活方式，或及时发现健康问题。

五、物流供应链管理

物联网首次提供了可能性，能将现实世界中发生的业务过程与信息系统数字化的工作流程联系在一起。物流供应链管理可提供一系列物联网应用的场景。在物流供应链管理中有许多货物需要用车、船或飞机运输。

在物流供应链管理范围内存在应用 RFID 和传感器技术对货物进行监视、跟踪和协调的需求，所以要收集大量的（背景）数据，以便将它们用于实时监视业务过程和参与过程的对象。例如，如果有易损商品出现，必要时必须立即干预，以避免商品的损坏。总之，由于智能对象的应用，物流供应链管理是最能体现物联网对过程影响的一个领域。

在物流供应链管理中，物联网技术不仅能改善质量（如使用者满意度），而且使数量达到优化（如过程优化）。

物流供应链管理反映整个企业的物流链的组成结构，包括从原材料到终端客户的整个价值创造过程中的物流和信息流。一个物流过程实质上是通过计划、执行和控制实现成本有效的商品运输和储藏，以满足客户的需求。物流供应链的主要任务是，将正确的商品，按正确的数量和质量、正确的时间和价格运输到正确的地点。为能保证达到这些要求，物流领域的信息系统就必须具备包括识别、跟踪、位置、监视、实时或优化等适当的功能，这些都是物联网的优势所在。

第七节　可持续发展数字化

一、数字化与可持续发展

数字化正在世界范围内展开，没有任何一种发展模式像数字化这样，具有强大的动能，可改变 21 世纪进程。因此，处理和构建数字化问题是全球可持续发展和转型的核心任务。这里提出了一些重点需要认真考虑的问题，例如，数字化将遵循什么样的路径才能为全球可持续发展有效地做出贡献？采用什么方式才能将数字化引向正确的方向？等等。

数字技术可用于支持可持续发展，可在减少碳排放和资源的消耗的许多领域开拓创新的潜力。例如，收集和评价产品及其使用的数据，就可为循环经济中再使用、再生产和再利用建立创新商业模式的基础。

日益网络化的世界与日益强大且具有高度学习和自主能力的人工智能及数字平台的共同作用，构成了前所未有的推动社会转型的动力。这使现代社会中推动经济增长的模式焕发了新的活力。与此同时，在数字平台化的背景下，经济的边界条件和游戏规则也在发生变化。

由于信息和通信技术增加了资源环境消耗，数字化也有对生态不利的一面，而且这一情况越来越明显。通常，呈指数增长的动力与保持地球在环境和资源限度的刚性约束有明显的矛盾。同样地，随着数字信息的流动、数据可及性的差异化和新的互动方式的产生，将深刻改变社会共生的基础。

构建数字转型并使之有利于社会和生态可持续发展，不仅需要有相应的政策，而且需要全社会的意识改变和行动。因为技术创新推动力不会自动转变为可持续转型生产力。可持续性转型必须遵循可持续的原则和政策。因此，要创造条件使数字化服务可持续发展：

（1）从短期看，要考虑数字化与气候变化和可持续发展目标相结合；

（2）从中期看，要考虑数字化对社会变革的影响，例如劳动力市场的结构性变化；

（3）从长期看，要考虑数字化引起的其他变革，例如人与机器互动的伦理方面的问题。

气候变化、城市化、人口老龄化和数字化等大趋势是当今社会变迁的推动力。这些是巨大的挑战，十分复杂，并不能只靠技术创新来应对。所以，要解决这些问题，我们不仅需要技术创新，而且还需要社会创新。

社会创新所指的是新的改变行为的社会实践和新的能应对社会挑战的组织模式。它是创新生态系统的组成部分。社会创新并不一定是基于技术的，但技术创新与社会创新常常密切相关，并且是互为条件的。

二、数字化颠覆工业化的逻辑

在数字化时代，一个陌生的企业可以在一夜之间进入你所在的行业，从而改变和取代原有的商业模式。此外，数字媒体事实上也可能给企业带来巨大的改变，诸如在战略、过程、结构、产品和文化等方面。

在未来，人、机器和资源可直接和实时相互通信。刚性的价值链将会成为动态的价值创造网络。因为价值创造不再是以串联和延时方式产生，而是在一个持续通信、相互灵活反应的网络中产生的，并且构成网络的单元在很大程度上处于自组织运行状态。

基础技术及设施，包括物联网、宽带技术、生产自动化等，都属于为数字转型赋能的技术（Enabler）。

利用赋能技术可实现新的市场定位和价值承诺（Value Propositions），例如智能工厂（Smart Fabrics）、独立的物流管理（Fourth Party Logistics）、预测性维护等。不过，每一项技术和方案都不是孤立存在的，而是它们的组合共同发生作用，产生颠覆式的影响。因为高度自主的系统实现网络化，把相互分离的领域连接起来，常常就会产生强大的增值效应。

人们通常把数字化理解为提高效率、节约成本、推进创新的手段，或看成是增强与客户的联系的新的渠道。但实际上，数字化不仅对传统的生活和工作的规则和原则提出了质疑，而且对许多人的思维方式也提出了挑战。因此，数字化要求人们从根本上转变思维，即放弃工业化的逻辑，建立新的数字化的逻辑。

数字化是一种新的范式，也是另一个逻辑，它意味着新的经济原理和新的工作方式。数字化将改变商业游戏规则。因此，在数字化没有被充分理解、没有被内化的情况下，即使采取了数字化的措施，其效果也相当有限，或者只可能停留在技术的层面。

表 8–1 揭示出了数字化逻辑与工业化逻辑之间所具有的颠覆性的差异。

表 8–1　数字化颠覆工业化的逻辑

生产及工作方面	工业化逻辑	数字化逻辑
发展方式和对不确定性的感知	线性的、遵循一定路径的确定性	数字颠覆式的、指数式的不确定性
可计划性	较高	较低
动态性	较低	很高，与其他技术协同而加速
新产品创新周期和进入市场的时间	较长	较短
决定性的资源	资本、生产资料	直接客户入口、平台控制
对行业的看法	保持现状固定	跨界合作的业务机会
企业边界	稳定、难以穿透	可渗透
空间组织原则	集中式、按照物理—物质方式	分布式、按照虚拟—非物质方式
管理	泰勒主义、福特主义原则	复杂系统、不确定
决策	充分论证、决策时间长	保持质疑、决策时间短、探索
合作	在必要时、少数行业	在很多行业合作是常态

三、数字化赋能绿色经济

（一）数字化创新大趋势

大趋势对未来社会将产生长期的影响，例如，气候变化、全球化、城市化、人口老龄化，以及数字化等都属于这类趋势，这是不可抗拒的潮流。这些相互关联的发展，不仅给我们今天的世界，而且也给未来世界，给未来各代人所处的社会、经济和政治的总体形势带来了巨大的影响。从这种意义上说，大趋势也必将在很大程度上长期影响企业的环境是不言而喻的。

因此，数字化大趋势被认为创新的驱动力。数字化将遍及经济社会所有的生活领域。企业在价值链的所有环节都离不开网络化的系统，并且必须应用基于信息和通信技术的工具和方法。这使得技术扮演的角色发生了根本性的转变。数字化技术已不是纯粹的支持工具，而是从根本上改变企业商业模式和管理过程的手段。

数字变革涉及所有的行业和企业，不管是大公司还是中小企业，不管它们受其影响程度是多么的不同，但受数字化影响确定无疑，且无一例外。要理解数字化会产生多么深刻的影响，只要看看在数字化到来之初，在那些受其影响的行业所发生的事情，也就不难明白了。例如，在媒体行业，新出现的数字媒体使纸媒遭受了巨大的损失；在音乐行业，数字化的产品全然改变了它的销售渠道；在零售行业，在线购物剧烈冲击了线下实体店的业务；等等。很自然，数字化也会引起环境技术和资源效率的改变，因而成为推动绿色经济发展的关键因素。

（二）数字化是绿色经济的引擎

“绿色经济”的概念描述的是一个面向创新、限制生态风险和利用发展机会的国民经济。绿色经济遵循可持续发展的总愿景，着力于面向创新、生态和参与的方式实现增长。实现绿色经济是一种变革，因而也被称为绿色转型。绿色转型涉及国民经济的所有领域。在此过程中，环保技术和资源效率发挥着核心的作用，因为它们为该行业的产品、工艺和服务提供了应对生态挑战的解决办法。

今天，全球绿色技术发展已经达到相当高的水平。绿色技术的进一步发展可能会较少受到单个创新所推动，而更多的则是要通过对各种单项技术的集成，提供系统的解决方案。数字化及其发展成为构建这一系统方案的推进器。

数字化赋能的 4 个发力点是：大数据、自动化、网络化和数字应用入口。它们是构成创新系统的基石，数字化赋能也会大大有助于避免、减少或消除经济发展在环境方面的负面影响。因此，数字化的关键作用就在于，它是加速绿色经济发展创新的引擎。

数字化作为创新的驱动因素特别明显地表现在需求领域，如能源、移动出行、制造业。在这些领域应用数字化系统产生了新的商业模式。通过数字系统的绿色创新有利于避免和降低经济发展对环境的负面影响。例如，可通过数字化测量二氧化碳减排量，推动改善生态环境。在未来的城市交通出行、能源供应、智能电网、智能建筑和智能制造（工业 4.0）等 5 个重要领域，利用数字化构建环保技术、资源效率和循环经济三大数字化系统，必将大大发挥数字化减少二氧化碳排放的生态潜力。

四、数字化赋能绿色经济的四大基石

自动化、大数据、网络化和数字应用入口是赋能绿色经济的四大基石，也是撬动绿色转型的4个关键发力点。这4个发力点共同的作用将推动能源、交通、建筑、水资源等不同行业商业模式转型，甚至导致整个行业重构，它们会在不同程度上对环境技术、资源效率和循环经济的市场结构产生重大影响（罗伦贝格，2015）。

（一）自动化

数字化为自动化提供了新的可能性。通过传统技术与人工智能相结合而形成动态的、实时的、自组织的系统，不但可降低错误率，提高速度和降低运行成本，而且可构成跨企业的价值创造网络。这时，信息—物理系统发挥着关键的作用。在制造加工业中，利用自动化提供的集成能源管理技术对能效的改善就是发挥自动化潜力的一个例子。可编程序控制能在机器和系统之间实现能效强度的沟通。控制单元根据所获得的信息，产生与此相应的动作，指挥生产系统。又如，自动化在建筑业开启了崭新的建造方法。房屋已经可以借助于3D打印来建造。按照房屋设计的规定，由机器打印出建筑构件。应用这种方法可节约材料达60%，大大提高了材料所用效率。

（二）大数据

全世界的数据量每两年就翻一番。这不只是说明数据量的增加，不只是说数据的纯粹数量，也是在说它的质量方面，比如速度和多样性。在过去，从未有可能在短时间内产生这么多需要分析的数据。通过对数字化检测数据的收集、处理和评价，可以更好地做出预报并提供决策建议。利用传感器和数字数据形成了新的应用领域。例如，借助于传感器的数据可以分析风力发电场的运行情况。在大数据基础上，针对风险基本面可得知风力发电系统的状态和剩余寿命。这样就能更好地做出系统的维修和维护计划（预测性维护）。

在水资源行业也可发现数据分析的例子。软件支持水供应商优化运营，达到有效利用水资源的效果。大数据的分析可有目的地调整水泵投运计划，更准确地计划储水容量，并能实现对电能使用和消耗的监控。

（三）网络化

在数字化情景下，网络化所指的是数据交换的基础设施。一方面，通过移动和固定线路使整个价值链形成了网络，高速宽带使供应链同步运行，缩短了生产的时间和创新的周期。另一方面，人与物、物与物、机器与机器之间的通信全新升级，数据快速交换成为可能。在机器与机器（M2M）之间的通信中交换相同类型的数据，在不同的应用和用户之间的通信中则通过云计算进行数据交换。例如，在利用私家车、公共汽车、火车和自行车等不同的交通工具出行时，通过数字网络各个不同的供应商可实现互通联运，使它们能有效融为一体，这种网络化形成了一个统一的数字化系统。在能源行业，也可发现网络化的例子，例如，通过电厂虚拟化，若干分布式电厂被连为一体，它们共同组成一个能源互联的网络。

（四）数字应用入口

互联网网页及移动互联网界面、软件、App，或社交网络等媒介使企业获得了应用者、客户和员工的数字入口，提供了增强个性化的产品、服务和与市场参与者更多透明互动的机会。智能计量和智能家居的软件供应商利用这一优势，能够帮助居民家庭和商业用户十分方便和透明地对能量流进行分析、监视和控制。比如，应用者在平板电脑、手机或个人电脑获得他们电能消费的可视化数据。作为消费者还可掌握个人生态平衡，计算其个性化的碳足迹。

在实际应用中，数字转型的这 4 个发力点很少分开单独使用。正是在它们的共同作用下，数字化才凸显驱动经济绿色转型和创新的巨大力量。

五、数字化与绿色转型的相关性

（一）环保技术与资源效率

应用数字化创新环保技术和提升资源效率意味着巨大的经济增长潜力。数字化可以加速这一市场发展的进程。可以预计，由于数字系统产生的协同效应和系统效应，未来与环保技术应用和资源效率提升相关的产品、工艺和服务方面的需求将会随之急剧增加。

由于采用数字化，废物收集、利用和运输等技术同样会加速发展。数字转型对能效技术也有积极的影响，对能效装置的需求的增加将促进白色家电产品智能化，使智能家电在数字网络形态中充分发挥能效的潜力。利用大数据和高度自动化的系统也能大大提升楼宇智能化的效益，从而反过来也推动这一技术的进一步发展。

在能源的生产、存储和分配中，数字化使电能生产、存储、分配和消费实现网络化，使之更有可能接入具有波动性的新能源。这样，分布式发电技术，如光伏、风能或生物质发电，都将直接受益于系统效应。由于这些技术的网络化和相互补充，蓄能技术就会更好和更经济地得到利用。由于不同的集中式和分布式储能站可供使用，系统效应也将带动电化学和机械储能站的进一步发展。

数字转型有助于移动出行，促进驱动技术的变革和发展。一方面，电力驱动的汽车能更好地集成到汽车共享系统，进而大大扩大可替代驱动的市场，也可能推动充电基础设施的建设。另一方面，随着自动驾驶技术的进步，混合动力汽车和电动汽车构成新的过渡性出行方案将更具有吸引力。

（二）数字化发力点与绿色转型领域的相关性

对不同领域的绿色转型，每一个数字化发力点对推动绿色技术的应用具有不同的意义，对此应当有区别地对待。举例来说，在环境友好的能源生产、储存和分配的市场中，网络化作为发力点的影响是最大的。在这里，分布式能源生产的网络化提供了构建虚拟电厂的可能性，或者有可能将光伏系统、建筑领域的热泵和储能站连为一体，使之构成微型网络。

此外，在能效市场中数字化数据可以发挥实质性的作用，特别是在改善能源生产和消费方面的分析和预测。能效市场和移动出行领域与数字应用入口这个发力点都具有高度的相关性。因为系统与客户或与使用者直接互动具有关键的作用，这为提供广泛的服务增添了可能性，例如提供实时线路规划和路况信息。在水资源领域，自动化和网络化是转型的重要推进器。例如，水供应和废水处理都可按动态的需求进行过程控制。与此相反，在其他市场，例如原料、材料效率方面，数字化的 4 个发力点所起的作用相差无几。但对复杂的生产过程而言，所有 4 个发力点与数字化转型都是高度相关的。

六、数字化与社会—技术创新

颠覆性技术常常要求并引起社会行为的变化。从可持续发展的意义上来理解数字化，它不仅是技术创新，也是社会创新。

（1）数字化的优势在于它蕴含极高的创新动力。由于技术的进步，数据采集、关联、分配和分析，致使现实世界中决策和干预的方式都以空前的速度发生改变。例如，5G、大数据、云计算、人工智能、区块链等关键技术对加速创新驱动具有重要的意义。

（2）数字化不是单个技术一时产生的结果，而是由各种不同的关键技术结合的数字方案共同发挥作用的结果。此外，各种不同的技术也与其环境和基础设施产生相互影响。其结果是，技术的构建空间不断扩大，数字解决方案的生态系统一再重组，基础设施加强价值链覆盖范围的延伸。

（3）数字方案改变信息过程，新的信息过程改变现实世界。只有当组织的流程、工作的过程、人的行为或者商业模式中融入了新的信息过程，数字方案才会充分发挥作用。为了评估数字化的风险和机会以及实现可持续性的目标，必须更加关注数据流、信息过程及其对人的互动、与环境相互作用机制所产生的影响。

（4）数字方案处于社会—技术创新的核心，数字转型的非技术方面是复杂的，与社会—文化—组织的不同影响因素有关。正是在社会—经济构建中有了这些在交际、程序和组织上的调整，才最终使经济、社会和政策发生改变，数字化也因此获得了如此影响深远的构建力量。

（5）数字化可以充分释放生态潜力之处，首先在于改变当前生活和消费的方式、经济和生产的方式，或者从根本上改变能源系统、城市和交通的组织。与此相应，必须把社会—经济的影响因素和数字方案系统产生作用的条件作为行为构建的关键，使不同的技术在为实现个人、社会、组织、制度—监管和商业各领域的创新中共同发挥作用（图 8–11 揭示了数字化方案是社会—技术创新）。

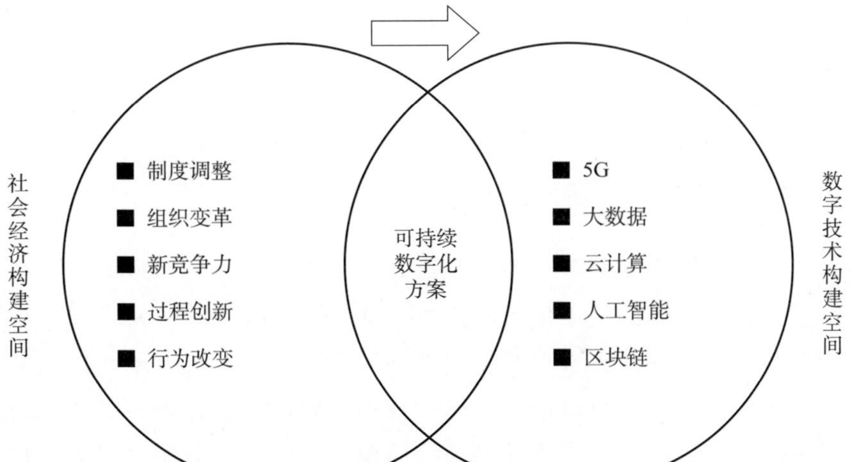

图 8–11　可持续数字化方案——社会—技术创新

构建社会—经济框架条件，同时考虑新技术的可能性及其与生态和社会相关的应用，是可持续数字化的关键。因此，数字化促进可持续性转型需要处理如下两个方向性的主题：

——利用数字化为可持续经济转型建立框架、提供发展空间；

——利用经济社会政策确定数字化开发和应用的生态和社会方向。

七、数字化与生态经济和循环经济

（一）数字化生态足迹

数字化提供了许多可以降低能耗、减少环境消耗和减少碳排放的机会，必须充分利用。数字化也有生态成本。数字化不完全是虚拟的，因为大量的装置、计算中心和通信基础设施要消耗越来越多的能源和材料，对气候变化也有影响。在许多次应用的情况下有证据说明存在回弹效应，它所指的是数字化一方面获得的正面效应，另一方面在其他地方部分地或全部为负面效应所抵消。尽管科学和经验的基础越来越强，但要对数字化中能源和资源的回弹效应做系统的评估和分析，仍然缺乏广泛和可靠的方法和数据基础。

数字世界的“数字双胞胎”留下了显著的碳足迹。要使数字装置和基础设施达到更高的能源和资源效率，要尽快保证使用无碳的新能源，要让计算中心建立的地方余热尽可能得到利用，这些要求都是巨大的挑战。在可持续性方面，与数字装置和基础设施运行相比，它们的制造及其上游生产环节更为重要，因这些环节所产生的环境和资源的消耗量占有极大的比例。由于强大的数字创新动力、产品生命周期相应较短，加之市场不断增长的推动，全球电子装置的关键原材料的使用量不断增加。目前，从整体上考虑整个生命周期和循环经济的要求还缺乏有效的战略。

（二）数字化生态效率

21世纪之初开始的数字化，就像20世纪之初的电气化一样，是一个划时代的构建力量，正在从根本上改变经济和社会的发展条件。现在，数字经济已成为一个经济领域，有自己的产品、基础设施、经济分支，对环境的重要性也越来越明显。因此，相比其他与环境相关的行业，如能源经济、化学工业或汽车工业，为达到去碳化和提升资源效率，数字行业也必须要有应对环境挑战的政策和工具。

可为数字转型规定生态方向，为数字创新构建社会文化、组织和制度的环境，这是数字化为可持续发展做出贡献并获得成功的条件。

因此，分析社会—技术的影响因素、相互作用和量化数字化对环境产生的正面和负面的影响，包括不利的回弹效应时，理解和评价相互影响的复杂性等十分重要。

应当采集和测量环境消耗，考虑数字装置、应用和基础设施在从原材料、生产到运行整个过程中的能源和材料的输入和资源消耗，建立一致性的数据基础。有必要定义这方面的指标和目标，控制数字化在所有应用领域的资源消耗和气候影响，并对此进行系统的监控。数字化应在既有利于气候和环境，又能促进经济增长，创新商业模式、可持续生产方式及生活方式等方面发挥巨大的作用。

（三）数字化循环经济

经济转型以提高生态效率和去碳化为目标，是可持续转型的一个重大的任务。当前，在第四次工业革命中，系统和过程数字化都集中在未来工业的竞争力方面，还未把各个企业融入整个系统，应以把资源有效地循环作为共同的任务。

新的工业革命应向着数字循环经济发展，不但物质原料而且信息都应构成闭环，参与各方可通过不同的价值创造环节相互连接。在数据管理的结构和内容中，在分布式的平台上，信息应使参与者可再生产或可循环利用。产品和材料可循环利用作为输入的反馈，使之在产品生命周期的始端及各个环节，在研究和开发、工程化和产品设计中就已得到了考虑。

八、数字革命与社会价值观

（一）机会和不确定性

技术的飞速发展和进步正在改变企业、消费者和从业者的行为。商业模式、产品和服务、工作的基本面也在发生改变。这些变化提供了许多前所未有的新机会。但是，无论对竞争还是对就业市场的前景而言，这也随之给组织和个人带来了不确定性。与此同时，技术的进步为消费者创造了便利和供给的透明性。面对发展与竞争，许多企业和国家都力求在数字转型的环境中抢占制高点。此外，成功的企业同时受到新的竞争对手的挑战。显然，技术的进步为经济社会中结构性变革带来了新的机遇，但也在监管方面提出了新的问题。

总的说来，应当充分地、最佳地利用数字化的机会，在适当监管的同时，应为企业提供更多的发展空间。因为新的业务理念、新的产品和新服务来自有创新能力的企业，企业需要一个能够充分利用机会的市场环境。

（二）数字革命

自 18 世纪蒸汽机的发明标志着第一次工业革命开始，就实现了机械化。在 19 世纪电气化开启了第二次工业革命，实现了大规模生产流水线。在 20 世纪 70 年代电子技术和计算机的应用实现了生产自动化，兴起了第三次工业革命。进入 21 世纪后，自动化、网络化、信息化、数据化等相结合引发了数字革命，即第四次工业革命。数字革命的发展是具有革命性特征的技术变革，它是过去几次工业革命的延续。但与前几次工业革命有所不同的是，今天的数字革命不是单一的技术性跃变，而是在前几次工业革命技术基础上的一个综合性的复杂的变革。

（三）技术发展的演变性与革命性

工业革命的发展表明，技术的进步既是演进性的，同时又是革命性的。一方面，通过过程的自动化，效率得到提高并且产品和服务质量不断得到改进，这表现为一个演进的过程。另一方面，由于数字数据处理按指数增加的潜力，可能产生崭新的商业模式，它常常以动态的、网络的价值创造为特征。我们最熟知的例子是 3D 打印、平台提供商、共享平台等。低廉的沟通和交易成本是这一发展的一个重要的推动力，使新的商业模式可能快速扩大并跨越国界，从而形成规模效应。

演变和革命之间的过渡可能是平滑的。例如，在 10 多年前，苹果公司推出 iPhone 智能手机。之后，在产品、竞争的产品和环境（App、移动宽带、移动支付）相互作用下，它们最终形成了一个经济生态系统，成为今天经济增长的一个主要的驱动力。

（四）技术发展与社会价值观的变化

许多新的商业模式，如共享经济，之所以成为可能，不仅因为数据处理和数字基础设施有了技术上的进步，同时也因为社会价值观发生了变化。以房屋共享为例，不可想象上几代人会像当代人那样，把自己居住的房屋与素不相识的人共享。价值观的变化和技术发展之间存在相互的影响。如果技术发展不被价值观接受，它就不会被采用，而这种接受度又会因技术的发展而受到影响。

总体上，我们可以认为，技术发展将会导致许多变革。但这并不会导致在经济、政治和社会方面的游戏规则发生根本性的改变。

历史证明，技术的进步会带来结构变迁。随着技术进步，它必然带来经济结构的变化。如同过去国民经济的结构发生变化一样，未来经济部门和行业结构的革命性变革也一定会发生。无论如何，经济变革一定会发生，这是不以我们的意志为转移的。过去的历史还清楚地表明，发展是不可阻挡的。从长远看，采取保护主义措施，力图保护现有的产业或过时的商业模式的国家，将会遭遇严重的挫折。因此，结构调整必须及时进行，一旦被拖延，则在将来就不得不激进地进行。换个角度看，谁率先进行结构性调整，谁就会率先获得显著的竞争优势。

表 8–2 列示出由于技术发展促进社会价值观的变化，从而引起企业文化变革的各个方面。

表 8–2　数字化中的文化变革

变革的方面	工业化时代	数字化时代
领导的任务	控制、指示、规定	教练、可能性、赋能
对员工的态度	作为被领导的对象、成本因素	成熟的员工、产生理念的源泉
信息与领导的关系	通过信息掌控	通过信息辅导
领导的合法性	正式的强制的地位	重视社会技能和能力、同事、非正式接受和选择
合作的意义	必要时合作，有明确的角色和任务	有合作的、公开的基本态度，非正式的自组织
学习方式	规定的、正式的、与工作分开的	自主控制的、对等网络化的、非正式的、是工作的一部分
核心能力	专门知识	合作能力、自组织、团队变换工作的能力

第九章

企业可持续发展——数字化转型

第一节　企业为什么要进行数字化转型

一、数字化转型的驱动因素和特点

（一）数字化转型的驱动因素

1. 人的需求

数字技术的发展首先是从满足人的期望和需求开始的。无论是在生活方面，还是在工作方面，数字技术越来越常见地与人融合在一起。例如，智能家居、增强现实、虚拟现实等。

智能家居是家用装置，如冰箱、电视、音响、空调、照明、暖气、安全监控等的联网和集中控制。增强现实是采用新的界面或用户界面嵌入辅助信息而形成的。虚拟现实则不相同，它使用户完全沉浸在虚拟世界中，比如在游戏、娱乐行业。

但虚拟现实还有若干商业应用的潜力，例如：

——医学：处理恐惧症、支持手术；

——航空航天：飞行模拟、训练；

——贸易：产品展示；

——教育：模拟、训练；

——建筑：空间及建筑模拟。

2. 人工智能

大数据和机器学习相结合（例如神经网络技术）促进了人工智能的发展。

机器深度学习的进步，也改变了企业解决问题的方式和方案。这主要表现在，大数据分析和自主系统得到快速的发展。

（1）大数据应用。企业必须掌握大量的不断增长的非结构性数据。外部和内部的数据源都会产生大量的数据。数据源产生的数据包括结构性的和非结构性的数据，首先要把它们集中到一个数据池，形成生数据。然后必须对它们进行分析，以获得应用的知识。通过对大量的数据进行分析和评价，人们就可更好地了解过去和预测未来。

大数据应用的目标可分为 4 个不同的层次，即描述性、诊断性、预测性和规范分析。描述和诊断是对状态及其判断获得结果，而预测和规范分析则可得到可测量的价值。预测分析给出的结果是"将发生什么"，规范分析给出的结果是"什么如何受到影响"，能够让一个希望的状态实际出现，这两种分析有着特别的意义。

（2）自主系统。传感器、传动机械、机器学习和知识表达的进步，使工业机器人能力更强大，而服务机器人也更灵巧。在工业、农业等各行业的生产、加工和制造，以及安全防卫、应急处理等领域，机器人得到广泛的应用。在医疗领域用机器人代替外科医生做手术，在服务领域用机器人在酒店前台接待客人，在健康养老领域用机器人提供健康陪伴和照护，这些都已不足为奇。在实践中，有许多应用案例，但自动驾驶可能是最好的一个例子。自动驾驶分为 6 个不同的等级，即应急辅助（0 级）、部分驾驶辅助（1 级）、组合驾驶辅助（2 级）、有条件自动驾驶（3 级）、高度自动驾驶（4 级）和完全自动驾驶（5 级）。据估计，无人自动驾驶最早在 2025—2030 年就可实现。

3. 赋能技术

赋能技术包括物联网、区块链和云计算等，构成新商业模式的基础。

小型化可穿戴设备可利用传感器使人们日常生活便利化。采用物联网使现实世界和虚拟世界之间信息的距离最小化：例如，在现实世界中物体有某个状态，像"冰箱里没有东西了"这个状态信息可提供给网络进行处理。这样处理的信息可用于尽早告知用户加以维护或更换零件，或者用于节约能源消耗，如智能家居的应用。最好的例子是机器与机器之间通信，大大减小了人的负担，使人们能去做更需要做的工作。

4. 区块链——价值互联网

区块链是用于比特币的基础技术。它是一个普遍能记录任何形式交易的账本。其背后的技术是分布在许多计算机上的加密数据库，它能对企业、官方和私人之间交易进行数字记账、认证，并能保证文件在后来不可被修改。通过区块链对经济交易进行防伪登记，它能保证最大化的透明度。原则上每一笔交易都可由参与区块链系统的每一个人验证。区块链可用一个账本把世界所有的文件夹统管起来。

区块链应用的领域包括：

——金融银行转账、股市交易；

——合同执行；

——保险（智能合同）；

——租车；

——健康；

——学业成绩等。

（二）数字化转型的特别不同之处

企业和组织随所处情况变化持续做出改变或调整是可持续生存的条件。这一法则也特别适用于数字化世界。多年来，数字化及其相关的应用在企业中带来了各种各样的变化，例如生产过程、产品、服务和商业模式。现今，数字化已经成为企业必须考虑的核心主题。

虽然大多数企业对数字转型的迫切性和行动的必要性已有所认识，但许多决策者对企业或组织应该向什么样的方向发展，常常感到困惑，也缺乏令人信服的答案。例如，企业的业务在 10 年之后会是什么样子？企业成功走向未来的路径在哪里？诸如这样一些问题的答案是不可想象的。

正如在工业化和全球化过程中企业已经经历的那样，为了生存和成功，变革或转型始终是常态。那么为什么许多企业对数字化转型感到如此的困难？这次的数字化变革或数字化转型与过去其他变革或转型的过程又有什么不同呢？其特别不同之处在于如下 5 个方面。

1. 速度

技术的发展不断推动创新速度加快，例如移动技术、传感技术。它们使数据生成成为可能，不仅能改善客户的体验，而且也能改进企业内部的相关流程。许多例子表明，技术已具有更多可能性去解决各种业务问题。

2. 范围

技术无处不在，数字网民的数量不断增加。这不仅影响消费者的行为，而且也影响客户在产品或服务方面的期望。再则，这种情况不仅发生在 B2C

领域，而且在B2B领域也越来越明显。

3. 消费者导向

技术应用者（消费者）在日常生活中获得体验，他们对数字技术能直接用于职业领域产生了新的期望。在若干年前，在企业工作环境中配备的还是最好的硬件，而今天终端客户自己家用办公却有了技术更先进的设备。

4. 颠覆性

企业数字转型不是经历一个常规的缓慢的变化，而是企业重构的根本要求。它的任务不是改进和革新各种过程，而首先是进行全新的思考。有许多行业和企业都已感觉到了数字化所带来的颠覆性影响。颠覆式创新与传统的渐进式创新不同，它要求打破现有的被证明是有效的结构，产生新的发明。数字转型同时涉及不同领域根本性改变，如技术、产品、服务、客户体验、企业业务过程和业务的商业模式等，因而也是一个范围广泛、影响深远的变革。

5. 矛盾和冲突

深刻的变革常常产生矛盾和冲突，数字转型给企业带来的也是同样的挑战。

（1）标准程序与新的过程。一个大型组织是建立在标准化和有效的程序基础之上的。大型企业有利的方面是，因具有这种组织过程，更能职业化、专业化地工作。不过，在一个动态变化的过程中，企业往往需要快速统一思想，或者必须通力合作。这样的企业往往不够灵活，只能缓慢地适应新的程序和过程。正是在这种情况下，网络化的初创企业没有官僚主义，可能更具有竞争优势。

（2）权力地位与好奇心。许多企业由于历史原因，形成了与权力地位相关的结构。权利一旦获得了一定的地位，就有要维持且继续影响的倾向，这明显地反映在企业的文化之中，导致企业缺乏结构灵活性。企业数字化转型和变革需要激发员工的好奇心，需要创新的愿望，如果不是这样，则企业管理者很难按自上而下的方式去推动变革。

（3）传统体制与创新。在许多情况下，企业的产品生命周期较长，使用的IT系统比较陈旧，而客户在移动数字应用上已经大大超前，客户总希望保持在一个新的状态。所以，创新和保持继续运行对企业来说是一个不小的挑战。企业必须同时兼有有效利用现有技术的能力和创新开发新技术的能力。日本的柯达公司常常被引述为错过数字变革机会的例子。数字变革的目标难以明确定义，许多企业的决策者、管理者没有把握，甚至担忧，一旦错过机会就很可能面临“数字恐龙”的命运。

二、数字化转型的逻辑

（一）数字化的颠覆性

数字化转型是一个全面的转型，它涉及所有的人，涉及一切事物。正因如此，很难对它做出明确的定义。在此背景下，认识数字革命的基本元素和数字转型的基本特征就显得十分必要。企业必须先理解数字化的逻辑，在此基础上才能判断可能被颠覆的风险。

数字化正在改变我们的生活，也给企业带来了巨大的机遇和挑战。无论是产业、市场，还是城市，各相关方普遍网络化都需要有新的 IT 结构，需要稳定、可靠、可扩展，且能灵活地适应变化的系统。数字网络化为业务过程，为客户、服务商和伙伴的数字接口，以及基于数字数据的价值创造等展现出巨大的机会和潜力。

数字化是企业创新发展的新机遇。实现所有相关信息的数字化，是企业推动创新的核心任务。在将各个局部任务和过程整合到整体的过程中，使之缩短工序并提高质量十分关键，其中包括将客户、供应商和伙伴连为一体。质量、速度和透明度特别有助于提高企业的竞争优势。数字平台除技术、功能、潜力和对于所有其他参与者的优势之外，还可建立新的采购和营销模式。所以，平台将成为商业模式的实质性组成部分，会极大地催生新的市场和价值创造。

在数字化时代，另外一个企业可以在一夜之间进入你所在的行业，改变和取代原有的商业模式，如优步、爱彼迎、谷歌等。不仅如此，数字媒体事实上也可能给企业带来巨大的改变，诸如在战略、过程、结构、产品和文化等方面。

在未来，人、机器和资源之间可直接和实时相互通信。刚性的价值链将会成为动态的价值创造网络。因为价值创造不再以串联和延时方式产生，而是产生于一个持续通信、灵活互动且在很大程度上由自组织单元所编织成的网络之中。基础技术和设施，包括物联网、宽带技术、生产自动化等都属于为数字转型赋能（Enabler）的技术。

数字赋能可实现新的市场定位和价值承诺（Value Propositions），例如智能工厂、独立的物流管理、预测性维护等。不过，每一项技术和方案都不是孤立存在的，实际上是它们的组合在发挥作用，能为颠覆式发展铺平道路或使之有更大的可能出现，因为高度自主系统的网络化以及在相互分离的领域之间建立起连接，常常会产生附加值，因此，可以说数字化是一个变革与发展的加速器。

我们的生活充满了数字。数字化早就出现在消费者日常生活中，例如，电子商务、移动互联网和社会媒体就是其中的代表。而今，数字转型已经进入工业价值创造的所有环节，从物流到生产，直至服务领域。

激活企业对数字化的敏感度属于一个最优先的事项。许多企业首先把数字化当作了提高效率的杠杆。但实际上，数字经济迫使企业不仅要优化现有的商业模式，也预示着要充分发挥其迄今尚未应用的价值创造潜力。

为了能够发现和利用这些可能性，企业必须提高自身数字化的成熟度。数字化成熟度指的是：首先，要洞察数字化的趋势和可能性。其次，要深入理解数字空间中商业规则的变化，优化商业模式，开发新模式。最后，要调动和扩大必要的资源，抓住数字化新机遇。

（二）数字化转型的四大基石

数字化对企业具体意味着什么？这是首先要回答的重要问题。企业对数字化及其数字转型的逻辑必须有深入的理解，数字化不仅是降低成本，提高效率，更重要的是商业模式的颠覆式改变。实施数字化战略必须找准切入点。智能自动化、数字大数据、数字网络和数字入口是数字化发展和转型的四大基石（即发力点），也是其技术进步的驱动力和数字化转型的切入点。企业必须首先理解数字化的逻辑，才能对可能被颠覆的风险做出判断。数字化转型是通过将智能自动化、数字大数据、数字网络和数字入口等发力点作为数字化杠杆而产生作用的。

1. 智能自动化

传统机械、电气技术与人工智能的有机结合，形成了越来越多自主工作和自组织的系统，这不仅大大提高了生产率、生产速度，同时也降低了错误率和运营成本。机器人和自动驾驶汽车就是不同的过程自动化中最好的例子。

今天，智能装置、系统和测量仪器都可收集并向 IT 系统发送有关状态或消费的信息。通过对这些信息的处理，相关应用自动触发，生成必要的措施，例如，在紧急情况或出现故障等情况下，这种应用具有巨大的潜力。此外，常规的运行、检修、维护或控制任务工作也可直接与内外的服务者相匹配，自动生成任务。

2. 数字大数据

通过数字化大数据的收集、处理和评价，能更好地进行预测和做出决策。产品、过程、机器和人构成的网络会产生数据，它们是企业业务成功最重要的基础。数据将用于优化现有的商业模式，这就是大数据或称智能数据。

不过，数据也是充分发挥价值链潜力的基础。在市场中出现的新的、本行业之外的颠覆者，常常用新的基于数据的商业模式挑战现有的价值创造过程。在这种情况出现的初期，常产生简单的基于数据的推送系统。但通过数据连接和分析也可推导出精确的预测，并且预先计划机器的修理或更换部件，这就是预测性维修。数字信息是企业在动态的市场中塑造未来竞争力的原料。

3. 数字网络

移动网络或固定高宽带通信线路，可构成全价值链的网络，使供应链达到同步运行，从而缩短生产的时间和创新的周期。

由于计算机强大的能力和网络技术设施的应用，跨企业的数字网络得以建立起来。所有经营管理部门都可贯通、实时相连构成一个网络。在物联网中，现实世界与虚拟世界相融合，例如智能工厂、智能物流系统、智能家居系统等。

在一个产业、一个市场和一个城市，所有商业伙伴普遍网络化对提高质量、透明度和速度具有巨大的价值。企业网络化会立即发现自身不足之处和需要优化的潜力，会产生有效的业务过程和全新的价值链，有利于开发新产品和服务、网络化营销、满足客户的期望、处理投诉即索赔，以及开拓新的市场。平台的智能付费模式将商业模式与产品相结合可形成完全统一的服务。

4. 数字入口

与客户直接联系具有决定性的意义。客户如何利用企业的产品和服务？企业是否经常与客户保持联系？企业是否知道客户真正需要什么？类似这些问题，都十分重要。在与客户直接沟通的过程中，企业会获得产品与服务优化及改进的灵感。不仅是直接的营销渠道，而且包括与市场合作伙伴的合作的渠道也很关键。通过移动互联网获得新的直接客户入口，可为客户提供高度透明化和崭新的服务。

在数字化大数据、生产过程自动化、价值链网络化和直接客户接口都可用的情况下，商业模式的转型和整个行业重组的可能性就产生了。例如，现代移动通信采用了 App 或社会媒体模式，一方面使直接与客户对接成为可能，使传统的中介消失；另一方面数字平台兴起，扮演着把市场活动者会集到一起的角色。所以，今天许多生产商有可能使客户直接在线订购个性化的产品。部分产品绕过了零售商，与其客户直接建立联系。生产商直接从客户获得关于卖出产品的反馈信息并使之改进。数字化技术带来了深刻的颠覆性的变化。例如，数字媒体的出现，使印刷媒体、基础设施提供商受到巨大冲击，其中还有电视业、零售业、旅游业等。在汽车行业，也正在出现类似颠覆性的变化，例如共享出行对行业产生的冲击。

实际上，如同数字化赋能绿色经济一样，所有的新型基础设施（作为数字赋能者）和企业新型商业模式（作为创新方案）都是建立在四大基石（发力点）的基础之上的，它们在驱动数字进步和数字转型中发挥着重要的核心作用（如图 9–1 所示）。

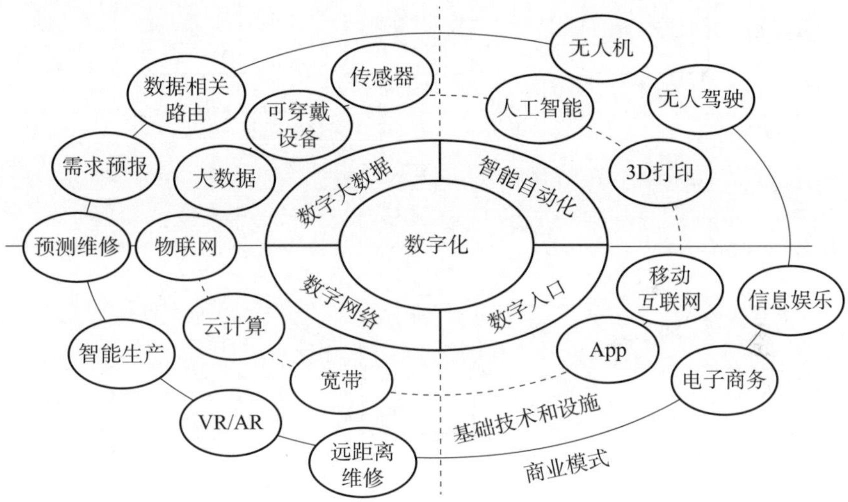

图 9–1　数字化转型的四大基石

资料来源：Roland Berger & BDI（2015）

（三）价值链网络化

通过网络化，颠覆者可能将现有的价值链拆分为最小的组成部分，并且基于最低的交易成本，再把它重新组起来。这样，由于价值链的裂解，进入市场的壁垒降低，或者壁垒完全消失了。其结果是，部分生产和物流必需的固定资产也就消失了。在这样一个高度动态的市场环境中，对于那些能掌握复杂过程和资金积累较多的行业中的领头企业，它们的优势也不是那么确定了。前些年，互联网服务商使移动通信商失去市场份额就是这样的例子。今天我们看到在零售行业，线上交易对实体商店的冲击也发生了类似的情况。

新的跨行业的活动者可能采用创新的商业模式，侵蚀其他价值链的主要业务。可以想象，在汽车工业的价值链中，保险、租赁、加油站和旅游信息供应商很快就会成为中介，并且重新占据客户入口。例如，今天在制造领域，数据整合者获得材料磨损情况和修理时间周期的新信息，能从中赚取利润。令人信服的方案要获得竞争优势，必须快速建立线上基础。因为按照梅特卡夫（Metcalf）法则，网络价值增长与用户数量的平方成正比。这种雪球效应构成了平台商业模式的基础：数字市场赢者通吃，追随企业即使取得技术上的成功，但依然可能成为晚一步的失败者。所以在一个这样的发展市场中，尽早占据竞争优势和建立自己的标准，是极为重要的。图 9–2 揭示了传统价值链是如何被颠覆而变为动态价值创造网络的。

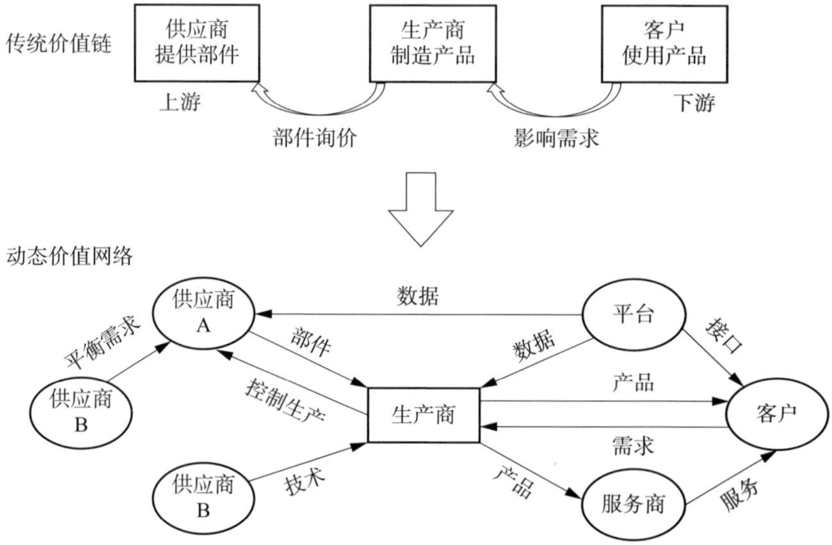

图 9–2　传统价值链裂解为动态价值创造网络

资料来源：Roland Berger & BDI（2015）

硅谷的互联网企业，如谷歌，很早就发现了这一点。谷歌成立于1988年，作为数据企业开发了第一个工业商业模式。该模式能首先聚焦于终端客户，在早期开发阶段时就已经发现了制造业最具增长的潜力。基于其“数据”及与终端客户接口的核心能力，谷歌彻底重新定义了它的商业模式。它开发的所有产品对市场中已有地位的企业都构成了颠覆性创新。

整个价值链就是这样被数字化颠覆的。换句话说，创新的企业离开原有的商业模式，进入相邻的领域，颠覆就发生了。看起来，每一步都是符合上述的逻辑序列。以亚马逊为例，它就是这样，在几年内从互联网书店发展成为复杂的物流服务提供商和云服务提供商，从平板电脑和智能手机提供商到视频平台。不过，要预测哪些行业在未来会受到攻击，这不太可能。成功的秘诀在于，要把握数字市场的规律，就要比其他活动者更快地占领战略控制点。在线的企业相比传统的企业更具有优势，它们改变了价值链的低效率，使之变成对自己有利的优势。应当说，谷歌的商业模式得益于美国宽松的市场监管，所以它获得数据、分析和应用数据的能力也受到经济、科学和政府的支持。但是近年来，政府对互联网巨头也收紧了反垄断的监管。

第二节　数字化转型对企业核心业务的影响

我们将用一个商业模式概念框架来系统描述数字化对企业的影响（如图 9–3 所示）。因为商业模式是一个企业的基本逻辑，它描述企业以什么样的方式为客户和伙伴创造什么价值。在我们所应用的商业模式中要考虑 5 个方面：

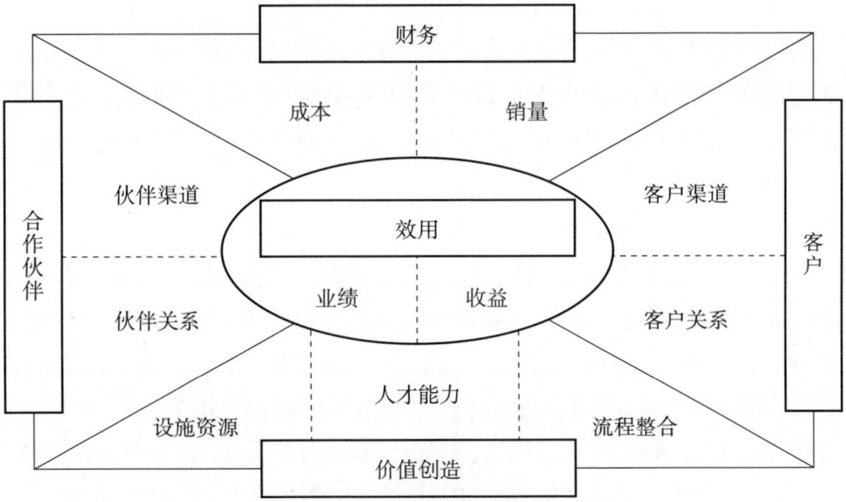

图 9–3　商业模式框架

资料来源：Reinhard & Schallmo（2017）

（1）客户方面：包括客户群、客户渠道及客户关系；

（2）效用方面：包括业绩和收益；

（3）价值方面：包括资源、能力和过程；

（4）伙伴方面：包括伙伴、伙伴渠道和伙伴关系；

（5）财务方面：包括销售量和成本。

我们要达到的目的是，将商业模式的分量相互组合，使其彼此加强。这样不仅可获得增长，且竞争者难以模仿。我们将从上述5个方面来分析数字化对企业的影响。

一、客户方面

数字化在客户维度对产品的可比性、沟通扁平化和客户旅程重构会产生重要影响。

（一）产品可比性

客户通过线下线上多种途径对产品进行比较，然后选择自己中意的产品，比如，线下查看实物，网上比较价格，最终在网上购买。这导致客户出现先逛商店后购物的行为，或者先上网看看，做出比较后，直接网购。企业必须适应这种变化。生产厂商失去传统的销售渠道，必须开辟新渠道。比如，要最佳地展示自己的产品还必须新开旗舰店。

（二）沟通扁平化

随着功能越来越强的数字终端，如智能手机的应用，数字媒介的作用越来越重要。社交网络不仅改变沟通方式，而且改变人与人之间和人与企业之间的关系结构。

在社交媒体和智能手机出现之前，企业与客户和伙伴的沟通都是集中控制的。而今天沟通是“扁平化”的，人人倾向于任意相互沟通。在网络中，对企业情况的广泛报道、市场信息的变化和价格的比较等都是无法控制的。

这种情况产生的必然结果就是，企业把它的客户纳入其内部的流程，从研究开发、生产、售后服务到融资都与客户进行密切的合作。

营销的指标体系也发生改变。例如，影响者打分就是一个新的指标，网上打分，或发表评论、发帖子等，对企业销售或信誉都有很大的影响。

总体上说，数字化从根本上改变了沟通的行为。客户从来没有像今天这样知情、活跃和灵活。

要知道，客户并不只是一个购买者，同时也还是一个产品开发者、试验者、投资者和产销者。此外，由于企业与供应商和其他伙伴合作，这就模糊了它的边界。所以，企业内部和外部的所有参与者构成了一个越来越复杂的、动态的沟通网络。在此网络中协调各成员的相互影响是数字化带来的实质性挑战。

（三）客户旅程

一般说来，“客户旅程”是从购买前，（买方）从不是客户，到成为购买产品的客户，直到此后（在理想情况下）成为忠实客户的过程。也就是说，开始时，客户要先经过“权衡”和“评价”的阶段，才会购买。当经历了“满意”的阶段后，才会“推荐”或“再次购买”，进而成为忠实的客户。

数字化打乱了传统的购买决策过程。在客户权力增强的地方，企业不可能没有相应的措施。借助于大数据，企业力求对客户旅程需求有更好的理解，才能更好地预见客户的行为并施加影响。

由于竞争加剧，客户旅程将会职业化，企业会不可避免地持续探索客户的需求、新的技术和新的服务。

为了适应客户旅程的这一规律，就必须寻找如下问题的答案：

客户在什么阶段有什么需求？他要完成什么任务？他得到的经验是什么？有哪些数字接入口？要提供哪些数字服务？

数字化转型对客户旅程产生的最重要的影响是：

——自动化：把复杂的背景过程变成简单的、基于 App 的用户体验。

——个性化：把先前的交易的信息和其他地方获得的信息用于推荐购买，并实时了解购买行为。

——引导互动：把客户目前位置信息用于客户旅程，以引导客户下一次与企业的互动。

——持续创新：跨专业团队负责整个客户旅程中客户需求分析和试验。

大多数较大的企业都认识到客户旅程及其数字化的重要性。未来的 IT 投资将会显著地流向营销和客户关系（营销和客户驱动）。

二、效用方面

数字化在效用方面的重要影响是：定制化、智能产品、智能系统、收益与计价、客户承诺。现分别说明如下。

（一）定制化

生产过程自动化和 3D 打印（即增材制造）提供了产品多样化且成本适当的可能性。

在工业化前，手工业生产单个产品。在工业化后，自动化批量生产产生了。此后，产品多样性不断增加。例如，考虑到一辆新的汽车使用一次性配件，故采用智能手机与可用的 App 相结合的方式，通过 3D 打印，高度自动化地实现汽车个性化生产。

由于个性化达到了一个新的水平，传统被打破，通行的价值链被瓦解。随着选择自由度的增加，微观（个性化）市场日益备受重视。由此产生的自主性支持了“自给自足”经济的发展。

（二）智能产品

智能产品，也被称为信息—物理（Cyber–Physical）产品，具有 4 个相互叠加的功能：

——监视功能：应用传感器或其他数据源实现对状态、运行和环境的监视，例如监视机械作业的状态和运行时间。

——控制功能：应用遥控或算法实现对产品的控制和个性化要求，例如控制机械的参数设定值。

——优化功能：应用监视、控制和新的算法优化和改善产品的性能，例如作业机械，能根据使用中的耗损情况，识别下次维修到期的时间。

——自动化功能：基于以上功能和相应的算法，实现产品很大程度上独立自主地运行，例如，机械设备根据天气和其他情况独立地完成作业。

（三）智能系统

当智能产品构成产品系统、许多产品系统又组成更大的系统时，一个行业的边界有可能因此而消失。各个产品系统可相互配合，也可对不同的功能进行管理。

下面以一个暖气散热体为例，说明“原始产品—智能产品—智能产品系统以及系统的系统”逐步构成的基本原理：

第一步：如果散热体是一个原始的、非智能化的产品，它不是处于供暖状态，就是处于关闭的状态。

第二步：如果散热体装有一个调温器，则它就是有了一点智能的产品，因为它可按预先设定对温度做出调整（监视功能）。

第三步：如果散热体还同时装有发送器和接收器，则可实现故障报告，也可被遥控，例如，通过一部智能手机，这样产品就增多了智能。

第四步：如果一个智能（家居）产品系统中的散热体可识别房间里的人，

可按能源需求情况进行自动调整，则智能（家居）产品系统可从电网吸收电力，或者也可将电力送入电网。

第五步：在由许多智能产品系统（如智能家居、发电厂、储能站、能源市场、气象站等）所组成的系统（如能源管理系统）中，各产品系统能相互协调、控制能源需求、控制发电机组和储能，就可在能源市场中实现买进或卖出的交易。

由此看出，智能产品系统所组成的系统最终形成一个新型的市场集市、一个具有新竞争规则和竞争者参与的生态系统。这有可能产生严重的后果。因每一个企业可能都必须各自思考，有哪些新的竞争者会出现？它们在“自己的”系统的系统中能够和将要扮演什么样的角色？比如，竞争者是集成商，还是运营商或是隐性的竞争者？

（四）收益与计价

机器的网络化和它们数据之间的数据交换，使系统的运行成本降低，可用性进一步增加。数字化将改变商业模式和付款方式。过去收益计算是按产品出售的数量来计算（按件计价），今天售后服务的重要性增加，有可能按照使用时间，即基于产品所产生的价值来计算（按价值计价）。

（五）客户承诺

数字化催生新的竞争对手，它迫使市场占有者改变对其客户的价值承诺。例如，一个线下大型连锁电子商店承诺为客户提供品种最齐、价格最低的商品，但与网上商店相比，无论是价格还是品种都失去竞争力时，市场占有者不得改变自己的承诺，必须另辟业务发展的新径。

三、价值方面

数字化在价值方面的主要影响是：推动建立新型技术基础设施和价值链的纵向整合。

（一）新型技术基础设施（资源）

企业进行数字化转型需要建立新型技术基础设施。它由几大部分构成，包括具有硬件及嵌入式软件的产品、具有系统应用软件的云以及把产品和云相连接的网络。除此三大部分之外，还需安全管理、产品与外部数据源的连接以及数据源与企业内部系统的连接。

1. 产品

举例来说，一辆汽车就是一个由硬件和软件组成的产品。除传统的机械和电子部件外，还需要增加其他硬件，如传感器、执行器、处理器，以及网络链接器。软件包括操作系统、各种应用、用户接口和控制单元等。

2. 云

指在制造商的服务器或在其他外部服务器上运行的计算程序，它构成所谓使用者即时可用的“产品云”。这些计算程序包括：

——产品数据库：它是一个具有历史数据和当前数据的大数据库系统。

——软件开发平台：用它能快速开发业务应用。

——规则与分析引擎：用以管理业务规则并更新产品运行新知识。

——应用平台：它对嵌入产品的应用进行监视、控制和优化。

3. 网络

为了把产品和云连接起来，这就需要网络链接。产品的类型不同，对网络链接的要求程度也不一样。举例来说，一辆自动驾驶的汽车，在交通中的控制必须可靠，需要从云端和快速行进的其他车辆那里获得大量的数据。采用当前普遍应用的 4G 技术就无法实现上述功能，而必须采用 5G 才能满足要求。就时延相比较，2G 的传输时延大于 500 毫秒，3G 的约为 170 毫秒，4G 的为 10 毫秒，5G 的则小于 1 毫秒。

4. 安全管理

这是整个系统的重要组成部分，它管理身份和入口，是保障产品、网络链接和云的安全的工具。例如，防止黑客攻击自动驾驶汽车，数据安全就有十分重要的意义。

5. 外部数据源连接

外部数据源向产品提供数据，才能发挥基本功能，例如，在自动驾驶中，定位服务、交通信息或天气预报等都对车辆运行很重要。

6. 数据源与企业内部系统的连接

数据源与企业内部系统的连接，使智能产品的数据能为其他程序使用，例如，为产品生命周期（PLM）、企业资源计划（ERP）和客户关系（CRM）等管理软件提供所需的数据。

（二）人才准备（能力）

新型技术基础设施是产品、产品系统和系统的系统所形成的基础。但建立这样的基础设施是一项复杂的任务，需要大力投资和相应的人才准备，如软件开发人员、数据统计师、安全专家和系统工程师。

随着智能产品和产品系统的发展，企业逐步转变为一个数字企业。因企业缺乏软件后备人才，因此特别需要补充开发力量。第三方平台以软件开发为优先重点，可能会导致面临更为严重的开发人才短缺。

（三）价值链纵向整合（流程）

传统的价值链有 3 个核心流程：

——客户关系管理（CRM）；

——企业资源计划（ERP）；

——产品生命周期管理（PLM）。

此外，还有人力资源（HR）、采购、研发等其他支持过程。

这些过程在传统上是仓筒式、精确结构化的，相互之间是有边界的。尽管长期以来已实现自动化和最优化，但在大多数企业中，过程和过程环节的数字化成熟度可能还相当低，接口的数量也相当少。

现在，数字化极大地推动了提升各个过程数字化成熟度和自动化的程度。当一些过程环节被数字化时，其信息也可提供给其他的过程使用，这样需要的接口数量就会增多。各部门之间的（仓筒式）界限将被打破并消失。

企业价值链纵向网络化加上横向网络化是传统企业实现数字化成为“实时企业”的一个飞跃。

以下是数字化和网络化的典型应用例子。

1. 数字双胞胎

在设计思维中，客户及其期望和需求处于核心位置。解决问题的方案和产品理念会尽早以原型的形式呈现，以利于直观和方便沟通。这样呈现的效果是“一图胜千字，原型胜千图”。正是按照这种方式，设计思维产生接近实际的结果，并且特别适合数字化。

与客户和供应商合作开发数字原型是一个合乎逻辑的发展。先进行产品虚拟开发，后进行实际生产，按照这种数字双胞胎方式便可形成产品的“双胞胎”。

但“双胞胎”应用方案还向前发展了一步，就是当客户与企业地理位置相距很远的时候，在客户侧的实际产品装有传感器，在开发侧可用数字“双胞胎”实现产品状态和产品操作条件的可视化。

采用数字双胞胎大大有利于企业维护和后续开发、生命周期管理、利用现实产品产生的数据优化客户关系（管理客户旅程）；也可用来实现复杂的预测和系统平台智能维护，从而改善生产效率。

2. 数字工厂

数字化的另一个组成部分是数字工厂，也称之为智能工厂。数字工厂的主要目标是提高生产效率。数字工厂的核心是企业整个工厂甚至所有工厂的机器、部件和人都实现网络化。机器装有传感器，提供大量的数据，必要时进行预测性分析。在实现数字工厂时，先进的 3D 打印和其他分布式生产技术缩短了从虚拟设计到物理生产的过程。

四、伙伴方面

随着数字化发展的影响扩大，外部伙伴对企业越来越重要。

（一）价值链横向整合

传统的价值链是由供应商、生产商、贸易商和客户所组成的。由于数字化的影响，各个伙伴之间的边界消失。例如，客户和供应商被融入产品和创新管理的过程中，子公司直接向客户提供服务。贸易分销商可能不再需要，取而代之的是网上商店或生产商的旗舰店。

生产企业单单依靠自己开发产品已经不够了，必须加强由供应商、分销商、相关产品及服务开发者所组成的横向网络，使企业能扩大或补充产品供应。苹果、微软这样的科技公司正是采用这种开发模式，从中大为受益。

不仅科技企业采用这种模式能取得成功，传统的行业同样也会取得成功。例如，在 2016 年后，阿迪达斯在德国的工厂实现全自动化生产。工厂引入包括 3D 打印技术在内的自动化智能制造，取代了早先分散在世界各地的工厂，对复杂的成本进行优化。从订货到供货的生产过程从原来的几个月缩短到后来的 5 小时。而这样的自动化工厂正是阿迪达斯与其他行业新的伙伴，例如汽车零部件制造商、机器人系统制造商和研究机构，共同合作完成的。

扩大企业横向网络，保证实现客户利益最大化，还有其他一些方法，例如利用合资企业、众包、开放式创新等。

无论在企业边界之内，还是超出边界，加强合作的必然结果是加强沟通和增加沟通的成本。据统计，在自 20 世纪 70 年代以来的几十年里，每个经理人每年的沟通量增加了约 30 倍。数字化有助于化解这一必须应对的紧张的局面。除传统通信手段外，也引入了新的技术应用，例如协作软件和商业社交网络。

（二）价值链生态网络

价值链生态网络是价值链横向整合的延伸。

基于产品系统的系统有可能完全改变行业和价值链，使传统行业的边界消失，使价值链内各个企业的角色被重新定义，也可能会有系统集成商作为新的角色参与其中。

举例来说，作为集成商，谷歌可把其他若干企业的产品系统汇集在一起，为其客户提供移动出行服务。当客户从自己住所出发，到另一个城市的一家公司访问时，它可为客户提供整个公务旅程的服务。谷歌可派出一辆自动驾驶汽车，开到客户家门口，把他送到某个火车站，客户乘坐高铁，直达机场，从那里乘飞机飞往目的地。同样，在目的地机场有一辆自动驾驶汽车已在等候，接着把客户送到酒店，随后把客户准时送达要访问的企业。

在这一新的商业生态系统中，系统参与者在经济上相互联系紧密，而且形成了一个数字网络。其中生态系统集成商占据了一个特别的权力地位，因它一方面掌握客户，另一方面也掌控生态系统的技术平台。

五、财务方面

由于商业模式的各个分量之间的相互关联性，其中一个分量的变化会导致另一个分量的变化。数字化引起的变化可能从多方面带来成本结构和收益结构的变化。以下我们选择其中两方面的变化，即价格模型和融资模式来对此加以说明。

（一）价格模型

共享经济是众所周知的概念，是指自己不为一项财产权付出很高的投资，而是按照约定的时间租用使用权，例如，可共享私人房源、共享单车、共享汽车或共享办公空间等。这个原理很简单，但效率却很高。

在消费领域的这些应用也代表了 B2B 领域的发展趋势，比如从一次性交易（购买）发展到按时（租用）付费，再到按价值（结果）计费。按价值（结果）计费的模式降低了客户的风险，因为付款不必在服务之前，而是在获得服务之后。

（二）融资模式

融资模式可用一个采用价值计费的商业模式来说明。如果一个电梯生产商采用按价值计费的商业模式，则它不再向它的客户出售电梯，而是向他们出售传送的路程和运送的重量。电梯制造商不是向客户开出购买整个电梯系统的账单，而是在安装和验收之后，按每月的使用收款。考虑到在多年之后，所计算的生产和维护的成本将会上升，故企业必须预先支付大部分生产成本，这反过来会对企业流动性产生影响。因此，当电梯生产商采用新的价格模式时，企业收支平衡将发生改变，对融资提出了额外的要求，分期付款也意味着存在市场风险。

从上面的例子可以看出，数字化对企业及其商业模式有着广泛而深刻的影响。

对于传统的价值链，不仅会明显模糊横向边界，而且纵向边界也会消失，从而导致形成新的商业模式。数字化企业（“实时企业”）就是横向和纵向整合所产生的必然结果。

对任何数字化企业，如果要保持竞争力，就必须要注意其供给产品和服务的性价比。这一规则十分重要，因每一个数字产品都会按照这一规则来评判，性价比的判断者是客户，而不是产品的供给者。

可以断定，由于这些因素影响，数字化有可能扰乱市场现有的性价比，会使不同的企业在不同程度上受到来自新的价格、新的性能和新的竞争者 3 个方面的压力。

最后，应当指出，根据行业不同的属性，不同的行业数字化转型涉及的时间在顺序上有所差异。按照专家的意见，首先卷入数字化浪潮，受到最大影响的行业是：银行、保险、贸易、IT 和媒体。其次受到很大影响的行业是：工业、健康、农业和交通。最后受到影响的行业可能是：建筑业、矿山、石油、天然气等。

第三节　数字化转型对企业管理的影响

一、商业模式的转换

（一）模拟—数字系统的转换

一个商业模式是由组成它的元素及其相互间的关系所构成的一个系统。从数学的观点看，商业模式转型是，通过数字元素及其关系替代或补充模拟元素及其关系的方式，实现模拟系统到数字系统的转换。

商业模式数字化转型必须考虑 5 个方面，即转型涉及的范围、转型的程度、针对的对象、转型的目标和工作的步骤：

（1）涉及的范围：商业模式转型涉及范围包括整个商业模式、商业模式的各个元素、价值链，以及价值网络中不同的活动者。

（2）转型的程度：商业模式的转型可以是渐进式（轻度）的，也可以是激进式（根本）的。

（3）针对的对象：就转型程度考虑，首先针对的可以是客户，也可以是企业自身、伙伴、产业和竞争者。

（4）转型的目标：转型目标可分为 4 种类型，即在时间方面（如缩短生产时间）、财务方面（如降低成本）、空间方面（数据传送方位）和质量方面（降低故障率）要实现的目标。

（5）工作的步骤：为有目的地实现商业模式数字化转型，必须采用系统的、协调的工作步骤。

如果企业采取的措施往同一个方向发力，则形成的合力很大。如果所采取的措施相互之间不协调，则形成的合力变小或趋向于 0。这意味着，尽管投入的资源可能很多，但其改变却很小。因此，要实现有效的转型，必须协调各方向的力量。

因此，商业模式数字化转型必须应用系统化的方法，按照与逻辑和时间相关联的顺序进行任务和决策。在商业模式数字化转型范围内，要采用赋能技术产生新的应用，即新的服务（如需求预报）。应用这些技术则要求企业有能力评价可供选择的方案。举例来说，评价和选出的商业模式方案是用于在企业开启新的过程，或是用于开发新的产品。

（二）数字化转换的路径

企业商业模式数字化转型必须具有清晰的路径，不同的企业、不同的行业有所不同，但从结构上讲，它可分为 5 个步骤，具体说明如下：

1. 数字化分析

描绘企业现有的商业模式、客户要求和价值链。企业的价值链是什么情况？企业与顾客是否已有数字接触点？现有的接触点是否可用于或扩展为新的商业模式？哪些是内部和外部的利益相关方？利益相关方中是否所有的人或群体都会赞成数字化？包括内部的资源，例如企业领导层、人力资源部、专业骨干，外部的合作伙伴，以及潜在的目标群体。最后，要分析目标群体、客户的要求和需求，及企业当下的文化。

2. 数字化目标

基于数字现实，确定商业模式数字转型的目标和优先重点。如前所述，它针对 4 个方面的目标，即时间（例如，生产时间缩短 20 天）、财务（例如，物流成本降低 30%）、空间（例如，控制侧自动传输数据）和质量（例如，通过预防性维护减少故障 25%）。

确定转型的目标应符合 SMART 原则。SMART 表示目标是具体的（Speciflc）、可衡量的（Measurable）、可达到的（Attainable）、现实的（Relevant）、有时限的（Time-bound）。按照这一原则制定的目标能保证它是具体、可检查、参与各方可接受、在某个时间区间内实际可实现的。需要确定目标的优先重点，以便在处理数字商业模式时采用正确的先后顺序。如采用敏捷迭代项目管理，则确定优先重点应遵循的原则是考虑：客户价值、工作量和风险。此外，从企业观点看，还应考虑成本。

3. 数字化评估

在此阶段，要收集最佳实践和数字转型的赋能技术方面的信息。要了解是否有初创公司在改变竞争格局，要评估数字化将为企业带来什么机会，要分析利用现有的资源和付出的代价能占据哪些细分市场，这些都可作为设计未来商业模式的出发点。同时要考虑数字化转型多方面的驱动因数，从自动化到数字化、网络化，直到客户数字接口。还要从商业模式每个维度找出不同的选择方案，并进行相互的逻辑组合。

4. 数字化措施

对以上做出的构建商业模式转型的选择方案进行评价并确定优先重点，这时要考虑符合战略决策、满足客户要求和实现商业目标规划。

数字化转型是一项领导任务，必须做好充分的思想准备和组织准备。企业需要建立能有效协调数字化转型的跨部门项目小组。敏捷的文化有助于实施灵活的项目管理方法。在项目实施过程中必须满足市场和客户新的要求，应把开发新的系统作为一个不断提高和学习的过程，并且不断优化。项目实施阶段的结束就意味着新的商业模式的建立。

5. 数字化实现

要完成商业模式转型，需完成各个应当考虑的方案的组合，包括构建客户旅程，以及构建横向的和纵向的价值链。最后，以项目方式确定商业模式数字化转型的措施。此时，最重要的是各个方向的力量要统一到一个方向上。

以上各步的顺序并不是一成不变的串行方式，也可以是递归的。例如，“数字化评估”这一步的结果可影响上一步“数字化目标”的目标，因为当时相信不可能实现的目标，在考虑新技术后，实际上反而认为是可以实现的。在数字化转型的最后阶段中，要仔细检查客户新的数字体验（也即客户旅程），从客户和其他伙伴获得反馈，这也十分重要。商业模式数字化转型意味着持续的变革。对反馈、新的要求和改进意见进行分析有助于新商业模式的优化和迭代，数字化转型由此进入一个新的循环。

商业模式数字化转型要取得成功，主要与如下因素极为相关：

——建立一个开放的创新结构；

——准备足够的资源，如时间、资金、空间；

——认识现有的商业模式、发现数字化的潜力、确定优先重点；

——了解商业模式数字化的赋能技术的全貌；

——了解所在产业价值链及其竞争情况全貌；

——学习所在产业及其他产业的最佳实践经验；

——建立必要的能力或与已具备能力的企业分享；

——与适合的伙伴合作，建立集成的、数字价值网络；

——先行先试，降低风险、增强接受度。

二、人力结构和职业技能

（一）技术应用场景与需求的变化

科学进步为工业 4.0 奠定了基础，在接下来的 10~15 年里，科技创新将重塑商业和经济的格局。不同技术应用的场景对行业、企业及其就业的情况，劳动力队伍都会产生不同的影响，旧的岗位可能会消失，但新技能、新岗位也必然会产生。下面举例说明，几个不同技术应用场景产生的影响：

1. 大数据驱动的质量管理

半导体制造业在质量管理中采用算法来分析实时数据和历史数据，识别质量问题及其原因，并准确地找到最大限度减少产品的缺陷和浪费的方法。大数据用于制造业，会减少专门从事质量管理的人员数量，但同时也会增加对工业数据科学家的需求。

2. 机器人辅助生产

塑料制造业利用与人类手部功能高度接近的机器人为其工作，这些机器人很容易接受新的任务。内置的安全感应器和摄像头，让机器人可以与周围的环境进行互动。机器人所代表的科技进步将大幅度削减生产环节中进行简单操作的工作岗位，但同时也将创造出崭新的工作岗位，比如机器人协调员。

3. 无人驾驶物流

食品饮料制造业采用了自动化运输系统，该智能系统可以在工厂中独立运作，从而减少对物流人员的需求。

4. 生产线模拟仿真

消费品制造业利用创新软件，在安装生产线之前，先进行模拟，然后将模拟结果用于优化运营。此类技术的应用将增加对工业工程师和模拟专家的需求。

5. 智能供应网络

消费品制造业采用先进技术来操控整个供应网络，从而优化供应决策。技术的应用，将减少从事运营规划的人员数量，同时创造了协调供应链的工作岗位，以便更好地满足新的交付需求。

6. 预测性维护

机器设备制造企业可为客户提供设备的实时远程监控及全天候的诊断服务。如果机器设备的一个震动监控感应器探测到异常，就会立即自动发出警报。这样，监控和传感器技术使制造商能够在设备发生故障前就进行维护。因而这将促进与系统设计、IT、数据科学相关的职位大幅增加。这样的技术还会进一步催生出一个新的工作岗位，这就是拥有数字化辅助手段的现场服务工程师，与此同时，对传统技工的需求也就减少了。

7. 机器即服务

机器即服务也是制造生产商的商业模式。例如，生产压缩机的制造企业，不直接销售机器，而是将压缩空气当作所提供的服务来销售。企业为用户安装压缩机，并且按需对设备进行维护或升级。采用这样的商业模式的结果是，不仅需增加生产和服务类工作岗位，而且还要扩大自身的销售队伍。

8. 自组织生产

齿轮制造企业对产品线进行专门设计，使之可自动协调和优化每一个生产环节的利用率。尽管这样的自动化设计将会减少对从事生产规划的人员的需求，但同时将提高对数据建模和数据分析专家的需求。

9. 3D 打印精密零件

采用选择性激光烧结或 3D 打印等技术，制造企业可实现一站式打造复杂的零件，消除对零件进行组装和设置库存的需要。在研发中心或工程学领域，会出现与 3D 计算机辅助设计和 3D 建模相关的新工作岗位，而与此同时，从事零件组装工作的岗位也将减少。

10. 增强现实技术

增强现实技术用于维护和服务。物流企业的员工使用具有增强现实功能的眼镜来查看批件信息和位置信息，包括精准识别货物在货架上的位置，同时还能自动扫码。这一系统还能远程辅助基本的维护任务，并针对具体客户的货物包装提供指导。采用增强现实技术，大大提高了维护技术人员的处理效率，同时要求企业在研发、IT 或数据辅助系统等领域广泛培养新能力。

（二）“硬技能”与“软技能”

19 世纪的蒸汽机、20 世纪初期的电力，以及之后 20 世纪 70 年代的自动化技术，都为工业生产带来了翻天覆地的变化。然而，每一次技术革命的大潮并没有减少总体就业的机会。尽管制造业岗位的数量会有所减少，但新的工作岗位也不断涌现，随之而来的就是对新的技能的需求。

如今，世界正在经历第四次工业革命，人们常称之为工业 4.0，也会对劳动力市场产生影响。由于新型数字化工业技术的崛起，新一轮的劳动力转型近在眼前。政策制定者和领导者必须了解和回答：新一轮工业革命将如何展开？它对就业岗位有什么影响？对职位的要求将发生什么变化？以便相关方充分做好准备并把握工业 4.0 所带来的机遇。

工业 4.0 可以帮助企业提升竞争力，在提高生产力的同时，扩大劳动力的队伍。由于生产制造日益向资本密集型发展，劳动力成本较低的传统地区也将逐渐丧失其优势。制造型企业会倾向于将之前外包的生产工作再度转回国内。

工业 4.0 还有利于企业创造新的工作岗位，以满足市场发展及创新产品和服务所产生的更大的需求。在此之前，每一次技术革命的爆发，尽管导致制造类的岗位减少，但产量却持续保持增长。

在工业 4.0 实施过程中，从事体力工作和简单工作的岗位会减少，而那些需要灵活解决问题和具备定制化能力的岗位会增加。尽管有些岗位将会消失，但人与机器之间的合作关系将会更加密切。考虑到数据在工业 4.0 中使用场景和商业模式中的重要性，工业数据科学家将会真正成为最稀缺的工作岗位。

为了在工业 4.0 时代更高效地工作，需要掌握各种“硬技能”。有关具体工作的流程和专门知识必须与IT技术相结合，例如，操作机器人或工具更换要与其电子表格、界面访问、高级编程和数据分析等相结合。对多种“硬技能”的需求及工作、生产环境的空前改变，这一切也意味着“软技能”比以往任何时候都更加重要。也就是说，员工必须对变革持更加开放的态度，提高自身的灵活度以适应新的角色和新的工作环境，并能持续不断地进行跨领域的学习。

以下举两个例子，诠释了在工业4.0发展的过程中所催生出的两个新的工作岗位：

——工业数据科学家：制造型企业需创造出工业数据科学家这一新的工作岗位。这些专家负责提炼和准备数据，开展先进性分析，并将其用于改善产品或生产。这些数据科学家必须对制造流程和IT系统有深入的了解，也要具备很强的根本原因分析能力，能够发现其中的关联性，并能得出结论。工业数据科学家必须具备编程技能，掌握统计编程语言和通用编程语言，既要有持续解决问题的能力，又要有应对即时具体需求的能力，他们既能在一线工作，也能远程办公。

——机器人协调员：这一职位的产生是为了监管生产机器人工作，并及时应对机器人的功能异常或发出的错误信号。机器人协调员需要负责常规维护或紧急维修任务，必要时也需要得到其他专家的协助。如果一台机器人停止使用，协调员必须找到替代的机器人，以便缩短停工的时间。在许多情况下，制造商将会对原有机械操作员进行再培训，而不必另行招聘。

应当考虑到，工业4.0对工作性质的改变和新工作岗位的出现，也使许多对就业前景感到担忧的人从中受益，比如机器人辅助系统将对从事体力劳动或要求高的工作有所帮助，还能提供如何使用新技术新设备的详细指导，这样年长的人就可能延长工作年限。这样的环境将使那些因技术和经验过时而失去工作的人有机会重返劳动市场，踏上全新的工作岗位。

（三）为变革做好准备

企业必须为变革做好准备。就业格局的转变将为工业企业、教育系统和政府带来重要的影响。为了在提高生产力和竞争力的同时促进就业水平的提升，企业需要重新培训现有的员工，采用新的组织模式和工作方式，为工业4.0储备人才，并且制订人才策略和战略计划。

企业通常需要安排多种技能培训，因为员工需要完成多样化的任务。另外，需要培养员工对变革的积极态度，这将有助于他们适应新的环境和流程的挑战。

工业 4.0 创造了人与机器间的新型互动，这种互动将对工作性质和组织结果产生重大影响。为了适应日益多变的生产规划，企业应当考虑采用新的工作模式，如柔性生产计划，类似于办公室环境的灵活办公模式。

企业还需要重新考虑决策权。例如，机器人协调员无须等待上级指示就可让机器人启动，实施紧急维修。在许多情况下，企业将受益于扁平的组织结构，以便更好地管理、使用和控制数据。

工业 4.0 还会要求企业 IT 部门与其他运营部门更紧密地合作，软件人员应更好了解其解决方案在生产中的应用，而运营人员应更好地理解这些方案会产生怎样的影响。开发人员和运营人员之间的互动必须确保实现无缝衔接，以便更好地处理复杂的 IT 任务。企业必须确保由人来负责创新工作和整体流程的协调，而不是试图将这些重要的能力交给机器。

工业 4.0 不仅要求员工转型，而且推动了对领导力的新需求，加剧了国家之间对人才的竞争。为了应对未来的挑战，企业必须制定未来的人才策略和规划。

教育系统需要努力提供更广泛的技能培训，缩小在 IT 技能方面的差距，并能为继续教育提供新的形式。工业 4.0 将会创造大量跨职业的新岗位，因此员工需要同时具备 IT 知识和生产知识，并提升软技能和跨学科跨领域合作的能力。大学应当与企业、行业和政府通力合作，以实现拓展人才技能的目标。

政府应当与商界和学术界协作，在很多情况下，政府促进工业 4.0 的实施是实现制造业增长和促进就业的先决条件。政府需要提供更强有力的支持，要想取得成功，就必须深入了解科技的发展，并从“量”和“质”的角度了解其对不同类型工作的影响。获得并有效运用这些知识将会带来巨大的回报，国家经济将繁荣发展，劳动力队伍将会变得更加强大高效，员工将全心全意投入工作之中。

（四）数字化领导力

制造型企业必须确保其组织的领导力能够跟上工业 4.0 快速前进的步伐。要想运用最先进的信息与传播技术来装备不同领域中的团队，并利用新技术来进行创新管理，管理者必须具备数字化领导力。培养数字化领导力需要在以下 4 个方面采取行动：

（1）认知：认识和了解数字化的机遇与危险，比如不断发展的数字生态系统和数字消费者所提出的挑战。

（2）能力：培养特定的能力来推动数字创意，实现商业化，比如从数据中获得洞察能力，或者带领数字化团队的能力。

（3）文化：培养数字文化的思维和理念，以推动理想的组织行为，比如乐于尝试创新并接受失败。

（4）组织：发展组织作为驱动力量，比如建立新的 IT 部门，以获得持久的成果。

工业 4.0 将进一步加剧对人才的需求和争夺，这里有两个方面的原因：一方面，缺少能力符合要求的年轻员工；另一方面，现有劳动力已出现老龄化趋势。实际上，许多国家都面临着技能合适的劳动力储备不足的问题。

三、企业的数字责任

企业在数字化市场中的责任简称为企业的数字责任。企业数字责任是现代企业社会责任的延伸。

（一）企业社会责任的领域

企业的社会责任可简要地概括为，它必须对其在社会和环境中的影响负责。它包括 3 个领域的责任：

（1）环境领域：环境和资源保护、降低排放、应用新能源和保护生物多样性；

（2）社会领域：正确对待员工、人权审慎义务和在全球供应链遵守劳工和社会标准；

（3）经济领域：经济上稳健的业绩。

上述企业责任的内涵是基于三重基线定义的。

在数字化的世界中，所有的企业都面临严峻的新的数字责任的挑战。这里提出了如下的问题，例如：

——企业应当承担的数字责任是什么？

——企业在多大的程度上涉及数字责任的主题？

——履行数字责任时应当考虑哪些特别之处？等等。

要回答这些问题并不容易。在传统的社会责任行动领域，已经应用了不同的利益相关方认可的基本原则。例如，联合国经济和人权原则、经济合作组织跨国企业指南和国际劳工组织的社会标准。这些原则的核心内容也已经反映在全球报告的标准或其他可持续发展的标准之中。在数字责任领域，企业面临的挑战是，在国际范围内还未形成类似的具有指导意义的框架和义务清单。

我们探讨企业数字责任的行动领域，是要说明什么样的企业如何面对数字责任的问题，同时还要指出，在这些数字责任领域企业应当考虑的特别之处。

在数字化的背景下，对企业所提出的数字责任问题是：

（1）数字化商业模式、产品及服务会对社会和环境产生什么（新的）影响？

（2）社会对与此相关的这些问题的关注，企业在数据保护和数据安全方面有什么责任？

因此，从一方面看，在数字化发展背景下，企业社会责任已延伸到数字领域。因为数字化会对上述社会责任的三大领域予以关注，所以企业应为此充分发挥数字责任的潜力，并使社会责任的主题得到更有效的处理。比如，应用预测性维护分析有助于节约资源。通过区块链技术，能使供应链更加透明。应用基于互联网的技术，也可使边远地区的教育得到改善。除了这些传统的主题，对数字化也提出了许多新的问题，例如数字化在能源和资源消耗方面的负面影响、网络上负面消息或恶意评论的传播等。

从另一方面看，数字化也延伸了传统的责任的主题范围。在数据经济中，隐私的损失、数据安全的风险，或由于算法决策产生的犯罪增多等，这些都属于数字责任中要处理的主题。

我们可以通过传统企业社会责任范围的延伸来定义企业的数字责任，这就是以补充而不是替代的方式来考虑企业的数字责任。

图 9–4 揭示出企业在数字化转型前后责任领域范围发生的变化。

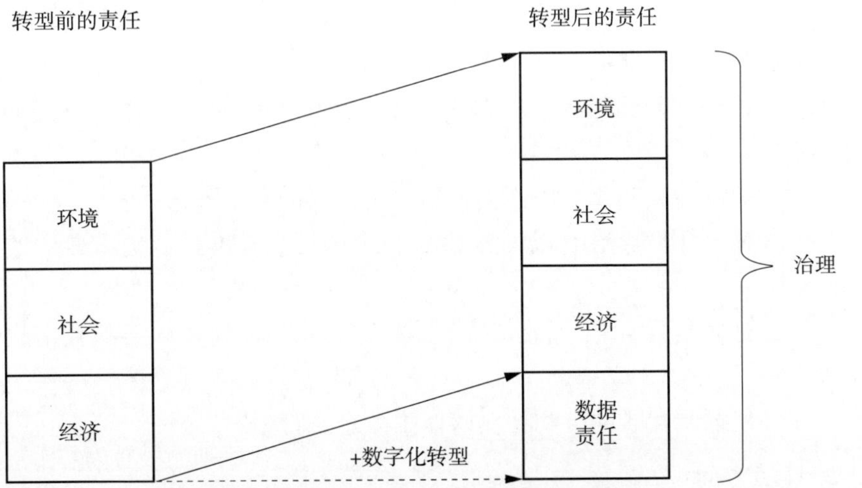

图 9–4　企业数字化转型前后责任范围的变化

资料来源：Thorun & Kettner（2020）

（二）企业数字责任的领域

在数字化市场中企业具有 4 个方面的责任：

1. 经济方面

在这一责任方面，要考虑的问题是，如何将数字化用于可持续目标？应当如何使数字化对环境产生的负面影响最小化？在这一方面，最主要的问题包括：

——采用数字化可在多大程度上降低负外部性？例如，在农业中使化肥和除虫剂负面作用最小化。通过预防性分析可在多大程度上降低生产和物流中的资源消耗强度？交通数据分析可在多大程度上用于资源保护型交通管理？

——基于产品生产和使用及服务生命周期考虑，采用数字化对能源和资源消耗会增加多少？怎样才能使这些负面影响减小或最小化？

——数字化对产品装置的耐久性有何影响？对这些装置更新的可能性如何？能否提供定期安全性更新，使产品尽可能长期使用？

——数字化在多大程度上有助于优化可持续资源利用或实现资源循环计划？

2. 社会方面

在这一责任方面关键的问题是，如何通过数字化推进社会的可持续发展目标，并在整体上减少数字化对人和社会的负面影响。这一责任方面的主要问题包括：

——如何才能保证员工与数字化进程同步和不至于掉队？在多大程度上能提供企业内部的对话形式？在多大程度上能提供 IT 和灵活工作方面的继续教育和培训？

——如何利用数字化，以便实行新的工作时间和工作形式？

——如何利用数字化，使全球供应链中的社会标准得到更有效的监测和控制？

——怎样才能保证数字鸿沟不至继续扩大？如何提高社会的数字教育和数字能力？

——如何抵制互联网上和社会媒体中的恶意行为？

3. 环境方面

在这一责任方面的主要问题是，应该和怎样利用数字化开发新的也是可持续的商业模式。在这一责任方面的主要问题包括：

——数字化对竞争力和竞争环境有哪些影响？

——数字化可创造哪些新的可持续的商业模式、产品和服务？

——数字化在多大程度上可促进享有而不是拥有的商业模式的发展？

——数字化在多大程度上能创造实现去物质化的产品和服务？

4. 数据方面

这是一个新的责任方面，数字化导致的责任议题无法直接归于传统的责任范围，这些责任议题在广泛的意义上涉及如何对待数据，包括诸如数据隐私保护，也即数据保护、数据安全及负责任的算法决策等。所以，这些议题构成了一个在传统责任领域中未曾出现的新的责任领域。在这一责任方面提出的主要问题包括：

——在多大程度上可对现有通行的“数据即服务”的有偿模式提供替代的方式？

——数据保护预防措施在多大程度上符合数据保护及合规的要求？

——如何才能实现通过设计和默认的隐私为消费者默许提供不同的可能性？

——消费者能通过数据控制工具管理他们的默许吗？

——企业能尽可能简单地让客户移植数据吗？

——企业拥有数据安全认证（如 ISO 17000 认证）吗？

——企业拥有算法决策及执行的指导方针吗？此时，有基于风险的追踪方式吗？

（三）企业数字责任的性质

企业数字责任具有普遍性和特殊性两个方面的特征。

1. 数字责任的普遍性

除了数字化对具体责任领域的影响的问题外，还有另外需要考虑的问题，例如，是否只是有些行业或某些企业才会遇到数字化的责任的问题？或者是否所有企业都可以同样的方式应对这些挑战？

直到 20 世纪中期，人们还普遍认为，数字责任首先是与信息和通信技术企业（ICT）相关的事情，但这种观点今天已经站不住脚了。因为数字化在当前不仅涉及生产部件和软件的企业，而且涉及所有与数字化相关的企业。所以，今天几乎每个企业都可能会涉及承担数字责任的问题。

但是，这并不意味着，上面提到的数字责任领域和所提出的主要问题对所有企业都具有同等的意义。因此，所有企业都应当按照实质性评价的要求，从企业和社会两个角度来识别上述那些主题所具有的意义，识别出具有不同意义的相关主题，并从中确定重点。

2. 数字责任的特殊性

在数字化转型过程具有一系列典型的特征，这些特征可用VUCA所指的4个概念来描述：

——易变性（Volatility）；

——不确定性（Uncertainty）；

——复杂性（Complexity）；

——模糊性（Ambiguity）。

这些特征表明，一方面，企业应当把数字责任理解为一个高度连续的过程。据此，前面所罗列的主要问题就不应看成是完整无缺的清单，因为它们始终处在不断变化之中。另一方面，特别重要的是，企业也要基于数字化的背景不间断地与利益相关方互动，定期检查数字责任的主题类别和对实质性的评价。

此外，企业应积极参与社会中有关数字责任的讨论，并贡献自己的专门经验和知识。这样做有利于形成行业的对话和跨行业的经验交流。但重要的是，要在全球的背景下考虑这一主题，因为数字化中的伦理和责任不能看作一个国家中孤立存在的问题。

数字化的另一个特征在于，它对商业模式以及产品和服务具有广泛的影响。这意味着，企业的责任比任何时候都必须要体现在核心业务之中。按照“设计默认责任”方式的要求，在开发商业模式、产品和服务时，从一开始就应当考虑伦理和数字责任。这样可以使实施成本保持在低位，利用面向价值的方式将可能产生特别的竞争优势。

3. 结论

总体上可以说，企业在社会责任范围内应当更加注重其数字化商业模式、产品和服务对社会和环境产生的影响。企业不仅应当深入考虑数字化对传统社会责任的渗透和影响，而且企业责任也应包括数据责任的主题。当今，数字处理的问题，几乎涉及每一个企业，只是在实施数字化时，应当具体考虑每个企业具有的不同特点和所处的不同环境。

第四节　企业如何构建数字化转型

一、战略目标和实施原则

有许多行业已经感受到数字化转型的巨大压力，例如媒体、出版社、音像等。相反，另外一些行业或企业并没有感觉到立即行动的压力。但正是在企业业务处于高位的时候，才更应掌握投资未来的机遇。

当一个企业选择性越多，越没有紧迫感时，确定未来的路径也就越困难。企业只有主动积极作为而不是被动反应，才可利用更多的可能性去提升竞争力，主动发现新的机会。

数字化转型总要考虑企业具体的背景，确定转型的战略目标（如图 9–5 所示）。可以利用技术—组织—环境三维框架（Technology–Organization–Environment，TOE）作为分析的工具，具体考虑企业市场竞争环境、具体行业的技术发展和组织的条件，发现限制和影响一个企业具体的转型和转型活动的驱动力、机会和必须具备的前提。

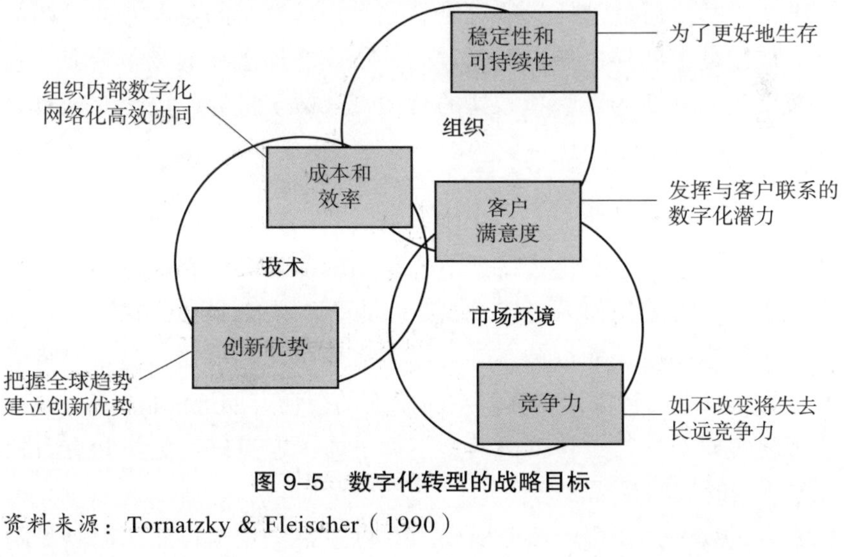

图 9–5　数字化转型的战略目标

资料来源：Tornatzky & Fleischer（1990）

1. 技术

数字技术的发展会产生的新的解决方案和商业模式，但是如果企业还没有具体应用场景或现实需求，应当有慎重清晰的思考。重要的是，必须密切注视与某些行业相关的发展，并定期评估这些发展对构建自己价值链的潜力。

例如，以 3D 打印或增强现实为例，可从以下 3 个方面进行评价：

（1）对于我们的核心业务有什么影响？

（2）在与客户接口方面可有什么改进？

（3）可能产生什么样的新的商业模式？

2. 组织

由于企业的大小、文化和组织结构不同，每个企业在进行组织变革时所具备的条件是不同的。在这里决策者必须检查协同和决策过程、合作和团队结构以及管理过程等在多大程度上与数字时代的要求相符合。例如，数字转型有一个速度的问题，大型企业在敏捷性和速度方面一般不那么有优势。如果身处环境、安全、质量等受到严格监管的行业，快速适应转型就很重要，数字化的赢家常常是快速行动者。

3. 市场环境

一个行业具体的特点、竞争的压力、产品生命周期以及市场的波动等，决定了企业创新必须采取的措施，决定了企业具备怎样的创新能力。企业应充分把握市场环境的特点，利用促进变革行动的机遇，克服可能阻碍变革的因素。事实说明，最危险的竞争对手不一定是最直接的竞争者或已知的竞争对手，而往往是那些早先从未听到过的、行业之外潜在的竞争企业。它们把对企业数字化的崭新的理解和敏捷的行动带入数字世界，可能对现有企业产生“跨界颠覆”的冲击。

（一）数字化战略实施的原则

在数字化时代，数字化转型是一个长期的项目，没有最终确定的目标状态。迄今为止，没有任何人可以预料数字世界在未来是什么样子。在这种情况下，要区别短期或长期目标实际上没有多大意义。重要的是，要定义一个愿景，从采取较小的行动开始，并对所采取的行动定期地进行检查。

数字化转型不是为了转型而转型，而是为了能更好、更快和更有效地实现企业最重要的战略目标。

竞争力是数字化转型的核心驱动力。竞争不仅是本行业，而且是跨行业的竞争。数字战略的实施必须是系统化的（如图 9–6 所示），其中包括考虑：

——系统化转型；

——平衡创新与安全；

——分阶段、分步骤实施；

——创造组织变革的条件等。

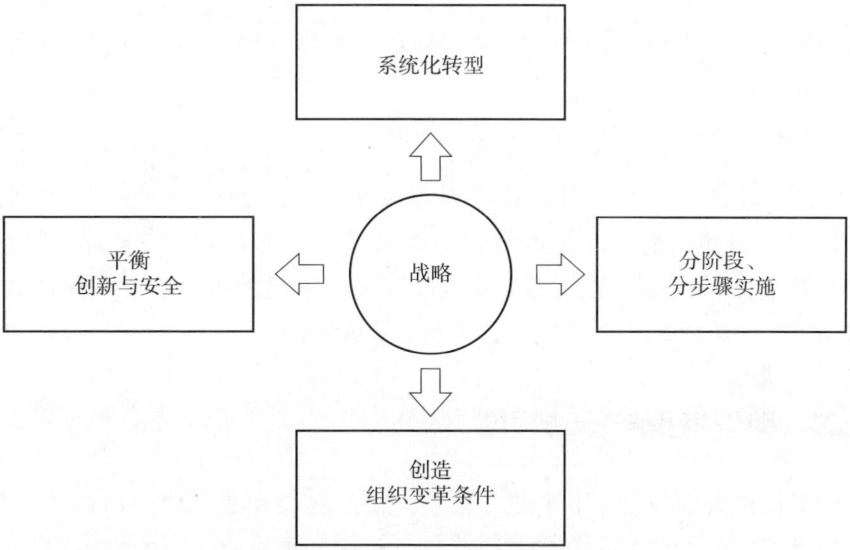

图 9-6　数字化转型战略实施原则

（二）数字化转型的组织

1. 数字化转型的归口

在企业内部，数字化转型的推动力可能来自不同的部门，例如战略部、市场部或者 IT 部门。它们根据不同的出发点，具有不同的优势。战略部基于企业整体发展目标进行考虑，市场部与客户有紧密的联系，而 IT 部门则对技术有深入的了解。但无论如何，需要注意数字化转型不应被理解为一个 IT 项目，否则就会忽视其对商业模式的意义，因为在企业，IT 项目常常会被认为是一个成本中心。

2. 数字化转型的控制

在一个企业中，控制数字化转型有不同的可能性。例如，设置首席数字官或由董事会某个成员集中控制，或建立专门的数字部门，或利用现有组织内某个部门负责，或由不同部门组成的项目领导小组或咨询部负责，或者由各个部门负责人构成分布式控制的组织形式。

3. 知识和合作方式

数字化转型要求改变组织的合作方式。数字化转型要求知识组织和合作具有新的形式。在项目组织和软件开发中要采用灵活的方法。新的挑战是应对传统体制、应对新的专门知识及新的角色引起的冲突。企业数字化转型会出现新的角色，如首席数字官、转型经理、数据分析师、过程经理或客户体验专家等。

4. 文化和管理

管理文化逐步从事务管理转变为转型管理，必要的基础是员工必备的坦诚、自主责任和动力。需要重新调整权力机构，例如通过与外部伙伴合作。员工对数字化、自动化的担忧可能造成不安或引起矛盾。通过坦诚和透明的沟通克服这些障碍是企业管理层要应对的重要挑战。

二、转型模型与行动领域

数字化极大地改变了我们的生活、经济、社会和我们的世界。其原因是，数字技术功能获得前所未有的提高，软件应用几乎具有无限的灵活性，数据、算法及其与物理世界网络化也相继爆发巨大的力量。人工智能、人机互动和全球网络的潜力迅速创造出新的商业模式。这种穿透力将推动世界变革。在此背景下，我们应当对数字化有深入的思考，把握前进的方向和机会，并主动参与构建数字化的未来。

企业的数字化转型是数字化的一个严峻的挑战。事实上，很多企业面临的数字化问题的情况也是大不相同的。对企业来说，首要的、具有实质性和现实性的问题是，如何理解数字化、如何构建数字化转型。为此目的，本节旨在向企业提供一个方向性的指南（Ko‡er，2018），相信对企业应对数字化的变革、发展数字化生产力将会大有帮助。

（一）企业数字化转型模型

数字化是全社会数字化转型的过程，因而无处不在，它涉及每一个人，没有任何人可以置身事外。也就是说，我们所有的人都与此相关，也将以不同的角色参与推动这一持续变化的、终点不可预测的进程。例如，无论你是企业的客户、员工、供应商伙伴，还是政策制定者、投资者、研究开发者、科学工作者，都不例外。

从全社会看，数字化的改变发生在所有社会领域，包括从社团到企业，从科学技术到政治领域。这一变化是基于数字技术应用及其赋予的延伸连接的可能性而发生的，例如，个人、组织使用数字化网络、数字化终端、社交软件（微信 App、视频分享）等，把整个社会连为一体。

企业数字化转型不外乎两种情况：

（1）企业实施一个数字化战略，对转型过程进行计划、控制、监督和测量；

（2）企业的转型是自发性的，或基于一个粗略设计的过程而开始的。

不过，转型的过程都可基于一个企业与社会环境互动的模型来构建。这时基本的考虑是，由外向内，考虑社会环境对企业的影响；由内向外，考虑企业对社会环境的影响。从而在此基础上构建企业（内部的）转型战略、组织、过程和商业模式。图 9–7 为企业数字化转型模型。

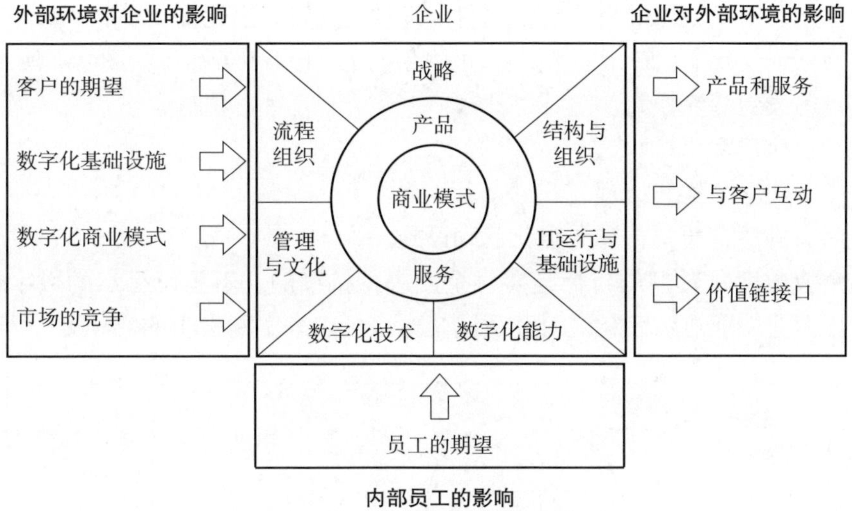

图 9–7　企业数字化转型模型

资料来源：Kofler（2018）

图 9–7 的中间部分表示一个企业，它由不同的组织单元（部门）构成。在企业内部，所有这些单元（部门）都会对商业模式产生影响，从而影响企业对外所提供的价值，即影响企业为客户所提供的产品和服务。

因企业是根植于社会之中的，故外部社会的力量也会由外向内（见图 9–7 的左边部分）对企业产生影响。例如，竞争者采用新商业模式，提供类似的产品和服务，因而具有更强的竞争力。企业作为社会的一员也会由内向外（见图 9–7 的右边部分）对社会，即对外部世界产生影响，如企业与客户之间的互动。

一个企业要与时俱进、适应社会的要求，要创造社会价值，就必须具备相应的内在条件，如构建发展战略、企业文化、IT 基础设施、数字化能力、组织方式和流程方法等，也要满足员工的期望。

（二）企业数字化转型的行动领域

数字化的持续发展将会给企业带来巨大的机会和挑战，这是由数字化革命性的特点所决定的。其实，在数字化出现之前，就已有过新商业模式取代旧模式的情况。通过过程优化或新的生产流程也使企业竞争力得到提高，使产品和服务的供给因此而变得更加便利。但第四次工业革命中的数字化却大不相同，不断发展的数字化极大地提高了企业转型的速度和活力，使得其发展几乎不可预测。

数字技术的发展和随之而来的新的潜在商业模式无法通过传统战略来规划，也无法用线性思维来预测。人们自身只能成为数字化继续发展和转型的组成部分。企业数字化转型的主要行动领域包括如下 4 个方面（如图 9–8 所示）：

（1）改变商业模式。

（2）构建客户体验。

（3）建立结构和流程。

（4）构建企业文化和数字化基础设施。

企业数字化转型的目标是要对企业进行持续的、不预设终点的数字化改造，使企业能通过数字化应对和适应全球市场未来不断发生的变化。

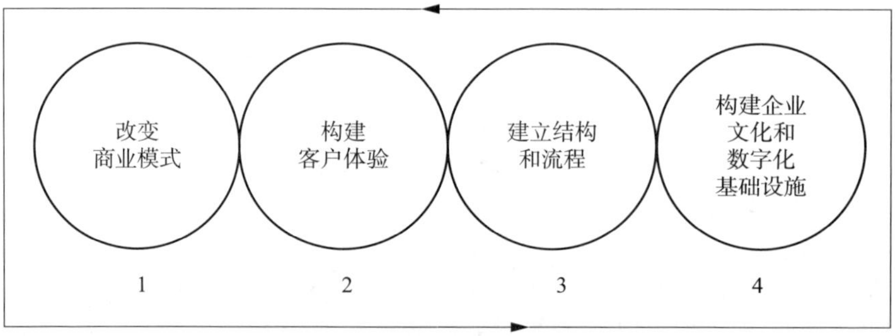

图 9–8　企业数字化转型的主要行动领域

三、外部环境对企业的影响

企业是社会的一部分，企业和社会之间会产生相互的影响。企业与社会共同构成一个互动的统一体。企业外部的力量会对企业产生积极的影响，促使企业内部进行必要的转型。

外部环境对企业数字化转型产生影响的因素主要包括：

——客户及其他外部利益相关方的期望；

——新商业模式；
——市场的竞争；
——数字化技术的发展。

（一）客户的期望

客户的期望是企业数字化转型的实质性力量。客户购买企业的产品或服务所经历的过程犹如一个“客户旅程”（如图 9–9 所示），即客户在途中要通过若干个站点，在此过程中企业可局部地或间接地发挥自己的作用。企业应主动地了解、感知和预见客户的期望。

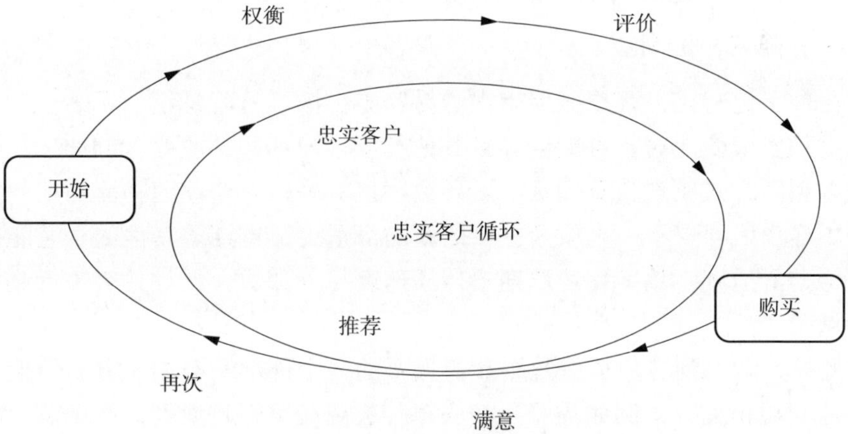

图 9–9　客户旅程

1. 了解客户的期望

客户是产品或服务的购买者和使用者，企业应当满足客户在产品整个生命周期中的期望。

实际上，一个客户在购买企业的产品或服务之前，他就已开启了了解企业之旅。客户会意识到某个产品或服务的存在，一旦产生了兴趣，他就会进一步去了解。例如，他会去观看一个主张使用该产品的私人的视频。在这里，企业只有间接的影响。但可简单看出，企业交付一个产品或完成一项服务并不是一个业务的结束。

即使是以往的客户，也会对企业的产品或服务表达赞成或者反对意见。因此，持续不断地维护与客户的关系，对企业来说是至关重要的，例如，通过社交网络增强其影响。

更进一步说，对企业价值主张客户也会以公开的方式表达赞成或反对意见。这种公开的、显见的意见将赋予客户前所未有的权力。也正因如此，客户总是处于数字化转型的中心位置。

2. 感知客户的期望

从另一方面看，公开表达赞成或反对意见，通过在线产品测试或讨论，也为企业提供了一个有利于观察客户行动的领域。企业可以有针对性地观察这些活动并从中学习。还可利用这种可能性，在相应的渠道投放自己的信息，或参加共同讨论，以便尽可能早地影响客户购买产品或服务的过程。不过，所有这些行动不是为了企业自身的利益，而是重视客户的期望，严肃对待他们的诉求，并能使他们获得所期待的及时帮助。

3. 预见客户的期望

在数字化时代，客户的期望很容易跨界扩散。这就是说，当某一个行业客户期望发生变化时，可能会导致其他行业客户期望的改变。例如，一个企业采取创新方式实现当日到货，可导致客户对另一个企业的物流的期望发生改变。客户因习惯于一个企业提供的新的舒适度，也期望其他的企业能提高到这样的舒适度。数字化客户期望传播速度显著加快，而且具有跨行业传播的特点。

此外，考虑到客户虽然是企业最重要的一个外部利益相关方，但他不是唯一的利益相关方，例如政府及其法律、法规和监管政策等，在企业数字化转型中也是关键的外部影响因素，必须得到足够的重视。由于篇幅的原因，此处不再赘述。

（二）新商业模式和市场竞争

1. 新商业模式

随着数字技术的不断发展，一方面可能很快会出现新商业模式，另一方面现有的商业模式也可能部分或完全被取代。在数字技术的发展过程中，可以举出许多这样的例子。例如视频点播替代音像店、爱彼迎（Airbnb）与传统酒店相竞争、智能手机取代数码相机，等等。数字技术充当了使这些变革成为可能的“赋能者”的角色。一旦有了基础设施可用，某些新的商业模式就能发展出来。例如，有了移动宽带网络才会产生视频点播。但哪些基础设施会导致进一步的变革，几乎是不可预见的。举例来说，区块链本来具有为合同和交易提供分布和集体安全的潜力，但其发展也有可能取代保险公司和银行。

2. 数字化影响非数字化企业

数字化会影响非数字化企业的业务，也就是说，处在数字化边缘的（非数字化的）企业，其商业模式也会受到数字化的影响，比如，餐饮企业就是如此。如果一个餐馆想要在大众点评、美团、饿了么这样的平台上被消费者发现，它就必须在这些平台上注册，才有可能使潜在客户找到它。此外，送餐服务公司也会受到影响，它们必须进入平台市场，把餐馆的餐品取走，直接送到客户手中，才能获取送餐服务费。

3. 平台模式与企业客户的联系

企业运用平台，有失去与客户的直接联系的危险。供应商在亚马逊的市场出售商品，因为希望在那里获得更多的潜在顾客，但由于沟通和支付都是通过亚马逊进行的，他们失去的是与客户的联系。这对企业的创新会是一个问题。这是因为，为了创新发展，企业认识和理解自己的客户极为重要。此外，在平台上企业也会更容易遇到可比性和置换性的问题。新的数字商业模式也会波及那些核心领域不具备数字化商业模式的行业。

4. 平台服务商与产品供应商

由于生产和物流不断专业化，生产和价值创造继续分离。其结果是，平台服务提供商精妙地组合各专业化供应商的入口，构成新的和更好的服务。仅仅通过这种组合就能获得实质性的价值创造份额。最典型的情况是通过软件实现，而不需要生产线。即使不熟悉软件的企业也可能进入之前从未参与的市场。生产商要继续通过平台服务提供商与客户直接联系就不那么容易，这样一来就会失去与客户的联系。因此，生产商越来越成为平台服务提供商的供应商，平台服务提供商通过精妙的组合就能凭借客户的观点取代生产商。对生产商来说，这里所产生的危险是，平台服务商占据了客户的入口。

（三）数字化技术的发展

数字化技术的发展是变革的推动力，而且对于商业模式的发展也具有决定性的作用。企业只有在明白和理解多种多样的技术的基础上，才能正确估计并利用数字化的潜力。毫无疑问，这也是企业必须应对的巨大的挑战之一。

1. 数字化基础

一个企业数字化转型的首要条件是，它必须建立自己的数字化基础。数字化基础不仅包括数字化基础设施，也包括适应数字化转型的企业文化、数字化能力、数字化的方法和工具等，例如：

——IT 基础设施；
——创新文化；
——灵活的工作方法；
——业务流程优化；
——创新开发及转化等。

以上列举的内容可能并不完整，还需根据企业的具体情况继续补充完善。为了适应这种情况，企业必须持续关注数字化发展趋势，并始终保持最新的技术状态。

2. 数字化技术

我们正是通过数字化技术、基础设施（如计算机、通信网络、智能终端等）和数字化应用（如大数据、人工智能、App 以及所有的算法），才得以实现数字化转型。生产者、消费者、供应商、研究开发者和科学工作者共同合作推动数字化技术的发展和应用，为商业模式和企业数字化转型创造必要的条件。

3. 数字化的方法和工具

要充分利用数字化技术的潜力就必须对它有充分的了解。例如，如果不知道边缘计算指的是什么，也就不能估计它在企业中用在何处、有何意义。而要构建数字化技术的组合应用，则还需要更专业的知识。为了能充分发挥企业员工的创造性，必须使他们在数字化技术、方法和工具等方面打下扎实的基础。这就是说，企业必须从根本上考虑信息管理和知识普及。而且，在随后需具体应用时，还必须再针对具体情况，补充某些特别需要加深的知识。

4. 学习与知识更新

数字化技术和方法的不断发展对企业员工的工作安全和技术安全均会带来挑战。在数字化应用背景下，对员工的敏捷性和责任自主性将有更高的要求，所以持续学习会成为一个新的十分紧迫的任务，必须得到企业积极的支持。今天，适合整个职业生涯的一劳永逸的教育方式已经不存在了。相反，更适用的是通过持续不断的“微学习”，不断弥补知识的空缺。当然，也可考虑另外的学习形式，如工作坊、点对点以及教练等。

通过对技术影响的理解，可尽早感知竞争环境正在发生的变化。但企业只聚焦于技术是危险的。企业更需要其他能力，即能正确评估技术、方法、工具及主要领域的潜力和相应的局限性的能力。

数字化技术和方法将继续不断发展，它们对一个企业的所有方面都会产生影响，它们是构建新的数字化商业模式的基础。

四、企业对外部环境的影响

企业对其外部环境总是有影响的。企业与外部环境的数字化互动要么通过产品和服务，要么通过互联网，或通过企业员工所进行的活动。下面是几个主要的互动方式。

（一）产品和服务软件

1. 软件的意义

产品和服务越来越多地受软件的驱动。软件不只是一个改进产品和服务的工具，也是构建服务网络和创造客户不间断体验的工具。软件还能使传感器用于产品和服务，并使之不断改进。例如，借助于软件可对客户使用产品的实际情况进行研究，能有针对性地对产品的某些方面做出改进。在服务过程中，传感器可感知那些进行得不够好的过程和环节，或者在出现某些情况时，企业可直接提供专业化的帮助。

2. 软件应用的生态系统

企业须摆脱一种思想的束缚，即不能认为其产品和服务只是为自己而存在。事实上，产品和服务存在于一个生态系统之中。如果一个产品和服务不适合客户所期望的生态系统，则客户就不会再购买这个产品，或不会再使用这个服务。例如，一个客户不想安装某个软件，但每次电脑启动时，软件在后台运行，而且每次显示推荐提示，就是这种适得其反的情况。毕竟，产品和服务必须方便和有用，而且只是在需要的情形下才应提供其可用性。

（二）与客户互动

1. 全渠道战略

为使客户可以同时使用不同的渠道获取企业的信息，全渠道战略越来越成为不断了解客户的有效措施之一。全渠道意指多个渠道，也包括线上线下，形成无缝的沟通对接。例如，当客户在线购物时，一般先把产品放到购物车，之后期待通过聊天从企业得到对问题详细的解答，这时在员工聊天过程中还必须能继续交易，或者改动交易，最后客户应用智能手机完成购买。在完成这样一次交易过程中，客户使用了多个沟通渠道。这里可以看出，在一个组织中，互动渠道的分离会导致软件结构分离，因为软件的结构实质上是企业沟通结构的复制品。这也是为什么企业应打通部门沟通渠道，按照客户的观点而不是按照部门的观点来思考问题的原因。因此，不同的互动沟通渠道的整合，例如个人电脑、移动 App、网络 App，线上线下，以及随之而来的端到端的客户体验，都应当聚焦在与客户的互动关系产生的价值创造上。

2. 交叉网络

在数字化转型中，价值链不断发生交叉。当今的价值链呈现为网络结构，而不再是单一的链条。例如，购买机票时，完全有可能性同时也预订酒店和周边游，而这些服务是由不同的企业所提供的。这些企业的价值链发生交叉，从而构成了一个使各方均可受益的交叉网络。这样，售票网站的经营者提供了附加的服务，而附加服务的供应商也获得了新增用户的可能性。

（三）接口的作用

1. 开放接口

开放接口为企业提供与其他企业建立自动通信的可能性。开放的接口是价值网络得以建立的基础。如果企业在云端提供一个文件档案系统，就必须有接口可用，其他企业才能在云端存储和寻找文件。对于目标企业群，在互联网上用人工上传文件不是有效的办法，开放的接口有可能简单地与 ERP 系统相连接。第三方也应当尽可能简单地通过企业的接口连接其他平台企业的产品和服务。

企业超越自己的边界，构建价值网络使价值链优化和自动化，对自身价值提升具有重要的意义。

2. 公共接口

与开放接口相反，公共接口具有向所有人提供信息的可能性，多数情况下也无须验证。也就是说，程序员可使用这个接口，而不必付费。公共接口也可看作企业市场营销战略的一部分。例如，平台上的供应商可利用这一公共接口，去发现周边一个企业是否有某一特定产品的存货。如果企业没有公共接口，它就不会被在平台上列出，潜在的客户也就不可能注意到这个企业现有的存货。

一般而言，创新常常发生在行业的边界，因此它也发生在构成企业价值网络接口的地方。

第五节　企业如何实施数字化转型

一、数字化战略

以下我们详细说明企业内部数字化转型的行动领域和企业内部数字化转型如何构建。数字化战略是企业要考虑的如何应对数字化挑战的第一步。

（一）数字化战略与企业战略

企业战略与数字化战略之间有什么不同吗？企业战略属于规划的实质性内容，并且由此导出企业的操作控制。数字化战略常常被看作从属于企业战略的组成部分。今天，数字化技术与企业的业务领域是如此紧密地交织，要分开几乎是不可能的。加之，数字化技术的发展和市场的急速变化，按照传统方式考虑战略的计划性，如中期考虑 2~4 年、长期考虑 4~8 年，这种方式几乎不再可行。

（二）数字化战略的动态性

数字化战略不是一次形成、一成不变的产品，而是一个必须动态变化和不断适应技术发展、市场变化，满足供应商和客户期望的富有生命力的作品。数字化战略制定的措施总是按计划、控制、监督和测量的循环实施的。

数字化战略包括哪些内容以及怎样构建？这应当根据企业自身的情况而定。企业数字化战略包括考虑本书提及的所有主题及其目标。图 9–10 表示企业数字化战略的组成模块及其相互之间的关联性。

构建战略的起始点是“数字化意识”。也就是说，这个起始模块先于所有其他模块。其中，若一个模块在横向或纵向位于另一个模块之上，则说明要构建下一个模块就必须先构建上一个模块。举例来说，如图 9–10 所示，为了构建模块⑤“数字化成熟度、文化、组织”模块，就必须首先构建与转型目标相应的模块②“IT 专门知识”模块。

下面举例说明，在构建数字化战略时，针对各个模块需要回答的主要问题：

1. 数字化意识

——为什么我们必须数字化？

——我们的目标是什么？

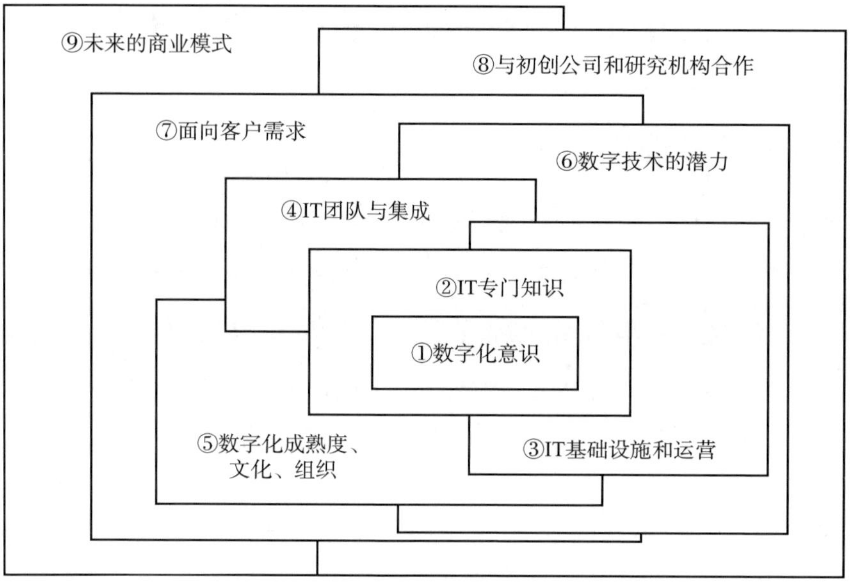

图 9-10　数字化战略构成的模块及相互关联

——会给整个企业带来什么问题？

——动态 IT 基础设施—IT 运行—运营。

——现有基础设施有条件支持员工数字化发展吗？（例如实验、自动化、研究和实施）

——现有基础设施短期内有条件支持数字化应用吗？（例如直接与客户互动、新型内部沟通及内部协调）

2. 数字化技术的潜力

——我们如何持续评估数字技术的潜力？

——我们如何评估由此产生的危险？

——我们需要什么才能利用数字技术的潜力？

3. IT 能力和 IT 集成团队

——我们具有成熟的信息和通信技术能力吗？

——我们如何控制和加强跨部门合作？

——我们如何开始文化变革？

——谁负责回答员工提出的问题？

4. 数字化成熟度、文化变革、组织结构

——我们如何改变企业内部的文化？

——我们如何构建有助于创造性的氛围和环境？
——我们如何使员工积极参与数字化转型过程？
——企业中哪些领域需要一个自组织、哪些领域不需要？

5. 面向客户和客户需求

——我们如何了解我们客户真实的需求？
——产品和服务在实际中真实使用的情况如何？我们从中学到了什么？
——我们找到了了解客户和潜在客户应有的路径吗？
——我们从整个客户的数据中能学到什么吗？

6. 与企业、初创企业和科研机构合作

——我们如何与其他人分享经验？
——开展项目、经验交流、合作最合适的方式是什么？
——我们如何获得新的发展和潜力？

7. 未来的商业模式

——我们如何重新思考商业模式的组织部分？
——我们怎样能颠覆或取代自己的商业模式，并且从中学习？
——如何想象跨界合作协同可能的情景？

在构建战略的各个模块时，列出上列一系列问题清单的目的在于，通过回答问题来制定战略，并从中推导出绩效指标（KPI）和战略实施的时间里程表。

当然，除了以上所提到的方面外，还有其他方面需全面考虑，例如：
——在“IT 知识”模块中，应考虑 IT 安全性；
——在“IT 运营”模块中，应考虑过程优化和自动化；
——在“IT 动态基础设施”模块中，应考虑降低基础设施的复杂性。

通过构建数字化战略，企业将获得关于复杂的数字化问题及与此相关的数字化转型的全貌。数字化战略应为有效实现其计划、控制、监督和测评奠定坚实的基础。

二、商业模式

每一个企业都有一个商业模式。虽然有时并非总是描述得十分明晰，但更紧密地依靠数字化技术的商业模式是必不可少的。一个商业模式可通过回答如下问题来定义：

——客户是谁？

——提供什么产品？

——如何生产？

——如何实现收益？

一个商业模式的创新应至少对商业模式4个分量中的2个分量有显著的影响。要实现商业模式创新必须依靠市场竞争和填补尚未触及的细分领域。对于一个成功的企业而言可能会不理解，企业现有的商业模式能正常盈利，为什么我们要离开舒适的领域？

实际上，企业越是在舒适的时候，就越是需要把握可能的创新时机。

（一）增量式和整合式商业模式创新

创新并不一定要产生全新的商业模式。创新的形式之一是已有的模式的组合，例如，智能手机＋超市独立收款＋门禁控制＝无人超市。商业模式的发展也可能是增量式的，例如，客户最早从音像商店自取视频，后来通过邮寄得到视频，现在再从线上直接观看视频，可见商业模式是逐步过渡的。尽管数字技术是商业模式的基础，但要得到应用并充分发挥其潜力，却是一种艺术。如同产品和服务从开发走向成熟一样，新的商业模式也必须经历一个投入及不断调整和优化的过程。通常，商业模式创新产生于一个团队，比如该团队借助于结构化的创新过程，着力研究整个商业模式或其中的部分，并且很早就考虑有客户的参与。商业模式创新需要的资源成本不高，尤其是对软件驱动的创新，例如，快速开发出原型，只要一个软件开发者就可完成。

（二）创新方法应用

在过去几年，已发展出许多很有用的结构化的创新开发和实现的方法。这些方法允许将客户的各种观点考虑在内，例如设计思维（Design Thinking）、客户细分画布（Customer Segment Canvas）、同理心地图（Empathy Map），或者以清晰的方式简单解释自己的商业模式，例如商业模式画布、价值主张画布等。对企业来说，所有这些对起步都是有用的，可向客户提供大量的端对端的经验，学习也较为简单。

（三）利用协同

企业可通过价值创造网络或行业跨界合作积极寻求协同效应，将它用于自己产品和服务的创新。

三、产品和服务

企业以客户为中心，就是为他们创造优质的产品和服务，因为客户使用产品和服务为企业创造销售市场。互联网使价格完全透明，客户有可能在全球范围内对产品和服务进行比较，也可在全球任意地点购买，满足客户个性化定制的产品和服务的要求也是如此。

（一）客户期望和体验

图 9–11 揭示出客户期望的变化。由于产品和服务的可及性及其供给竞争性，客户期望定制化的解决方案。鉴于此，客户的期望是，选择性大、质量高、价格低，同时服务优良。另外，技术进一步发展使所有可用的技术能用于建立客户联系和交付，客户期望他们提出的问题能立即获得回答，对这已越来越习以为常。但这些问题向企业提出了重大的挑战。客户这些要求明确地反映出不断变化的客户体验的重要性。因此，企业适应客户的变化，必须成为数字化转型的组成部分。持续不断地构建客户体验是企业数字化转型要完成的一个中心任务。

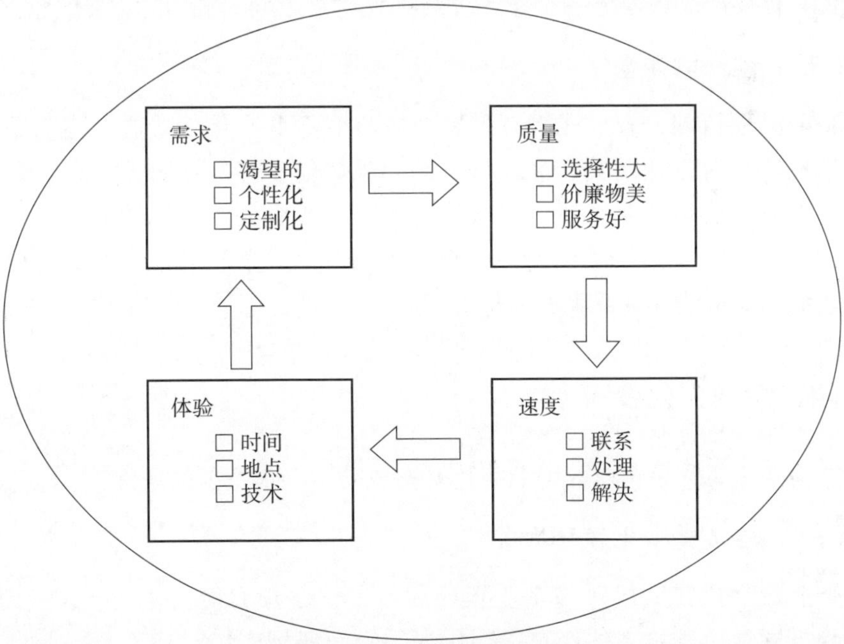

图 9–11　客户的期望

（二）了解客户

在数字化转型中企业充分了解自己的客户具有决定性的作用。只有这样，才有可能提供和生产客户所需要的东西。应用所谓“社媒聆听”（Social Listening）就有可能做到这一点。此外，出于深度的同理心，采纳客户的观点，许多企业正朝这个方向努力。

（三）客户关系和客户参与

通过互联网维护客户关系是现代企业营销一个重要的组成部分。企业可主动将客户融入价值链，将他们作为产品的测试者、产销者和开发参与者。尝试这样做，就有可能与潜在客户提早建立关系，与他们在成为客户之前形成稳定的关系。

（四）公众的批评

由于平台的普及，网上出现的负面“吐槽”可能会对企业造成很大的损害。例如，一个餐馆网络平台上有负面的评价，可能会极大损害它的信誉，因而导致客户大大减少。因此，要积极主动地进行社群管理。即使对那些不是以互联网为主提供产品或服务的企业，公众批评也是影响其成功的重要因素之一。

（五）客户的印象

企业必须自问，客户或潜在的客户内心对企业有什么看法？特别是，客户或潜在客户对企业及其产品或服务的印象如何？客户在购买之后不会停止思考，在此之后也会对企业、对所使用的产品或服务的质量做出判断。以客户为中心，意味着必须做长期、全面服务的考虑。企业对自己的认知与客户对企业的感知可能存在巨大的差异。

四、企业文化变革

重构企业文化是企业取得数字化转型成功一个最重要的条件。

（一）建立数字化领导力

企业数字化转型成败与企业领导的数字化领导力极为相关。在实践中，企业领导常常由于过高估计其数字化领导力而遇到麻烦。有关调查表明，企业管理者中有 44% 认为自己数字化领导力强或者很强，而员工的评价则是另外一个样子，只有 14% 的员工认为企业领导的数字化领导力强或者很强。专业人员中有2/3认为企业管理者应对未来挑战的能力不足。企业管理者需要的核心能力并不是运用数字技术的能力本身。领导者必须知晓多种多样的方法、技术、工具和主题领域，以便能评价和充分利用它们潜在的可能性。企业未来的创新是通过方法、技术、工具和主题领域的组合而产生的。

（二）激励员工参与变革

企业需要创造性，需要通过所有员工去实现创新。同时，为了能应对市场条件的变化，企业不仅需要相应的结构组织和组织流程，还需要有文化上的根本的变革。这需要企业打通层级，理念产生于一个组织的所有层级。企业有许多的可能性去开发自己的人力资源，发现有意愿参与变革的员工。应当通过一定的激励措施鼓励员工参与变革，让其充分发挥主动承担责任的积极性。

（三）创造信任

对企业来说，创造信任就是必须建立与员工的信任关系。企业必须学会信任自己的员工。人都有内在的动力、责任、意愿，能接受有意义的任务。如果人的基本需求得到了满足，他就会始终努力追求“意义”。此外，奖金、奖赏和其他激励系统对于员工的共同追求、合作及创造性也有极大的影响。员工的合作对数字转型具有重要意义。自组织的团队会给自己的行动赋予能力和权力。当然这并不是说不要规则和规矩，就像道路上的交通系统一样，必须有交通规则，但每一个人都要遵守规则，才能到达想要去的地方。

（四）提高组织效率

减少层级是为了使员工在数字化转型中获得更大的自由度，以便能够调动员工的创造性和增强其创新活力。为达到此目的，满足基本需求，较少控制，更多信任，是必要的条件。而且企业必须减少它的层级，引入跨部门的沟通文化，使每个人都能贡献自己的想法，并一起去实现。员工的工作满意度和创新活力与管理系统密切相关。员工具有各不相同的能力和潜力，在其所在的某个部门只是部分地发挥了作用。扁平的层级制有可能把员工的能力用在正好需要的地方。除了身体工作力之外，员工首先要投入自身的认知工作力，这就要求在同事间要友好相处，上级领导必须越来越能充当教练的角色。

员工对企业目标的承诺对企业未来的成功起着决定性的作用。员工的活动必须被赋予意义和目的，要符合企业的目标，要享有自主决定权。从长期看，这关系到员工对企业的认可。

（五）提高社会能力

在企业内部，数字化转型的主要困难首先在于，它是一个社会变革过程。社会能力会比任何时候都重要。在 21 世纪，成功的因素之一是关键岗位必须配置具有社会能力的员工。适者生存，排挤竞争会成为过去。在数字化时代，员工必须能够自主地做出决定、有解决问题的能力，所完成的工作都被理解为企业的社会意义所在。

（六）支持创造性

多样性产生创造性。不同文化的人相互接触，特别能产生创造性。其意思是，来自不同文化、地点和行业，以及具有不同教育背景的人，他们组合在一起能相互激励。不同的人之间的协同效应与正确的组织结构和组织方法相结合将给企业带来创新。不仅年轻人有能力承载企业的变革，年龄较大的人同样也可以。在一个管理层级突出和环境受限的企业里，人的创造性很可能不会得到应有的发挥。

（七）允许试验、失败和学习

国际上许多互联网企业经历了很多典型的演变阶段，还建立并巩固了一种“允许失败”的文化。在创业领域有一个说法叫“Pivot”（关键转折），指的是创业团队基于试验、客户反馈和经验值有计划地调整核心业务。对于企业领导来说，这就意味着，试验及可能的失败都是明确被允许的，甚至是必须支持的。这样就不会出现不成功就是不光彩的情况。员工提出新的想法时，不应有任何这样的担心。为此，企业应着力改变官僚结构，支持试错、犯错文化，例如，员工和领导可以在一起分享和直面失败。不过，这也不是说，每个失败都应被容忍，判断的尺度取决于所追求的创新程度。

（八）依靠员工的智慧

市场剧烈的变化要求企业必须从员工方面获得新的想法。没有任何专家能够准确预见未来，能使其项目达到 100% 的成功。现代企业必须学习，既要了解社会流行的观点，又要对这些观点持保留态度。没有人能准确预见数字技术的发展和与此相关的变化。因此，每个企业都必须依靠所有员工的知识和智慧，不仅充分利用，而且要创造条件开展试验、构建原型、共同决策和提出意见。每一个员工对企业的命运都负有责任。员工希望实质性地参与并能独立地行动。因此，这些必然涉及相关的决策过程和业务过程规划。

改变企业文化必须充分利用员工知识，改变必须从内部出发。明确清晰的规则和规矩并开启一个变革的过程，都是企业领导要承担的任务。

（九）人才招聘

随着企业文化的改变，人才招聘也一定会有极大的变化。在未来，无论是内部还是外部，应当招聘那些愿意和有能力与企业共同发展的人才，即追求同样意义和目的的人才。这样，在未来，企业必须改变员工招聘的策略。在过去，通常寻找某一特定技术作为专门技能，还要求在最理想情况下具有多年的经验，但在未来这将不再符合招聘目标的要求。只要新的员工具有相应的基础教育，在最短的时间内能掌握一项技能，如 ERP 应用和许多工具，就能满足实际工作的需要。在知识应用的领域，同样也是如此。例如，IT 是一个跨部门的领域，企业不必过高估计在其应用领域所需的知识。如果企业自己限制了招人的范围，也就不能找到它所想要的员工，包括那些具有好奇心、乐于变革、有勇气、不惧怕挑战、乐于与企业共享同一愿景的人。雇用一名有创造性的、乐于变革、愿意尽快熟悉一门新技术的员工，可能比招收一个只局限于一个领域、从未见识另外一门技术的人更为有利。不同的年龄具有不同的优势，年龄的大小在这里不是决定性的。

（十）人力发展

人力资源部门也面临巨大的挑战，它们必须以完全不同的方式进行人力开发。传统上，员工发展生涯直接由上级领导决定，容易促使员工在行为上、工作内容上更接近领导，而不是仅关注一些基本的问题，例如过程或工具，这不利于成为创新者。在这样的结构中，有能力促使企业改进的员工有可能被视为另类。在未来，判断一个人的才能并相应合理地使用它会是一个挑战。固化的结构会埋没人才。能够帮助企业构建未来的人，往往直接就在企业内部，因而必须激活人才潜力。人才的最终受益方是企业。企业可提供基础设施应用和尝试最新的技术，可把责任传递给员工，并增强对他们的信任。在某些情况下也可考虑，限定管理者任期，让敏捷性和不同的观点进入领导层，从而提高员工参与决策的积极性。

五、企业内部的结构

对于许多人而言，今天工业时代的组织形式已经达到它的极限。其间，官僚主义可能被赋予了权力。而在现代企业里，为了使创新和跨部门的合作成为可能，则需要打破层级式的结构。在未来，员工需要倾向于自组织，员工有义务为完成任务而临时进行跨部门的集中与合作。现代企业应按团队合作的形式去完成一个个具体的任务，在完成之后，又为下一个任务再组成新的团队。企业层级扁平化特别有利于员工产生创新的好点子。

（一）合理的组织

合理的组织并不是说，一个企业所有的部门都是自组织的、灵活的网络形式的组织。实际上，要根据任务范围的不同，才能构成适当的组织形式。在“构建式”的工作中，指示和控制的意义并不那么重要。在“执行式”的工作中，比如，在生产中，指示和控制是完全可行和合理的，而且只要它们是令人信服和参与式的。令人信服是指，负责人做出的解释和向下属给出的指示具有令其信服的意义。在“参与式”的工作中，在做决策（指示和控制）时已包括了员工的意见和考虑。这也是组织内能公开探讨错误的一个前提。

（二）指示和控制

在企业中，总会有些活动领域需要指示和控制，员工也需要参与。创造性的产生不可能来自命令方式。如果参与工作的员工所得到的指示和控制缺乏尊重，员工就不会认同上级的决策。对员工来说，工作的意义和目的必须是明确的，决策应当有依据，而且应当是由团队做出的。

（三）员工网络

一个现代组织必须发展成为一个灵活的网络，为创造性和试验提供空间，为原型开发和创新发展创造条件。当然，即使是灵活的网络也必须要有明确的规则和规矩，也还需要必要的 IT 基础设施。

总体说来，提升员工的认知是一项要求很高的工作任务，需要企业员工在多方面统一思想：

——透明：人人都能找到真实的信息；

——信任：通过信任愿为企业做出一切；

——参与：广泛参与决策、领导者扮演教练的角色；

——容错：不会因错误而否定一切；

——技能：必须掌握，必须能学会。

六、IT 运行和软件开发

IT 部门在企业中发挥着特别的作用，实际上企业所有主要的活动都离不开

IT 的支持。除了必须维持企业的 IT 处于运行状态，企业也还必须有新的想法。

（一）IT 运行的作用

因此，保证 IT 可靠运行具有特别重要的价值，在未来它的作用还会更加重要。IT 部门必须转变为一个横跨企业、集中广泛能力的部门，例如，在短时间内就可提供可用的试验基础设施。

（二）软件调试和开发的方法

企业客户在明天对产品和服务有哪些期望？明天会有哪些数字技术得到应用？这些情况是难以预料的，因此有必要采用能适应的和灵活的工作方式。这样做的显著优点在于，能满足客户对软件增量的需要，并因此能在短时间内提供新的功能；同时负责开发和运行的团队，对自动化工具全面地沟通协作（DevOps）习以为常。在典型的情况下，版本管理系统中的软件从持续的集成、编辑和随后的测试，直到软件准备完毕，所有这些步骤都是自动化进行的。

（三）软件作为核心能力

软件越来越精确地反映企业的核心能力，包括过程、产品描述、数据和算法。随着用于数据分析的机器学习和由此产生的统计模型及算法越来越多地得到广泛的应用，软件开发师和统计师对客户的了解程度会明显地超过企业中的专业人员和市场人员。

IT 运行的目的应当是持续调整和改善对客户的价值和客户体验。为此目的，也可有针对性地应用数据分析。

（四）IT 运行和数字化开发

提供现代 IT 基础设施，并在现代技术基础上开发和调整软件，这往往会与 IT 稳定运行的目标产生矛盾。例如，在可用性与性能，经常的与计划的发布周期，标准化程序与自助服务等方面。创新项目有可能会遇到危险，因为在计划阶段就可能因为其目标而受到挫折，或者最晚在实施阶段需要做出改变，以致不利于实现承诺的价值增值。这就导致在企业中把 IT 运行的责任和数字开发的责任区分开来。例如，除了企业信息官（CIO）之外，还有企业数字官（CDO）或者企业数字转型官（CDTO）。他们与企业的各部门一起共同识别和实施数字化项目，并在此过程中充当中介的角色，把对数字化项目提出的要求，反馈到 IT 运行部门中去。

（五）技术配备

企业常常低估员工的技术配备的重要性。例如，若员工注意到，自己家里使用的技术配备还优于一个要应对全球竞争的企业必备的技术条件，这可能会对企业必要的文化变革过程造成阻碍。企业工作岗位技术配备太差，也常常是员工离职的原因。企业必须设法使终端装置独立于服务器系统运行并可更换。服务器上的数据和对数据的访问必须受到保护。终端装置不仅可更换，而且应当是现代化的。员工要进行试验和原型开发，只有具备必要的基础设施，才能做到这一点。所以，应当注意，不能让IT基础设施成为数字变革的绊脚石。

实际上，企业数字化转型应考虑的第一步，就是要分析IT基础设施是否合理，它是否能支持必要的变革。当然，数字化转型要考虑的并不只限于这些因素。

七、系统化实施

前面我们谈到了与企业数字化转型有关的许多方面。应当说明，尽管我们考虑和列举的方面并不详尽，但重要的是这些方面展现了企业数字化转型的切入点。另外，还需说明，企业数字化转型的具体方法，没有一个固定的模式，需要根据企业的实际情况而定。同时，软件工程和系统化的知识对转型的构建极为重要。

（一）没有普遍适用的模式

在数字化转型中，必须放弃一种想法，即存在一个普遍适用的模式。企业数字化转型意味着，企业要推进和经历一个复杂的和持续的变革。这也意味着，需要给员工更多的信任，让他们积极参与企业构建，使之成为积极的元素。与企业管理者一样，员工对企业的成功也有合理的利益诉求。传统的“自上而下”的想法将不足以奏效。创新包括提升员工参与决策的积极性，也允许试错。没有试错的勇气，就没有创新。

创新和创造性不能简单地人为规定，而必须通过企业文化才能有效地促进。

（二）软件工程能力

强大的软件工程能力将是一个企业最重要的技能。在未来，软件创新会越来越成为提升竞争力的手段。企业交付产品和服务并不是交易的结束，客户会继续跟踪和评价。这种情况可通过产品的软件创新和附加数字服务得到考虑和处理。

（三）系统化构建知识

在数字化时代，要获得知识和信息是相当容易的。但要透彻理解数字化转型的主题，必须有系统的研究和试验。上面我们描述的许多主题不是孤立地考虑的，它们之间相互关联。有时，企业缺少的知识无法简单地通过购买而获得，企业只有对其业务和客户有深入的了解，才能产生持久的创新。持续的学习和调整产品及服务，特别是调整企业的商业模式、业务过程、结构和文化，是企业数字化转型过程中必不可少的任务。

第六节　商业模式创新

一、数字化商业模式转型框架

在企业发展的背景下，我们把“数字化转型”理解为对现有业务活动进行全面的重构，并利用当前和未来数字技术的驱动力，创造性地改变商业模式。从这种意义上讲，企业数字化转型战略的目的是，识别和评价其“数字化能力”的潜力，即技术及其智慧应用的潜力，并在最可持续的、创新的商业模式的意义上确定其优先重点。然后，依据这些潜力和优先重点导出一个系统化的数字化转型框架作为转型的路线图（如图 9–12 所示）。

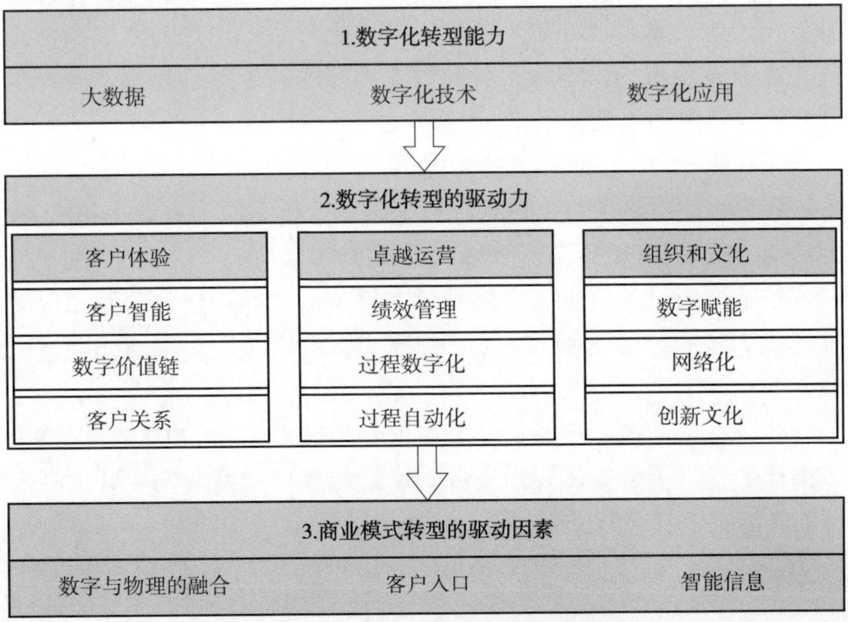

图 9–12　数字化商业模式转型框架

数字化商业模式转型框架主要包括如下 3 个重要的部分。

（一）数字化转型能力

数字化转型能力是一个企业必备的能力，是对商业模式进行可持续的数字化转型，或开发新商业模式必要的前提条件。特别是，为了驱动全面的数字化转型，包括在用户体验、卓越运营、组织和文化等方面。以下数字化转型的能力将十分重要：

——大数据：集中不同的数据源（如 ERP 和 CRM 等系统）产生的各种格式的海量数据，实现可用性和实时分析。

——数字化技术：把握当前和未来的技术发展，从云系统到物联网，直到人工智能和机器学习等。

——数字化应用：注重实现数据与技术的结合及其与现有专门优势的结合，并实现智慧的应用。

（二）数字化转型的驱动力

1. 客户体验

数字化转型的外部驱动主要是源自客户的体验及其相关的因素。今天，数字技术及其应用已经成为经济、商业和日常生活的重要特征。数字化转型本身并不足为奇，但重要的是其变化的范围和速度在不断强化。特别是在客户体验方面，这要求企业必须不断地提升它们对目标用户的数字亲和力。只有这样，才能避免市场份额落入具有数字入口的竞争对手手中，同时也才能扩大现有用户规模并扩充新用户。

客户体验涉及如下 3 个相关的领域：

——客户智能：基于数据对客户行为进行分析，使客户细化和供给优化。这样能更精准满足客户的需求，并能产生额外的增长。

——数字价值链：对于客户旅程的主要节点，如销售、营销和售后，要尽可能提供丰富的数字化服务，使客户获得无缝衔接的多渠道体验（例如线上和线下）。

——客户关系：把客户的长期忠诚度作为客户关系的核心，提供个性化的、多渠道的、基于数据的客户服务。通过与客户紧密合作，可预测未来的需求并能做出相应及时的反应。

2. 卓越运营

在数字化转型背景下，除了改善客户体验外，卓越运营也是一个重要的问题。这里的主要目标是，通过对工作步骤和整个流程的数字化，尤其要提升时间和成本方面的效益。这样的效益提升可通过如下 3 个途径来实现：

——绩效管理：通过实时分析，系统化地为决策提供支持，不仅能对现状有全面透明的了解，而且能实时模拟不同场景的发展。

——过程数字化：通过系统化的过程数字化，实现以客户为中心的绩效提升、性能改善和成本下降。

——过程自动化：通过过程智能自动化实现系统化的效率提升（如能力和成本）。

3. 组织和文化

数字化转型并不只是技术的问题。实际上，数字化转型是一个组织在内部如何积极应用技术及其潜力、最终被现有的文化接受的问题。在数字化转型范围内，针对组织和文化，涉及如下 3 个领域：

——数字赋能：开展可持续、不间断的员工培训，并以应用为目的，为他们提供必要的数字基础设施，例如，适用于沟通和数据处理的工具等。

——网络化：在员工、客户和伙伴之间建立新型、灵活、网络化的合作形式。

——创新文化：在现有的专门优势与新技术及其应用相结合过程中，系统地支持创新文化，以使新的理念得到发展。

（三）商业模式转型的驱动因素

有若干推动数字化转型的驱动因素，在实践中这为现有商业模式转型提供了相应的方法，在此基础上也产生了改进的或全新的商业模式。总体上，数字化转型的驱动因素主要从以下 3 个方面对商业模式产生影响：

1. 数字与物理的融合

线上与线下相结合，例如，用数字化方式实现在线订购物理产品，而退货有可能在实体商店进行。或者物理对象的可用性可通过数字化方式来提供，比如汽车共享。

2. 客户入口

用数字化方式在消费者和生产者之间建立新的入口，例如 App。

3. 智能信息

为客户全天候提供需要的相关信息，例如，针对一个区域，提供所需的相关信息。

以上描述的转型框架，仅从结构上说明了数字化转型的问题。经验表明，企业数字化转型没有一成不变的统一的方法。如果企业仅有局部的解决方案，实际上就不是真正的转型战略。不管怎样，数字化颠覆的危险性预示着后果的严重性。在经济转型的大趋势下，企业应对数字化转型有根本的思考，而且应尽早行动以开启转型的进程。

商业模式创新在数字化转型战略中处于核心地位，以下将较为详细地加以描述。

二、商业模式及其构成元素

（一）商业模式

尽管“商业模式”一词早在20世纪50年代就已出现，但在“新经济”出现的90年代才开始被实际采用。

为了对“商业模式”有一个基本的理解，有必要把它与更普遍应用的战略管理术语，比如“愿景”和“战略”联系起来考虑。

愿景描述的是一个企业在未来长期要达到的状态。它通常由简短的一两句话构成，以此希望产生鼓舞性的效果。例如，微软把它的愿景表达为：“微软软件将运行在每一个家庭的个人计算机上。”沃尔玛的愿景是：“成为全世界零售业的领导者。”企业战略包括企业要实现的战略目标，此目标必须符合企业的愿景。此外，战略还包括如何将目标转化为现实。因此，企业战略是企业日常运营的指导方针。举例来说，企业可能的战略目标包括：具体的年度利润增长率、目标市场的份额或在某个具体时期内开发的新产品的数量等。

企业商业模式是简单描绘一个企业业务活动的方案。因此，商业模式能抽象说明，企业要达到其确定的战略目标时，它如何从根本上进行运作。

（二）商业模式的4个构成元素

圣加伦大学（University of St.Gallen）开发的圣加伦商业模式导航图（St. Gallen Business Model Navigator）是被广泛采用的描述商业模式的方式。总体上，该导航图包括商业模式的4个具有重要意义的元素（如图9–13所示），它们是：

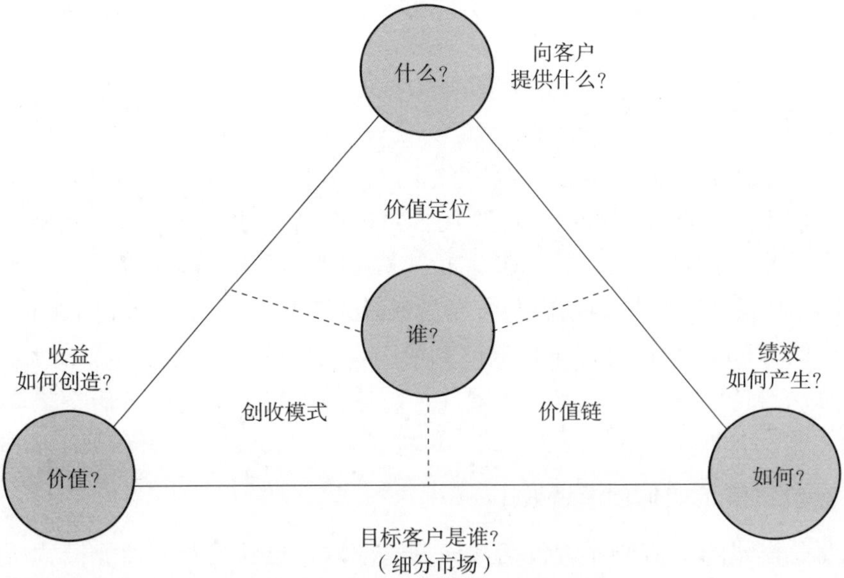

图 9–13　商业模式及其构成元素

（1）客户（是谁）；

（2）价值定位（是什么）；

（3）价值链（如何创造绩效）；

（4）创收模式（如何创造收益）。

商业模式导航图作为一种工具，利用上述 4 个紧密相关的商业模式元素，可以描述企业的商业模式。

（三）商业模式创新

这些元素反映了一个事实，即商业模式从根本上讲不是固化的，而是不断变化的。换句话说，企业为保持竞争力，就必须持续更新它们的商业模式。例如，能使企业商业模式及时改进或更新的因素是商业模式中 4 个元素之一的变化。通常，这样的变化一旦出现，就将导致商业模式中其他元素的进一步变化。而当一个商业模式中至少有两个元素产生变化时，它就被归为“商业模式创新”（Gassmann，2013）。如果这些变化是受数字技术应用驱动的，比如高性能计算机、宽带互联网、智能手机 App 等应用，这样的创新就被称作为“数字商业模式创新”。下面对商业模式的 4 个元素分别加以说明：

1. 客户（是谁）

客户是商业模式聚焦的核心。具体讲，企业要准确聚焦于目标客户群体，例如 B2C 或 B2B。在此背景下，商业模式也定义了企业应当如何对待这些客户群体，应当如何构建客户关系。

2. 价值定位（是什么）

商业模式的价值定位元素包括企业提供给其客户的产品和服务。应用数字技术使得有可能用无形的对应物代替物理产品。MP3 技术和与此相联系的数字音乐作品就是一个例子。在发布 iTunes 时，苹果已经实现了一个商业模式，即音乐的销售不用数据媒介（光盘或激光唱片等）。客户通过 iTunes 下载到自己的 iPhone 或 iPod，凭此举付给费用。苹果的方式颠覆了音乐行业，甚至没有销售任何一个光盘或一张唱片，却成为世界上最大的音乐零售商。此外，苹果还不断调整它的商业模式，例如，之后提供自己的音乐流媒体服务。

3. 价值链（如何创造绩效）

商业模式的价值链元素包括如何创造绩效，也就是落实商业模式所需的一切活动、过程和关键资源。企业为获得在其内部没有的关键资源，它们常常与其他企业结成战略伙伴关系或投资于初创企业。例如，为进入共享汽车行业，戴姆勒与欧洲租车结成伙伴，建立 car2go 共享汽车公司。因此，租车的整个流程是通过几项数字技术实现的。这就意味着，例如，客户的智能手机必须被视为一个主要的接口，把它作为一个达到查看信息、预订和支付目的装置。

4. 创收模式（如何创造收益）

商业模式的创收模式描述商业模式的财务方面，指用什么方式创造收入。它不仅包括成本结构，而且还包括收入的来源。就收入来源来说，数字技术特别有利于实施新的方案。例如，一个涡轮机制造商引入了一个“每次使用计费”（Pay–per–use）方案。在此方案下，客户按使用小时计算付费，而不是自己实际购买一台涡轮机。为了提供这样一个方案，制造商使用传感器记录涡轮的运行数据，并进行集中采集和分析。

商业模式的变化取决于创新，模式创新有渐进式和颠覆式之分。渐进式商业模式创新对商业模式产生的影响相当有限。与此相反，颠覆式商业模式创新会导致出现新的不可预知的商业模式。

三、商业模式创新成功的因素

商业模式创新成功的因素可概括为如下两个方面：

——商业模式的战略构建：谁是客户？向市场提供什么产品？价值链是如何打造的？以及“用什么方式创造收入？”企业的商业模式是企业战略组成部分。

——商业模式数字化的系统化反思。系统化反思可提供许多可供选择的可能性。此外，还需强调，数字化本身并不是一个终极方案，而只是保证企业在市场中的活力和未来成功的一种手段。

通过对大量的数字化商业模式的研究发现，有6个因素与其成功直接相关（Kavadis，2017），这就是：

（1）产品或服务是个性化的而不是标准化的；

（2）产品可回收、价值循环闭合；

（3）共同利用投资；

（4）基于使用的价格而不是固定的价格；

（5）基于网络的价值创造；

（6）灵活的组织。

研究表明，在6个成功因素中至少有3个实现了数字化的企业在实践中是特别成功的。所以，在今天，数字化是取得市场成功的不可缺少的赋能手段。

数字化战略虽然为企业提供机会，但是也隐藏着风险。企业的目标是开拓机会，同时不低估风险。这里主要危险之一是“拍脑袋”行动者和采用非协调的方式，导致商业模式开发成为修修补补的工作，甚至成为一个失败的烂摊子。因此，必须保证商业模式的开发是能平衡机会和风险的一个协调的过程。

一个被证明是正确的方式是，把数字化商业模式的开发嵌入数字化战略，并从企业战略引导出来。这是设计集成化数字战略过程的一种途径，它所包括的元素与企业战略元素完全相同。企业在开发数字战略之前必须对市场环境和企业内部的数字化起点进行分析，也就是对数字化成熟度进行分析。强调这一点很重要，因为只有在此基础上企业才能导出数字化商业模式、实施的目标及KPI和具体的建议，这就需要确定项目的组织及其责任。

四、商业模式创新与文化变革

采用数字化工作方式需要有另外的工作态度，需要一个与新的工作文化紧密相连的数字化心态，它的主要表现特征为分权化、去等级化和灵活性。

此外，新的工作文化，特别是新的商业模式也要求必须具备不同的知识能力和新的学习形式。

分权化、去等级化、灵活性以及注重非正式获得数字化能力等，都是新型的工作和学习模式的主要方面。

具体讲，就是要考虑3个层次上的问题：

（1）数字化心态：必须有一个基本的态度——数字化心态。这意味着，要根据已经出现的数字化逻辑转变思想。

（2）工作文化：必须形成一种新的工作文化，其工作方式的特点是，它比工业时代更快、更敏捷和更灵活。

（3）工作模式：新的工作文化，特别是新的商业模式必然要求在企业中采用或建立不同于过去的另外的工作模式。比如区块链或者其他技术，或者采用新的工作形式，例如敏捷开发（SCRUM）和敏捷的项目管理。除了技术的和法律的因素外，员工"缺乏数字能力"是企业数字化转型的一个严峻的挑战。

新的工作文化要求迅速、敏捷、灵活的合作，这与迄今存在的等级制和固化的方式必然是相矛盾的。因为文化变革在实质上决定着企业未来的发展机会，必须把数字化转型与文化变革一起考虑，否则企业的数字化转型就难以取得成功。

文化变革主要表现在3个方面：

（1）高度的合作愿望和能力；

（2）新的、灵活的工作方式；

（3）高度的自主性及活动空间。

具体讲，企业要顺应数字化时代的要求，在任何情况下必须注重考虑以下各个具体方面的问题：

（1）增强加速数字化的紧迫感；

（2）进行数字化逻辑的思想转变；

（3）领导层成为数字化逻辑转变的示范；

（4）超越技术和效率的局限，采取统一、全面的数字战略；

（5）勇于建立新的工作文化，实行分权化、去等级化和灵活性；

（6）为员工提供新的学习形式，增强数字化工作的吸引力。

表9-1简单地总结和对比了在工业化和数字化中不同的工作文化的特点。从表9-1中可以看出，随着数字化的进程，员工承担的角色的范式发生了改变。他们不再被看作将被替代的劳动力，而是潜力无穷的人力资源。员工是

成熟的具有强大自控力的个体，企业应当创造条件为个性化技能赋能，以实现数字化转型的目标。

表 9-1　数字化中的文化变革

变革的方面	工业化时代	数字化时代
领导的任务	控制、指示、规定	教练、可能性、赋能
对员工的态度	作为被领导的对象（成本因素）	成熟的员工、产生创新理念的源泉
信息与领导的关系	通过信息掌控	通过信息辅导
领导的合法性	正式的强制的地位	社会技能和能力，同事、非正式接受和选择
合作的意义	必要时合作，确定的角色和任务	合作的、公开的基本态度、非正式的自组织
学习方式	规定的、正式的、与工作分开的	自主控制的、对等网络、非正式的、工作的一部分
核心能力	专门知识	合作、自组织、团队交换工作

在数字化转型中，建立新型组织文化和工作关系，加强自主学习，丰富数字化领域新的知识和提升新能力，并与转型战略和进程保持同步，是企业的重要且关键的任务。

第七节　商业模式价值化与数字化

一、数字化与价值化的维度特征

当今，几乎所有的企业都面临数字化的挑战。一方面，数字化提供了组织整体上变革和优化的机会；另一方面，数字化也给企业带来了危险性，因为出现了新的竞争者以全数字化构建商业模式的方式。无论是数字化的方案，还是商业模式，实际上都是很复杂的，需要从多个维度考虑才能构建出来。

数字化在今天的经济生活中起着越来越重要的作用。一个实质性的问题是，对于企业来说，数字化不只是一个从模拟向数字转化的简单过程，而是要求其技术、产品和服务、能力、价值创造机制以及商业模式要实现全面的改变。一些著名的案例，如亚马逊（Amazon）、爱彼迎（AirBnB）和网飞

（Net‡ix）等说明，数字商业模式与它们的模拟对象（比如书店、酒店、音像店）常常有着本质上的区别。因此，研究数字化和数字商业模式的构建对企业具有重要的战略意义。

在过去，数字商业模式一般是针对数字市场考虑的，而现在人们对商业模式的关注则更集中在基于物联网的、平台的商业模式，或注重在大数据背景下的商业模式。在考虑数字化商业模式方案构建时，要考虑到数字化应用的多种可能性与商业模式构建维度的多样性的特点。

下面我们将从不同的维度考虑，将“数字化应用”和“商业模式构建”这两个方案系统地整合，进而展现“数字化商业模式”构建的可能性。

（一）数字化应用的维度

数字化是当前越来越广泛影响我们生活及与此相关的经济过程的一种现象。它被理解为企业的业务活动日益从现实物理世界向虚拟数字世界转移的“范式转变”。数字化不能简单地理解为只是改进数据采集和数据利用的一种途径。数字化的发展也包括市场参与者沟通行为的质量上的变化，以及由此产生的新的互动的可能性。这就是说产生了企业有多种方式利用数字技术的潜力。

具体来讲，企业可以从 3 个维度来考虑数字化的应用：

（1）内部数字化：企业内部流程数字化或支持流程数字化；

（2）外部数字化：企业与客户及伙伴互动、沟通和合作的数字化；

（3）产出数字化：企业为客户提供的产品和服务的数字化。

虽然这 3 个方面有所交叉和相互关联，但它们各自为构建商业模式提供了应用数字化构建商业模式可供选择的方位和空间。

（二）商业模式构建的维度

在经济界，一般把商业模式定义为企业开展和开发业务的结构范式、逻辑或架构。关于商业模式如何设计的问题，存在两个不同的流派：

一种观点认为，商业模式要按照活动的系统化体系来构建，即它被当作由各个相互影响的活动构成的完整的系统，因而只能系统地构建。

另一种观点认为，商业模式可考虑用各个单个组成元件来构成，即可基于组成部分的组合设计出来。

实际上，第二种观点对于数字化商业模式的构建很有帮助。因为在数字化背景下，系统化的商业模式尚未出现，但已有能构建商业模式的单个组成元件可用。

克劳斯（Clauss，2016）对商业模式有过大量的研究，识别出了商业模式构建的 3 个维度：

（1）价值创造维度：它定义在内部和外部价值链中如何创造价值、实现内部和外部的资源、能力及其结构和过程的融合。

（2）价值定位维度：它定义企业向客户提供什么服务，即产品和 / 或服务、解决问题的方案。除构建产品管理外，它也包括目标市场的定义和市场细分、渠道选择和管理，以及客户关系的构建。

（3）价值保障维度：它定义一个商业模式如何盈利。除了具体的销售渠道和销售种类外，这一维度也涵盖成本方面，因为只有随时间推移来权衡成本和营业量，才能对收益的逻辑做出战略性的定义和评价。

如果数字技术发生的变化会对一个企业价值创造活动及其创收产生不可避免的或根本的影响，企业的商业模式就应当是数字化的。实质上，这意味着其商业模式的 3 个价值维度是数字化的，或者说必须通过数字化的方式才有可能构建商业模式。但是，技术的变化并非必然意味着它一定是影响商业模式的源头，而只是意味着数字技术提供了构建具体的商业模式的可能性，而这种商业模式与先前的“模拟模式”相比会有根本性的区别。

对企业来说，不存在普遍适用的商业模式数字化的总体设计方案。因构建数字化商业模式往往要按具体情况判断，要考虑资源配置、市场地位、外部因素，如客户偏好、技术的变化等。商业模式的数字化可能基于不同的优先重点，或可能是出自不同的战略目标上的考虑。可以想见，它也应当包括考虑内部的效率方面、外部的网络方面，以及结果驱动或数据驱动等不同的因素。

因此，先识别商业模式构建的维度及数字化应用的维度，在此基础上用模块化组合的方式来构建数字化商业模式是很有意义的。

表 9–2 揭示出各种组合的可能性及相应的构建潜力。

表 9–2　数字化商业模式的系统化构建

		数字化应用维度		
		企业内部	企业外部	企业的产出
商业模式构建维度	价值创造	• 内部流程数字化提高效率 • 部门网络化改善	• 融入外部伙伴创造价值扩大服务 • 放弃利用物理资产	• 服务提供自动化 • 通过客户数据构建服务

续表

<table>
<tr><th colspan="2" rowspan="2"></th><th colspan="3">数字化应用维度</th></tr>
<tr><th>企业内部</th><th>企业外部</th><th>企业的产出</th></tr>
<tr><td rowspan="2">商业模式构建维度</td><td>价值定位</td><td>• 更高透明度及影响服务提供的潜力
• 价值主张个性化的可能性</td><td>• 平台上各供应商共同的价值主张
• 有吸引力的流程开发新客户和市场</td><td>• 提供服务自动化
• 创造数字供给</td></tr>
<tr><td>价值保证</td><td>• 流程自动化和标准化成本
• 支付自动化</td><td>• 通过第三方间接补偿
• 双方或多方平台商业模式</td><td>• 软件作为服务（SaaS）
• 免费增值模式</td></tr>
</table>

资料来源：Claus & Sven（2016）

以下我们对表 9–2 中商业模式构建的 3 个维度与数字化应用的 3 个维度相组合所构成的数字化商业模式的 9 种可能性逐一进行讨论。

二、价值创造数字化

第一，从企业内部考虑，用它能大大提升效率，因为数字化过程比模拟过程更快，错误率也更低。此外，数字化可使机器代替人的工作，尽管投资成本高，但从长远看依然有可能降低生产成本和提高生产效率。例如，博世和西门子拥有数字技术应用的知识，数字化有可能在很大程度上提高流程的效率。这时，提高效率也包括改善职能部门网络化的水平。整个企业信息实现一体化，不仅可避免重复工作，而且还可减少在流程层面一些不必要的控制。

第二，从企业外部考虑，基于数字渠道和数据转移，数字化可使不同的伙伴加入价值创造过程，并且 / 或者可按模块化方式扩展自己所提供的服务。通过聚焦于核心能力，企业可在价值链中发挥相对专业化的优势，而不必受制于细分市场产生的瓶颈。例如，一个企业专注于包裹运送物流计划的业务，自己并不实际参与业务运作，而是把所有的运作任务交给不同的外部伙伴。麦当劳则采取了相反的方式，即通过在线配置，在一定范围内把产品开发权交给客户，而自己始终只专注于运营。

第三，从企业的产出考虑，智能产品配备传感器可改变价值创造模式。用户侧终端的传感器除传输与产品相关的数据，比如客户偏好之外，还可传输与过程相关的数据，比如市场需求的时间点及其需求量。基于这些数据，企业有可能进行模式识别，并根据积极的客户行为，自动设置适应需求的供应流程。例如，亚马逊为用户提供“一键下单按钮”（Dash Button），在缺货的情况下能自动开启订货的过程，通过采集订货频率启动自动送货，保持通畅的订货节奏。这不仅提高了客户的黏性，而且避免了需求波动产生的影响。吉列为客户提供一个盒子，它自动采集剃须刀片的锐度，当检查到刀片使用结果欠佳时，无须客户干预便可直接订货替换。

三、价值定位数字化

在数字化的基础上，价值定位可能具有新的形式和视角。

第一，从企业内部考虑，数字化有可能使价值定位个性化和缩短流程时间。因利用数字化技术，企业能够使其服务直接地和自动地适应客户的期望。客户可按自己的偏好决定关键服务的准则和交付选项。Mymuesli 公司就是一个例子，它让客户自己按个性化要求在网上混合搭配自己所需要的麦片。客户在线上完成订购后，也可在线下商店取货。在耐克，客户可在网上个性化设计和订购运动鞋（比如贴名、选配颜色）。由于新的数字化技术潜力巨大，客户未来直接参与价值供给的可能性还会继续扩大。例如，随着 3D 打印生产力的提高，今后客户可自己设计高质量的服装，让生产商直接打印。

第二，从企业外部考虑，价值定位不再必然只是企业特有的，它还取决于服务的供给情况。比如，数字化市场或数字化平台就有重要的作用，它们使客户有可能在某一领域的总供给中做出自己的选择，例如在 Booking.com 中选择酒店，在 expedia.de 中选择航班。此外，在数字化技术基础上信息透明度得到改善，使企业有延伸价值定位的可能性，因此不仅可提供成品，也可把现有的未被充分利用的资源提供给客户。比如，一个工程机械修理店，在周末或节假日期间出租自己未被利用的升降设备。

第三，从企业的产出看，因信息透明度提高，客户对产品及品牌也获得了新的认识。所以，带有产品服务包的数字服务就越来越重要。为区别于竞争对手，企业可提供“产品—服务”系统，也就是将产品与服务相结合。例如，软件供应商为销售基本功能可替换的软件，可提供大量的服务支持。在为客户提高数字供给价值，例如可用性、效率、供给范围的同时，也提供了部分取代模拟服务的可能性，进而导致模拟技术选项被广泛地淘汰，例如数字流媒体平台的出现就产生了这样的结果。

四、价值保证数字化

对于商业模式的数字化，价值保证也能发挥很大的优势。

第一，从企业内部考虑，自动化过程能显著地降低成本，从而改善盈利状况。基于成本优势战略的商业模式必须依靠数字化才能显著地降低成本。数字化的这一“经典效应”为企业商业模式的收益逻辑提供了实施新的“产品—市场”战略的可能性。例如航空公司的电子票务、服装公司的快速原型化、网上银行等，所有这些服务都是以虚拟的方式提供的。同样，金融科技公司数字化在内部过程方面也可为客户提供便捷的网上支付方式和标准化的过程。

第二，从企业外部考虑，也可发现数字化在构建商业模式的价值保障维度上具有很大的潜力。由于企业、客户和其他利益相关方形成了数字网络，企业可越来越不依赖传统的直接交易，转而充分利用间接的交叉补偿的可能性。即使在用户服务成本不能覆盖或只能获得少许利润时，也能通过第三方保证分期补偿。所谓的广告赞助模式在许多信息服务商和在线报刊中已获得普遍的应用。例如，把广告展示给翻译服务的使用者或在线报刊的读者，但通过第三方付费为这种免费的服务提供资金支持。谷歌的商业模式就是这样的，它通过不同的免费服务得到的客户信息，然后将信息卖给第三方作为其收入的主要来源。此外，企业通过外部数字化，应用双边和多边平台商业模式提供基础设施，将其作为核心服务，以拓展和协调平台参与者的交易。平台通过收取第三方交易的佣金而获得收入，它不必自己拥有为了交易所必需的资源。最著名的例子是优步、爱彼迎等，虽然它们自己不拥有汽车或房间，但却能在国际范围内提供绝对多数的出租车，或者所出租房间的数量超过希尔顿。

第三，从企业的产出考虑，数字产品采用基于可变边际成本的收益模式，这有可能补充或取代传统的基于交易的收益模式。在此背景下，软件租用越来越具有意义。在软件作为服务（SaaS）的概念下，企业利用互联网为客户提供软件解决标准方案的服务。供应商承担软件的运营和维护。供应商不按传统方式获得版权收入，而是根据使用者租用软件和服务的情况，按其使用量或按订阅方式收取使用费。随着供应商与使用者签订服务合同，它们便获得了长期的客户黏性，这就提高了供应商计划的安全性，也可更有效地防止盗版及非法复制。在 SaaS 领域 salesforce.com 被认为是这种商业模式的先驱，由于上百万的订阅量使它成为客户关系软件全球领先的供应商。

此外，对数字化产品还可通过附加服务形成增值的收益模式。“免费增值”（Freemium）概念表达的就是这种盈利模式，即核心服务是免费的，而额外附加的服务却要收费，而且价格（利润）还相当高。这一方式的优势是通过低价实现深度的市场渗透和某种情况下的网络效应。最典型的例子就是微信、领英、xing.com 这样的社交媒体，它们的高级功能只有高级成员才能享受。智能手机应用市场也提供了这方面的例子。在通常情况下，App 可免费下载，而资金流则是通过 App 中的销售来实现的。

五、商业模式创新的逻辑与战略保持一致

以上所描述的商业模式方案和数字化方案系统化集成的方法，具体讲就是，考虑商业模式的价值创造、价值定位和价值保证这 3 个主要维度和企业数字化的内部、外部和产出这 3 个维度，并在它们之间建立起相应的对应关联，以展现系统构建数字化商业模式的潜力。这时，系统构建的数字化商业模式的逻辑与企业的战略逻辑是完全一致的。

应当指出，这里提供的方法是一个探讨数字化商业模式的思维框架，但商业模式不应简单理解为静态的维度构造。因为数字化也总是处于不断发展的过程中，而且这样的技术具有颠覆性影响，所以必须特别强调商业模式的创新。此外，对于不同行业或不同规模的企业，其数字化的潜力彼此互不相同，因此明确聚焦于具体的行业以及明确区分不同企业的规模具有重要意义。

除了数字化商业模式的驱动力之外，数字化商业模式的机制、动态能力、战略灵活性等问题也还值得进一步研究，其中包括商业模式在“社会—认知”层面的问题等。

● ● ● 第十章 ● ● ●

制造业可持续发展——数字化、智能化转型

第一节　工业 4.0 与制造业

新一轮工业革命（工业 4.0）正席卷全球。与之前的工业革命，例如机械化、电气化与信息化所带来的新兴科技和技术不同的是，第四次工业革命将实现实体与虚拟世界的融合，创造下一代的信息物理系统，把企业带入创新与改革的新时代。

一、工业 4.0——数字化、智能化转型的催化剂

新一轮工业革命催生了工业、产业和企业全面转型。制造业转型，或数字化转型，或制造业数字化或智能化转型，有时也称为工业 4.0 转型。叫法不同，但含义基本一致，意指为成功应对第四次工业革命的挑战，制造系统及其价值链将经历数字化的变革。这一转型是颠覆前三次工业革命范式的根本性变革，是必须系统化进行的一次崭新的工业革命的转型。

工业 4.0 的根本特征是，数字化技术推动实体工业与虚拟数字科技的融合。

制造业已因工业 4.0 在多方面出现了根本性的变化。曾经的程控逻辑如今转变成机械和设施互联互通的、具有自治智能的网络。曾经的静态程序如今转变成能应对实时需求，自动适应、自动调整的程序。曾经受严格控制的中央工厂管理系统更是大转变为分散式的智能控制与决策系统，从而使制造系统更灵活，企业也因此更具竞争力。

随着制造价值链（例如产品生命周期和供应链）的数字化，企业除了能

够为消费者提供产品和服务外，也能引入新颖的服务和商务模式。

新一代制造过程已与企业流程垂直整合，也与生产价值链横向链接，因此融合的范围已不仅限于工厂了。如此更大范围的融合使企业能够更高效、灵活和快速地应付客户的需求。总体而言，工业 4.0 是数字化、智能化转型的催化剂，它产生的作用包括：

——彻底影响全球经济和企业：流程日趋数字化、一体化；设备、机械和系统可自主改善并优化流程和运作管理；员工和机器合力制造出高效率、灵活性及适应性强的智能设施。

——改变制造业的性质：以往独立的制造厂将会互联互通，形成集群式的制造网络；人类在未来的工作岗位上将会与机器合作，管理智能化设施与全球供应链。

——物理与数字世界的融合：这将改造和提升生产过程以及供应链管理，甚至重新定义制造价值链。全球任何企业都能掌握工业 4.0 所带来的优势，使之变得更具效率、更敏捷、更快速。

二、制造业数字化、智能化转型框架

新加坡经济发展局（Economic Development Board，EDB）与西门子、麦肯锡和德国莱茵 TÜV 合作，于 2017 年推出世界第一个工业 4.0 转型工具，即工业智能指数（Smart Industry Readiness Index，SIRI）。它是一个普遍适用的转型框架，它可适用于各类大小的企业，并以此作为一套科学评估自身现状的工具，基于评估的结果来开展和发展各自的转型计划，实施数字化、智能化转型战略。以下引用其中的核心内容，并在必要时加以说明。制造业智能化转型涵盖三大核心领域：

（1）技术系统；

（2）流程；

（3）组织。

实际上，技术、流程和组织结构是构成企业成功转型的三大核心要素。

企业要在这三大核心领域实现转型，就需要在技术领域、流程领域和组织领域相应地处理如下关键主题：

——技术领域：自动化、互联性、智能化；

——流程领域：运营、供应链、产品生命周期；

——组织领域：人才就绪度、组织结构和管理。

只有系统地处理上述主题，才能为核心领域转型提供有效的支撑。三大核心领域与其关键主题构成一个转型的框架。基于这一框架，制定一套数字化转型的指标，对企业及其设施的数字化、智能化程度进行评估，则可根据企业转型的起点确定未来前进的方向（如图 10–1 所示）。

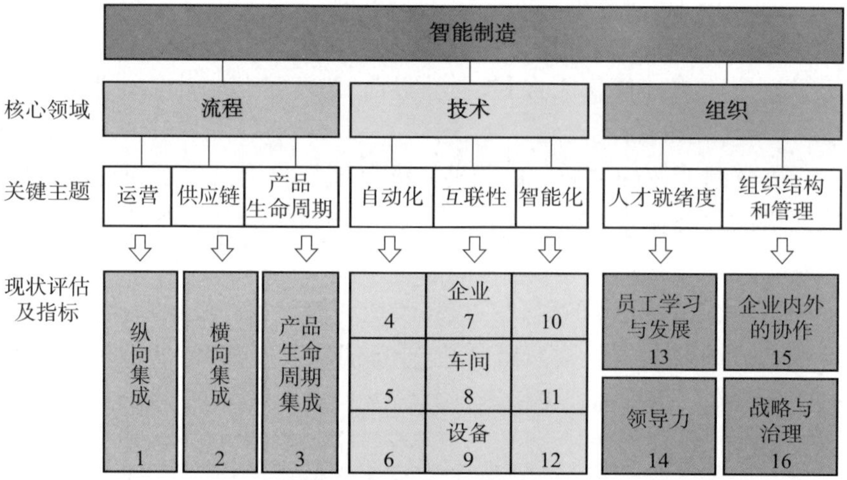

图 10–1　智能制造转型框架

注：图中数字 1~16 表示指标序号。

资料来源：新加坡 EDB（2019）

从技术、流程和组织这 3 个方面升级各自的制造设施，决定了有效地迎接未来挑战的主攻方向。而要确保在这 3 个方面成功，所有主题方面都必须发挥支撑作用。若企业忽略其中任何一个核心领域或支撑的主题，便无法充分利用工业 4.0 的潜力，企业更是无法走向可持续的未来。

第二节　数字化、智能化转型的 4 个步骤

各个企业因具体情况不同，起点也不一样。可以确定的是，无论任何工业类别、任何企业都能在工业 4.0 转型中受益，转型是不可避免的。而且它们可以共同遵循一个如上节所述的框架，指导企业从何起步、如何逐步升级，并持续改进工业 4.0 转型的计划。

工业 4.0 转型意味着要将概念转化为实际的商业价值。企业落实工业 4.0

转型需要经历 4 个步骤（LEAD），即掌握（Learn）、评估（Evaluate）、构建（Architect）和落实（Deliver），如图 10-2 所示。

图 10-2 智能工业转型的 4 个步骤（LEAD）

资料来源：新加坡 EDB（2019）

一、掌握（Learn）

掌握工业 4.0 的核心概念。企业总体上应提高对工业 4.0 核心概念的理解，为在员工、业务部门和企业的合作伙伴之间建立通用术语，以便各方共同合作。

若企业要为工业转型打下坚实的基础，就必须深入理解工业 4.0 的核心概念。据麦肯锡（McKinsey）《全球工业 4.0 专家调查》，不少企业仍不确定该如何落实工业 4.0 转型，尤其在起步阶段。另外，调查结果显示，多于半数的受访者认为他们仍未做好工业 4.0 转型的准备。阻碍他们推行工业 4.0 策略的最大原因是：对工业 4.0 的概念缺乏了解，或没有制定一套明确的转型蓝图和策略。

即便是在已经启动工业 4.0 转型计划的企业里，往往也只有其管理层或内部几位专家对工业 4.0 有所了解。企业若要推动真正的变革，就一定要确保内部更多员工能接触工业 4.0，并通晓这个全新的概念如何给他们的日常工作带来积极和正面的影响。

一套通用的术语和相应定义能让企业和其员工对工业 4.0 有共识，并促进企业内部和外部合作伙伴与客户之间更有效地沟通。这也有助于确保技术提供商与制造企业之间，能够共同找出有待改进的环节、确定需优先处理的事项和制定全面的转型路线图，因而实现更直接、更有效的合作。

二、评估（Evaluate）

评估企业工业 4.0 转型及其设施当前的准备度。每个企业转型的需求因企业情况和行业属性不同而不同。企业可评估当前的流程、技术系统以及组织结构，由此判断它们在智能工业中所处的阶段。

在转型的过程中，掌握工业 4.0 核心概念虽然是重要的第一步，但是，单凭这一点是无法让企业制定有效的转型策略的。企业还必须先了解它当前的状态，才能识别出需改进的环节，从而决定如何改进。因此，企业需要对其设施现状进行全面的评估。

为了使整个评估能提供有意义的结论，在进行评估之前，企业应该首先考虑如下问题：

——评估范围：企业必须划清评估范围，选择评估整厂，或是分产品类别评价制造过程。后者适用于生产多种产品的企业，因为每个产品类别可能有独特的生产流程，或处于不同的成熟阶段。

——谁来评估：定下了评估范围后，企业需要确定参与评估过程的利益相关者。为全面评估，在理想情况下企业应选择一个跨部门的团队进行评估，团队当中可包括企业总监，或运营部门、数字化部门以及物流部门的负责人员等。

——如何评估：有些企业现有的设施会新旧系统共存，因此进行评估时，需要分别评估企业的设施。例如，在评估制造设施自动化程度的时候，已完全自动化的暖通空调系统（HVAC）的就绪级别高于需要人工操作的照明系统的级别。

在评估时，企业应慎重对待各项评估，对每项评估的重要性和适用性，要视企业的需求和成本情况而定，因而需要有区别地赋予权重，进行优先排序。比如，要是物流花费占了企业整体运营费用中很大的比例，该企业就应优先检查与设施相关的评估；若是人力成本所占的比例较高的话，企业或许更应关注生产自动化的评估。

从更广的层面上，对不同工业的企业来说，每一项评估的重要性也是相对的。在能源与化学工业领域的企业，购买原材料的支出大约占据成本的七成。因此，该领域里的企业自然较专注于横向整合，以提高供应链的效率。在半导体的工业领域的企业，要控制洁净室（Clean Room）的室温和湿度，得耗费大量的电力。因此，制造设施自动化对这类企业是一个重要的评估，因为能降低开支。

——转型的阶段性评估：考虑了上述内容之后，企业便可开始进行评估。企业应以开放的态度评估现有的流程、技术和组织，并且按照成熟度由低到高 1~6 级共 6 个级别来确定企业目前处在什么阶段。第 1 级表示成熟度最低，第 6 级表示成熟度最高。工业转型是一个阶段性的过程，因此不是用数量，而是用发展进程的级别来代表各阶段的特征，这可能更为贴近企业转型的实际情况。

三、构建（Architect）

构建一个全面转型的蓝图。企业要根据技术、流程和组织等基础领域及其核心能力的现状，分阶段改善经验模式，确定未来逐步上升的发展阶段，制定切实可行的目标、步骤和时间表。

企业需要全面考虑转型的各个领域和各项转型的现状和任务，并确定相对的重要性，既要确定优先、重点，也不要草率忽略其他方面。此外，应当注意，各项不同的转型之间可能的相互影响的关系。有时，因忽略相辅相成的临近领域，可能会失去绩效改进或获得额外受益的机会。

企业之所以忽略相辅或相邻的领域，其可能的原因有：

——企业通常只专注于处理与眼下问题直接相关的领域。例如，若企业未能实行工业转型，其原因是使用许多从事重复性工作的低技能员工，那么该企业会把焦点放在自动化制造现场。

——企业或内部的团队一般都着重处理熟悉的环节。例如，仓库管理团队自然会专注于如何改进供应链。

因此，依据一份转型对照清单，能让企业有系统地构建现有或未来的转型计划。

工业 4.0 转型的过程应当分步并加以实现。有许多有关工业 4.0 转型的建议不仅阐明了实现工业转型的最终理想状态，而且能够就企业如何实现转型提供指导。因此，对于企业，尤其是已拥有大量工厂设施的企业，可能无法缩小目前状态与理想状态之间的差距。这样，企业就必须考虑其设施的限制性，例如业务持续性、系统分散性和设施新旧程度等，因为这些因素可大大影响该企业推动转型的规模和可行性。

鉴于此，按照转型领域及转型关键方面系统地定义阶段性目标，有助于构建进程、时间和执行计划。

四、落实（Deliver）

落实就是实施并持续改进转型计划。一旦企业制定其转型蓝图，就应按照计划、措施、检查和改进优化的方法，推进转型全面落实。

任何转型计划，无论规划得多好，到最后必须执行到位，才能算是一项成功的计划。企业一旦制定好转型蓝图，接下来就需要部署合适的基础设施、系统和流程。企业必须选择最佳方式，以便实现在各个阶段为计划项目所设定的目标。

为确保转型计划持续进行，企业可以把指标作为参考对照，用以长期测量和改善转型进程。推动转型的工作不应该是一项短期计划，而是需要企业付出长时间努力才能实现的战略。即使企业在启动转型初期取得立竿见影的效果，企业也应该部署合适的系统，以保持持续的影响力。转型策略必须不断协调、调整和改进。因此，企业应考虑成立跨部门的转型团队来执行计划、监控进度、评估绩效，并发现日后可改进的地方。

工业 4.0 转型是机遇，也是不可避免的。各个企业推动工业 4.0 转型往往始于不同的起跑线：一些企业可能需全面改革其运营、流程和业务模式；另一些则可能希望扩大业务目标，探索开拓相近的业务领域。尽管如此，无论企业来自哪个领域或从什么起跑线出发，所有大小规模的企业必将从工业 4.0 转型中受益，而转型也是不可避免的。

企业应当借助于系统化的方法，在内部建立统一的、前瞻性的理解，同心协力推进落实和不断改进相关计划，并开展与外部伙伴的创新合作，以便敏捷果断地行动，开启成功转型的旅程。

第三节　数字化、智能化转型的核心领域及关键主题

如前所述，制造业企业的转型涵盖三大领域，即技术领域、流程领域和

组织领域。升级这 3 个领域各自的“制造能力”，从根本上决定了有效地迎接未来挑战的主攻方向。而要确保在这 3 个主攻方向上取得成功，就必须以下述 8 个主题为支撑点全面发力。若企业忽略其中任何一个核心领域或支撑的要素，便无法充分发挥工业 4.0 的潜力，制造业企业更是无法走向可持续的未来。

一、技术领域

技术领域是工业 4.0 转型的第一个核心领域。

蒸汽动力的发明催生了第一次工业革命；电力促成了第二次工业革命；电子和信息科技系统让企业通过生产自动化，落实前所未有高精准、高效率的生产，迎来了工业 3.0。由此可见，技术创新是旧工业革命的基石。

来到工业 4.0 时代，技术依然至关重要。创新的数字科技，如云计算、机器学习以及物联网正在推动高度互联的工业模式的诞生。这紧密的互联性无非是因为集成了实体资产和设备与企业业务系统，让动态数据持续联通，也有利于即时数据分析，从而使企业更加灵活、敏捷。

技术领域的主题可以细分为自动化、互联性和智能化，以此作为技术领域转型的三大支柱。因为，企业若要实现其工业 4.0 转型的目标，就必须高度自动化，确保网络连接不中断，并实施数字智能化系统。

技术领域转型要处理的关键主题为：自动化、互联性和智能化。

（一）自动化

自动化是第三次工业革命（工业 3.0）的一大特点，指的是如何采用、利用科技来监控、管制和提供产品或服务。制造工程自动化不仅为员工减少了重复性工作的负担，也间接提升了他们的生产速度、产品的质量和一致性。

虽然自动化是推动企业发展的一股强大驱动力，但是自动化所扮演的角色也正在发生改变。其原因在于，对小批货品和按需生产的需求不断上升，企业仅通过自动化来提高生产及运营效率无法满足这种需求。因此，企业必须采用灵活而不是固定的自动化方案，才能快速适应不断变化的市场需求。随着自动化系统变得更加灵活，企业无须为生产更多种类、小批量的产品改革或重新设计制造流程，从而避免投入大笔资金或耗费时间。制造企业会因此更有能力适应迅速变化的客户需求，也更具竞争力，以便把握全球的各类商机。

（二）互联性

互联性可衡量设备、机械和计算机系统之间的连通度，从而加强企业资产在通信和数据方面的互通性。如同上述自动化支柱一样，互联性在工业 4.0 时代也被赋予了新的意义。越来越多系统和终端正在从有线转变成无线、从模拟格式转变成数字格式。支持物联网（IoT）终端的质量和数量也同样不断飙升，从而生成大量的数据；云计算和无线基础设施的技术进步，使企业能集中收集并管理数据。同样地，企业过去独立或隔离的系统，如今通过互联，可使企业的制造现场、制造设施和企业运营系统组成的网络形成综合性的系统。

要实现这一切，互联性则是关键，这让企业可以轻易获取跨资产和跨系统的数据。企业必须利用标准化或协调的通信技术和通信协议，建立更开放、更全面、更透明的通信网络。

系统的互联性增强，也使网络的物理安全成为实现互联性的一个重要的问题。制造过程互联性愈高，该系统愈容易受攻击，其网络攻击的影响也或许更加严重。为了降低这方面的风险，企业必须建立稳固、有弹性的网络物理安全架构。

（三）智能化

如果说自动化犹如身体的肌肉和关节，为工业 4.0 提供了强大的动力，互联性是工业 4.0 的中枢神经系统，那么智能化就是主导一切行动的大脑了。自动化和互联性着重在设备、机器和计算机系统之间建立联系，以便收集和整合数据；而智能化则着重于数据的处理和分析。现代制造业已不仅是基于高效率、低成本的方案来提升业务，而只有基于数据分析和智能化的制造业方案，才有可能使业务升级。

智能化可带来显著的益处，而且影响广泛。有了云计算和数据分析等先进技术，企业就有能力处理大数据，从而分析、诊断问题，并寻找改进之处。通过机器学习技术，企业可利用高度智能化的系统，预测设备发生故障的概率以及需求模式的变化。很显然，最为理想的，就是企业拥有能自主应对内外业务需求并执行决策的高度智能的系统。

二、流程领域

流程领域是工业 4.0 转型的第二个核心领域。

企业若要通过升级转型获得最大的价值，则需要将技术与设计周全的、高效的流程相结合。毕竟，数字化技术用于设计拙劣的流程是毫无意义的，最终得到的只是设计拙劣的数字化流程；相反，若能把技术应用于设计周全的流程，则不仅可提升业务效率，而且还能创造全新的业务价值。

自现代制造业诞生以来，改善业务流程一向是企业降低成本、缩短产品上市时间的重要途径。在过去，企业为了改善流程，专注于提升各个流程的效率。但在工业 4.0 时代，源于将智能设施与生产价值链的各个环节连接起来的新概念，改善流程的定义也包含整合与企业运营、供应链和产品生命周期相关的流程。

最终，这 3 个方面流程的整合将形成融为一体的系统。这时，企业将能够在产品管理、生产和企业管理各个层面共享、处理和整合数据。这种一体化的系统不仅给业务灵活性，而且还会给效率带来新的飞跃。

流程领域转型要处理的关键主题为：运营、供应链和产品生命周期。

（一）运营

运营包括为生产产品提供服务的策划和执行的流程。制造业企业最终的目标一向是要以最低的成本，把原材料和劳动力转化为产品和服务，即便是工业 4.0 时代也不例外。如今，企业能利用新技术和新方法更快地实现这个目标，取得更好的结果。例如，企业可以利用数据分析找出低效率流程并做出改进，从而减少浪费。或者，制造业企业可以使用无线通信技术连接离散的生产流程和系统，从而远程监控并分散控制资产。

（二）供应链

供应链管理的范围是从原材料的规划、管理，直至成品库存，也就是从生产源头至消费的尾端。传统的供应链在工业 4.0 转型下日趋数字化：供应链中的所有流程将通过传感网络连接起来，并且由数据中心和数据分析引擎集中管理。供应链的数字化也使制造企业能通观整个供应链，对成本、库存和运营做出科学的决策。

这将使供应链上所有的行业参与者受益，因为产品生产的时间缩短了；供应链也因此能即时应对市场需求，而变得更加灵活；满足客户需求的供应更为个性化；能为内外合作伙伴提供更有效、更透明的供给。

（三）产品生命周期

产品生命周期是一个产品从最初的创意开始，直到从市场中消失的整个过程，其阶段顺序包括：产品设计、工程、制造、产品使用、售后服务、废弃处理等。对于任何一个产品制造链，都必须有稳健的产品生产周期管理。不过随着产品生命周期缩短、市场对个性化产品需求提高，制造业企业有必要在不同的产品生命周期阶段推动数字化和整合的进程。

目前，企业可轻易通过日趋先进的数字工具，实现数据、流程、业务系统和劳力等资产的信息的集合，从而创建统一的信息中枢系统。工业 4.0 同时引入了“数字双胞胎”的新概念：无论在产品生命周期的任何阶段，都可在数字虚拟空间中，模拟物理实体空间的实体资产、过程及系统。数字双胞胎给予企业两大优势：首先，由于每个阶段所产生的大数据都能形成无缝对接，因此各个阶段也能即时优化各自的流程，使企业能更有效地做出决策，又能缩短设计和工程周期，从而能更快地满足客户的需求。其次，使用数字双胞胎打破了使用实体原型的局限性。有了数字双胞胎，在虚拟空间里，企业能以低成本快速地、大规模地创建和测试无数产品原型。

三、组织领域

组织是工业 4.0 转型的第三个核心领域。

事实上，与技术和流程这两个核心领域一样，企业组织也十分重要。企业若要在竞争日益激烈的工业 4.0 时代里与时俱进，就必须调整其组织结构和流程，并确保其员工能适应转型的步伐。

在工业 4.0 时代，企业必须更加注重可影响组织有效性的两大因素：一是劳动力，从基层运营团队直到最高领导层。二是治理企业运作的制度。只要把握好这两个因素，企业定能充分受益于工业 4.0。

如果组织架构死板，缺乏统一的流程和执行方法，则企业的领导和员工都无法发挥潜力。同样，如果员工没有适当的教育和激励，开放的创新和合作也就难以实现。

因此，企业必须改进组织的结构与管理，尽早开始人才培养，才能确保有效地落实其工业 4.0 的转型计划。

组织领域转型要处理的关键主题为：人才、组织结构与管理。

（一）人才

企业推动和落实工业 4.0 计划的关键是人才，这将决定工业转型的成败。越来越多企业的组织结构扁平化，决策机制高度分权。所以，建立一支灵活、优秀的工作团队，并且确保他们在职业道路上有充足的学习与发展机会至关重要。除了基层工作团队以外，对领导管理层也必须建立适当的制度或政策。企业领导和员工都应有自我提升的机会，才能与工业 4.0 的最新发展并驾齐驱。

同时，为了掌握工业 4.0 的发展动态和数字化的运营，企业整体人员必须具备多元技能，并拥有高度适应能力。要做到这一点，企业必须制订系统的人才发展计划。这一计划不仅要契合企业的业务目标和人力资源的要求，也必须有助于营造自主学习和个人发展的企业文化。这样，企业就能成功地打造一个高技能、高水平、具有自主学习动力的团队和领导核心，能为转型计划取得成功发挥最大的作用。

（二）组织结构与管理

一个企业的组织结构反映企业用以分配、管制和协调每一项职务和职责的潜在或显在的规则和政策。因此，组织结构能影响企业里各个团队的行为和互动，以及企业目标落实的策略。如同工业生产的成功取决于流程设计，一个企业成功达成目标则取决于其组织结构。

在工业 4.0 的转型中，决策权将更为分散，信息共享更为普遍，而企业内部团队之间，或与外部伙伴合作的机会将会更多。从长远来看，企业必须具备更灵活地做出业务决策、快速地应对市场变化的能力。

企业管理的任务主要是动员工作团队，为达成共同目标而通力合作。工业 4.0 已颠覆了过去的运转模式，在企业管理方面也不例外。企业必须具有强有力的领导层、清晰的发展策略和治理框架，才能应对日益复杂、高度互联互通的世界。企业一旦有了稳健的企业组织结构与管理，就能更灵活、更具协作能力，还能赋予企业更大的能力和创造性，最终将有效地设计和落实工业 4.0 战略。

第四节　数字化、智能化转型现状评估

为有效进行工业 4.0 转型，企业需要根据一整套指标，就流程、技术和组织三大领域，对八大主题的现状进行科学的评估。例如，对技术领域（3 个主题）、流程领域（3 个主题）和组织领域（2 个主题）分别采用 9 个、3 个和 4 个指标进行评估。评估按照技术—流程—组织的顺序具体说明如下。

一、技术评估

技术领域现状的评估是将该领域细分为3个子领域（企业的制造设施、制造现场和企业运营），分别针对该领域的3个关键主题（自动化、互联性与智能化）采用9个指标进行评估。

（一）自动化（指标4、指标5、指标6）

自动化指标评估包括企业制造设施、制造现场、运营的自动化程度和灵活度，以及各个系统之间的集成度。较为基本的评级水平代表该企业整体自动化处于生产流程和支持流程的水平；较先进的评级则代表该企业处于高度灵活的自动化水平，具有灵活重新调整流程的能力，或能为机器设定新的任务。在此情况下，企业能在更短的周转时间内，生产更多样化的产品。

要获得最先进的评级水平，就意味着企业的所有自动化系统必须融合为一体，并实现动态的相互沟通。

（二）互联性（指标7、指标8、指标9）

互联性指标主要指评估所有设施、机械和系统之间互联的程度。

如果企业的这些资产和系统之间有了正规的连接，则需提升该连接网络的互操作性、安全、速度和灵活性。除了让连接的系统能无缝地沟通外，企业也能根据不断变化的需求，动态地进行重新配置。只有满足了这些要求，企业才能处于较高的评级水平。

（三）智能化（指标10、指标11、指标12）

智能化评估指标所要评估的主要是信息技术与操作技术系统的能力、探测并诊断任何系统偏差的能力。若评级处于较为基本的水平，这代表该企业实施了基本的智能化，已有处理大量数据以及检测与预设参数偏差的能力。由于计算机算法和模型不断推陈出新，计算机系统愈来愈能探测偏差，并能识别造成偏差可能的原因，甚至预测什么时候会出现系统故障。因此，若要达到最高的评级水平，该企业的信息技术与操作技术系统必须能自主学习和适应新需求，同时还能自行做出优化流程、资产和资源的决策。

二、流程评估

根据德国国家科学与工程院（Acatech）对工业4.0概念的定义，数字化工厂流程的三大特征如下：

（1）纵向集成；

（2）横向集成；

（3）产品生命周期集成。

流程领域现状的评估分别针对该领域的3个关键主题（纵向集成、横向集成、产品生命周期集成），相应采用如下3个指标进行评估：

（一）纵向集成（指标1）

垂直整合指的是，工厂里自动化金字塔中所有层级流程和系统实现垂直整合，以建立一个互联互通、端到端的数据线程。该指标旨在评估流程、系统之内及系统之间是否存在正规的连接并评估连接的紧密度，同时也把数据交换和分析的方式纳入评估范围。

若要符合垂直整合指标的最高水平，在生产和运营层的所有操作和信息系统必须集合，形成自动化的且可互操作的柔性网络，从而实现无缝的数据交换，达到分析和最佳决策的目的。这将会加强企业流程与系统的信息沟通，提升灵活性与运营效率，能够针对资源供应、运营需求或产品类别等各种变化，做出更快速、更协调的反应。

（二）横向集成（指标2）

横向整合指的是，在生产价值链上，企业内部的流程与其利益相关方的流程的横向整合。该企业流程包括：需求规划、采购、物流以及售后服务。而价值链上的利益相关者则包括：供应商、商业伙伴以及客户。

与垂直整合相同，横向整合指标评估的是生产价值链上是否存在正规的信息连接，以及数据交换和分析的方式。由于企业流程和系统越来越细分、越来越数字化，横向整合评估指标为企业勾画出最理想的状态：企业内部流程与供应商和合作伙伴流程整合，以创建一个可互操作、开放的网络。这有助于整个价值链的利益相关方能相互协调和优化他们的流程、任务和决策。除了能够提高生产力和缩短交货期之外，价值链的整合还有助于创建新业务和运营模式。

（三）产品生命周期集成（指标3）

产品生命周期集成评估指的是，生产产品全过程中所涉及的劳力、流程和系统彼此间的集成度。该指标也评估企业如何在产品生命周期的不同阶段收集、管理和分析数据的状况。其阶段包括：设计与研发、工程制造、生产、产品使用、售后服务、废弃处理等。

要使产品生命周期集成评估合乎要求，企业必须利用数字化工具和系统建立一个可供企业团队以及企业的联盟网络访问的“生产信息主干道”。

在最理想的情况下，企业可为其流程和资产构建“数字双胞胎”，在虚拟生产环境中解除实体生产环境的各种限制。企业可借此缩短开发周期，改进现有系统，还能更快速地、更大规模地推出新流程和产品。

三、组织评估

组织领域现状的评估分别针对该领域的 2 个关键主题（人才就绪度、组织结构和管理），相应采用如下 4 个指标进行评估：

（一）员工学习与发展（指标 13）

员工学习与发展旨在提升企业员工的才能与技能，以实现企业运营达到最佳状态的目标。在工业 4.0 时代，制定这方面的策略尤其重要，因为新科技和新流程将彻底改变员工的工作性质以及所需的技能。传统的工程技能必须辅以数字新技能，如数据分析、系统整合，以及软件开发等，才能满足工作的需求。

从长远看，企业的整个工作队伍都必须能够自信地运用数字科技。因此他们可能需要掌握数字分析与解读、自动化管理等技能。他们也必须习惯与智能机器和系统共同管理业务运营，并适应人类与机器之间全新的交互方式。

为衡量工作队伍是否为智能化做好了准备，其中一项标准是，要用员工学习与发展指标评估企业为学习与发展提供的课程的质量。任何职业、职能总会随着时间而改变，因此企业应为员工提供不断学习的机会，而且系统地提供维持其学习与发展能力的课程，以帮助员工不仅提升现有技能，还掌握新的技能。

除此之外，要确保员工充分做好适应转型的准备，企业所制定的学习发展课程一定要契合业务需求，同时也要与人力资源的其他职能相结合，例如员工招聘和职业发展与规划。企业还必须根据员工和业务团队提供的反馈意见，动态更新学习发展课程，并且积极帮助员工准备好掌握未来所需的技能。所以，企业若能制订综合性的、前瞻性的学习发展计划，就能建立一支高效的、能迎接未来的工作队伍，以实现工业 4.0 转型的管理和目标。

（二）领导力（指标 14）

领导力指的是企业核心管理层积极利用最新制造业概念和科技，以确保企业与时俱进、保持其竞争力的能力。企业转型不是一蹴而就的事，最需要的就是持续变革和适应能力。因此，坚强、富有决心，并有实力和智慧的核心领导层，才能设定明确的愿景，带领企业实现转型的目标。若企业要充分发挥转型的价值，只能采用更扁平的组织结构和分权的决策模式。

企业要达到基本水平评级，要求管理层不仅熟悉最新的制造业方案和科技，还要评估企业如何获取这方面的知识。例如，企业可建立良好的流程和系统，供其员工吸收有关最新制造业趋势、方案和科技的信息。

企业不断走向先进水平，也将需要评估领导团队是否具有自主设计、落实和调整转型策略并使企业业务得到长期发展的能力。

（三）企业内外的协作（指标 15）

企业对内对外的协作指的是企业与内部团队和外部合作伙伴通力实现共同目标和愿景的过程。企业的系统、数字科技形成了紧密的网络，所以大大降低了合作的成本。企业必须有效合作并迅速适应工业 4.0 带来的变化。同时，高度网络化彻底改变了企业之间的竞争模式，也加速了变革的步伐。

然而，合作不能光靠技术，也需要企业搭建相应的企业文化和制度结构。因此，企业对内对外的协作指标评估的是企业内部是否设立了正式的渠道，提供了制度结构，使企业员工能共享信息、展开合作，并能鼓励员工合作、促进项目合作。

例如，较扁平的组织结构可使决策的速度更快；鼓励合作的奖励制度可推动工作队伍展开更有效的合作。处于最高水平的评级，要求企业内部有能力建立跨部门团队，甚至也包括合作伙伴和客户在内。其队伍要有共同的目标、资源以及关键绩效指标（KPI）。

有了高效、透明的合作结构，企业可具有多种优势：借助于合作结构带来的多元专长和资源，来应对复杂又涉及多方利益相关者的项目；从长远来看，原本是内部竞争的文化可转变为拥有共同目标和责任的企业文化。

（四）战略与治理（指标 16）

战略与治理指标评估企业如何为了实现长远的目标而设计并落实其计划，包括：制定战略蓝图，确定业务重点，设定包含规则、实践和流程的系统，以及企业如何将愿景转化为实际业务价值。

因此，利用该指标获得的不同评级，能分辨出企业在发展和落实策略方面的能力和建立稳健管理模式方面的能力。企业必须具有这两种能力，而且缺一不可。只有这样才能应对流程、系统和员工之间日益紧密的相互关系所产生的复杂性。

所以，不同的评级水平代表一个企业不同的自然发展阶段：从最初把工业 4.0 转型设定为战略重点，到后来开发、落实、扩展，以至最终不断改善策略和治理模式。

此外，企业必须制定明确的愿景和目标，同时建立连贯一致的指导原则和支撑架构。这有助于企业做出决策和判断以实现最终目标，特别是使企业有效地降低风险，在变革过程中始终保持正确的方向。

第五节　落实数字化、智能化转型蓝图和持续改进

智能工业指数可引导企业设计全面的工业 4.0 转型策略和蓝图，确保企业从正确的基础上起步。

企业在制定转型战略或路线图时，需要做出明智和明确的决定，应当根据 16 项指标回答如下几个重要的问题：

（1）企业当前处于什么位置？

（2）企业预期的目标是什么？为什么？

（3）这些目标的迫切性和重要性如何？

（4）企业为此要投入的资源如何？

（5）应当关注哪些优先重点？

智能工业指数能从两方面切实协助企业构建转型：

首先，指数可以作为一份对照检查的清单，让企业能规范地、慎重地考察 3 个核心领域、8 大关键主题和 16 项评估指标。虽然每个评估指标的相对重要性可能并不相同，但是企业务必把所有评估指标都考虑在内，以顾及所有的方面。所以，即使企业最终决定优先考虑某些评估指标，而弱化其他评估指标，这份清单也能确保企业不是草率地做出其转型的决定。

其次，智能工业指数可作为企业转型的指南，把工业 4.0 转型过程分解并逐一实现。许多有关工业 4.0 的框架，虽然阐明了实现工业转型的最终理想状态，但能够指导企业如何实行转型的却不多。因此，这些企业，尤其是已拥

有大量工厂设施的企业，或许无法缩小目前状态与理想状态之间的差距。企业必须考虑其设施的限制性，例如业务持续性、系统分散性和设施新旧程度等，因为这些因素可大大影响该企业推动转型的规模和可行性。

在此情况下，智能工业指数的 16 项评估指标作为框架蓝图，可帮助企业系统化地制订具有影响力的计划，尤其是有明确进程的阶段、时间和目标执行计划。

任何转型计划，无论规划得多好，到最后必须执行到位，才能算是一项成功的计划。企业一旦制定好转型蓝图，接下来就需要设置合适的基础设施、系统和流程。企业必须决定最佳战略以实现在各个阶段和计划项目设定的目标。

为确保转型计划持续保持影响力，企业可利用指数作为一份可供企业参考对照的蓝图，让企业长期用以监控和改善转型计划。推动转型的工作不应该是一项短期计划，而应是一个需要企业付出长时间努力才能实现的战略。即使企业在启动转型初期取得一些立即见效的成果，企业也应该设置合适的系统，才能维持良好的效益。转型策略必须不断调整和改进。因此，企业应考虑成立跨部门的集中团队来执行计划、监控进度、评估绩效，并找出后续可改进的地方。

由于各企业的能力和决心不一样，所以有意推动工业 4.0 转型的企业的起点往往是不同的：有一些企业可能需要全面改革其运营、流程和业务模式；而另一些则可能需要扩大业务目标，探讨开拓相近的业务领域。尽管如此，无论处于哪个领域或起点如何，所有大大小小规模的企业必定都能从工业 4.0 转型中受益。

智能工业指数为企业提供了一个条理分明的方法，以启动、扩大和维持转型计划。虽然指数中的 3 个核心领域、8 大关键主题和 16 项评估指标会因行业不同而相对重要性也不一样，但指数为企业建立了一种通用术语，以提高企业的内部协作，鼓励企业与外部合作伙伴进行创新合作。有了智能工业指数，企业可根据前述 LEAD 框架中的 4 个步骤，立即果断行动，勇敢地踏上转型、促进业务增长的旅程。

第十一章

危机管理与经济可持续重构

第一节　疫情敲响了“责任担当”的警钟

一、责任担当的核心原则

2020年突如其来的新冠疫情，对公共治理、社会治理形成了空前的挑战，对政府及社会，对企业和千家万户及个人，都称得上是一场巨大的考验。举国上下，同心协力，全力应对，疫情好转，彰显了中华民族坚强的精神和强大的力量。

在这次百年不遇的大考验中，有许多问题引发人们思考。综观疫情发生及其发展和控制的全过程，包括当下复工复产，恢复社会生活秩序的举措，其中令人感受最深的莫过于“责任担当”和担当能力的重要性。

（一）为什么“透明”很重要

疫情发生后，人们普遍关注的一个问题是疫情信息的透明。实际上，在现代公共治理、组织治理体系中，透明不仅是组织治理的一个核心的原则，也是一个必不可少的行为条件。透明意味着对决策和活动基于事情真相，进行可信、公开、易于理解的沟通和报告。透明产生信任。透明是衡量一个组织及其领导者管理者是否兑现责任承诺和符合道德准则的标尺，是判断一个组织及其领导者管理者言行是否一致的一面镜子，彰显良知良能。透明有助于克服官僚主义、形式主义，特别是传递社会正能量，提供能及时做出正确决策的基础。保持透明是一个组织及其领导者管理者担当责任的重要标志，也是其不可缺少的基本修养和能力。反过来，很容易理解，组织缺乏透明或不透明容易导致错误的决策和行动，是一件隐含巨大的风险的事情，很可能产生严重的后果。

对于处理像新冠疫情这样的公共卫生突发事件，只有尽早向社会发出预警，与社会各方保持透明的沟通，政府才能做出及时准确的决策，使全社会预先做好应对准备，共同采取行动。这对保护人的生命、避免或减少死亡，有着决定性的作用。

（二）“问责”是个什么问题

疫情中另外一个受到社会广泛关注的问题是“问责”。毫无疑问，无论从事公共事务，还是掌控一个企业，组织的领导者管理者都不得不面对这个问题。问责是公共治理、社会治理和企业治理中一个最重要的核心原则。问责之所以重要，是因为它是评判一个组织及其领导者管理者是否担当相应责任的一个准则。凡事都有责任主体和客体之分，责任主体的决策和所作所为对社会对他人必然产生影响，责任主体有接受问责的义务。问责的措施可能来自组织的内部，也可能来自组织的外部。问责意味着，责任主体一方面要对其决策和所作所为承担相应的责任，另一方面还有做出相关解释的义务并承担相应的后果。

例如，如果一个企业的领导者管理者，只图谋取短期利益，或触犯法律、道德的底线，或者忽视员工、客户、供应商的利益，或者利字当头盲目扩张，其决策和行为导致踩雷、被罚款、被列入黑名单，甚至坐牢或企业破产，都要承担被问责的后果。

二、责任担当与风险意识

在抗击疫情过程中，有很多企业、社会组织和个人主动作为，通过不同的方式，有的捐赠资金，有的投入技术，有的提供产品，有的提供服务，均为抗击疫情做出了颇有价值的贡献。

值得强调的是，担当责任的方式是多样化的。例如抗疫期间，当社会组织在分发抗疫急需物资遇到人力瓶颈时，科技物流企业迅速介入，利用自己的核心业务能力，大大提高了物资配送效率；当新冠疫情暴发，不得不“封城”后，交通和物流中断或不畅时，科技互联网公司发挥其专长，打通从农产品货源、经物流到城市消费者的通道，解决了农村城市供需紧张的情况；当口罩、医疗物资、医用品、检测试剂短缺时，政府和企业迅速布局、调动资源、改善供给，或启动投资或转产。所有这些措施都为满足抗击疫情的紧急需求提供了有效的、担当责任的方案。

企业结合自身的优势担当责任，既解决了疫情关键急需（社会需求），又（与战略相结合）发展了企业的核心业务能力。实际上，捐赠是重要的社会贡献，但它不能代替一个组织整体上的、核心的社会责任。

疫情告诉我们，无论是社会，还是企业，都应有风险意识、危机意识，应有抵御风险的能力和应急能力。当今世界充满不确定性。除了公共卫生领域，还有来自其他不同领域的严峻挑战，大都是与可持续性相关的风险，例如气候变化、空气污染、粮食安全、水安全、干旱、暴雨、台风等自然灾害，网络安全、数据安全、贫富差距、权利平等，以及地缘政治、恐怖主义等。它们之间也可能有相互的关联和影响，特别是气候风险。它们同样有可能构成重大风险事件，引发危机。这些风险看起来离我们很远，但实际上可能并非如此。企业应对可持续性风险是企业增强韧性的一个最基本的功能。

想想下面这两个例子就清楚了。2011 年，泰国出现洪水灾害，汽车零件供应中断，导致许多汽车制造商不得不关闭工厂。2019 年，美国加州电力巨头因忽视气候变化加大的干旱和森林起火风险而导致了破产。

三、责任担当是对后果负责

为实现中国经济高质量、可持续发展，应对全球日益激烈的竞争，对组织和企业、对全社会的责任担当能力的要求会越来越高。“货真价实”的企业社会责任指的是，它必须根植于企业组织和机制、根植于核心业务，如同做好产品和服务一样，企业才会获得真正能创造价值的“软实力”。

未来，不仅上市公司，所有那些愿意把握时代机遇而谋求发展的企业都将看到，市场和营商环境将越来越规范。负责任的、可持续的经营和管理，负责任的、可持续的投资和融资，将日益成为主流趋势。也就是说，监管和市场两个方面对企业 ESGs 的要求将会越来越逼近现实。企业必须进行相应的观念和组织变革，把负责任的决策和行为、把 ESG 要求根植于企业之中，与核心业务和战略相融合。只有这样，企业才能防范风险，实现可持续经营和发展。

现在的问题是，企业家们准备好了吗？企业用什么来指导行动？企业怎样才能把负责任、可持续的理念转变为生产力、创新能力和竞争力？掌握了构建这一转变过程的方法论吗？具备完成这项转变目标的能力吗？所有这些在改革开放的“上半场”对企业都不是问题，但在改革开放的“下半场”，对它们继续获得成功却是不得不跨过去的一道坎。

疫情终将过去，为了人民健康、实现经济繁荣和社会长治久安，中国必将建立更强大、更安全有效的公共卫生系统。让我们共同努力，担当责任，共同为建设一个美好的家园做出贡献！

第二节 疫情如何重创全球经济

新冠疫情公共卫生事件引发的危机是史无前例的。政府、企业、社会组织和团体及社会个体都以超乎寻常的方式积极参与和应对。这场危机重创全球经济，改变了人们的生活和工作方式，对未来经济社会将产生深远影响。企业是社会价值创造的主体、市场经济的主要活动者，如何尽快走出危机，对恢复经济社会秩序极为关键。为此，需要认识新冠危机的特点及其对经济系统和经济主体冲击的方式和影响，理解挑战和机会并存，要采取系统化的科学应对措施，稳步战胜危机，并为应对未来危机做好准备，才能迈入后疫情时代可持续发展的新常态。

一、新冠危机史无前例

病毒来源于环境。当它传播到人类社会后，就会引发威胁人类生命的公共卫生事件。病毒在社会迅速蔓延开来，造成的大规模损失便形成了社会危机事件。此时为挽救生命，各国不得不采取封锁、隔离保护措施。无论采用“封城”“关闭边境”，还是采取居家隔离、保持社交距离的措施，其结果都是使经济社会活动突然停止。就这样，社会危机事件致使经济停摆，而且是全球性的。在当今世界全球化和高度互联的情况下，即使单个国家工厂停工、物流中断，也会导致全球供应链的断裂。

世界各区域之间还产生反馈连锁效应，这就更加剧了经济系统的崩溃。这次对经济系统的影响不同于以往的经济危机，另一重要特征是，它对经济的冲击同时出现在供给侧和需求侧两端。经济危机事件不仅会对金融系统产生负面影响，而且反过来又会影响社会，带来严重后果，使员工失业、家庭失去经济来源，使企业陷入经营困境，损失现金流，资金链断裂，甚至破产倒闭。

所以，新冠疫情的发生、发展和抗击疫情的整个过程表明，新冠危机是前所未有的“冲击波”，叠加在环境、社会和经济三大领域的统一体上，形成一个系统性危机。疫情扭曲了它的形态，打破了疫情前相对稳定的状态。抗疫期间挽救生命和拯救经济是处理社会和经济问题两难的选择，必须在二者之间寻求平衡。环境的问题依然重要，但在两难的经济状态下，它退居后位不属于当前的优先事项。环境保护的任务暂时放到时间轴的后面，但它被提上议事日程前列的时刻定会到来，特别是气候变暖引发极端天气或系统性风险，很可能成为又一个危机。国际清算银行（Bank for International Settlements，EIS）把这一危机称为“绿天鹅”事件。

新冠危机的总体性特征决定了我们应对全球流行病公共危机的基本方式。其不同于有史以来其他任何危机的具体特点则决定了具体要应对的策略。

当前，抗击疫情是全球、全社会共同的责任。在中国，抗疫取得了阶段性的成功。这是在动员了全社会的力量，包括政府、企业、医卫、社区、公益和各行各业的组织与个人，全面参与，各尽其责，相互配合的基础上，控制疫情率先取得的成果。抗击疫情鲜活的事例表明，强调和呼唤社会每个组织、每个个体对社会义不容辞的责任是何等重要，全社会从社会责任到行动具有多大的力量。

病毒人传人这个现象可以说明一个简单的道理，这就是说我的健康依赖你的健康，你的健康也依赖我的健康。社会中每一个成员的这种责任逻辑，很自然可以推广到社区之间、地区之间，直至全球各国之间。

这样我们就简单、具体地定义了在一个经济体内，在各经济体之间，企业及经济健康性的关联和依赖性。这说明人类不仅在公共卫生领域，在可持续发展的其他领域都需要团结，需要共同应对危机的挑战，需要承担自己应承担的那份责任。

二、全球风险传导与系统振荡

目前全世界一时还没有绝对有效的疫苗或特效药物能有效控制疫情蔓延。保护人的生命，应对新冠病毒不断传播最有效的办法就是通过社会空间封闭和隔离管理，如“封城”“关闭边境”来控制。这既是必要的积极的作为，也是不得已而为之。因为如果不这样做就会有成千上万的人被感染，医疗系统也会不堪重负或崩溃。

社会空间封闭隔离，商业活动停止，经济停摆，随之而来的后果显而易见。各行各业受到重创，不仅反映在供给侧、需求侧，而且在供应链，还在地域之间、产业链之间直至资本市场之间产生连锁效应。

例如，一个地区的零部件厂商关门，另一个地区或国家的企业也不得不停产。一个地区或国家重启经济，但无法立即获得另一个地区或国家的订单。企业无法正常提供产品和服务，没有产出没有收入，但必须平衡支出，例如，个人就会遇到财务困境或危机。供给侧的问题也会影响到消费。许多行业停业，餐饮、影院、旅游、零售、交通、酒店纷纷停业，正常的消费没有了。

另外，消费消失的效应会沿着产业链传导，形成连锁反应。例如，没有旅游就没有人乘飞机，航空公司就没有收入，飞机制造商会失去订单，后者不再需要向它的供应商采购，这些供应商企业没有了营业收入，就可能裁员或关门。随着疫情严重蔓延，封闭隔离期太长，可能引起大面积降薪或失业。消费者收入降低必然导致购买力下降，财富效应直接导致需求萎缩，消费效应进而影响和传导至社会各个层面。另一个冲击消费需求的重要因素是新冠疫情对消费者产生的心理影响。疫情产生的恐惧，会给消费者的信心带来严重和持续的影响。但总体上，缓解消费侧的问题在很大程度上要依靠尽快恢复供给侧供给能力（这解释了消费券为何收效甚微）。

还有，新冠疫情重创实体经济，也会影响和传导到资本市场，引起资产价格大规模下挫，对实体经济产生负反馈。由于企业和投资者普遍使用金融杠杆，股价的下跌会导致信用评级下降，实体经济融资的难度增加。当资本市场下行引起市场的恐慌时，大量投资者抛售有价证券，市场可能失去流动性。即使优秀的企业，也会失去从资本市场，或从金融机构融资的能力。实体流动性的问题可再次反映到资本市场，使股价进一步下跌，如此循环，进一步冲击实体经济。一旦形成正反馈，新冠疫情就会导致金融危机，甚至经济大萧条。

三、全球治理的新挑战

全球需在抗击疫情方面共同行动，包括在全球治理、公共政策、货币政策、贸易政策各方面，也包括在病毒追踪方法以及治疗性药物和疫苗研发等方面协作努力。在全球范围，要战胜新冠危机，当前比任何时候都更需要、更强调和呼唤各类组织的“全球公民”责任。

实际上，责任感也关系到个人心理、指导人的行为，也有社会影响，更关乎文化价值观。例如，戴口罩这件事，可以反映出一个社会成员对其所属社会的责任。在社区，一个成员戴上口罩，不仅只是为了抵御疾病，也表明了一种责任感，因为保护自己，同时也是在保护他人，客观上表达出团结应对疫情的信息。

要战胜病毒，不仅需要医学科学、经济科学，还需要社会科学和生态学。经济可持续发展以满足社会要求和环境要求为前提，这是一个普遍适用的基本原理，即高质量、可持续发展基本原理，它是以明确和落实责任的方式转变为生产力的。让经济社会回归新的相对稳定的状态，即后疫情时代新常态状态，是社会中每个组织成员的责任。在宏观层面，体现在制度和政策上；在微观层面，体现在企业治理机制和管理方式上。企业和组织应当采用系统化的科学方法，才能把握和掌控战胜新冠危机、迈入后疫情时代可持续新常态的方向和路径。

新冠危机是人类历史上前所未有的危机。人类已有许多战胜危机的经验，但这一次却迟迟无法奏效。这种严峻的新挑战是由新冠危机具体不同的特点所决定的：

（1）未知性，即人类对新冠病毒的起源和传播机理知之甚少，抗击新冠病毒疫情专业性很强，而且缺乏有效的疫苗和治疗方法，要避免传播只能依靠直接的空间隔离的方式。应对危机的方式虽然是有效的，但却是被动的，疫苗与特效治疗药物和方法始终是关键。

（2）紧急性，即从病毒快速蔓延夺走人的生命和经济系统崩溃产生的后果看，这是两个对立而又关联的呈指数式上升的变化过程，采取应对措施刻不容缓，否则病例数量和经济成本都会成倍增加，这也就决定了冲击经济的广度。

（3）不确定性，即人类无法预测病毒持续的时间、世界各地疫情发展及其相互叠加影响的程度、其动态变化的可能性。由于全球拐点的出现，在地域、时间上的分布是离散的，这决定了全球经济的恢复必然是“U”形的。

（4）被冲击的对象，即新冠危机直接重创经济社会活动的主体，也就是价值创造的主体，而且会对实体经济产生连锁冲击效应，这决定了对经济冲击的深度，决定了挽救人的生命和救援生产企业，特别是中小企业必然是基本的政策。

用个形象化的比喻，2008 年金融危机是“次贷”病毒传播。路径是从房地产泡沫开始，银行系统直接被感染而失效，随后波及经济系统，相继造成全球经济重创。这是一个具有结构性影响、逐步波及世界而衰减的慢过程。

这次新冠肺炎危机，是新冠病毒传播。病毒从人传人开始，供应链重度“断裂”，感染不断传播，直接重创经济主体，造成全球经济停摆。这是一个突发且不确定的快过程，遍布世界每个角落。对金融危机的影响程度和范围进行估计，尽管不那么容易，但毕竟是可行的。新冠病毒对流行病学家以及政府来说是更难以预料的事情。不同于洪水或地震对经济造成的冲击，影响范围和后果是有限的，生产中断只在局部。疫情出现后，政府无法依靠传统的做法，而必须迅速采取果断、力度极大的直接救助措施，同时对企业和消费者施救，挽救生命，阻止企业破产，避免失业，这样的措施具有根本性的意义。

这种非金融系统引发的危机向传统的应对经济危机的模式提出了新的挑战。有必要在宏观上开拓应对危机的思维方式，改变传统的货币政策和财政政策模式。政府经济政策的重点需要发生转移，从通过基建投资拉动，转向救助困难的企业特别是中小企业和家庭，提供“雪中送炭”的救助，包括减免税收、减免利息、延期还贷、补助现金和发放消费券等。

第三节　疫情如何冲击企业及其供应链

一、疫情催生运营新模式

当前，很多企业的首要任务是存活下来，恢复运营、重建现金储备，其中很多企业有机会利用政府各种形式的帮助，包括支持暂时下岗的员工、获得贷款和直接补贴。当然，这些援助可能设置有条件，即避免解雇、限制股息和红利支付，或禁止高杠杆率，禁止受补贴的企业“激进扩张”。随着经济逐渐恢复，企业也会度过现金缓冲阶段，继而系统审视发展策略，寻求新的可持续的发展目标。这一阶段的约束取决于危机持续的时间。

从长远看，企业必须因势利导、激发变革创新活力、确保供应链运营的安全性。新冠疫情凸显企业与员工、供应商和客户合作的价值和必要性。企业需要保护和加强人力资源，这是未来成功的基础。当企业为了生存而不得不裁员时，这将是一个挑战。但人力资源是后疫情时代战略中最为关键的因素。那些忠诚且适应性强的员工，能组成一个应对危机的安全网络，公司更有可能渡过难关，并为未来做好更充分的准备。

新冠病毒很可能加速后疫情时代自动化的进程。首先，企业将在经济低迷时期努力削减成本，消费者在经济衰退期间也倾向于“消费降级”。企业也将希望用自动化抵御未来危机的冲击。新冠疫情还可能改变消费者的行为，形成对自动化的偏好，而非面对面的服务。

新冠疫情破坏了我们社会和经济的正常秩序，也改变了工作方式。后疫情时代，很可能会催生新的模式，例如群组视频互动、线上线下、流媒体消费、远距离办公、大众远程医疗等。从“现实生活”到“虚拟空间”的集体跳跃并不局限于商业活动。从教育、行政管理到银行、新闻业，甚至政府和国际组织，信息密集型服务、数字技术和信息通信技术能力的普及有望大大提高生产率。供应链的调整、代工自动化可能取缔低技术含量的岗位，影响合作伙伴的利益。自动化和数字技术隐含伦理道德问题，有可能加剧社会分化，或成为造成社会动荡的因素。

数字化在全球经济中将日益扮演重要的角色。数字规则将成为数字经济的基本规则，数据流动规则未来将成为类似货物贸易规则、服务贸易规则、人员流动规则、资金流动规则等那样的国际社会贸易基本规则，中国企业应把握时机。

二、供应链的韧性成为优先战略

新冠肺炎席卷全球，影响世界每一个角落。供应链断裂的连锁反应，是疫情重创全球经济的一个集中体现，凸显供应链的脆弱性，造成致命的影响。

供应链断裂具有全球化的特征。例如，当中国疫情最严重时，生产零配件的供应商都停工，其下游企业如日本和韩国的车企无法采购部件不得不停工。在供应链的上游也是一样，中国企业停工无法订货，东南亚供应商企业也就没有订单而停工。而当中国疫情得到控制企业得以复工时，仍然无法满负荷生产，因美国和欧洲仍有疫情不断蔓延，也不同程度采取封闭隔离措施，欧美订单减少甚至消失了。一个国家的企业要想恢复正常生产，全球供应链必须形成一个闭环。

病毒的影响也会在产业之间传播。例如，在疫情期间，一方面，汽油消耗大量下降，原油生产过剩、库存容量接近爆满，原油价格一路下滑直至负油价，引发期货市场震荡、原油开发企业破产。另一方面，原油价格暴跌反过来又打击汽油产品价格，随之带动汽油混合燃料中添加的乙醇价格下挫，迫使乙醇生产企业产量直线下降，直至停产。而乙醇生产企业上游的原材料供应商是种植玉米的农业企业，乙醇市场的崩溃带来玉米市场的崩盘，进而波及化肥、农机和种子的需求。

此外，乙醇生产厂商的副产品是二氧化碳，它的下游是冷冻企业、饮料企业，如啤酒酿造厂和软饮料生产商。乙醇生产厂商关门了，后者也就失去了其产品生产所必需的二氧化碳。所以，病毒对供应链和产业链的冲击是一环扣一环，甚至经由曲折的途径跨行业不断向前传导的。

还有，新冠病毒造成的经济困境也会在服务业和实体经济之间传导。例如，一家餐馆关门的结果会导致连锁反应，关门会使服务员和厨师失业，餐馆失去收入无法支付租金，房东失去租金收入可能继续影响他的支出和与商业伙伴的关系。餐馆关门也会影响上游，即食材供应商，因餐馆无食材需求，后者营销停止而陷入经济困境。实体经济任何一个环节停止运转，都很可能造成运营系统性的崩塌。

在全球化的背景下，供应链的可靠性、安全性和韧性尤其具有战略意义。供应链是全球化体系的布局和操作的一部分，其正常运转包含着一个基本假设，即跨地域的国家之间存在互信。当国家之间的信任度降低时，风险因素的影响随之增大。新冠疫情以来，医疗领域的供应链，也受到一次极大的压力测试。平时完全不起眼的口罩，瞬间成为紧缺物资。

将来，全球供应链的布局除了延续之前由成本因素驱动之外，也会考虑到其他各种风险因素，以降低供应链的风险和脆弱性。过去几十年来的世界和平和经济全球化，为创造世界前所未有的繁荣做出了贡献，供应链发挥了关键的作用。全球化不是一个稳定的状态，全球化需要多边维护体系。与此相应，企业和产业也需高瞻远瞩，科学构建稳定、安全、有韧性的供应链。

新冠疫情影响了政府和企业对全球化的看法。企业已经从“及时（Just-in-time）”供应链战略转向“以防万一（just-in-case）”供应链战略。

三、企业治理和管理的新挑战

应对新冠危机对企业治理和管理提出了新的挑战。

为了使企业持续存在，具有抗风险的韧性，监管机构、企业董事会、投资者和管理层需要在新的形势下共享治理责任。在满足短期流动性要求以保持财务健康和偿债的同时，应当把员工的安全和福利放在优先位置。秉持对社会负责、可持续价值创造的长远观点，重新明确或定义企业适应新的现实的社会角色和目的。在资本配置决策中，采取系统的和公平的方式，考虑员工和其他利益相关方，包括资金提供方的利益。要与内部和外部利益相关方

（供应商、客户、社区、资本方）广泛沟通，提高企业的韧性并将其融入战略和运营，以建立必要的信心和信任。

新冠疫情中出现的上市公司财务造假事件说明，重新审视企业的治理能力，更好遵循国家的政策框架，如新证券法、环境法等，更好适应后疫情时代可持续发展，是迫在眉睫的要求。为植入这些新的治理元素，需要监管机构、企业董事会、投资者和管理层升级发展理念，明确监督、授权和考核的新机制。资本运作将更理性，“烧钱”“砸钱”不再那么时尚。无论财务信息还是非财务信息，真实性、实时性、准确性将是诚信为本的刚性要求，第三方机构对此的责任也将得到强化。

在当前，企业管理者一方面要保护员工，尽快恢复生产和运营；另一方面还必须要为应对未来可能的冲击做好准备。每当采取行动时，都需考虑企业所处的地点、工作环境的特点，以及受疫情冲击影响的程度。

业务连续性计划是企业应对突发危机的一个重要的管理工具。在未发生疫情时，企业应当制订和实施业务连续计划。在发生疫情时，随时启动业务连续性计划。在疫情严重时，应切实落实业务连续性计划。这不仅是战胜疫情所必需，还是为了防备病毒卷土重来，应对未来其他流行病或公共突发事件也必不可少。只要疫情还存在，企业管理的核心要素始终是坚持“安全”和“生产”的统一。

企业有许多紧急的事项，要解决现金流、活下来问题，要恢复和调整供应链，要处理棘手的问题，如避免“裁员”或“关门”，或者要将长远发展，开发新业务、新流程，升级数字化，以及加强长远人力和企业文化建设等提上议事日程。但企业领导者管理者必须洞察疫情，及其对经济和产业的影响，把控疫情局势，树立长远观点、注重高质量可持续发展的大方向。企业应当确定优先重点，制定短、中、长期发展策略，并有计划、有步骤地稳步走出危机，才能迈向更可持续的新常态。

目前，国内疫情虽得到有效控制，但并未完全消失。企业的领导者管理者不应放松警惕，谁轻视了这一点，谁就有可能为未来的危险、危机埋下隐患。

第四节　企业如何走出危机迈入可持续的新常态

疫情在短时间内重创全球经济，对企业和各个行业的影响各有不同。在疫情中，有赢家也有输家。企业如何战胜危机，迈向后疫情时代新常态，需要区别不同的起点。情况不同，路径也不一样。

一、摆脱危机的路径

中小企业，规模较小，资金实力不强，抗风险能力较弱，疫情对它们的冲击最大。但中小企业对整个经济社会至关重要，它们属于重点资金救助纾困对象。除充分利用国家有针对性的财政政策和救助措施外，企业也要自立自强，求生存求发展。

“求生存”并不只限于中小企业。一种极端情况是，有一部分企业，在疫情前其商业模式或运营本来就是不健康、不可持续的。对它们而言，病毒就像一个火花引起一场大火。现在最大的问题是，如何才能避免陷入现金流短缺的艰难处境。特别在市场低迷或收入锐减时，难以维持盈利。这部分企业，也需借助于政府的救助、补助或财政优惠政策，争取平缓度过危机而“存活”下来，或可考虑通过收购、转让等方式，但在最坏的情况下，也难免破产。

另一种极端情况是，有一部分企业，在疫情前就已经有所准备，或完成了企业可持续转型，其商业模式或运营、财务也是健康的、可持续的。这样的企业在危机中“逆势增长”表现强劲。对它们而言，危机就像一个涡轮增压器，创造出产品和服务的旺盛的需求，因而在危机中较之竞争者处于市场优势地位。当然，也有其产品或服务正好能符合疫情需求的企业，例如电子、医疗、健康产业和制造业，以及提供云、数字软件、信息通信等服务的企业。企业在抗疫中不仅扩大、巩固了市场，而且有望在后疫情新常态下得到进一步持续发展。

其余大量的企业，都不属于上述两种极端情况，这些企业在不同程度上受疫情的影响，销售和收入有所减少。它们虽然受到损失，但幸免于崩盘，能够存活下来。现在，这样的企业来到一个十字路口。是从疫情有了警醒，还是保持惯性思维；是奋发创新、走可持续之路，还是力图重回疫情前的老路：这将决定它们的未来。换句话说，这也是许多企业在未来市场中能不能继续存在的分水岭。幸运的是，这场危机同时向它们提供了一个“转型升级”、可持续发展的绝佳机会。的确，机不可失，失不再来。

新冠疫情危机如同每一次经济危机、金融危机一样，一方面会给有创新精神的企业带来机会，另一方面也会惩罚没有把握创新和转型而丧失良机的企业。因此，企业家、领导者和管理者必须下定决心、抓住机遇，以极高的创新热情、极大的创新力度投入可持续转型之中。关键的问题不在于现在做什么，而在于从现在起要改变什么。

各类企业最终在结构上具体如何分布，取决于国家救助政策、精准措施、救助的力度，以及企业自身努力的程度，复工复产、恢复运营进程的掌控能力等诸多因素。当然，新冠疫情延续多久是决定整个经济复苏的过程的一个最重要的因素。

二、战胜危机的关键因素

根据疫情的特点和当前发展情况，可以识别出若干有助于企业顺利度过危机的基本因素。这些因素不是企业都能普遍采用的一成不变的，而是在具有连贯性的管理措施下能应对危机的。

——数字化商业模式。当前的情况表明，那些抵抗危机能力强的企业，它们已经从传统的商业模式延伸或转型到新的，即数字化的商业模式。例如，传统的零售商采用线上线下相结合的一站式服务。而相反的情况是，有些企业在市场和经济形势向好时，忽视了商业模式创新和转型，因而在当下和未来将面临巨大的压力。数字化正在以前所未有的速度走向大众市场。

——贴近客户的责任感。在危机过程中，善于积极与客户沟通的企业，越能使自己的业务组合、服务和信息真正满足客户的需求，危机对其影响就越小。一方面有针对性地满足客户在危机中的需求，另一方面也根据客户需求灵活地安排产品和服务的供给。这意味着，企业务实地传达共度危机中的目的和意义，表达责任感，保持可持续合作的潜力，能更好地走出危机。

——过程数字化和自动化。重构数字化不仅是新商业模式的基础，也不限于处理与客户的关系，也是处理业务及办公的必要条件。随着智能自动化的进步，过程数字化的新潜力不断显现。那些过去几年持续在此领域投资的企业，在疫情中受人力中断的影响较小，因为大部分日常业务都可通过人工智能支持的基础设施完成，专业化的员工只需处理例外的和特殊的情况。由于数字化，员工可居家工作，业务能照常运转。

——有韧性的供应链。新冠疫情揭示了全球供应链的脆弱性。那些只强调节约成本，只依靠单一供应商，缺乏相应的风险控制的企业，在疫情中业务受到严重影响。而那些具有合理供应商组合、在供应链上有牢固的伙伴关系，有高度透明和灵活性的企业，正在顺利走出危机。周全地考虑（最少）库存和（临时）库存量调整能力，并积极监控，有助于保持稳定的生产和原材料供应。兼顾必要的冗余和节约，可能是后疫情时代权衡企业供应链的特点之一。

——灵活组织和管理模式。灵活组织和管理模式的基本的想法是，组织必须学习另类的、灵活的合作形式，以便能够更好适应不稳定的环境的要求。当前新冠危机向企业组织发展传达了核心的信息，即其发展的趋势正在大大加速。例如，现在普遍开始应用大众远程工作手段，面向目标、具有高度信任和独立负责的员工管理，就属于灵活管理的组合工具。凡是已超前探讨过这种管理原则的企业，就已有准备能更好地战胜危机。特别在疫情早期，许多企业揭示了敏捷管理隐含的巨大力量。

三、后疫情时代的新常态

但过去几年中业已呈现的大趋势，如改革开放、高质量发展，防范化解重大风险、精准脱贫、污染防治，以及数字化转型、健康中国等，不仅将继续，而且会因疫情暴发而得到更大力度的推动。毫无疑问，疫情也将改变我们的发展方式、工作方式和生活方式。新冠病毒大流行已改变世界，我们处在一个转折点上。

——可持续发展。当前阶段，在经济社会环境发展的大盘中，经济和社会因素处于优先位置。但危机的不确定性也增加了人们对环境的担忧，这也会激发企业作为经济主体对国家和对地球的责任。环境因素，特别是应对气候变化的行动将会再次走上人类舞台的中央。战胜危机将为企业提供新的机会，同时释放出再出发的力量。一些环境友好领域和数字化转型行业在危机中表现出良好发展态势，如公共卫生、医疗、健康、5G 通信、数字软件等，可持续性产品和服务在疫情后将会保持旺盛的需求。

——负责任的管理。人类既然只有合作才能成功战胜病毒，那么实现可持续经济也不可能以独善其身的方式。经过新冠危机的考验，人类会加强负责任的意识，支持负责任的文化。新冠危机凸显我们这个世界和社会的脆弱性。未来成功企业的管理将会更负责任，更会关注全社会的利益。对企业、投资机构、监管机构，落实 ESG（即环境—社会—治理）框架要求是发展、治理、管理及合作的必然选择。

——危机领导力。人类从来没有像今天这样需要更多能够应对危机的领导精英，能展现危机领导力，能致力于造福全社会。不仅对现在战胜新冠危机，而且对未来发展应对不确定性而言，这种领导力都至关重要。因此，在未来识别、评价和发展企业与组织领导精英时，价值观将被摆放在更加突出的位置。

——跨界合作。新冠危机对现代领导力是一个催化剂，它要求将组织的目的、多样性和灵活性连为一体。政界、企业家和社会组织跨界、跨行业的交流合作，共同抑制病毒的扩散，体现了人类共同的目的、意义和大局观。正因如此，才能做出更好的决策，促使短视、功利、孤立的思维模式加快成为过去时。

——协同模式。灵活组织和管理模式是一种协同的工作模式，是基于能力而不是依靠等级结构的商业模式。数字化和人工智能在许多情况下可能发挥主导作用。未来成功管理的特点是社会互动，即弱化强制、弱化自上而下、弱化技术官僚，取而代之的是更加人性化的措施。数字化减少了二氧化碳排放，为应对气候变暖做出巨大贡献，因而获得新的存在意义。

——数字化转型。危机加强了数字化转型的力量。尽管危机中保持社交距离是常态，但人与人在线的距离却越来越近。新冠疫情加速了行业中已经开始的转型，使社会各方在互联网空间的互动获得了新的价值。企业可通过数字化迅速实现在线繁荣。对这种创新和试验需要保持开放的态度，我们比任何时候都需要企业家精神，既要谨慎行事，又要有高瞻远瞩、快速和果敢的行动。

——审视价值观。新冠危机提出了许多值得思考的关于价值观的问题。人类对发展和生活追求的意义，对经济活动的着眼点、必要性和优先重点等的价值方面都应重新加以评价。同时强调价值观将越来越重要，包括在建立什么样的伙伴关系，怎样产生信任感，与谁一起合作等行动领域。

——风险管理。新冠危机是一种前所未有的、不同于传统的风险。现在我们知道，它不仅可在全球蔓延，大规模夺走人们的生命，还能引起世界经济大萧条。传统的风险管理工具，对这种流行病已无能为力。要战胜这种风险，需要有先见、直觉和知晓的智慧。我们必将进入一个风险管理的新时代。企业如何应对风险将决定它的未来。

第五节　如何维持经济与金融系统稳定

一、金融系统的脆弱性与风险

全球金融危机以来，负债率一直持续上升。资产管理公司、私营企业、部分新兴国家都出现重大的风险。银行仍是高杠杆机构。债务会带来脆弱性，需要政府大规模救助。在资本市场，股价下跌、贷款风险飙升，以及油价暴跌，投资者纷纷转向高质量资产，金融系统剧烈动荡，反映出金融危机对经济冲击的程度。资本管理公司容易受到其波动性上升和市场流动性下滑的打击。新兴经济体，使用本币债券为政府支出融资的现象越来越多。汇率大幅下跌会削弱那些持有外币债务的国内借款人（特别是企业）的偿付能力，风险“从借款人转移到了贷款机构”。

这场危机暴露出很多脆弱性。现在有必要对资本市场脆弱性进行系统评估，就好比在金融危机后对银行进行的评估。这就产生了两个任务，在微观经济层面上，消除私营部门通过大量举债融资造成的危机；在宏观经济层面上，降低对利用债务产生总需求的依赖。我们需要重新评估经济、社会和卫生体系的韧性，应该把金融作为其中一个重点。

银行可以成为危机解决方案的一部分，但也会带来新的风险。尽管各国政府和央行提供大部分资金，但银行被要求充当“传导机制”，以确保让最急需支持的企业和消费者获得支持。银行能否保持这种新的信任，在很大程度上取决于它们抵御新冠疫情及其后续冲击的能力。对银行乃至整个金融体系韧性的真正考验尚未到来。全球很多行业的收入已近乎消失。许多企业和消费者将在债务上违约，给银行带来一连串痛苦的信贷损失，打击银行的盈利能力，并影响它们的资产负债表。与此同时，各国央行在疫情大流行期间为支持经济而实行的超低利率，将给银行放贷业务的利润带来额外压力。

信贷损失的严重程度取决于各国政府愿意在多大程度上与银行业共同承担风险。作为发放国家援助的传导机制，它们将决定哪些公司应该获得财务援助，这是一项棘手的任务。

银行必须“小心行事”，既要“尽可能提供支持”，又不能做出“任何令人质疑银行或金融体系稳健性”的行为。新冠危机或许给了银行一个重塑公众形象的机会，但也带来了新的声誉风险。“我们最不希望看到的是……我们的消费者、我们的小企业和我们的大企业在告别疫情的时候……背负不稳定的更大债务负担。”尽管许多零售业和消费者借款人获得了“还款假期”，但有些人将永远无法偿还贷款，这可能会引发一波破产和收回房产的浪潮，对公众的忍耐力构成考验。

二、可持续投资的紧迫性

从根本上讲，我们正在处理一场公共卫生危机——一场关乎人类生存的危机。对长期投资者来说，它提出的问题是企业如何采取措施保护人的安全、健康和就业。毕竟企业是由人组成的，并且大多数有韧性的企业会是那些保护和保留人才、为经济复苏成功做好定位的企业。新冠疫情正在对市场产生巨大影响，包括对责任投资即整合环境、社会和治理因素的投资市场的影响。事实证明，新冠疫情加强了 ESG 整合到投资决策的实证，市场总的 ESG 的走向不会为经济停滞所阻碍。相反，这次危机可能加速采用 ESG 影响战略，使社会议题提到议事日程的前台，使投资者倍感社会投资影响和实现社会目标的紧迫性。

新冠疫情在全球大暴发，已成为史上最为严峻的一场公共卫生危机。战胜这场危机的重要条件是，世界各国必须保持团结与合作。世界各国处理疫情的手段和方式，将对未来的全球治理环境产生深刻影响。

全球治理环境需要依靠两个重要的基石，一个是国际层面的政治合作，另一个是全球层面的经济合作。国际层面政治合作是各主权国家之间相应的经济事务管辖权方面在国际层面的协作，以保证经济活动的有序进行。例如，通过世卫组织（WHO）协调全球卫生事务，通过世贸组织（WTO）管理全球贸易，通过国际货币基金组织（IMF）监督全球金融活动，通过巴塞尔委员会（BCBS）监管全球银行系统。全球层面的经济合作是各国跨越地域空间的经济交流活动，是经济活动从一个国家区域向全球的延展，例如全球产业链分工、全球供应链、全球市场和全球贸易等。

当前，在全球疫情空前严峻的形势下，加强国际层面的政治合作、加强全球层面的经济合作至关重要，包括维护多边主义、共享信息、共同致力于疫苗研制等。这无论对全球战胜新冠病毒，还是对恢复全球经济，以至对疫情后建立全球治理格局，都是必不可少的重要前提条件。然而，当前在这两方面都存在很大的不确定性，这必将成为影响全球化、企业国际化和全球供应链布局和走向的关键因素。

三、审视人类的责任和价值观

据世界卫生组织首席科学家 Swaminathan 2020 年 5 月的预测，世界需要 4~5 年才能控制住新冠疫情。当前危机中采取的措施不可避免存在粗糙性，随着疫情发展，应当不断走向精细精准。

新冠疫情来势凶猛，危机当头，人类除了封闭隔离尚无他法抑制，付出了惨重的代价。在人类历史上，经验事实和常识理性曾经战胜了许多危机，但对非常规性病毒的认知和警觉却超出了之前认知的范畴。无论是对过去教训的健忘，还是功利主义的短视，无不是源于理性活动及自身行为。

工业化时代极大地提高了生产效率，增加了物质财富，但同时也导致了日益严重的环境损失，付出的代价是巨大的。如今，随着全球化、城市化、人口流动性水平的提高，活跃的人类活动也加速了环境污染，生态失衡，生物多样性被破坏，特别是气候变暖等。人类在征服和索取自然的过程中走向了成功，但在不知不觉中使自己变得愈加脆弱。

地球是一个有序的生态系统，人类有责任精心保护而不是破坏自己的家园，才有栖息的一席之地。人是万物之灵，应当反省自身的行为及其意义，保持自信而谦卑，自我审视，审视在经济、社会和环境多方面的价值观、原则和行为模式。

新冠病毒引发的系统性危机不会是人类要战胜的最后一个危机。例如，保护地球、应对气候变化对人类的威胁，已经迫在眉睫。如果地球温度继续上升，超过临界点，将给经济、社会、人类生命和生存带来灾难性后果。例如，远离病毒有藏身之地，而高温是一种隐蔽的普遍危害，没有人可以逃脱，热浪会导致更多人死亡。人们可能认为这是很远的事情，但想想我们的下一代，可能会激发你当下应有的责任热情。从 2020 年“黑天鹅”事件中进行触及灵魂的反思，为应对下一个或将到来的危机，为防范“绿天鹅”事件，这是绝对必要的。

苏格拉底曾说过：未经反省的人生是不值得过的。又说，人最难的是改变自己。在一个充满不确定的未来，新的危机很可能接踵而来，而且不可避免，现在的一个尖锐问题是，我们会改变自己吗？

第六节　危机管理需要弘扬企业家精神

一、供应链与利益相关方

这次新冠公共卫生危机对经济社会产生剧烈冲击，但不同于以往发生的公共卫生事件，也不同于过去发生的金融危机或经济危机。2003 年 SARS、2014 年埃博拉的影响范围，基本只局限在一个国家或一个地区。2008 年金融危机是源于金融系统内部，因次贷危机的演化导致全球实体经济发生危机。

这次疫情对经济系统的冲击是直接对其内部的冲击。

这种冲击的广度和深度受到多重因素的影响。除上次金融危机后全球经济尚未完全复苏，还受到贸易保护主义、地缘政治等因素影响，这次危机发生在一个全球化、全球高度互联的时代。一个国家企业停工，影响另一个或多个国家企业的生产，或供应链原材料、零部件的供应。一个地区的封闭也影响另一个地区的经济运转。一个国家的封国也影响其他国家的商品贸易和供应。

大规模的停工、停产，人流、物流、资金流中断，其结果不仅是经济下行，还是全球经济系统停摆。同时发生在供给侧和需求侧两端冲击经济的情况也前所未有。战胜这场危机不仅需要世界各国合作，也需要私营部门积极参与，特别是弘扬企业家精神。

全球供应链的中断是经济受到冲击和影响的最集中的体现。

企业停工停产，供应链中断，不仅造成企业无法盈利、缺乏流动资金的经济危机，而且影响员工收入甚至就业。经济停摆还直接影响市场，贸易和消费力下降等，引起一系列连锁反应。但供应链上不同环节的企业所受到影响的程度是不一样的，其中中小企业可能最为脆弱，而它们对就业和经济贡献又最大，因而成为危机阶段中首要救助的对象。

在中国由于制造业的比重高于其他发达国家，制造业、实体经济所受危机影响相比服务业占优势的国家更大。从价值链看，制造加工处于价值链曲线的底部，价值链的前端和后端对危机应对可能更具有韧性。

新冠疫情对供应链冲击的影响范围，可分为 3 个活动领域，这就是供应链上游原材料供应、供应链下游物流配送与销售市场，以及企业产品和服务的生产运营过程。与此相应，受到直接影响和威胁的 3 个群体分别是企业的供应商、企业的客户，以及企业内部的员工。企业在危机严峻的情况下，更应重视利益相关方的核心利益，更应加强核心业务领域的合作，为维持和恢复供应链的正常运行长期发挥关键的作用。

二、重启运行与激活价值链

（一）重启运行

抗疫过程是一个公共危机管理过程，为了救人、救市、救经济，多国出台有史以来最大规模的经济刺激和救助计划。为有效应对疫情，需要全球合作，需要宏观和微观层面的配合，统筹抗疫和拯救经济始终是新冠危机管理过程中必须处理好的主要矛盾。

企业需要考虑核心业务、行业属性和地区环境，针对疫情对价值链的各个环节所受影响不同，力求与宏观危机管理节奏相一致并采取重启运行措施。每个企业应考虑其商业活动中断的情况，考虑其产品和服务类型，在供应链、产业链中所处环节和地位的差异，以及上下游之间的关联度依存度。例如，汽车行业不同于医药行业，旅游业不同于房地产，航空运输不同于餐饮服务。对恢复运营，有些企业采用虚拟方式，或"云服务"方式可能就能奏效，而另外一些生产企业则必须通过现场管理和人的实际参与才能根本解决问题。至于线上和线下模式，它们不会是一个代替另一个，而将会相互补充、相互融合。

企业应主动作为，以高度的使命感、切实负责的态度、同舟共济的精神转危为机，重启业务。企业需要适应疫情引起的市场变化，开展内外合作，动态调整管理方式、生产方式、服务方式，为开启企业运行、做好复工复产注入新的活力。

（二）激活价值链

企业复工复产意味着企业要恢复和发挥正常的社会功能，即正常地提供满足社会需求、客户或消费者需要的产品和服务。要做到这一点，关键是必须激活价值链，即价值创造的过程。

企业激活价值链要在 3 个环节上发力：一是从供给侧，加强对供应商的支持与合作，保持稳定的伙伴关系。二是从需求侧，拓展以客户为中心的业务和服务，或扩大市场，或拓展新的业务领域。三是指企业内部的运营和生产，是企业价值创造的核心环节。这里包括企业借以实现目标的最宝贵的资源，即企业的员工。

企业激活价值链，就必须组织和优化上述 3 个领域（供应链、市场和运营）的业务活动，落实与上述 3 个主要群体（供应商、客户和员工）团结合作、同舟共济的责任担当。企业在危机阶段复工复产的这个中心任务，在本质上是处理经济与社会的关系，二者相互关联，需要相互协调和动态平衡。这不仅将考验企业家负责任的领导力，而且也是他们能创造社会价值千载难逢的机会。

三、供应链的安全与韧性

新冠公共卫生事件凸显一个事实，供应链的安全对企业和经济运转至关重要。重新审视供应链的安全性和风险、审视供应链构建的原则和方式，可能会是企业复工复产稳定之后的一项战略任务。

企业应当及时对现有的供应链进行评估，维护好与核心伙伴的关系。对新出现的风险要特别予以关注。考虑到全球地缘政治、供应链的多元性和韧性，需要考虑供应商冗余及其对环境变化风险的对冲能力。

这次公共卫生危机可能导致全球经济、产业结构、贸易规则的变化，以及国际分工的调整，但全球化、区域化合作的趋势会以新的方式继续发展。建立全球、区域、地区集群的合作伙伴关系是应对未来挑战有意义的选择。这将考验企业全球供应链构建、参与合作的能力。面向未来，开放、坦诚、合作共赢的能力代表企业可持续发展的无形资产、关键的优势和不可缺少的竞争力。

新冠肺炎危机事件向所有的企业家、创业者发出了一个信号，这就是居安必须思危。要把风险控制、危机管理放在企业管理的重要位置，把它作为企业治理的一个最基本的元素。在未来，这将是他们走向成功的一门必修课，因为风险和危机很可能是企业破产或倒闭的根源。

应对风险和危机，就是应对不确定性。所有企业，不分大小，都应当认真总结经验和吸取教训。每个企业都应把提升风险控制和危机应对能力列入议事日程，为企业保驾护航、为下一次可能的危机做好准备。

这次危机还提出一个发展模式的问题。在疫情全球蔓延期间，即使实力强大、科技先进的国家，应对危机也显得无能为力。不仅人力、物力不足，像口罩、防护衣、检测试剂盒、呼吸机等这样的基本物资都无法保障。投资和发展公共卫生事业、造福人类社会应该是刻不容缓了。

危机蕴含机会。复工复产启动以来，许多中国企业顺势而为，在供应链的上游、中游和下游迸发活力。有的参与基础研究，有的进入新的业务领域，有的为适应市场变化而转产，有的从第一产业向第二产业转移，有的改变经营模式和业务组合，也有企业与其他中小企业合作形成集群优势，如此等等。疫情暴发的危机催生了新的业态、新的商业模式和新的服务方式。

企业应当适时抓住新的机遇，把握诸如工业互联网、智能数字制造、5G网络、人工智能、科技金融、绿色投资等方面的机会，将企业的数字化能力提高到一个新的水平。数字化会提升价值创造潜力、资源配置质量和效率。数字化是良好的企业治理和管理能力现代化必不可少的“低基础设施”。

在危机面前，企业家、创业者及企业领导者管理者应当高瞻远瞩，有信心和决心渡过难关，并充分利用危机阶段的窗口期，超前布局可持续性未来，夯实责任担当能力、铸就和弘扬“企业公民”精神，就一定会为企业组织注入战胜危机、获得永续发展的强劲动力。

第七节　社会组织可持续发展的路径

“后疫情时代社会组织可持续发展的路径”，这个主题对社会组织包括社会公益事业的发展具有现实的意义。无论是落实国家的战略，还是国家的政策，如果离开了路径，实现目标就是空话。这个运转规律也适用于社会组织。疫情冲击经济、社会，也给社会组织带来新的挑战，需要重新审视组织可持续存在和发展的问题。

一、社会组织在抗疫中的作用

首先我们来看形势，新冠疫情暴发成为一个前所未有的“黑天鹅”事件。疫情从发生到发展突破了时间和空间的界限。从时间上看，从发生到现在已有 2 年多的时间，但全球形势依然严峻。从空间上看，它所造成的冲击不仅在一个国家，而是在全世界，不仅在经济，而且在全社会，成为人类社会必须全力应对的危机。我们采取了什么方式去应对它呢？除了佩戴口罩、保持社交距离之外，科学的方式是打疫苗，但最直接的方式是采取隔离甚至“封城”等措施。关闭边境或隔离会使社会生活停摆，使企业停工停产，使全球的供应链中断。它所冲击的对象除了企业、产业供应链之外，也包括社会组织的运转。

我们认识新冠危机，需要明确一个最根本的道理——这样一个危机，它的实质是威胁全球可持续发展的危机。经济活动与社会和环境密切相关，经济、社会和环境是不可分割的统一体。这正是我们今天制定政策、从事经济活动、组织发展、企业管理必须树立的最基本的观点，这个道理全社会普遍适用，而且无处不在。

在新冠这样一个重大的危机面前，人类是一个命运共同体。从政府到企业到社会组织，大家团结一致，齐心协力，英勇奋战，取得了巨大的成功。社会组织在抗击新冠疫情中发挥了关键作用，表现出最强的社会行动力。其社会行动力主要表现在 4 个方面：

第一是行动的敏捷性。在这里，行动的敏捷性表现在全社会快速行动，团结一致，发扬大爱无疆的精神。第二是行动自觉性。医务工作者、社区工作者、社会组织、志愿者甚至包括普通的员工、送餐的快递员等，这些人都自觉自愿地在关键时刻提供了紧急的帮助。第三是行动的奉献性。许多基本的道理不再被认为是空洞的，例如，在如何处理自己与他人、个人与集体、个人与全人类、自己的国家与世界其他国家等问题上，展现了“善”的价值。第四是行动的战略性。战略性指社会组织与企业合作，充分发挥各自的优势，即社会管理和商业管理的优势，使公益活动或项目的效益最大化。所有这些经验对社会组织在后疫情时代的发展都将是宝贵的财富。

二、疫情让我们学到了什么

人类应当深刻地反思这一次人类的危机。它告诉我们什么？我们从中学到了什么？它给了我们什么样的启示？实际上，疫情的发生和发展说明，我们人类虽然有超强的能力，但是我们决不可缺少谦卑。人类必须要有敬畏的心态，必须尊重自然的规律。无限制地追求不可持续的发展、满足无止境的消费欲望，很可能适得其反，走向失去生态平衡的灾难，最终不能实现我们渴望的幸福。不是这样吗？基于科学的基本知识是，新冠的出现很可能是由于环境问题引起的，环境的问题导致了人类疾病的大流行。而疾病大流行虽然得到控制，但不得不以经济停摆、供应链的中断为代价。经济的损失反过来又会影响什么呢？它反过来影响到整个社会。这时的关键问题是，我们的企业怎么办？我们的就业怎么办？我们的经济增长怎么办？其结果是整个国家及其各个领域的发展都面临严峻的挑战。

（一）下一个危机是什么

现在还有一个紧迫的全球性的问题，是应对气候变化，应对地球温度上升的问题。长时间来，人们对空气、水、土壤、食品等的期望不断升高，这些都是眼见为实的环境问题。而全球人类对气温上升的危机并不敏感，似乎认为那是遥远的事情。但是，正如新冠危机一样，它就在我们的身边，随时都可能给我们带来风险、损失和危机，特别是当温度上升达到一个临界点的时候。从新冠疫情中学习和吸取经验教训是至关重要的。

一个与此相关的问题是对经济、社会和环境的系统性的认知。我们发展经济的基本出发点是满足人类的基本需求、实现人类的幸福。但如果发展经济只以 GDP 为目标，与此同时以损害环境、损害社会公平公正为代价，就会偏离以人民为中心的发展目标。这样的发展就是失衡的、不可持续的。

如果我们从源头开始分析新冠危机的发展，会发现它以冲击波的形式对各行各业产生了严重的后果，所发生的一切历历在目。可以发现，可持续发展的系统化的认知是我们今天制定政策、构建格局、组织我们整个经济社会活动的最根本的基础。企业盈利挣钱固然绝对重要，但不应是唯一的目标，忽视对生态环境的影响、忽视对社会利益相关方的影响，企业随时会陷入风险的泥潭。新冠疫情向人类再次敲响了警钟！

（二）应对危机的能力

在抗击新冠疫情的整个过程中，我们看到责任意识和责任能力对经济社会的发展是多么重要。每一个社会的活动者，从政府到社会组织再到企业，是否具有责任担当、问责和透明度的意识，在很大程度上决定了我们抗击新冠的成败。不是吗？假如新冠信息晚一天、三天，晚一周报告给公众社会，我们知道产生的后果将有多大的差别。所以说，坚持责任担当的基本原则，是我们约束全社会行为最为重要的规范。当然，在整个过程当中，疫情也考验了我们的治理能力，考验了政府、企业、社会组织的指导和参与能力。我们不可避免也有短板，例如在危机意识、组织方式、执行能力等方面有欠缺。所以说，疫情既敲响了责任的警钟，也是一面镜子，让我们能反思我们的短板、行为和能力，总结在疫情的前期、中期、后期的经验和教训。

三、社会组织也必须转型

那么，我们现在处于什么时期呢？疫情并没有结束。认知和意识依然决定了我们行为的着力点。回过头来看，如果疫情前我们有充分的准备，就不会手忙脚乱、不会毫无头绪应对，也能避免很多损失。如果我们在中期吸取了教训，完善了应急系统、采取了可持续措施，那么我们也为后期战胜疫情做好了准备。

企业复工、复产以及整个经济复苏任务艰巨，也为社会组织的发展带来严峻的挑战。社会组织必须回答的现实问题是，组织发展的战略是什么？行动的领域在哪里？资金支持来自何处？疫情也揭示了一个深刻的道理，就是经济社会必将全面转型。不仅是企业还是其他组织，包括社会组织和公共管理部门必将进入一个转型的新时代。为什么会这样？新冠疫情改变了我们的生活方式、企业发展的基本条件、企业价值创造的方式，也对经济社会的结构产生了影响。环境的改变不可避免将对社会组织产生深刻影响。社会组织必须保持对社会和商业的敏感性，适应新的变化，不断调整自己的思维方式、合作方式、管理方式和行为方式。如果我们仍然按过去的思维去做现在的事情，还想做将来的事情，将不会取得成功。

如同可持续发展一样，数字化也是全球的大趋势。在新冠疫情当中，它加速改变了我们的生活方式，使得我们的教育、培训、会议、医疗、物流、商品供应数字化等成为可能。社会组织也应了解，数字化大趋势对整个经济质量发展有什么影响？新型数字基础设施为何重要？它的内涵和范围是什么？数字化与我的组织有什么关系？我应该如何利用数字化的机会为社会做出贡献？社会组织可以在数字化时代有所作为吗？回答所有这些问题，都可为社会组织加强与企业的合作、创新公益领域、提升公益活动的质量，创造更大的活动、生存和可持续发展的空间。

在此背景下，社会组织、环境、合作伙伴以及资金来源、合作项目的类型、项目的重点都将发生变化。总体来说，过去的公益可能是钱的问题，在将来可能是满足社会需求、为社会和环境提供解决方案的问题。社会组织需要为社会做出贡献，同时需要改变自己，对公益绩效的要求和标准也将随之改变。

前面提到了应对气候变化问题，这是全世界和每一个国家、每一个企业和组织都面临的严峻挑战。中国也提出了碳中和2060年的目标。这个新的目标的提出，对我们意味着什么？这意味着整个经济发展和企业发展将经历根本的转型。所以，今天我们讲可持续发展，讲实现可持续发展的社会责任，绝不是一句空话。过去一度盛行的表面化的、修饰型的、化妆型的、虚假的“社会责任”行为，必将要走向终结。空谈误国，实干兴邦。每个组织都应表里如一、真正为国家的发展做出经得起考验的贡献。节能减排、污染防治、去碳化、绿色投资、发展可再生能源、发展绿色经济等必将成为优先事项。后疫情时代是碳中和的时代。

四、社会组织的重构

在疫情期间，国家出台了一系列的政策、法律和法规，对经济社会的发展提出了更加严格的高质量要求。新证券法、环境保护法、投资法律法规，都预示着中国对未来发展的方向和质量的新要求。

市场环境变化了，我们怎样才能跟上新时代的步伐呢？我们必须做出相应的改变，才能适应外界情况的变化。我们需要做 3 件事情：第一，要重构战略；第二，要重塑组织；第三，要重建能力。

（1）重构战略。在新形势下，组织需要回答的最重要的问题是，我们这个组织的目的是什么？也就是为什么而存在？我们的愿景是什么？我们的使命是什么？只有对这些问题经过系统的思考，才能确定组织的目标。这一点十分重要，如果一个组织没有清晰的目标，那将一事无成，而且行动也会是混乱的。

（2）重塑组织。有了战略及目标，还得依靠一个组织去执行和实现。社会组织在社会中之所以存在，是因为它有一个基本的任务，就是要识别基于公共利益的供需关系，找到资源最佳配置的方案。为了完成这一任务，组织必须建立起相应的机制、管理体系，包括落地执行能力。组织建设的一个极为重要的方面是制定和落实行为规范。通过透明的、高效的运作，才能保证并获得社会及合作伙伴的信任，这也决定着组织的未来。

（3）重建能力。在当前，能力可能是所有的社会组织最大的一个短板。能力从哪儿来？能力从学习中来，能力从实践中来，能力从自身的意愿中来。在这方面，最需要、最重要的能力是合作的能力、沟通的能力、执行的能力，这三大能力缺一不可。

为什么要讲合作能力呢？在网络化的世界，社会组织与企业、政府及社会其他伙伴构成一个相互依存的生态网络。资助方、捐赠方和受益方都有各自的期望和需求。有效的合作是成功合作的条件，合作的能力是前提，也是后疫情时代社会组织的一个必须跨越的门槛。

沟通对社会组织十分重要。无论是对项目设计、执行，还是筹款，沟通是决定成败的关键因素。对于你的组织及其项目，潜在伙伴愿意投资吗？愿意跟你合作吗？在项目执行力方面，也是一样。任何一个项目、任何一项活动，无论是办企业，还是开展环保项目，或是执行教育项目，或是乡村产业扶贫，等等，所有的这些项目都有一个共同点，最终要求组织必须具备超强的组织管理和项目管理的能力。因为所有公益活动都与目标相关，都与效率相关。社会组织需要借助于企业的管理经验、方法、指标，使公益活动对社会和环境产生积极的影响。

社会组织与企业合作产生积极影响力的关键是遵照 ESG 准则。应当把 ESG 融入项目管理的全过程，从项目设计、筹资、项目执行，到项目完成的整个周期中。以 ESG 作为社会组织的治理和管理标准是长期可持续发展和防范风险的根本战略。

五、可持续发展的目标与路径

在操作层面，社会组织如何行动呢？根本的方法是知行合一。

知什么，怎么行，是一门大的学问。但是只要用心，只要是真心诚心的，这并不难。这里需要克服两大障碍：

第一个障碍是宏大的构想与能力的不足之间的矛盾。实际上，能力不足是实现宏大构想的最大的陷阱，光凭我们的情怀是不够的。

第二个障碍是对社会目标与效益的误解。在很多情况下，虽然社会项目并不强调营利，但这并非无效益的施舍，公益目标必须与效益相统一。

社会组织实现可持续发展，要解决 3 个与目标和路径相关的问题：

（1）明确可持续发展的主题。明确可持续发展主题就意味着明确要解决的是什么问题。是社会问题、环境问题、教育的问题、健康的问题，还是解决贫困、公平公正和其他社会等方面的问题？在这一方面，联合国 2030 年目标的 17 个目标，可作为确定主题和优先重点的指南。

（2）选择合作伙伴。你的合作伙伴是谁？是政府机构，是企业，还是社会组织？所选择的伙伴不同，它所关注的利益、期望和要求是不一样的。这需要预先识别和界定。

（3）选择项目。这就是决定什么样的项目对当下的社会最有价值、最有意义。从价值创造考虑，可以选择纯公益的项目，可以选择与企业的战略、业务、技术相结合的项目，也可以选择与企业供应链的专项合作，或者与企业共同进行培训、研究、开发等项目。

社会组织的发展必须一方面为社会做出贡献，另一方面获得效益、合乎规范，实现理念与目标相统一。只有这样才会赢得社会的信任与支持，组织也才可能得到持续的发展。

这和企业的发展刚好相辅相成，企业在发展经济、追求利益的同时必须满足环境和社会要求这两项条件。每一个组织具体的发展路径是不相同的，它取决于组织内外各种条件、发展历程、使命及目标等因素。

社会组织作为社会行动者（第三部门）与企业（第二部门）和政府机构（第一部门）形成一个协调一致、相互补充的社会行动共同体，以实现经济、社会和环境可持续的目标，是所有社会组织发展共同遵循的路径。

第八节　全球经济大重构

新冠疫情给世界带来了永久性的改变，也深刻影响着全球经济结构、全球化和数字化的大趋势，从而推动着全球经济格局大重构（Petersen，2019）。

一、大趋势

大趋势描述的是在经济、社会和政治领域一个长期持续变化的过程，是一个对主要的经济生活领域，如就业、消费和娱乐的行为，对健康、教育、文化认同和政治参与都会产生显著影响的过程。

全球化和数字化都属于大趋势，二者受新冠疫情的影响非常明显，使之成为备受人们关注的中心。全球化和数字化又独立地、共同地影响其他的大趋势，诸如气候变化和人口老龄化。新冠疫情及受其影响的大趋势使全世界所有人的生活毫无例外地发生了改变，只是在不同的地区不同的人群所受影响的程度有所不同而已。

全球化可直观地理解为世界各国和人民在经济、社会、政治和文化上彼此日益交织和相互关联的过程。其中，经济全球化涉及国际劳动分工和跨国界的贸易，包括商品、服务、资金、人力、技术和知识等方面。

数字化所指的是信息和通信技术大规模的普及、应用和在全球的扩散。与此相联系，网络化及其加速的趋势推动经济、社会、政治、文化产生显著的结构性变化。

人口老龄化描述的是一个国家人口的规模和结构的变化。产生这种变化的主要原因是出生率下降、人均寿命延长，以及特定地区的移民迁徙行为。人口老龄化对经济社会发展具有决定性意义。显然，这一趋势也会不可避免地受到其他大趋势，如全球化、数字化等的影响。

二、全球化减退

新冠疫情的暴发和全球蔓延，导致国际疫情反过来又成为输入反馈，全面冲击全球经济，导致金融系统震荡，这是一个全球性的危机，是人类历史上前所未有的危机（如图 11–1 所示）。

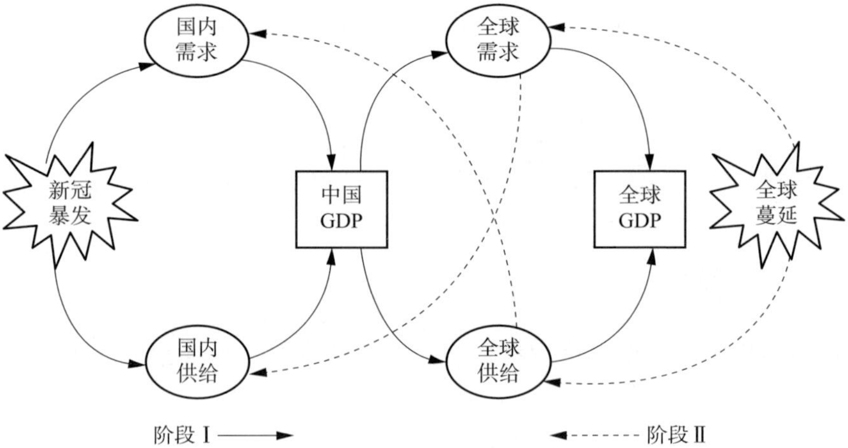

图 11-1　新冠疫情与经济全球化

新冠疫情引发全球经济危机，这是继 2000 年互联网泡沫破裂和 2008 年全球金融危机之后，21 世纪发生的第三次严重的经济危机。前两次危机都是泡沫经济的结果，导致了商品和服务需求突然剧烈下降。而这次危机则大不相同，它是一个外部的经济冲击，它不仅造成需求坍塌，而且还使供给锐减。全球所有经济体不仅面临需求危机，而且面临供给危机。相比于前两次危机导致全球经济萧条的影响，这次新冠危机对经济有更大的打击，导致全球 GDP 严重萎缩。考虑到在新冠肺炎暴发之前所出现的重大事件，如英国脱欧、中美贸易摩擦、美欧关税争端，已使全球经济环境蒙上阴影，这使全球抗疫的形势更加严峻。

如果将 2009 年的 GDP 和 2020 年的 GDP 相比较，可以看出世界经济受新冠疫情影响的程度之深。全球金融危机引起全球 GDP 下降 0.1 个百分点。按照国际货币基金组织（IMF）2020 年 6 月的预测，2020 年全球 GDP 将下降约 5 个百分点。相比上次危机，这次危机对服务业的冲击要严重得多，特别是餐饮、旅游、文化和创意产业（如戏剧、音乐、电影和展览等）。

与前两次危机相比，此次全球经济危机不仅在规模上更大，而且与应对单纯的需求危机相比，现在可用的货币政策和财政政策措施也都不那么奏效。因利率已达很低的水平，经济遭受重创，各国政府对经济的支持力度均前所未有，大大超过对之前经济危机所采取行动的力度。实施救助措施是必要的，但随之而来国家债务必然继续增加。不过，这也是不可避免的，因为离开了这一支持，经济就有长期崩溃的危险，也会带来严重的社会后果。

值得注意的是，经济的剧烈下滑和债务剧增，涉及的不仅是政府，还有企业，所以这样做是否会引发金融危机成为人们关注的重点。大多数中央银行宣布在全球证券市场购买国债和企业债券，并以此支持和加强金融市场的稳定。这样，货币政策为财政政策提供了支持。多国股市在剧烈下挫之后又迅速反弹，一个重要的原因可能是货币政策和财政政策之间相互的作用。不过，这样的货币政策也并非没有危险，因为它向经济系统注入了大量的资金，这也为投机泡沫扩大打下了货币的基础。

新冠疫情在全球还远未结束。估计经济和社会生活恢复正常秩序，还需要几年的时间。考虑到经济危机的严重性，及战胜危机所采取的措施的力度空前，这会对我们的经济社会生活产生显著影响，并带来长期的变化。可以预计，新冠疫情对两个大趋势，即经济数字化和经济全球化的发展有特别大的影响。总体而言，经济全球化的进程将减速，全球价值链将缩短，但全球化的大趋势不可逆转。

危机产生的结果也不都是负面的。2008 年经济危机发生后，在 2009 年全世界二氧化碳排放量减少了 1.4%，随着经济的恢复，2010 年碳排放量又增加了 6%。在新冠疫情期间，由于经济活动停滞，二氧化碳排放在 2020 年第一季度下降 8%。但随着经济的复苏，碳排放将会显著增长。应对气候变化将是后疫情时代最为严重和紧迫的挑战。

三、数字化加速

新冠疫情对经济生活产生直接影响，但这也激励企业强化数字技术的应用。在新冠疫情出现和全球扩散的情况下，数字技术在很多领域的应用都有利于降低抵御危机的脆弱性。例如，受疫情影响需求下降，可通过在线交易得到补救。此外，当员工因健康问题而不能上班时，数字化的解决办法、居家办公可确保企业持续运行，从而克服供给危机，也是有效的措施。

在疫情期间，企业加强在生产中采用机器、机器人和其他数字技术，并把它当作一项较长远的措施。这样形成的自动化手段可替代人工，并以此减少企业对劳动力的依赖。这已是一个较为普遍的趋势，因为数字技术可显著提高生产力和降低成本。从另一方面考虑，在生产中应用数字技术有利于提高企业抵御危机的韧性。不过应当考虑到，应用数字技术降低抵御危机的脆弱性并不是对所有的行业和企业都有相同的作用。

在此背景下，数字技术的应用还可能引起新的社会矛盾。比如，物质消费品可通过在线电子商务提供，而许多其他形式的社会消费品，特别是对旅游，则不可能在线上消费。所以，这类社会消费的供应商，包括为其工作的员工，都承担有更大的风险。受新冠疫情影响，或在未来发生流行病时，这些行业、企业和员工的收入都必然减少。此外，社会消费的恢复受疫情影响也不同于物质品，它的恢复更为困难，甚至不可能恢复。其结果就是，这一行业的企业和员工在经济上的损失也更严重。

就居家办公来说，社会中不同从业者具有各不相同的可能性。特别是那些需要有人服务的领域，比如大部分医疗和护理服务，不可能采用居家服务的形式。就经济政策而言，这意味着，对于那些在危机中无法应用数字技术或者应用数字技术受限的人群，必须提供足够的资金支持，以保证他们的收入和生计。

除了这些由产品及职业的限制产生的差别之外，企业在投资方面也是有差异的。例如，已经应用数字技术的企业，可能会较好地穿越经济危机，还能通过在机器、机器人和软件方面追加投资增强这一优势。而那些数字化程度较低的企业，可能无力走出新冠危机，也就没有发挥这种优势的可能性。这样，就会导致企业的数字分裂，或会变得严重，因为最终会使企业的员工受到影响。

数字化的推进不仅能增强企业抵御危机的韧性，也会降低跨国界贸易的成本。所以，具有数字化优势国际竞争力的企业能增加生产、出口、就业和资本收入，而处于数字化弱势的企业受到进口商品所产生的市场竞争压力也会同时增加。这不仅使整个经济结构变化加快，而且可能使某些地区或某些群体的收入下降，带来社会分配的问题。

四、“世界制造”的未来

应当看到，新冠疫情极大地扰乱了全球贸易和生产网络，许多国家实行封锁措施，在很短的时间内使生产和需求均处于艰难的境地。这种情况应引起企业的反思，特别是关于供应链方面，即怎样才能构建抗风险能力强、脆弱性低的供应链的问题。换句话说，就是怎样才能增强企业的韧性，即提升使企业率先走出危机，并在随后迅速复苏的能力。可以预见，新冠疫情就像是一个催化器，会推动全球生产网络重组。

总之，新冠疫情向我们警示，对过去的和新兴的大趋势做出反应是极为必要的。

当今，我们生活在一个价值链跨越国界的世界，这已是不争的事实。从经济的观点看，生产环节在全球细分是有意义的，因为这样可能会使生产变得特别高效。在过去一段时期它是成功的，但也有其不足的方面。在新冠疫情出现之前就已经可以看出，有相当部分工业国家出现愈加强烈反全球化倾向。虽然在总体上人们对贸易和全球化持肯定态度，但细致分析也可以看出，还是存在着一些担忧。其原因是多方面的。其中，很大一部分人感觉其政府没有保护他们免受全球化负面效果的影响。这是一种趋势，有可能被加强，进而成为一种危机。

此外，全球分工对于生产网络专业化的依赖性也可被用作战略手段，即导致“制裁性依赖”或“敲诈性依赖”。经济依赖的影响在新冠出现的早期就已显现。例如，由于贸易伙伴的封锁措施导致生产和供货方面的问题。禁止出口医用物品和部分生活品，使情况更为严重。这里所说的是，地缘经济全球化与传统的自由全球化越来越矛盾。在这种形式的全球化中，贸易政策的首要目标不再是繁荣增长，而是扩大政治影响。

但应当指出，即使没有地缘经济的加强和新冠疫情的出现，国际供应链的结构发生改变也是很有可能的。特别是，生产自动化和产品个性化有增强的趋势，可能成为引发这种结构改变的导火索。从逻辑上讲，对一个高度自动化的企业来说，人工成本已不再是决定性的要素。恰好相反，这种情况更加突出了其他要素的重要性，其中特别包括“上市时间”和基础设施（数字基础设施）的可用性。在自动化的同时，生产的方式也会改变。生产不再是满足大批量产品需求，而是越来越按实际需要进行小批量生产。

新冠疫情可能不会是最后一个在全球蔓延的传染病。甚至应考虑到，随着城市化的继续推进，富裕程度会提高，加之高度的全球人口流动性，这些因素都有可能再次引发传染病。因此，传染病是一个新的大趋势。

这种趋势大大增强了建立供应链韧性系统的必要性。保持库存是提高供应链韧性的一种可能性，但在实践中却难以实现，因为未来的传染病需要什么物品，需要多少，都难以预料。另一种可能性是储备生产的产能，但问题也是类似的，因为这种情况下无法预先了解多大的产能是必需的。所以，一个更好的战略选择是将风险分散化。其目标是，不再依赖某个特定的供应商或某个特定的地区，而是构建一个由尽可能多的供应商组成的网络，形成相应的供应能力。

长期以来“及时”生产成了现代制造的口号。保持库存首先被看成一个不必要的成本因素，生产追求的是效率最大化。新冠疫情表明，这样的一个系统是脆弱的、容易受到伤害的。预计在未来，企业将会降低对效率最大化的关注，进而更加注重和保证供应链的韧性。要真正做到这一点，则需要一种抗冲击的弹性。备产能、备库存、分散风险、缩短供应链和数字化升级都属于可考虑的范围。在这里，总体趋势是“及时”的生产将转向“以防万一”（可靠性）的生产（如图 11–2 所示）。

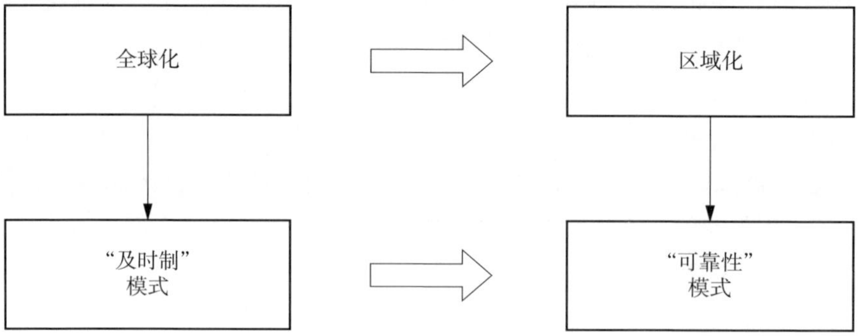

图 11–2　全球供应链重构

五、全球经济重构的关键主题

基于以上提到的有关数字化、全球化和人口老龄化的发展，可以预见未来全球将会关注的主题。

（一）数字主权

如果主权国家不依赖数字，而是可独立选择、决策，可随时改变数字过程的结果，则被认为在数字上是拥有主权的。这意味着，它可自由地、按照与其价值观和预计目标相符合的方式，构建数字空间，制定在社会、经济和监管方面的政策。与此相应，也存在一种趋势，力求在数字技术和商业模式方面降低对第三方的依赖性。考虑到受新冠影响，数字化和由此引起的结构变化的进程将会加速，数字主权的问题可能比任何时候都会更加受到重视。

数字主权涉及一个国家中长期竞争力和全社会的参与机会。

（二）国际劳动分工

迄今为止，效率提升和成本最小化是构建国际劳动分工体系时应考虑的决定性因素。在未来，供应链的可靠性问题可能变得极其重要。可以预见，分散价值链和加强库存会是一个趋势。事情总是一分为二的，一个国家要降低对世界其他地方供应的依赖，就不得不牺牲效率，这就是要付出的代价。部分生产过程再合理化可能开启保护主义的竞赛，但最终遇到的问题是，一些工业国家某些粗加工产品还是必须进口，因为相应的产品没有竞争力或者缺乏某些资源。这意味着，即使危机之后，购买者还是不得不从外国进口价格便宜的产品。换句话说，企业出于风险最小化的考虑，可能考虑重新调整某些产品的生产地，但如果没有国家的某种支持，这是不可能实现的。进一步说，即使供应链分散化，粗加工产品不再从一个生产国进口，而是从多个生产国进口，也总有成本的问题。

（三）纵向产业政策

在中国、美国和其他国家，有针对性培育行业和技术（纵向政策），以支持面向未来的关键产业，如电动出行、机器人技术或生物医药。可能有更多国家努力推进纵向产业政策。与其说是复制中国或美国的模式，倒不如说是在自身利益和目标的框架下更加注重发展自己的关键产业。

（四）自身创新能力与韧性

在创新领域特别提出产业政策的问题。中美之间存在激烈的创新竞争。国家之间越来越形成自己的技术影响范围，对于其中适用的标准也是这样，这决定谁占据技术发展的主导优势。这种趋势随着新冠疫情而继续加强。国际政治已表明，一个国家与外国的合作创新被切断有多么快。同时也说明，一个国家拥有自己的创新能力在发生危机时又多么有价值。在未来不断加强数字化的过程中，拥有自己的技术能力，诸如5G、云计算、大数据、人工智能、区块链等关键技术及其专利技术，将有特别重要的意义。

（五）人口老龄化与社会变革

在欧美许多国家人口老龄化在21世纪将进入加剧阶段。中国的人口老龄化也在加速，人口与劳动力数量和结构都将发生变化。从中长期克服新冠危机的经济后果和建立抗风险韧性结构来看，这就是额外的不利干扰因素。就业人口的老年化和萎缩减缓经济增长。人口老龄化还会额外增加国家的开支。未来将走向一个专业劳动力短缺的时代。如果生产过程广泛自动化，对社保系统将会有进一步的影响，因为提供资金的基础是工资和社保缴纳金，对此必须进行结构性改革。最终，公共财政的作用空间也会缩小，越来越必须依赖在未来投资和年金保障之间按社会可承受的方式进行分配。

这个发展加之其他发展会导致经济和社会巨大的结构性变革，社会成员也要不断调整才能适应这样的变革。要适应这一变化，就必须采用必要的社会和教育政策，这是一项严峻的任务。

第十二章

开创可持续发展之路

多年来，在企业咨询和管理培训、在与企业家交流的过程中，笔者发现，人们几乎毫无例外，特别看重笔者在可持续发展战略与创新管理方面长期形成的具有普遍意义的实战经验。这也说明，没有其他什么案例比自身受过实践考验的经验有更雄辩的说服力。企业家们的事业心及其追求远大目标的精神也令人感动，深感助人成功责任重大。这也是为什么笔者要在这里分享一下真实的“可持续人生”的故事，更确切地说，分享人生故事的几个片段，以便能惠及和鼓舞更多决心致力于可持续发展事业的朋友们。

第一节　与时俱进

一、顺应时代的潮流

自 20 世纪 80 年代初开始，笔者在德国和欧洲工作近 30 年，亲历了一个特别的时代，一个国际上四大潮流并行的时代（如图 12–1 所示）：

（1）经济全球化。第二次世界大战之后，世界出现一个和平与发展的时期，为经济全球化创造了规则、秩序、合作和机会。虽然在当下，出现了全球化减退、逆全球化的现象，但全球化的潮流至今并没有结束，只是或将表现为另一种不同的形式。

（2）中国改革开放。中国开启的改革开放是举世瞩目的举措，促进了世界的交流和融合发展。现在，中国的改革开放已进入下半场、一个崭新的阶段。

（3）全球可持续发展。大半个世纪以来，可持续发展不断成为全球的共识和发展理念。今天，可持续发展已经进入了全球行动的时代。

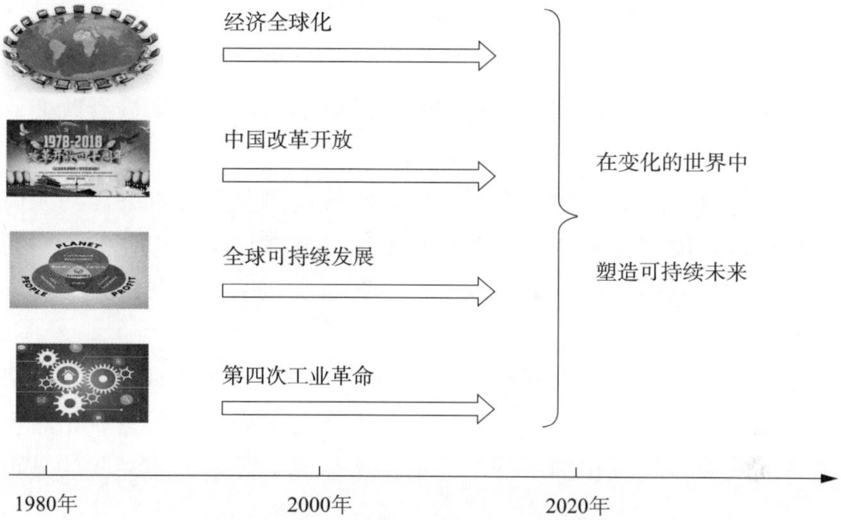

图 12–1　在时代的潮流中与时俱进

（4）第四次工业革命。20 世纪 60 年代开始的第四次工业革命，极大地提高了生产力，也显著改变了生产关系。现在，以数字化智能化为特征的新工业革命浪潮还在向纵深发展，全球数字化转型正在全面展开。

之所以要首先提及这四大潮流，不仅因为笔者长时间以来的工作就是以此为时代背景的，而且这也是投身于企业可持续发展获得经验的参考坐标。可以说，这些年来，我所做的所有工作和取得的成果都与这四大潮流密切相关。关键还在于，这决定了管理者和企业面对多重、复杂、快速变化的世界，应该采用什么样的战略。正是在变化的世界之中保持与时俱进，并投入 20 多年的时间，笔者才较全面奠定了可持续发展新范式的理论和实践的基础，先期获得了领先的企业可持续发展管理的实践经验。这些开创性的经验对今天在变化的世界中塑造可持续的未来具有普通的实用价值。

在今天看来，与时代同步、与企业发展同步似乎是机会的巧合，是幸运，但事实上也是长期为之奋斗的必然结果。

这里应当提及，在走出国门之前，笔者就曾花了好长时间思考，未来的目标应该是什么？那时心中的人生理想是：必须利用走向世界的机会，要掌握一套世界上最为先进的思想，将它带回中国，使之为中国发展急需所用。

这在当时只是一个总体的思考，虽然不那么具体，但却是一个明确的、要求很高的目标。重要的是，为了实现这个目标，此后 30 年始终不渝，在人生事业的不同阶段，逐步一一具体实现，走过了充满好奇心和富有意义的道路。

毫不夸张地说，这是人生真实的可持续发展的故事：无论是在大学、在企业，还是在政府机构，无论做什么工作，无论形势如何变化，时代怎么变迁，笔者所要坚守的实现人生目标和理想道路的信念，从来没有改变，也从未动摇。

这样一个时代的机遇和人生的定位，刚好使得笔者有机会在四大历史潮流中与时俱进，能在企业战略、变革、创新的前瞻性实践中，顺势而为，跟随全球可持续发展的进程，最终成就了一套系统化的、实现企业可持续发展的方法论。

谁愿意花二三十年的时间，专注于一件事呢？为适应时代的大趋势，几十年如一日，专注于全球可持续发展这个不变的中心主题，造就了而今可为中国可持续发展落地生根的本领，这可能正是此处分享成功经验的真正价值所在。

二、把握时代的趋势

工业革命以来的经济发展方式，所采用的经济理论，是亚当·斯密奠定了其基础，它主导了市场经济发展上百年。该理论原本包括以道德情操为前提的条件，但在后来实践中，往往偏向以经济效益效率为中心，往往也忽略了经济发展的先决条件——资源和环境两方面的约束，以及社会公平和公正方面的要求。

如果说过去，我们的经济系统是以经济效益作为主要的参变量来定义的话，那么到了 21 世纪，经济发展将不仅取决于经济这一个参变量，还必须加上环境和社会这两个参变量，经济、社会和环境可持续性是全球发展的大趋势。

未来的经济发展，是必须以环境和社会的要求为先决条件的发展，要在此条件下考虑追求和获得经济效益最大化。无论是“科学发展”，还是“高质量发展”，实际上都表达了同一个核心的理念：这就是经济、社会、环境相统一的可持续的发展。“可持续发展”是一个基本的发展理念，也是未来全球发展的核心思想。

这样一个核心思想，将构成全球乃至每个国家经济发展的框架，也因此决定了企业发展的模式、企业管理的方式和行为方式。如何将此理念融入企业的发展战略和经营管理的全过程，这是关乎企业长远健康发展的重大命题。万事开头难，一切尝试都得从基础工作开始。

笔者在国际范围内所获得的管理经验也说明，把握时代的大趋势极为关键，因为它对未来的发展模式和发展战略会有决定性的影响，而这个发展模式和发展战略又决定了未来企业创新的潜力。显而易见，创新潜力最终决定了企业在全球的竞争力。

三、跨越鸿沟

在20世纪80年代初，在进入跨国企业以前，笔者在德国大学用了约5年的时间完成了电力、通信、计算机三大领域的融合，也就是首次跨越了强电、弱电、信息技术系统的鸿沟。应该说，这在20世纪80年代是一个令人难以想象的任务。

20世纪80年代初，中国改革开放方兴未艾，这是中国经济发展腾飞的前夜。那时的中国，能源紧缺，电力供应不足，急需建立一张全国统一的电网。这是一个重大而艰巨的任务。那时候还没有三峡工程，也没有后来那么多的核电站。

要建立一张全国的电网，一定要解决一个关键问题，就是如何实现全国大电网的联网管理和控制。因此，建立与此相适应的全国控制系统是建立全国电网的一个先决条件。很显然，我们不能简单地走捷径——“拿来主义”没有任何意义。

事实上，我们所见的德国和欧洲的电网是分布式的，欧洲各国电网之间相互独立，它们之间依靠契约、合同的规范来保证电网能经济、安全、高效地运行。而在中国的情况是，要建立的是一个统一的全国性联合电网。所以，要借鉴与此相关的思想，满足既先进而又有用的条件，但这在当时并非易事。

不过，问题往往是答案的先导。灵感和答案只可能来自对社会的考察和研究。经过研究发现，德国和欧洲电网在结构上有所不同，其现象反映了中国和德国及欧洲在社会结构、思维方式甚至本质上的不同。大致可以说，一个是以个体为基础的、离散的结构，而另一个是一种集中化的、差序的结构。

一个具有集中化的、差序的结构的电网，它所需要的电网控制中心的结构应是什么样的？它应当是一种怎样的构建方式呢？带着这些问题，笔者经过了差不多5年的努力，通过德国大学教授的协助和合作，研究了这个领域全世界近一个世纪发展的历史及最新状况，总结了电网调度控制中心的普遍适用的构建方式，在施普林格出版社出版了影响广泛的专著，至今在德国、瑞士、奥地利还作为研究生的教材。其间，这些研究电网控制中心的方案被带进了国际大电网会议组织，得到了国际广泛的认可。后来，笔者被邀请成为国际大电网会议的国家代表，在国际舞台上首次获得了影响力。国家部门、企业家和科研机构等相继参与，进一步扩大了国际交流与合作，为推动这个领域的改革开放、创新发展发挥了重要积极的作用。

第二节　可持续创新

一、颠覆性创新

在 20 世纪 80 年代，建立中国的统一的联合电网，建立集中的电网现代控制中心，是最具前瞻性的创新思想。按理说，把握了时代的机会，这个既定理想的第一步应该是实现了。

但形势在发展，目标也需调整和优化。考虑到，技术系统虽然有巨大的作用，但单靠技术是不够的。要发挥科技的潜力，必须具有世界领先的企业管理经验。接下来的想法是，或许可以超越技术层面，探索通过现代管理实现价值创造的途径和方式。

20 世纪 80 年代后期，笔者加入西门子公司。一个在德国大学从事研究和教学的教授，转向跨国企业，从事企业的研究开发和管理，这是人生和职业生涯中的一次重大转型。那是一个满怀信心的年代，记得在德国和奥地利开发中心之间来回穿梭，和研究领域的同事们一起工作，高效而富有成果。一个分布式系统方案终于转化为世界新一代电网控制系统，实现了颠覆式的技术创新。随后，该方案投入全球市场，首次引入“合作共赢”的模式，并实现跨国合作、跨文化管理，相继实现了投资、兼并和重组等战略计划。

电网控制不同于其他工业控制，它的功能复杂，控制、响应速度快，影响范围广，对系统的安全性、可靠性的要求异常严格。

在 20 世纪 80 年代，电网中央控制系统和其他通用的计算机系统应用一样，技术难题是解决系统的安全性、可靠性的瓶颈问题。当时所选择的突破方向是，力求基于主机系统，采用热备用系统、冷备用系统，组成三重、四重的系统备用。但事实上，计算机主机系统的发展到了一个顶点，电网控制技术也不例外，也要遵循生命周期的规律。

基于这样的认识，我们当时采用一种以局部计算机网络为中心的分布控制系统，以完成集中的控制任务，后来也被证明在全球是一个颠覆性的系统创新。它不是在原来主机系统构建的基础上改进去做电网控制的方案，而是采用全新的分布计算机网络系统，它颠覆了系统实现的技术逻辑。

尤为重要的是，我们在市场开发中引入了“合作共赢”的模式，首次建成了世界第一个具有颠覆式创新的国家控制中心，走在了世界的最前面。这证明，将研究成果转化为市场应用、付诸工程化的过程，不仅需要有技术创新的竞争优势，而且需要远见卓识的市场洞见，需要跨国家、跨文化的资源配合，特别是需要崭新的合作观，才能确保目标实现。创新与合作是这个时代不可或缺的关键能力。

二、系统性创新

按照通常的理解，研究成果出来以后，把方案转变为产品，或者转变为一个产品系统，这应该就是创新了。

但事实上，创新是一个连续的过程（如图 12–2 所示）。创新开发出产品和系统，仅仅是创新的前半场，只有当产品和系统真正实现了市场化之后，创新过程才是完整的。也就是说，创新还有后半场，即企业实现产品和技术方面的规模化的推广，并为客户带来规模化的应用价值和效益。创新是一个连续的、系列化的周期过程。

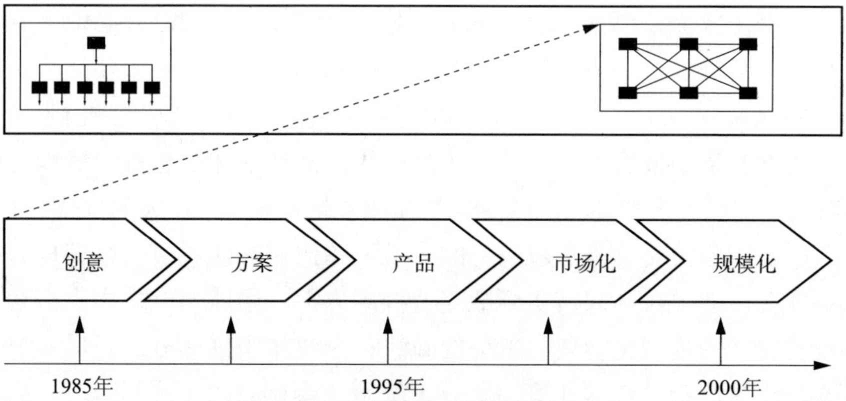

图 12–2　创新是一个连续的过程

市场化应用是创新的关键的一步。我们有了新的系统以后，在德国、在欧洲很多地方投入市场时，起初得到了市场的反馈——“系统太先进了、太贵了”。这说明，太好的东西不一定会被市场立即接受。但太好太贵的东西应当是真正有价值的。如果客户不一定这样认为，也必然有其合理性，也有可能不一定是按照价值来衡量的。

开发一个产品或系统，企业投入了人力、投入了资金，投资需要得到市场回报。在笔者看来，其实这里的问题不是产品新不新、好不好、价格高不高的问题，而是这样的新的、好的产品，在客户的眼中价值何在的问题。

因此，我们有必要用一种新的价值观去看待产品，企业必须以一种新的方式去和客户交流沟通，而且需要面向全球市场，从新兴的发展中国家的市场去获得更多的灵感和反馈。基于这些考虑，我们做了 3 件工作：

第一，分析大半个世纪以来电网控制中心的技术发展的历程。

第二，对比全世界主要的领先伙伴在这个领域各自的优势和劣势。

第三，考虑如何明确传递创新产品和系统给客户带来的价值。

带着这些深入分析的结果，我们首先访问了亚太地区，包括中国、新加坡、澳大利亚等多个国家，与政府部门、合作企业、主要的客户进行沟通交流，在每个地方都获得了积极认可的评价。客户所说的不是“系统太新、太好、太贵”，他们所期望的是“什么时候能向他们提供这个系统”。

沟通交流使客户改变了对产品的认知，这是一件具有根本意义的事情，因为客户能够更加清晰地认识到，所提供的产品或服务能够给他们带来什么价值。有效的沟通交流验证了企业有望把这一套最先进的创新技术市场化。

当然，要市场化就有市场化要解决的问题。同一个创新的产品或产品系统，如要用在这个或那个不同的国家，其要求往往是不同的。必须考虑当地的国情，并要符合“量身定制”的要求。这就意味着，当企业要把客户的要求和需要放在首位时，常常伴随着调整和改变企业内部的管理机制、流程、方式，技术方案和报价系统，还有团队组织，甚至企业文化等。所以适应市场的需要，满足客户的期望，改变现状和变革是企业真正巨大的挑战。

不过，内部的变革是必须进行的。与外部伙伴合作共赢、以客户为中心是核心理念，必须在内部落实到战略、技术方案、团队组织之中。例如，传统商业模式之一是“交钥匙”工程的做法，企业作为供应方，提供一个完整的系统，让客户获得技术和后续服务，从而获得相应的经济回报。然而，在全球化初期，尤其是改革开放初期，像中国或发展中国家，当年的外汇储备有限，交钥匙工程的模式就变得非常困难。考虑到市场的期望，我们率先提出并创造了合作共赢模式，采用了共建共享的合作方案。例如，在技术方案中约定，由客户方开发人机对话系统，我们提供主机系统并负责全系统集成。

就这样，企业和客户各自充分发挥了创造性，形成优势互补。创新系统市场化所面临的有关财务的、非财务的诸多障碍都迎刃而解。

然而，合作不是一件轻而易举的事，说起来容易做起来难。合作就意味着双方相互协同，双方相互理解、包容，以及沟通不同意见或解决分歧。合作也意味着与人相关的各种因素被带进了技术的系统，被带进了管理的系统，还必须从文化上，也即从对人对事的态度上，去进行最根本的人的思想适应和改变，才能促成一项合作的成功和目标实现。

经过与客户成功的合作，我们建立了世界第一个国家级、当时最先进的分布式自动控制系统，这项创新引领了这一领域的全球市场 10 多年。通过合作共赢，共建共享不仅创造了经济效益，而且培育出了市场与跨国企业的相互合作的土壤，也为共同创建合资企业创造了条件。要知道，这是那个时代最早投资中国和亚洲的合资企业。而今，这样的跨国企业，已成为本土化和全球化的佼佼者，在合作中成长起来的本土企业，有的也已成为全球规模最大、技术领先的跨国企业。

就这样，从产品到市场的系统性创新工程为企业战略转型奠定了基础，也为组织变革提供了重要的经验。

第三节　可持续发展战略与商业模式

一、可持续发展战略与变革

20 世纪 90 年代初，柏林墙的倒塌加速了经济的全球化。企业的边界被改变了，企业运作和管理边界范围也发生了变化，在全球优化资源配置和成本优化的可能性也增加了。这个历史性变化必然向企业提出如何发展、如何定位、选择什么样的发展战略等问题。

我们率先引领战略转型的方向，着手改变长期以出口为主导的传统模式，转向以市场就近的本地生产和运营的新模式，及时顺应全球化趋势、适应新兴市场、适应改革开放的新需求，利用发展的新机遇。

新的战略考虑的核心，就是要面向全球化市场，探索企业新的发展方向、发展模式和潜力。这要求企业改变传统的做法，要引入新的战略，需要达成广泛的共识。一个跨国企业进入任何一个全球市场，必须对所在国的国情有深入的理解和认识。企业全球化转型的过程也正是从这里开始的。

根据笔者的经验，制定企业战略时，需要回答以下 4 个方面的问题：

（1）什么是企业的核心业务和核心竞争优势？期望在该领域达成什么目标？企业必须明确它的愿景、使命和战略定位。

（2）世界不同国家、不同地区的国情有什么不同？所在国经济社会发展的阶段及其条件、技术发展状态如何？企业必须明确当前和未来的市场需求及战略发展目标。

（3）企业进入的行业的特点和属性是什么？怎样去满足特定行业特定的、长远的需求？企业必须明确创新的战略举措、相应的组织结构和财务、非财务的战略支撑条件。

（4）世界不同国家的文化、法律，包括宗教信仰、社会习俗等社会背景如何？企业必须明确在全球化中尊重多元文化的价值观，所在国的文化因素和人力资源是企业成功的关键。

长期以来，企业战略思维建立在迈克尔·波特五力竞争模型之上。进入 21 世纪，制定战略的思维方式就不完全一样了。原则上，竞争的战略应转变为合作共赢的战略，这是一个根本性的转型。今天人们常谈合作共赢、生态系统、共享价值等概念和理念，但实践中往往缺乏具体的路径和方法。笔者认为，普通可行的路径和方法是，将这个理念根植于一个可持续的战略方案，以实现从“隔墙竞争”到“合作创造价值”的战略转变。

当年，我们率先在中国开启合资企业的时代，受到了国家层面和合作伙伴的高度认同。笔者亲手参与建立多个合资企业，从可行性研究、经济核算、政府合作、地点选择、伙伴选择，直至战略规划制定和实施，并成功地将合资企业战略模式从一个领域推向另一个领域，为区域化、全球化战略的成功提供了广泛可供借鉴的经验。

经验和事实证明，企业的发展必须与社会、与国家保持同步，企业特别是企业的领导者需要有远见卓识、注重长远。立足一个地区、一个国家，就是为了这个地区、这个国家。只有从社会需求中才能寻求和获得源源不断的价值创造的潜力。这就是每个企业发展天然具备的基础，这也从逻辑上说明，在企业全球化运营中，为什么尊重多元文化对企业成功是如此重要。图 12–3 显示出可持续发展战略实施的过程。

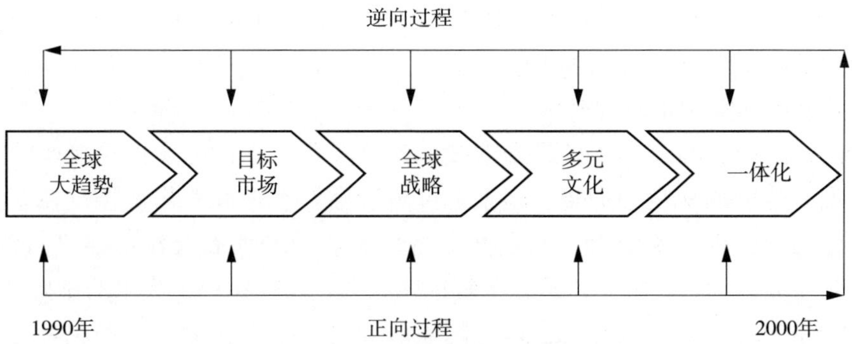

图 12-3　可持续发展战略

二、可持续商业模式

2000 年以后，国际社会对可持续发展已经达成了广泛明确的共识。全世界出现了一种新的投资趋势——兴起了特大公共项目投资，例如中国 2008 年奥林匹克运动会和 2010 年世界博览会。无一例外，这些投资举世瞩目，也是东道国的国家层面的超级工程。

企业怎样才能以最好的方式参与这些公共赛事并做出贡献？如何通过卓有成效的参与合作获得潜在的商业机会？这既是企业的新机遇，也是企业的新挑战。

对奥林匹克运动会，人们通常关注体育运动，殊不知要办好这样大规模的赛事，则必须建设超大规模的、现代化的高科技基础设施，例如：

2008 年奥林匹克运动会涉及大量的新建公共设施，包括机场、港口、高铁、地铁、轻轨、发电厂、垃圾厂、水厂以及 60 多个新建体育场馆等，这些投资项目都是推动经济、社会和环境发展的基础设施，而且使这些基础设施运行的心脏部分全是高科技。

就体育场馆来说，数据通信、门禁控制、图像监视、防爆系统、反恐系统、供电系统、信息系统、安全防卫等，其安全性、可靠性的要求极高。鸟巢作为主体场馆，其要求更是如此。比如，用于灯光及其控制的计算数学就极其高深和复杂，即使在太阳光线微弱和明暗变化的时候，也要保证足球场里面的光线强度恒定不变，在举行开幕式时，整个系统（强电、弱电、通信、信息、监控等）必须保证绝对安全可靠、百分之百地起作用，即不允许有任何一丝一毫的问题出现。这样容纳数万观众的庞大的体育场馆，还有许多其他的技术难题，比如回声的控制就是一个世界性的难题。

所以，在我们看来，奥林匹克运动会不是一个局限于体育的赛事，而是一个与国家经济社会发展密切相关的特殊的特大工程，其中包括崭新的商业活动和价值。作为一个高科技企业，必须从战略上认真思考，在关键的技术、关键的项目上取得成功的商业模式是什么？如何为成功举办国际赛事做出贡献？企业必须找到正确的答案。

认识企业参与公共基础设施建设的意义重大。正确的认识来自倾听东道主各方对他们的成功的期望，包括主办方、潜在客户和合作伙伴。在企业外部，要与奥林匹克委员会、政府相关部门、客户及所有合作伙伴进行沟通，在企业内部，各级要统一认识，所有这些联动的工作构成了决策的基础。

实际上，奥林匹克运动会作为国家层面的一项重大活动，企业参与其中要获得品牌及商业的成功，其核心竞争力远不在技术先进、产品质量高、价格水平低，也不仅在交钥匙工程的集成能力强。虽然这些竞争力都很重要，但最为重要的是为国家级项目的成功承担责任、以可持续商业模式创造价值。

可持续商业模式构建的基础来自对客户、产品和价值的洞察。这里关键的问题在于要认识东道主成功举办奥运会“最关心什么？”“最需要什么？”企业在参与奥运会公共基础设施的建设之前就必须有明确的回答。成功办好2008年奥林匹克运动会，中国需要什么呢？中国需要的，概括起来应该就是8个字：“绿色奥运、和谐奥运。”

“绿色奥运、和谐奥运”体现了可持续发展的精神和要求（如图12–4所示）。这也决定了运作这样一个超级项目，参与和实现这么一个特大工程，就无法援引传统的商业模式，而必须采用一种新的商业模式。这就是，基础设施必须建立在生态系统的基础之上，这个商业模式不是别的，正是经济、社会、环境3个要求相统一的可持续的商业模式。

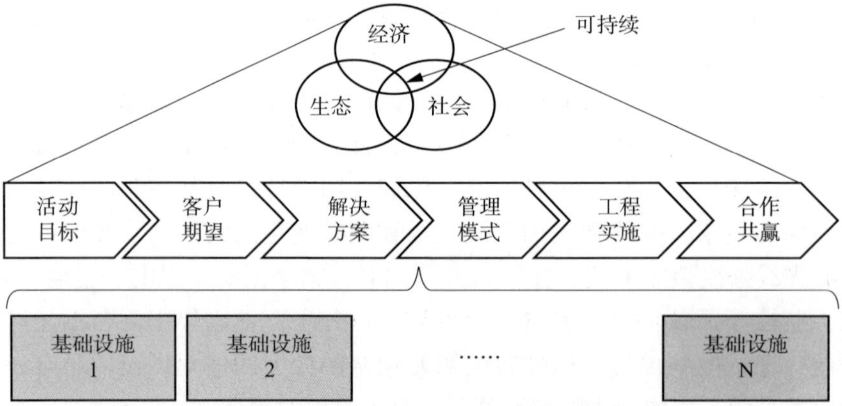

图12–4　基础设施建设与可持续发展

注：基础设施包括机场、高铁、地铁、电厂、水厂、城市信息安全系统等。

企业将“绿色奥运、和谐奥运”作为公共设施战略项目参与和实施的原则，遵循可持续发展项目目标和规范，这是前所未有的创新。把它贯穿在各项工程实施的全过程之中，超越了价格、技术、质量的传统要求。以负责任的方式、落实可持续性标准，这是奥运会特大战略项目获得巨大成功的关键所在。事实上，这一创新的商业模式被推广获得了广泛普遍的应用。

第四节　企业管理新范式

无论是管理者，还是企业家，要想获得成功，都需要有战略思维，需要有一个能指导行动的战略，这就需要做到思想和行动与时俱进、与社会发展保持同步。

注重长远，注重价值创造，注重服务对象的利益，注重合作伙伴的利益是企业发展的根本。合作共赢、价值共享应当成为一种新的思维方式、决策方式、管理方式和行为方式。

站在世界之巅，定能看得更远。

归根结底，对一个管理者、一个企业家而言，论其所作所为，则首先应回答 3 个与目的和目标相关的问题，要在“是什么”“为什么”“怎么做”这 3 个问题上认真思考并狠下功夫。

在笔者看来，影响其人生成功最重要的两个因素是，除了清楚地知道要做什么外，还清楚地知道不做什么。

概括起来，其实一生只做了两件事情，第一件事是别人不愿意做的，第二件事是别人做不了的，最终都做成功了。认真一想，不正是这样的两件事蕴含着巨大的创新潜力吗?

笔者向来主张每 5 年必须做成一件具有意义的事情。如若不是二三十年持之以恒的专注，很难想象会有今天在可持续发展领域的成就。所以，老老实实做自己应该做的，做自己想要做的，而且专注于把要做的事情做好，长远的成功和机会都在这里。

注重长远是可持续发展的重要内涵。可持续发展也意味着面向未来经济发展范式的转变。我们必须树立新的负责任的价值观，只在满足环境和社会要求的前提条件下去获取和追求最优的经济效益。因此，树立这样的观念，即是一个可持续性的观念。必须把它当作一个范式落到实处，一以贯之融入企业的战略和管理的全过程。可持续发展是 21 世纪经济社会和企业发展的新范式。

笔者在此理念的引导下认为，可持续发展新范式包含 4 个转型的层次：一是思维方式；二是决策的方式；三是管理方式；四是行为方式。

这 4 个层次是相互关联的统一体，它们共同构成了 21 世纪整个经济社会发展、企业转型和范式变革的新体系（如图 12–5 所示）。

企业运作的环境在不断发生变化。无论是在全球化的上半场，还是在全球化的下半场，环境的改变必定向企业提出新的挑战。只有当企业真正认识和了解了其具体的挑战是什么时，它才可能知道应该做什么，方向在哪里，竞争的优势何在。否则，战略、目标、竞争力都将无从谈起。

在全球化市场经济中，市场的规则、竞争的机制和规则也因可持续发展大趋势发生了改变。对企业来说，产品和服务的竞争力，价格、质量、销售渠道，或客户关系、流量或数据等固然都很重要，但影响竞争优势的因素远不止这些，涉及的范围已经远远超出了传统的领域。尤其是，社会和生态环境的要求不仅是刚性约束条件，而且成为风险控制的核心要素，因而成为企业战略的框架条件。

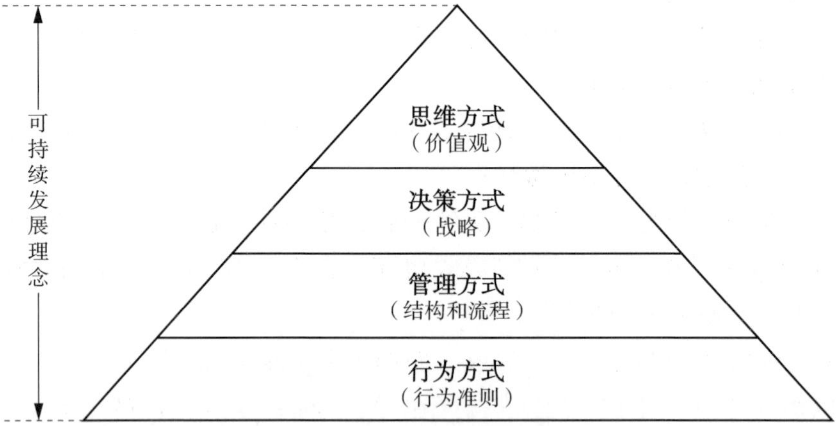

图 12–5　企业可持续发展新范式

可持续发展是全球的目标，每一个国家都在落实可持续发展的全球议程。企业作为社会的一员，作为价值创造的主体，不可能不为可持续发展做出贡献，而且是义不容辞的责任。责任担当是企业家的最高境界。可持续发展的目标只有通过责任才能实现。因此，可持续发展是目标，社会责任是实现其目标的路径。企业实现可持续发展的过程是一个变革的过程，而这个过程只有通过上述 4 个转变以创新的方式才能实现，这也是我在长期管理实践中获得的重要经验。

中国的企业要从传统的管理走向可持续发展的管理，还有较长的路要走，走好这条路是不可避免的。而且，在当前中国高质量发展、供给侧结构性改革、企业全球化、“一带一路”、国际贸易和地缘冲突等形势下，提升企业国际竞争力、影响力，特别是系统性风险防范等方面，实现可持续转型，采用可持续发展管理等，已经变得越来越紧迫了。

因此，具备可持续发展领导力，贯彻可持续发展战略，实现高质量发展，推进企业管理范式转变，不仅是企业的责任和任务，也是政府和各类组织的责任和任务，更是管理科学的责任和任务。

第五节　可持续供应链

2000 年以后，为应对经济全球化的挑战，企业可持续性成为发展的主流，这要求企业必须成为社会中负责任的企业公民，其内涵是不仅实现企业自身发展，以此为所在国社会做出贡献，同时也应成为全球负责任的企业公民，为全球经济社会和环境发展做出贡献。

2009 年，笔者受聘成为中德政府可持续发展国际专家，被特别邀请回国任职。这是在中德政府战略合作框架下，双方签订了人才援助合作协议，由德方无偿提供人才援助，在全球范围内为中方挑选和推荐所需的高端人才，并最终由中方自主决定其聘任而做出安排的。

从 20 多年从事跨国企业的管理和发展研究，转为关注中国经济社会可持续发展，客观上如愿圆满实现了笔者走向国际的初衷，就是掌握一套世界上先进的思想并带回中国、为国家急需所用。神奇的是，经过 20 多年的不懈努力收获的这个思想，不是别的，正是我们在 21 世纪必备的、在这个时代大有作为的可持续发展的思想。

政府间合作、政府与企业合作、共享资源、共享价值，应对全球挑战也是一种全新的发展理念。

中德政府合作经历过几个不同的阶段和层次，比如早期是无息贷款与低息贷款，中间叫技术援助，后来就到了人才援助的阶段。作为国家级可持续发展国际专家，笔者的主要任务是助力中国的经济转型、产业升级、企业社会责任和企业可持续发展，其中一个重要的主题是企业、产业及供应链的战略转型。

举例来说，中国是一个生产、制造大国，同时也是一个进口、消费大国，除进口能源、工业原材料外，还进口大量的软商品，包括大豆、玉米、小麦、食用油等。应对全球商品贸易链的可持续性的挑战，不仅涉及原产地生产国生态环境、消费国的供应链风险和安全，也关系到全球生态环境，因此，全球商品供应链也是中国和全球可持续发展的重要组成部分。

棕榈油是重要的软商品之一，备受全球关注，是食品工业、日用化工及许多工业产品不可缺少的原料和添加剂，而中国是最大的消费国。棕榈树生长环境特殊，只生长在地球赤道正负 7 度之间的地区，如巴西亚马孙、刚果盆地、印度尼西亚苏门答腊、马来西亚、泰国、缅甸等。这些地方刚好是全世界最大的热带雨林的生长地，与全球气候变化极为相关。

由于上述国家地区种植棕榈树是它们的支柱产业，经济发展导致热带雨林和生物多样性遭受破坏，而且因此排放大量二氧化碳。棕榈油作为软商品，从种植、生产、加工，经国际贸易，直到消费国，形成了一个很长的进口供应链。

棕榈油在进口之后，又作为进口国的原材料进入下一个产品制造的价值链，生产制造出的产品除了在本国消费外，还出口到国际上其他国家的市场，因而也就构成了一个很长的出口链。

如何遵循可持续的原则实现国际商品贸易供应链可持续？如何才能防范全球供应链的风险？回答和解决这些问题具有全球性的意义和影响。因为这个供应链遍及亚洲、欧洲、非洲、拉丁美洲等地，是一个巨大的全球性挑战，需要寻求一个可持续发展的战略和方案。

在世界自然基金会工作期间，我们制定了全球商品供应链转型的战略。这是一个庞大的创新管理体系，通过实施国际标准，为供应链上游、中游和下游企业提供可持续发展的战略框架，为促进企业、政府和非政府组织的合作，为防范国际范围内的社会和环境风险，构建可持续供应链战略等方面，提供了具有指导意义的规则和经验（如图 12–6 所示）。

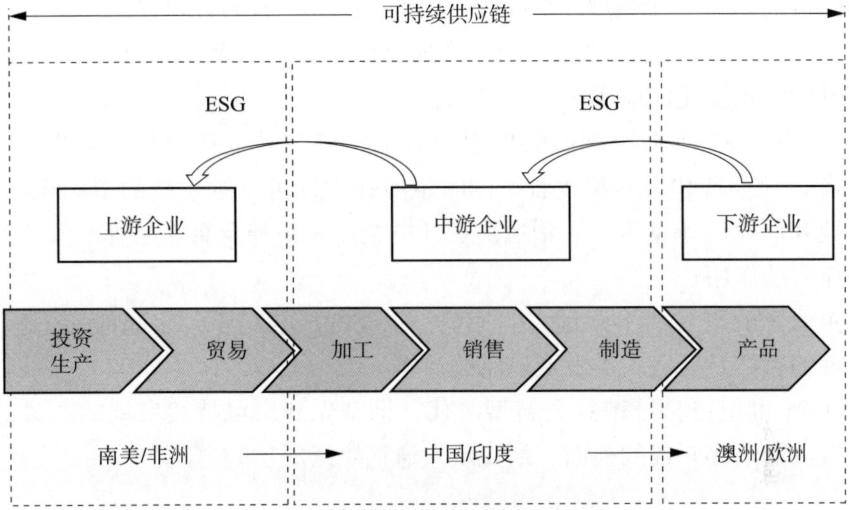

图 12-6　全球软商品可持续供应链

注：软商品指各种谷物、食用油、肉类、鱼类等食物商品。

第六节　塑造可持续的未来

2009 年一回到中国，笔者便确定了人生下一阶段的三大理想，或叫三大任务，也可看成是人生的三大使命：

第一，将长期积累的可持续发展的经验和知识传授给有理想的年青一代。

第二，将成功的可持续发展战略管理的知识和经验贡献给中国有远见的企业。

第三，将国际范围内形成的全球合作共赢的知识和经验回馈全社会。

实际上，回国 10 多年来，忙于这 3 件大事，可以说任务满满、应接不暇。

的确，这些年帮助了许多有理想、有追求的年轻人，帮助了许多有远见卓识的企业家，其中包括跨国企业、中央企业、民营企业，以及政府机构、国际组织等，通过可持续发展咨询及培训，既帮助了他们，笔者自己也从他们那里得到反馈，受益良多。

回国后，笔者曾用两年的时间系统地学习认识和研究中国的经济社会，在 3 年的时间内出版了企业可持续发展的入门著作——《现代企业社会责任》。

时隔 5 年，也就是在 2018 年 11 月，又出版了可持续发展管理的著作——

《责任时代：变革与创新》，系统地论述了可持续发展的管理方法。

本书是可持续发展“三部曲”系列著作的又一新著，是可持续发展及其经济学方法系统化的应用。

笔者深信，本书所阐述的思想和方法，将会以崭新的方式帮助企业家、领导者、管理者和每一位读者，同时也能在构建可持续发展的市场经济、提升企业和产业全球竞争力、塑造负责任的企业家精神及企业品牌形象等方面，发挥应有的作用。

企业家的成功离不开远大的抱负，企业的成功离不开崇高的愿景。可持续发展的目标是照亮人类发展道路的灯塔。

在 21 世纪可持续范式大转型时代，谁率先开启可持续发展的心灵之窗，谁就有可能走在时代的前面、最先步入通往永续成功的道路！

参考文献

[1] Stockholm Declaration on the Human Environment, in Report of the United Nations Conference on the Human Environment, UN Doc.A/CONF.48/14, at 2 and Corr.1 (1972) .

[2] Our Common Future，Report of the World Commission on Environment and Development，United Nations，1987.

[3] Rio Declaration on Environment and Development, in Report of the United Nations Conference on Environment and Development, UN Doc. A/CONF.151/26 (Vol. I) , 12 August 1992, Annex I.

[4] Paris Agreement, UN Climate Change Conference （COP 21 ），2015.

[5] Eu Delivering on the UN 2030 Agedan, SDG Summit , 2019.

[6] Geschichte der Nachhaltigkeit Vom Werden und Wirken eines beliebten Begriffes，Edmund A. Spindler，2010.

[7] Bedeutung und Verwendung der Begriffe nachhaltige Entwicklung und Nachhaltigkeit，Siegmar Otto，2007.

[8] https://www.ioew.de/en/publication/bedeutung_und_verwendung_der_begriffe_nachhaltige_entwicklung_und_nachhaltigkeit_eine_empirische_st.

[9] Handlungsfelder unternehmerischer Nachhaltigkeit.–Praxisbeispiele und Entwicklungsbedarf，IÖW，adelphi，2010.

[10] https://www.nachhaltigkeit.augsburg.de/zukunftsleitlinien.

[11] Nachhaltigkeit im Tourismus: Entwicklungen, Ansätze und Begriffsklärung–

Themenpapier，Martin Balaš，Prof. Dr. Wolfgang Strasdas，Im Auftrag des Umweltbundesamtes，2019.

[12] https://utopia.de/ratgeber/nachhaltigkeit–deflnition/.

[13] Bildung fuer Nachhaltige Entwicklung, www.bne–sachsen.de, Heidi Bischof, 2016.

[14] https://www.bpb.de/shop/zeitschriften/izpb/8983/leitbild–der–nachhaltigen–entwicklung/.

[15] Abschlußbericht der Enquete–Kommission „Schutz des Menschen und der Umwelt – Ziele und Rahmenbedingungen einer nachhaltig zukunftsverträglichen Entwicklung, Drucksache 1311200, 1998.

[16] Karlsruher Institut für Technologie – KIT Methodensammlung zur Nachhaltigkeitsbewertung –Grundlagen, Indikatoren, Hilfsmittel, Karlsruher Institut für Technologie KIT, Lisa Andes, 2019.

[17] Von der Traditionellen zur Nachhaltigen Ökonomie，Holger Rogall，Kerstin Oebels，2010.

[18] Nachhaltige Ökonomie Ökonomische Theorie und Praxis einer Nachhaltigen Entwicklung，Metropolis, Holger Rogall，2021.

[19] TOWARDS AN EU WELLBEING ECONOMY: A FAIRER, MORE SUSTAINABLE EUROPE AFTER COVID–19, WWF, Rebecca Humphries, Agnieszka Zimoch, and Tycho Vandermaesen, 2020.

[20] A safe and just space for humanity– CAN WE LIVE WITHIN THE DOUGHNUT? Oxfam GB for Oxfam International, Kate Raworth, 2012.

[21] Wicked patterns and unchallenged solutions: bringing ecosystem governance to the forefront of the SDGs. IUCN, CEM, SFA（12 pp）, Vasseur, L., D. Horning, M. Thornbush, etc.（2015）.

[22] Environmental and Natural Resource Economics: A Contemporary Approach, Third Edition, Routledge, Jonathan M.Harris，Brian Roach 2017.

[23] https://www.bu.edu/eci/educationmaterials/textbooks/environmental–and–natural–resource–economics/.

[24] Green Keynesianism: Beyond Standard Growth Paradigms. Tufts University , Jonathan Harris, 2010–02.

[25] Beyond Growth: The Economics of Sustainable Development, Beacon Press, Daly, Herman E., 1996.

[26] A Survey of Sustainable Development. Washington, D.C.: Island Press, Harris, Jonathan M., Timothy A. Wise, Kevin Gallagher, and Neva R. Goodwin. eds., 2001.

[27] http://www.gsla.pku.edu.cn/bbs/boke.asp? Userid_261.showtopic.949.html.

[28] https://www.schroders.com/zh–cn/cn/public/insights/managers–views/qa–what–is–natural–capital–and–why–should–investors–care/.

[29] The Amsterdam City Doughnut, A Tool For Trans Format ive ac tion, Amsterdam, 2020.

[30] Wirtschaftswachstum und nachhaltige Entwicklung –ein Widerspruch? Katja Hilser, 2014.

[31] Beyond GDP: Measuring Progress Towards a Green Economy, IUCN Environmental Economics Occasional Paper Series, Samuel Evans, Anthony Underwood, and Andrew Seidl, 2012 .

[32] What is sustainability economics? Ecological Economics 69, Elsevier B.V., Stefan Baumgärtner, Martin Quaas , 2009.

[33] https://www.plattformagenda2030.ch/was–bedeutet–eigentlich–nachhaltigkeit/.

[34] Sustainable development in the European Union, 2015 monitoring report of the EU Sustainable Development Strategy, Eurostat, 2015.

[35] https://sdgs.un.org/zh/topics/national–sustainable–development–strategies.

[36] Nachhaltige Entwicklung als Leitbild, Ministerium für Kultus, Jugend und Sport Baden–Wuerttemberg, Achim Beule, Prof. Dr. Hansjörg Seybold.

[37] Leitlinien für Wissenschaft für nachhaltige Entwicklung in Forschung und Lehre, Arbeitsübersetzung der Deutschen UNESCO–Kommission, 2017.

[38] Ein integratives Konzept Nachhaltiger Entwicklung, Forschungszentrum Karlsruhe, J . Joerison, J. Kopfmueller, etc. 1999.

[39] “Ein Vergleich dreier ökonomischer Paradigmen der Nachhaltigkeit: Neoklassische Umweltökonomie, Ökologische Ökonomik, Politische Ökologie”, Wien, Stefan Lumplecke, 2009.
[40] Nachhaltigkeitsstrategien erfolgreich entwickeln –Strategien für eine nachhaltige Zukunft in Deutschland, Europa und der Welt, Bertelsmann Stiftung, 2014.
[41] https://www.nabu.de/umwelt–und–ressourcen/nachhaltiges–wirtschaften/28369.html.
[42] Towards Sustainable Development Alternatives to GDP for measuring progress,Wuppertal Institute, Philipp Schepelmann, Yanne Goossens，Arttu Makipaa, 2010.
[43] Practical Guide to Corporate Governance –Experiences from the Latin American Companies Circle，International Finance Corporation，2009.
[44] The Corporate Secretary: The Governance Professional，International Finance Corporation，2016.
[45] Daniel Quiggin, Kris De Meyer Lucy Hubble–Rose and Antony Froggatt，气候变化风险评估 . Chatham House，2021.
[46] Die Zukunft der Sozialen Marktwirtschaft, Initiative Neue Soziale Marktwirtscaft（INSM），2018.
[47] Soziale Marktwirtschaft –Wirtschaftsordnung mit Werten und Regeln，Otto Wiesheu，2017.
[48] https://sustainometric.com/esg–to–sdgs–connected–paths–to–a–sustainable–future/.
[49] https://www.tkfd.or.jp/en/research/detail.php?id=711.
[50] https://www.twi–global.com/locations/deutschland/was–wir–tun/haeufig–gestellte–fragen/was–ist–nachhaltigkeit–und–warum–ist–sie–so–wichtig.
[51] Merkblatt zum Umgang mit Nachhaltig–keitsrisiken, BaFin – Konsultation: Merkblatt zum Umgang mit Nachaltigkeitsrisiken, 2019.
[52] https://www.unep.org/interactive/six–sector–solution–climate–change/.
[53] https://allianz–entwicklung–klima.de/informieren/navigator/.

[54] https://www2.deloitte.com/cn/zh/pages/risk/articles/from-government-work-report-see-esg-investment.html.

[55] https://www2.deloitte.com/cn/zh/pages/risk/articles/environmental-social-and-governance-19.html.

[56] https://sciencebasedtargets.org/wp-content/uploads/2019/04/foundations-of-SBT-setting.pdf.

[57] SBTi Criteria and Recommendations , TWG-INF-002 , Version 4.1 , SBTi , 2020.

[58] https://www.potatopro.com/zh-hans/news/2019/bill-gates-we-should-discuss-soil-much-we-talk-about-coal.

[59] https://www.ipcc.ch/report/ar5/wg3/.

[60] https://www.ipcc.ch/site/assets/uploads/2018/02/ipcc_wg3_ar5_chapter5.pdf.

[61] https://www2.deloitte.com/uk/en/focus/climate-change/zero-in-on-scope-1-2-and-3-emissions.html.

[62] The 1.5°C Business Playbook -Building a strategy for exponential climate action towards net-zero emissions, the Exponential Roadmap Initiative, 2020.

[63] https://www.klima-retten.info/Review.html.

[64] https://utopia.de/ratgeber/das-co2-budget-der-menschheit-wie-viel-co2-duerfen-wir-noch-ausstossen/.

[65] Pathways to Climate Neutrality, English version of the featured topic in 2020's "Energie für Deutschland", Weltenergierat – Deutschland e.V., 2020.

[66] Energie für Deutschland Fakten, Perspektiven und Positionen. im globalen Kontext, Weltenergierat – Deutschland e.V., 2020.

[67] WBCSD, World Resources Institute. 温室气体核算体系企业核算与报告标准（修订版）. 中国清洁发展机制基金管理中心 , 2012.

[68] GHG Protocol Scope 2 Guidance, An amendment to the GHG Protocol Corporate Standard, World Resources Institute, 2015.

[69] Corporate Value Chain (Scope 3) Accounting and Reporting Standard.

[70] Supplement to the GHG Protocol Corporate Accounting and Reporting Standard, World Resources Institute and World Business Council for Sustainable Development, 2011.

[71] Digitale Geschäftsmodelle: Systematisierung und Gestaltungsoptionen, Prof. Dr. Thomas Clauß und Vertr.–Prof. Dr. Sven M. Laudien, 2017.

[72] Strategic action fields of digital transformation– An exploration of the strategic action fields of Swiss SMEs and large enterprises, University of Applied Sciences and Arts Northwestern Switzerland FHNW, Marc K. Peter, Corin Kraft and Johan Lindeque, 2019.

[73] Industrie 4.0: Auf dem Weg zur smarten Fabrik –die Elektroindustrie geht voran，ZVEI, 2015.

[74] Die Elektroindustrie als Leitbranche der Digitalisierung，ZVEI e. V. / Fraunhofer ISI: Dr. Rainer Frietsch, Dr. Bernd Beckert, 2016.

[75] FüHRUNG IN ZEITEN DER DIGITALISIERUNG，itdesign GmbH, Christoph Adamczyk, 2020.

[76] Megatrend–Report #01: The Bigger Picture, Bertelsmann Stiftung, Dr. Thieß Petersen, 2019.

[77] Megatrend–Report #02: Die Corona–Transformation, Bertelsmann Stiftung, Dr. Thieß Petersen, 2020.

[78] Digitale Transformation in Unternehmen– Einflusskräfte und organisatorische Rahmenbedingungen, Zentrum Digitalisierung.Bayern, Dr. Thomas Ko‡er, 2018.

[79] DIE DIGITALE TRANSFORMATION DER INDUSTRIE,Roland Berger Strategy Consultants, Bundesverband der Deutschen Industrie e.V. , 2015.

[80] https://www.economiesuisse.ch/de/dossier–politik/der–digitale–wandel–wirtschaft–und–gesellschaft.

[81] Econsense–Blueprint zur Umsetzung Digitaler verantwortung in Unternehmen,econsense, 2020.

[82] How Companies can Improve their Impact on the Sustainable Development

Goals (SDGs) and Harness the Power of Digitalization， econsense, 2017.

[83] Unternehmensverantwortung im digitalen Wandel– Ein Debattenbeitrag zu Corporate Digital Responsibility， Bertelsmann Stiftung ， 2020.

[84] “Industrie 4.0” und Nachhaltigkeit– Digitalisierung als Teil der “Großen Transformation” ? Dörte Foit, 2018.

[85] Natürlich. Digital. Nachhaltig. – Ein Aktionsplan des BMBF， BMBF， 2019.

[86] Mittelstand in der digitalen Transformation–Warum der Wandel nur mit einer neuen Arbeitskultur gelingen kann， Cornelia Daheim, Jonas Korn und Ole Wintermann， 2017.

[87] https://www.de.logicalis.com/iiot–was–ist–das/.

[88] https://www.bigdata–insider.de/was–ist–das–industrial–internet–of–things–iiot–a–654986/.

[89] Die Digitalisierung in der GreenTech–Branche， Handlungsbedarfe für Unternehmen der Umwelttechnik und Ressourceneffizienz in Deutschland， ROLAND BERGER， RALPH BÜCHELE ， DR. PATRICK ANDRÄ etc., 2018.

[90] What will the future look like under Industry 4.0 and digital transformation in the healthcare space ? Roland Berger, Morris Hosseini, 2015.

[91] Internet of Things – Concepts, Applications and Processes, Patrick Hanselmann, 2015.

[92] https://www.fostec.com/de/kompetenzen/digitalisierungsstrategie/digitale–transformationsstrategie/.

[93] Digitale Geschäftsmodelle: Systematisierung und Gestaltungsoptionen， Prof. Dr. Thomas Clauß und Vertr.–Prof. Dr. Sven M. Laudien， 2016.

[94] Big Data in Industrie 4.0 – Eine strukturierte Aufarbeitung von Anforderungen, Anwendungsfällen und deren Umsetzung， Philipp Gölzer， 2016.

[95] Big–Data–Technologien –Wissen für Entscheider， BITKOM, 2014.

[96] https://www.cda.cn/discuss/post/details/5c05dc485d4d1332f3cf562b.

[97] Big–Data–Geschäftsmodelle – die drei Seiten der Medaille. Dirk Hecker, Daniel Jeffrey Koch, Joerg Heydecke und Christoph Werkmeister，2016.

[98] In 10 Schritten digital –Ein Praxisleitfaden für Mittelständler，Bitkom e.V.，2017.

[99] Digitale Transformation & Technologien，Hochschule Weserbergland. University of Applied Sciences，2017.

[100] Kompendium Industrie 4.0 Ansgar Baums，Martin Schössler，Ben Scott，2015.

[101] IBM 5G 和边缘计算 . IBM，2020.

[102] ORACLE, Michael ，裘勇刚 . 边缘计算正引领 IoT 未来 . 2019.

[103] Kundenzugang und Kundenansprache in einer digitalen Welt, Manuel Endhart, 2018.

[104] Antworten auf Kundenbeduerfnisse, Allianz, Bernd Heinemann, 2020.

[105] https://www.fostec.com/de/kompetenzen/digitalisierungsstrategie/digitale–transformationsstrategie/.

[106] https://automationspraxis.industrie.de/industrie–4–0/digitale–kunden–kommunikation–austausch–und–vernetzung–statt–marketingbotschaften/.

[107] https://www.agilero.de/phasen–digitale–transformation/.

[108] https://www.userlike.com/de/blog/kommunikationskanaele.

[109] https://www.capgemini.com/de–de/2020/04/invent–grundbausteine–iot–plattform/.

[110] Roter Faden durch das Thema Blockchain, VDE, 2019.

[111] https://www.huaweicloud.com/zhishi/ask036.html.

[112] Big Data in Industrie 4.0 – Eine strukturierte Aufarbeitung von Anforderungen, Anwendungsfällen und deren Umsetzung, Philipp Gölzer, 2016.

[113] Industry 4.0 –Future of Productivity, BCG, Michael Ruessmann, etc. 2016.

[114] Man and Machine in Industry 4.0, BCG, Markus Lorenz, etc. 2016.

[115] Industry 4.0 and Manufacturing Ecosystems, Deloitte, Brenna Sniderman, Monika Mahto, etc. 2016.

[116] The Singapore Smart Industry Readiness Index – Whitepaper, Economic

Development Board, Singapore, 2019.

[117] Neue Geschäftsmodelle für die Cloud entwickeln – Methoden, Modelle und Erfahrungen für »Software-as-a-Service« im Unternehmen .

[118] Dieter Spath, Nico Weiner, Thomas Renner, Anette Weisbecker（Hrsg.）, 2012.

[119] Digital Business Model Innovations –Controlling in the Digital Transformation, Dream Car of the ICV's Think Tank in 2017/2018.

[120] Digitalisierung in die richtige Richtung lenken– Eckpunkte für Wissenschaft und Politik, Wuppertal Institut, Dr. Stephan Ramesohl, Dr. Holger Berg, 2019.

[121] Die Zukunft ist digital Teil 1: Technologische Trends; Teil 2. Auswirkungen auf Unternehmen; Teil 3: Eine Roadmap für die digitale Transformation von Geschäftsmodellen,Joachim Reinhart, Dr. Schallmo & Team GmbH, 2017.

[122] https://www.i-scoop.eu/internet-of-things-guide/industrial-internet-things-iiot-saving-costs-innovation/.

[123] Der Aufstieg des Internet of Things. Disruptiver Wandel für die deutsche Wirtschaft? München, Boes, Andreas; Ziegler, Alexander, 2018.

[124] Digitalisierung – Das Big Picture, Dr. Oliver Janzen, 2016.

[125] Glossarzur Erklärung wesentlicher Begriffe der Digitalisierung, BMEL, 2020.

[126] Die Netzwerkgesellschaft und Krisenmanagement 2.0，Herbert Saurugg，2012.

[127] Ökonomische Resilienz Schlüsselbegriﷲ für ein neues. wirtschaftspolitisches Leitbild?，Bertelsmann Stiftung，Dr. Henrik Brinkmann，Christoph Harendt，etc., 2017.

[128] COVID-19: How to Integrate Crisis Management with Transformative Climate and Sustainability Action, GIZ IKI, Ursula Becker, etc., 2020.

[129] 孙继荣 . 现代企业社会责任 [M]. 北京：中国经济出版社，2013.

[130] 孙继荣 . 责任时代：变革与创新 [M]. 北京：中国经济出版社，2018.

[131] 孙继荣 . 变革与创新：企业可持续发展之路 [J]. 清华管理评论，2019-10-23.

[132] 孙继荣 . 绿色经济与“碳中和”战略 [J]. 清华管理评论，2022-05-13.

[133] 威廉·诺德豪斯．绿色经济学 [M]. 李志清，李传轩，李瑾，译．北京：中信出版社，2022.

[134] 弗雷德蒙德·马利克．[M]. 黄延峰，译．北京：机械工业出版社，2017.

[135] 丽贝卡·D. 科斯塔．守夜人的钟声，我们时代的危机和出路 [M]. 李亦敏，译．北京：中信出版社，2017.

[136] 赫里奥·弗莱德·加西亚．从危到机：危机中的决策之痛与领导艺术 [M]. 董关鹏，鲁心茵，译．北京：中国工信出版集团，人民邮电出版社，2020.

[137] 改变我们的世界：2030 年可持续发展议程．联合国第七十届会议，2015.

[138] 宋爽，王帅，傅伯杰，等．社会—生态系统适应性治理研究进展与展望 [J]. 地理学报，2019，74（11）：2401–2410.

[139] 郑爽，张昕，刘海燕，等．建立温室气体排放 MRV 管理机制助力中国碳市场 [D]. 北京：世界资源研究所，2016.

[140] 哈里斯，罗奇．环境与自然资源经济学：现代方法（第 3 版）[M]. 孙星，译．上海：上海财经大学出版社，2017.

[141] 冯凌，石培华，闵庆文，等，可持续发展与相关经济学科：基于系统观视角 [J]. 北京林业大学学报（社会科学版），2010，9（3）：99–122.

[142] 李懿．福利经济学的基础理论和近年的演变 [M]. China Academic Journal Electronic Publishing House，2010.

[143] 曹斌，林剑艺，崔胜辉．可持续发展评价指标体系研究综述 [J]. 环境科学与技术，2010，33（3）：99–122.

[144] 戴维·皮林．增长的错觉：经济学家错了吗？ [M]. 北京：中信出版社，2020.

[145] 郑志刚．成为董事长：郑志刚公司治理通识课 [M]. 北京：中国人民大学出版社，2020.

[146] 专业会计师用商业行为改善地球：面向企业领导者的自然资本管理简要指南．ACCA, 2021.

[147] 企业碳中和路径图：落实巴黎协定和联合国可持续发展目标之路．联合国全球契约组织 &BCG, 2021.

[148] 比尔 · 盖茨 . 气候经济与人类的未来 [M]. 陈召强，译 . 北京：中信出版社，2021.

[149] IPCC 第二工作组的报告《气候变化 2022：影响、适应和脆弱性》的决策者摘要 . 2022–02–27.

[150] IPCC 第六次评估报告（AR6）第一工作组报告《气候变化 2021：自然科学基础》. IPCC，2021.

[151] 科学碳目标倡议行动呼吁指南 [TWG–INF–004（第 1.5 版）] . SBTi，2019.

[152] 科学碳目标设定工具（第 1.1 版）. SBTi，2017.

[153] 目标审核协定，TWG–PRO–002 __（第 1.0 版）.SBTi，2019.

[154] 周涵，Thomas Palme，苏日娜，陈白平，Lars Fæste. 锚定碳中和电力行业减排扬帆 .BCG，2021.

[155]《巴黎协定》之下的国家自主贡献——《巴黎协定》缔约方会议 的《公约》缔约方会议 . 第三届会议秘书处的综合报告，2021.

[156] 加强环境信息披露，共建可持续未来 . CDP 中国报告 2019 , 2020.

[157] 大前研一 . 技术 4.0[M]. 黄竞颖，译 . 北京：中信出版集团，2020.

[158] 王维嘉 . 暗知识：机器认知如何颠覆商业和社会 [M]. 北京：中信出版集团，2019.

[159] 迈克尔 · J. 奎因 . 互联网伦理：信息时代的道德重构 [M]. 王益民，译 . 北京：中国工信出版集团，电子工业出版社，2016.

[160] 克里斯多夫 · 库克里克 . 微粒社会：数字化时代的社会模式 [M]. 黄昆，夏柯，译 . 北京：中信出版集团，2018.

[161] 杰奥夫雷 · G. 帕克，马歇尔 · W. 范 · 埃尔斯泰安，等 . 平台革命：改变世界的商业模式 [M]. 志鹏，译 . 北京：机械工业出版社，2017.

[162] 区块链白皮书 . 中国信息通信研究院，2020.

[163] 物联网白皮书 . 中国信息通信研究院，2020.

[164] 离散制造业边缘计算解决方案白皮书 . 中国信息通信研究院，工业互联网产业联盟 , 2019.

[165] 工业互联网术语和定义（AII）. 工业互联网产业联盟，2019.

[166] 贾雷德 · 戴蒙德 . 剧变 [M]. 曾楚媛，译 . 北京：中信出版社，2020.

[167] 克劳斯·施瓦布，蒂埃里 . 后疫情时代：大重构 [M]. 世界经济论坛北京办事处，译 . 北京：中信出版社，2020.

[168] 纳西姆·尼古拉斯·塔勒布 . 黑天鹅 [M]. 万丹，译 . 北京：中信出版社，2020.

[169] 鲍达民，霍维思，基平 . 反思资本主义：构建可持续的市场经济 [M]. 刘晓梅，等，译 . 北京：机械工业出版社，2018.

[170] 纳西姆·尼古拉斯·塔勒布 . 非对称风险：风险共担，应对现实世界中的不确定性 [M]. 周洛华，译 . 北京：中信出版集团，2019.

[171] 孙继荣 . “十四五”时期高质量与可持续发展之路 [EB/OL]. 四川新闻网，2021–01–25.

[172] 孙继荣 . “十四五”时期可持续发展与 ESG 投资 [EB/OL]. 四川新闻网，2021–01–29.

[173] 孙继荣 . 疫情敲响了“责任担当”的警钟 [EB/OL]. 四川新闻网，2020–03–18 .

[174] 孙继荣 . 尊重知识产权 提升大湾区的全球竞争优势 [EB/OL]. 凤凰网，2019–03–04.

[175] 孙继荣 . 企业如何战胜新冠危机：危机特点与冲击方式的解析 [EB/OL]. 凤凰网，2020–05–08.

[176] 孙继荣 . 企业如何战胜新冠危机：正确理解疫情带来的两大影响和挑战 [EB/OL]. 凤凰网，2020–05–21.

[177] 孙继荣 . 企业如何战胜新冠危机：后疫情时代新常态 迈向可持续的路径 [EB/OL]. 凤凰网，2020–05–25.

[178] 孙继荣 . 新基建驱动数字化转型：数字化转型的力量 [EB/OL]. 凤凰网，2020–07–07.

[179] 孙继荣 . 新基建驱动数字化转型：内涵及产业链相关性 [EB/OL]. 凤凰网，2020–07–09.

[180] 孙继荣 . 新基建驱动数字化转型：对经济社会的影响 [EB/OL]. 凤凰网，2020–07–13.

[181] 孙继荣 . 新基建驱动数字化转型：投融资及可持续性 [EB/OL]. 凤凰网，2020–07–15.

说明、声明及意见反馈

1. 版权说明

凡本书参考或引用的文献均按出版要求，列入参考文献目录之中，排列顺序不分先后。作者未能亲自与相关文献的作者取得联系，凡被引用的内容的版权均属原作者。

本书所有内容（包括文字和图形）均受版权法律保护。凡引用或使用本书内容，包括文字和图形，必须注明本书为信息来源。未经许可，不得为商业目的，以任何形式复制、复印、模仿、翻译本书的内容，包括纸版、电子版及影像的形式。

凡直接或间接引用或参考本书内容，必须以如下方式注明本书为其信息源：孙继荣 . 可持续发展战略方法论 [M]. 北京：中国经济出版社，2023.

2. 免责声明

本书内容虽经作者和出版社仔细审阅和检查，但不能保证绝对无误。

本书力求论述可持续发展普遍实用的方法，但企业或组织的发展的战略和方案因企业或组织而异，必须量体裁衣、因地制宜。必须遵循国家方针政策、法律法规，考虑本国的文化背景以及自身的发展情况。必须谨慎和仔细地考虑和处理可持续发展的主题和实施的措施。

本书所阐述的理念、观点、论点和描述的内容均属作者个人的看法，不代表任何组织或机构。在本书一些章节中，如果引用了组织或机构名称，并不意味着作者与它们有任何商业关系，如需进一步了解或研究有关内容请以其相应的官方信息为准。

3. 意见反馈

欢迎读者积极参与实践和分享本书的理念，欢迎读者对本书提出意见和建议，联系方式：agenda22047@sina.com。

孙继荣

2022 年 5 月 30 日于成都

致　谢

许多友人对本书满怀期待，他们为我完成这一纯粹的“公益工程”增添了巨大的创作动力！

在本书问世之际，我要特别感谢那些优秀企业家，他们胸怀可持续发展理想，矢志开拓创新，实施宏伟长远的发展蓝图，感谢他们“无我的精神”“高尚的奉献”！

在此，我也衷心感谢各行各业各界的领导者、管理者、企业家、教授、科学家、智库学者、合作伙伴和朋友们的大力支持（按姓氏拼音字母排序）：

蔡宁、陈方旭、范文波、桂浩、韩永静、何玉、贺和平、侯爱萍、纪小洞、况程博、李克妮、李晓李、李银莹、刘方健、刘丰、罗娟蓉、罗征峥、吕维菊、欧阳蕊、庞宗英、平文艺、漆召萍、乔赢、秦霖、邵昱、帅新平、孙瑞、孙尚传、王捷、王君、王维育、王亚东、王志云、王卫娜、魏振鹏、吴兆华、曾宪聚、张爱民、张丽萍、张庆雷、张晓波、郑莉莉、钟俊峰、周永发、朱心宁、朱旭峰、宗黎曼等。

同时，衷心感谢我的老师、同事和助手，以及所有支持中德、中欧友好及合作的国际同人：

Dieter Rumpel 教授，Bruno Müller 教授，Dietmar Stölben 先生，Ulrich Knienen 博士，Otto Obermayer 博士，Michael Rensing 先生，Steven Yang 博士，Arthur Van Dorsten 先生，Sabine Hübsch 女士和Christine Gracia 女士。

感谢本书责任编辑叶亲忠先生，他对本书的编辑和出版给予了巨大的支持。

最后，我尤为感激我的父亲和母亲，我的家人吴西亿、孙存、孙大全和全家弟妹，本书的成果是与他们的厚爱和支持分不开的。

孙继荣

2022 年 5 月 30 日于成都